DAS GROSSE
PFERDEBUCH

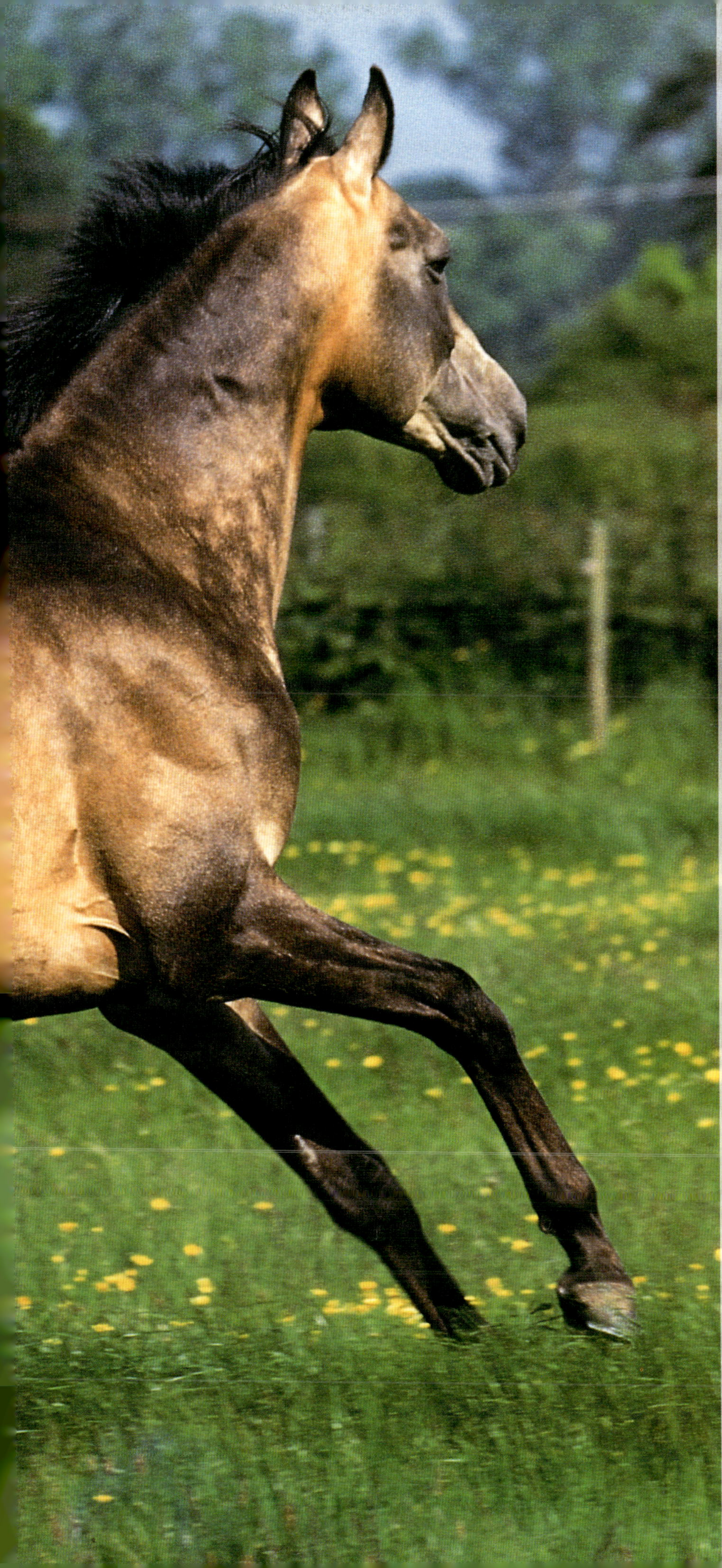

DAS GROSSE PFERDE BUCH

ELWYN HARTLEY EDWARDS

DK

DORLING KINDERSLEY
London, New York, München, Melbourne und Delhi

Projektbetreuung Jo Weeks
Bildbetreuung Amanda Lunn
Redaktion Susan Thompson
Redaktionsassistenz Helen Townsend
Cheflektorat Jane Laing
Herstellung Maryann Rogers
Bildredaktion Wendy Bartlet
Lektorat Heather Jones
Chefbildlektorat Lee Griffiths
Cheflektorat Deirdre Headon

Produziert für Dorling Kindersley von

studio cactus ⓒ

13 SOUTHGATE STREET WINCHESTER HAMPSHIRE SO23 9DZ

Bildbetreuung Sharon Rudd
Projektbetreuung Donna Wood

Fotos von Bob Langrish,
Kit Houghton & Peter Cross

Bibliografische Information Der Deutschen Bibliothek
Die Deutsche Bibliothek verzeichnet diese Publikation
in der Deutschen Nationalbibliografie;
detaillierte bibliografische Daten sind im Internet über
http://dnb.ddb.de abrufbar.

Titel der englischen Originalausgabe:
The New Ultimate Horse Book

© Dorling Kindersley Limited, London, 2002
Ein Unternehmen der Penguin-Gruppe
© Elwyn Hartley Edwards

© der deutschsprachigen Ausgabe by Dorling
Kindersley Verlag GmbH, München, 2002
Alle deutschsprachigen Rechte vorbehalten

Übersetzung Bettina Borst, Uta Over
Redaktion Petra Wägenbaur

ISBN 13: 978-3-8310-0381-5
ISBN 10: 3-8310-0381-5

Printed and bound by Toppan in Hongkong

Besuchen Sie uns im Internet
www.dk.com

Inhalt

Einführung

»Der Mensch, umgeben von den Elementen, die sich zusammengetan haben, um ihn zu zerstören … er wäre zum Sklaven geworden, hätte das Pferd ihn nicht zum König gemacht.«

In den Schleiern der Frühgeschichte, als Pferdeherden über die Erde zogen und die Menschheit immer noch in einer feindlichen Umgebung ums Überleben kämpfte, begann eine Partnerschaft zwischen den beiden, die sicher noch weit über die Gegenwart hinaus andauern wird. Pferde versorgten unsere Urahnen mit Nahrung sowie mit Materialien für Kleidung und Behausungen. In unserem 21. Jahrhundert spielt das Pferd seine Rolle weit überwiegend als Freizeitpartner, aber in abgelegeneren Gegenden der Welt dient es immer noch den echten Bedürfnissen der Menschen und erinnert uns so daran, wie lange wir von Pferden abhängig waren.

Diese neue Ausgabe von »Das große Pferdebuch« ist stark erweitert und umfasst nun eine größere Anzahl an Pony- und Pferderassen, von denen viele in den experimentierfreudigen Gesellschaften der Neuen Welt wie Indien und dem Mittleren Osten entstanden sind, während andere für die Weiterentwicklung des europäischen Warmbluts stehen.

Die Erweiterung dieses Buches hat es nicht nur ermöglicht, Ihnen das faszinierende Puzzle der Pferderassen der Welt noch umfassender darzustellen, sondern hat auch das zu Grunde liegende Fundament in seinen wesentliche Zügen klarer gemacht. Der große Überblick betont sehr deutlich, welche Einflüsse ganz grundlegend zur Bildung des Puzzles beigetragen haben.

Immer deutlicher wird das alle Linien durchdringende Blut der orientalischen Rassen, die überall anzutreffende Präsenz des spanischen Pferdes, der Einfluss des modernen Abkömmlings dieser beiden Rassen, des Vollbluts, und damit auch der große Beitrag, den wichtige Nebeneinflüsse gespielt haben.

Die europäischen Rassen verdanken dem Norfolk Roadster, den Trabern innerhalb des Vollbluts und dem beeindruckenden Cleveland Bay eine ganze Menge. Auf dem amerikanischen Kontinent muss man den Einfluss des Morgan berücksichtigen, das umfassende Erbe des Narragansett Pacers und die Spezialrassen, die sich bei den ersten Siedlern entwickelten.

Als »graue Eminenz« zieht sich der Einfluss des Flandrischen Pferdes, das die primitiven Gene des europäischen Waldpferdes trägt, durch die Kaltblutrassen.

Weitere Abschnitte, in denen dieses Buch erweitert wurde, sind das Exterieur des Pferdes und ein Vergleich der Körperstrukturen, auf denen das weite Spektrum heutiger Aktivitäten mit Pferden beruht.

Um all die bemerkenswert unterschiedlichen Bilder zusammenzutragen, waren Reisen rund um die Welt und über Tausende von Kilometern nötig. Die Technik, Pferde vor einem weißen Hintergrund zu fotografieren, wurde dabei sogar in den ukrainischen Steppen benutzt.

Tatsächlich ähnelt diese Technik einer Methode, die vor 500 Jahren schon in östlichen Ländern angewendet wurde: dort stellte man Pferde vor ein weißes Tuch, um ihr Gebäude beurteilen zu können (s. S. 8–9). Die erste Ausgabe von »Das Große Pferdebuch« betrat mit der Einführung dieser Technik Neuland in der modernen Pferdefotografie. Sie bietet den bestmöglichen Blick auf ein Pferd, denn so wird verhindert, dass die Silhouette von ablenkenden Elementen hinter dem Pferd unterbrochen oder unschärfer gemacht wird.

Diese neue Ausgabe soll ein Tribut an das Pferd sein, das sich 7000 Jahre lang als unentbehrlicher Partner des Menschen erwiesen hat.

Wenn es darüber hinaus dazu beitragen kann, dem Leser mehr Wertschätzung, Verständnis und Freude im Umgang mit Pferden zu verschaffen, hat es seinen Zweck erfüllt.

Elwyn Hartley Edwards
Chwilog, 2002

Die Ursprünge

Vor etwa 60 Millionen Jahren, also im Eozän, entstand die Spezies der Equiden. Bei Ausgrabungen entdeckten Wissenschaftler im Jahre 1867 im Süden Nordamerikas ein bemerkenswert vollständiges Skelett, das als das Skelett des ersten Pferdes angesehen wird. Man nannte es Eohippus, das »Morgenröte-Pferdchen«, und konnte seine weitere Entwicklung auf dem amerikanischen Kontinent bis hin zum *Equus caballus*, dem Ahnherrn des heutigen Pferdes, nachweisen.

DIE ENTWICKLUNG DES HUFES

Die Entwicklung des Hufes der Spezies Equus *dauerte einige Millionen Jahre und war die Antwort auf den sich ändernden Lebensraum der Tiere. Die Urahnen der heutigen Pferde lebten im Wald, wo sie Zehen brauchten, um nicht im sumpfigen Boden zu versinken. Diese Zehen verschwanden allmählich, als der Dschungel zu Savannen mit festerem Untergrund wurde.*

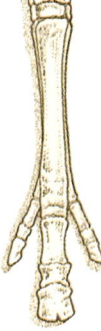

Vier Zehen Der Eohippus hatte an den Vordergliedmaßen vier Zehen.

Drei Zehen Im Miozän waren es nur noch drei Zehen, von denen der mittlere das Hauptgewicht trug.

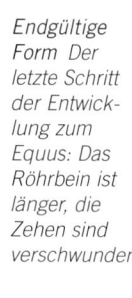

Huf Das erste Pferd mit einem richtigen Huf ist der Pliohippus mit schon längeren Beinen und flexiblen Bändern; der Fuß war schon mit dem des heutigen Pferdes fast identisch.

Endgültige Form Der letzte Schritt der Entwicklung zum Equus: Das Röhrbein ist länger, die Zehen sind verschwunden.

ANZAHL DER ZEHEN Aus einem hundeähnlichen, breiten Fuß entwickelte sich durch Reduktion der Zehen der Huf. Die »Kastanie« innen am Karpalgelenk ist der Rest der fünften Zehe.

EOHIPPUS

Der Eohippus stammt – wie alle anderen Huftiere auch – von den Condylarthra (Vor-Huftieren) ab, die vor rund 75 Millionen Jahren lebten. Sie hatten in etwa die Größe eines Hundes und verfügten über fünf Zehen mit Nägeln aus Horn. 15 Millionen Jahre später hatten sich die Füße seines Abkömmlings, des Eohippus, verändert: An den Vorderfüßen hatte er jeweils vier Zehen, an den hinteren jeweils drei. Das Tier wog schätzungsweise 5,4 kg und hatte eine Schulterhöhe von rund 36 cm – das entspricht der Größe eines Fuchses oder eines mittel-

großen Hundes. Farbe und Fellstruktur des Eohippus sind unbekannt, aber man vermutet, dass das Fell dem des Hirsches ähnelte, also dunkelbraun mit hellen Sprenkeln oder Tupfen, was ihm in dem Dickicht, das sein Lebensraum war, als Tarnfarbe diente. Der entscheidende Faktor für eine Evolution ist immer die Umwelt, der Lebensraum. Ändert sich dieser, müssen sich die Tiere, wollen sie überleben, an die neuen Bedingungen anpassen. Der mit Zehen und – ähnlich wie bei Hunden – Ballen ausgestattete Fuß des Eohippus sowie seine Verwandtschaft mit dem Tapir weisen darauf hin, dass er in einer Umwelt lebte, deren Boden sehr weich war, so wie man ihn im

Dschungel und an Gewässerufern findet. Diese Ballen ermöglichten dem Eohippus, auch morastige und feuchte Gebiete ohne Schwierigkeiten zu durchqueren. Die Relikte dieser Ballen sind beim heutigen Pferd die Hufballen – Horngebilde hinten unterhalb der Beuge am Huf. Auch Zähne und Augen des Eohippus hatten wenig Ähnlichkeit mit denen des heutigen Pferdes. Die Zähne ähnelten eher denen von Schweinen oder Affen und waren zum Verzehr von Laub und zarten Knospen geeignet, wie man sie an niedrigen Büschen findet.

MESOHIPPUS UND MIOHIPPUS

Dem Eohippus folgten im Oligozän (vor 25 bis 40 Millionen Jahren) zwei ähnliche, sich mögli-

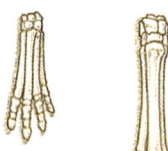

Eohippus

SKELETT-REKONSTRUKTION DES EOHIPPUS
Das Skelett des Eohippus ist deutlich als das eines Pferdes zu erkennen, wenn man von der Form der Füße und der Körpergröße absieht, denn es weist nur eine Schulterhöhe von 36 cm auf. Innerhalb der Spezies Eohippus gab es viele verschiedene Arten. Die kleinsten hatten eine Schulterhöhe von nur 25 cm, die größten dagegen waren 50 cm groß. Im späteren Miozän-Zeitalter gab es sogar eine behaarte Mammut-Variante, den Megahippus.

KÜNSTLERISCHE DARSTELLUNG DES EOHIPPUS Der Eohippus ernährte sich von Blättern. Sein geflecktes Fell diente ihm in dschungelartigen Gelände als Tarnung, seine Füße mit den Zehen trugen ihn auch auf feuchtem Boden.

KÜNSTLERISCHE DARSTELLUNG DES MESOHIPPUS Im Oligozän (vor 25 bis 40 Millionen Jahren) hatte sich der Eohippus zum Mesohippus entwickelt. Dieser hatte drei Zehen, längere Beine und ein stärkeres Gebiss.

cherweise überlappende Typen, der Mesohippus und der etwas weiter entwickelte Miohippus. Beide waren größer, hatten längere Beine und bereits Zähne, mit denen sie die verschiedenartigsten weichen Pflanzen fressen konnten. Sie hatten nur noch drei Zehen an jedem Fuß, von denen der mittlere das Hauptgewicht trug. Der wichtigste Schritt in der Entwicklung des Pferdes geschah vor etwa 10 bis 25 Millionen Jahren im Miozän. In dieser Zeit wich der Dschungel baumlosen Ebenen und Steppen mit niedrigem Bewuchs und hartem Gras. Die Pferde passten sich den geänderten Lebensbedingungen an und entwickelten Zähne, die für das Grasen geeignet waren, und einen längeren Hals, wodurch sie ihre Nahrung am Boden leichter erreichen konnten. Die Position ihrer Augen änderte sich, so dass sie beinahe eine Rundumsicht bekamen und sich nähernde Feinde ausmachen konnten. Die Beine wurden länger und erhielten flexible Bänder und vermutlich auch zu diesem Zeitpunkt eine Zehe als Huf; alle diese Veränderungen bewirkten, dass das Pferd nun schneller seinen Feinden entfliehen konnte.

EQUUS CABALLUS

Das erste einhufige Pferd war der Pliohippus, der sich vor etwa sechs Millionen Jahren entwickelte und damit der Vorgänger des *Equus caballus* war, welcher vor einer Million Jahren entstand (eine halbe Million Jahre vor dem ersten Menschen). Der *Equus* wanderte von

Amerika über die damals noch bestehenden Landbrücken nach Europa und Asien. Als das Eis vor etwa 10000 Jahren zurückging, verschwanden die Landbrücken; aus bisher noch ungeklärten Gründen starben die Pferde auf dem amerikanischen Kontinent aus. Erst die spanischen Konquistadoren brachten sie wieder nach Amerika. Es gab drei wichtige Urpferdetypen. Sie entwickelten sich je nach ihren Lebensbedingungen und ihrem Umfeld und gelten als die Vorfahren aller Pferderassen der Welt. Das sind einmal die asiatischen Wildpferde, die es heute noch in zoologischen Gärten gibt; dann der leichtere und feinere Tarpan Osteuropas und der ukrainischen Steppe, der heute in den berühmten Herden von Popielno in Polen weiterlebt; und das schwere, langsame Pferd des nordeuropäischen Marschlandes, *Equus silvaticus*, von dem die heutigen Kaltblutrassen abstammen. Kurz vor der Domestikation hatten sich vier Untertypen entwickelt,

KÜNSTLERISCHE DARSTELLUNG DES EQUUS CABALLUS *Equus caballus*, der Vorfahre des heutigen Pferdes, entwickelte sich vor etwa einer Million Jahren und lebte in der offenen Steppe, die mit hartem Gras bedeckt war. Im Gegensatz zu seinen Vorfahren war der *Equus* ein Gras fressendes Tier mit einem hoch entwickelten Verteidigungssystem gegen Raubtiere.

zwei Pony- und zwei Pferdetypen: Ponytyp 1 ähnelte dem heutigen Exmoor-Pony und lebte in Nordwesteuropa. Es konnte gut Nässe und Kälte vertragen und unter härtesten Bedingungen überleben. Ponytyp 2 war mit einem Stockmaß von 1,40 bis 1,42 Meter größer als Ponytyp 1. Auch war er schwerer gebaut, gröber und hatte einen schweren Kopf. Dieser Pferdetyp war im Norden Eurasiens beheimatet und konnte große Kälte aushalten. Das heutige Highland-Pony ähnelt diesem Typ. Pferdetyp 3 hatte ein Stockmaß von etwa 1,43 Meter. Lang und schmal gebaut, mit rundem Rücken, langem Hals und langen Ohren bewohnte er Zentralasien. Der heutige AchalTekkiner dürfte ihm ähnlich sein, eine Pferderasse, die äußerst hitzeresistent ist. Pferdetyp 4 war zwar kleiner als die anderen, aber genauso fein mit konkavem Profil und hoch angesetztem Schweif. Er kam aus dem Westen Asiens; das heutige Kaspische Pony entspricht ihm am ehesten. Er gilt als der Vorfahr des arabischen Pferdes.

TARPAN (oben) Equus przewalskii gmelini antonius, der Tarpan, ein leicht gebautes und geschmeidiges Pferd, lebte in Osteuropa und in der ukrainischen Steppe. Er und das asiatische Wildpferd sind die Vorfahren der heutigen leichten Pferderassen.

PRZEWALSKI-PFERD (rechts) Dieses Pferd, Equus przewalskii poliakov, wurde im Jahre 1881 in den wilden mongolischen Pferdeherden entdeckt.

Domestikation

Es gilt als sicher, dass die Domestikation des Pferdes in Eurasien vor etwa 5000 bis 6000 Jahren stattfand, also gegen Ende des Neolithikums. Bereits 6000 Jahre früher entwickelte sich vermutlich der Hund zum Haustier. Schafe und Rentiere wurden vor etwa 11 000 Jahren und Ziegen, Schweine und Rinder 2000 Jahre später gezähmt.

HÖHLENMALEREIEN IN FRANKREICH (unten) Diese Zeichnung eines laufenden Pferdes in den Höhlen von Lascaux ist vermutlich mehr als 15 000 Jahre alt. Sie zeigt das Vorhandensein von Pferden an.

HÖHLENMALEREIEN IN SPANIEN (oben) Diese Höhlenmalerei in Spanien wird auf 15 000 v. Chr. datiert. Die einfache Zäumung weist auf eine Gesellschaft hin, die Pferde in ihr tägliches Leben einbezogen hatte.

JÄGER UND GEJAGTE

Der erste Kontakt zwischen Mensch und Pferd war der zwischen Jäger und Gejagtem. Man vermutet, dass die Menschen gegen Ende der Eiszeit die wilden Pferdeherden als Nahrungsquelle benutzten. Bevorzugte Jagdtechnik war es, eine Gruppe über eine Klippe zu treiben und abstürzen zu lassen; das hatte gegenüber der Verfolgung einzelner Tiere entscheidende Vorteile. Die Höhlenzeichnungen in Lascaux, Frankreich, und Santander, Spanien, stellen die Verfolgung der Herden lebendig dar und geben einen Einblick in das harte tägliche Leben der damaligen Zeit. In vielen Gegenden Frankreichs, besonders in der Gegend von Lascaux und Solutré, aber auch an anderen Orten, hat man riesige Haufen von Pferdeknochen gefunden – Überbleibsel der getöteten Herden.

DIE ERSTEN ZAHMEN HERDEN

Die ersten Herden wilder Pferde wurden vermutlich von Stämmen der nomadisierenden Aryan in den Steppen entlang des Kaspischen und des Schwarzen Meeres domestiziert. Für diese Annahme gibt es genügend Hinweise. Jedoch ist nicht auszuschließen, dass zum selben Zeitpunkt in anderen Gegenden Eurasiens mit dichten Pferdepopulationen ebenfalls eine Domestikation stattfand. Diese Nomaden begannen möglicherweise als Hirten halbwilder Schaf- und Ziegenherden und – wesentlich wichtiger – der fügsamen Rentiere. Pferde wurden dann aus praktischen Erwägungen mit einbezogen. In der kargen Steppe waren Pferde leichter als andere Tiere zu halten, weil sie leicht Nahrung fanden. Außerdem sind Pferde keine Wandertiere wie die Rentiere, deren Zugverhalten vom Vorkommen des »Rentiermooses« bestimmt wird, das ihre Hauptnahrung darstellt. Anfänglich hielt man die Pferde also in Herden. Ihr Fleisch wurde verzehrt, ihre Felle wurden zum Zeltbau und als Kleidung verwendet, und der Dung wurde getrocknet und diente als Brennmaterial. Die Stuten lieferten Milch, die zu Kumys verarbeitet wurde, dem erfrischenden Trank der Steppen. Allmählich wurden die Stämme mobiler, weil sie die

GRIECHISCHE KERAMIK (AUSSCHNITT) (links) Diese Keramikscherbe ist mit der stilisierten Darstellung eines griechischen Zeremonienwagens geschmückt. Die Griechen kamen um 2000 v. Chr. mit Pferden in Kontakt, aber ihren Einsatz im Krieg hat erstmals Homer in seiner Ilias erwähnt.

INDIANISCHE STEINZEICHNUNG (oben) Einen Jäger mit Pfeil und Bogen bewaffnet und umringt von Wild stellt diese indianische Felsenzeichnung dar. Das Pferd versetzte die Indianer in die Lage, genug Beute zu machen, um Nahrung, Kleidung und Zeltbahnen für den ganzen Stamm zu erhalten.

Tiere dazu abgerichtet hatten, ihre Habe zu tragen. Die natürliche Konsequenz für Männer und Frauen war dann, dass sie sich selbst auf die Pferde setzten, wodurch das Hüten der Herden wesentlich leichter wurde. Bis in unsere Zeit werden Pferdeherden in den östlichen Republiken des russischen Reiches auf dieselbe Weise gehalten und sind für die Hirten des 20. Jahrhunderts ebenso Lebensinhalt und lebensnotwendig wie für ihre Vorfahren.

REITEN UND FAHREN

Die Menschen ritten die Pferde in rauen, bergigen Gegenden, obwohl diese Tiere sehr klein waren. Im flachen, hügeligen Land des Mittleren Ostens zeigte sich dann zum ersten Mal in der Geschichte, dass die Pferde der Schlüssel zur Eroberung und zur Erhaltung großer Reiche waren. Dabei beschränkte sich ihre Rolle fast ausschließlich auf das Ziehen von Streitwagen. Zwei Pferde, wie klein sie auch waren, konnten einen leichten Streitwagen mit zwei oder sogar drei Mann Besatzung bewegen. Vier Pferde nebeneinander gespannt reduzierten die Anstrengung jedes Einzelnen und erhöhten die Schnelligkeit. Vollräder wurden im Euphrat-Tigris-Gebiet bereits 3500 v. Chr. benutzt; Speichenräder waren in Ägypten um 1600 v. Chr. üblich.

WERTVOLLE TIERE

Als sich die Landwirtschaft entwickelte, konnten die Pferde systematisch gefüttert werden.

REITENDER WIKINGER Wikinger, die großen Seefahrer, brachten Pferde auf ihren Reisen an die Küsten der britischen und schottischen Inseln. Dieses Detail aus einem Teppich aus Baldishol, Hedmark, Norwegen, zeigt einen berittenen Wikinger (ca. 1180).

Dies führte – kombiniert mit selektiver Zucht – dazu, dass die Tiere größer, stärker und schneller wurden. Damit entsprachen sie besser den jeweiligen Anforderungen, die meistens das Kriegshandwerk und Transporte betrafen, aber auch sportliche Veranstaltungen in den großen Zirkusarenen der Antike in Griechenland und

in Rom. Niemals wurde das Pferd in den frühen Zivilisationen zur Landarbeit oder zu irgendwelchen niedrigen Verrichtungen herangezogen. Dazu war es zu wertvoll; für derartige Arbeiten benutzte man Ochsen. In vorchristlicher Zeit war das Pferd Gegenstand der Verehrung und nahm einen wichtigen Platz in der Mythologie und bei religiösen Ritualen ein – oft war es das vornehmste Opfer. Im alten Griechenland fuhr Ares, der Gott des Krieges, in einem von weißen Pferden gezogenen Streitwagen über das Firmament; das Zeichen der Göttin Demeter war der Kopf einer schwarzen Stute, und ihre Priester wurden »Fohlen« genannt. Manchmal wurden Schimmel zu Ehren Poseidons, des Meeresgottes und Schöpfers der Pferde, ertränkt, und die Pferde der Könige und Häuptlinge wurden mit ihren Herren begraben. Der Besitz von Pferden sicherte Mobilität; er machte es möglich, Kulturen aufzubauen und zu verbreiten und manchmal auch neue Gesellschaftsstrukturen und Lebensformen zu schaffen. Das geschah für kurze Zeit bei den Indianern Nordamerikas. Bei ihnen entstand die letzte echte Pferdekultur der Welt, die sich jedoch vom Urbild der Pferdekulturen, wie sie die Mongolen und Hunnen darstellten, stark unterschied. Auf den Rücken ihrer zotteligen mongolischen Ponys hatten diese Pferdemänner aus den Steppen Asiens unter ihrem größten Führer, Dschinghis Kahn, damals ein Weltreich erobert.

GRIECHISCHES MOSAIK (oben) Das Mosaik des Wagenlenkers aus dem 2. oder 3. Jahrhundert n. Chr. zeigt deutlich die geringe Größe des Pferdes im Verhältnis zum Menschen.

DER TEPPICH VON BAYEUX (rechts) Dieses Detail des Teppichs von Bayeux aus dem 11. Jahrhundert zeigt eine Jagd zu Pferde. Vergleichen Sie die Größe des Pferdes mit dem Mosaik darüber.

Das Gebäude

Als »Gebäude« bezeichnet man den Aufbau des Skeletts (s. S. 18–19) und der zugehörigen Muskelstrukturen. Die einzelnen Teile sollen in einem symmetrischen Verhältnis zueinander stehen und ein ausgewogenes Ganzes bilden. Wenn die einzelnen Elemente perfekt sind und gut zusammenpassen, entsteht auch eine perfekte Gesamterscheinung. Bei einem gut gebauten Pferd stört kein Element die Symmetrie.

DAS WICHTIGSTE: DER GEBRAUCH

Die Grundzüge des Gebäudes, also die Anforderungen an korrekte und harmonische Proportionen und die Anordnung der einzelnen Teile, sind bei allen Equiden gleich. Die konkreten Proportionen aber werden von dem Gebrauch bestimmt, für den das Pferd gedacht ist.

So werden z. B. an das Gebäude eines schweren Zugpferdes, das in langsamem Tempo große Lasten bewegen soll, genau entgegengesetzte Anforderungen gestellt wie an das eines Rennpferdes, das mit hoher Geschwindigkeit galoppieren soll. Die auf Kraft ausgerichteten Strukturen des Kaltblüters mit den kurzen, starken Knochen und der quelligen Muskulatur bilden hier das eine Extrem, das für Geschwindigkeit geeignete Gebäude mit leichten Knochen und langen Proportionen und Muskeln das andere. Dazwischen liegen Pferde, die in die eine oder andere Richtung neigen, und weitere Variationen findet man bei den Spezialrassen wie dem American Saddlebred.

DER WERT DER SYMMETRIE

Korrekte, symmetrische Proportionen tragen zu natürlichem Gleichgewicht und mühelosen Bewegungen bei. Ein gut gebautes Pferd wird, bei sonst gleichen Bedingungen, länger gesund und arbeitsfähig bleiben und höhere Leistungen bringen als ein weniger gut gebautes Tier. Ein schlechtes Gebäude verursacht dem Pferd Unbehagen, wenn es Bewegungen ausführen soll, zu denen es aufgrund der begrenzten Möglichkeiten seines Körpers nicht in der Lage ist. Problemverhalten ist oft das Ergebnis.

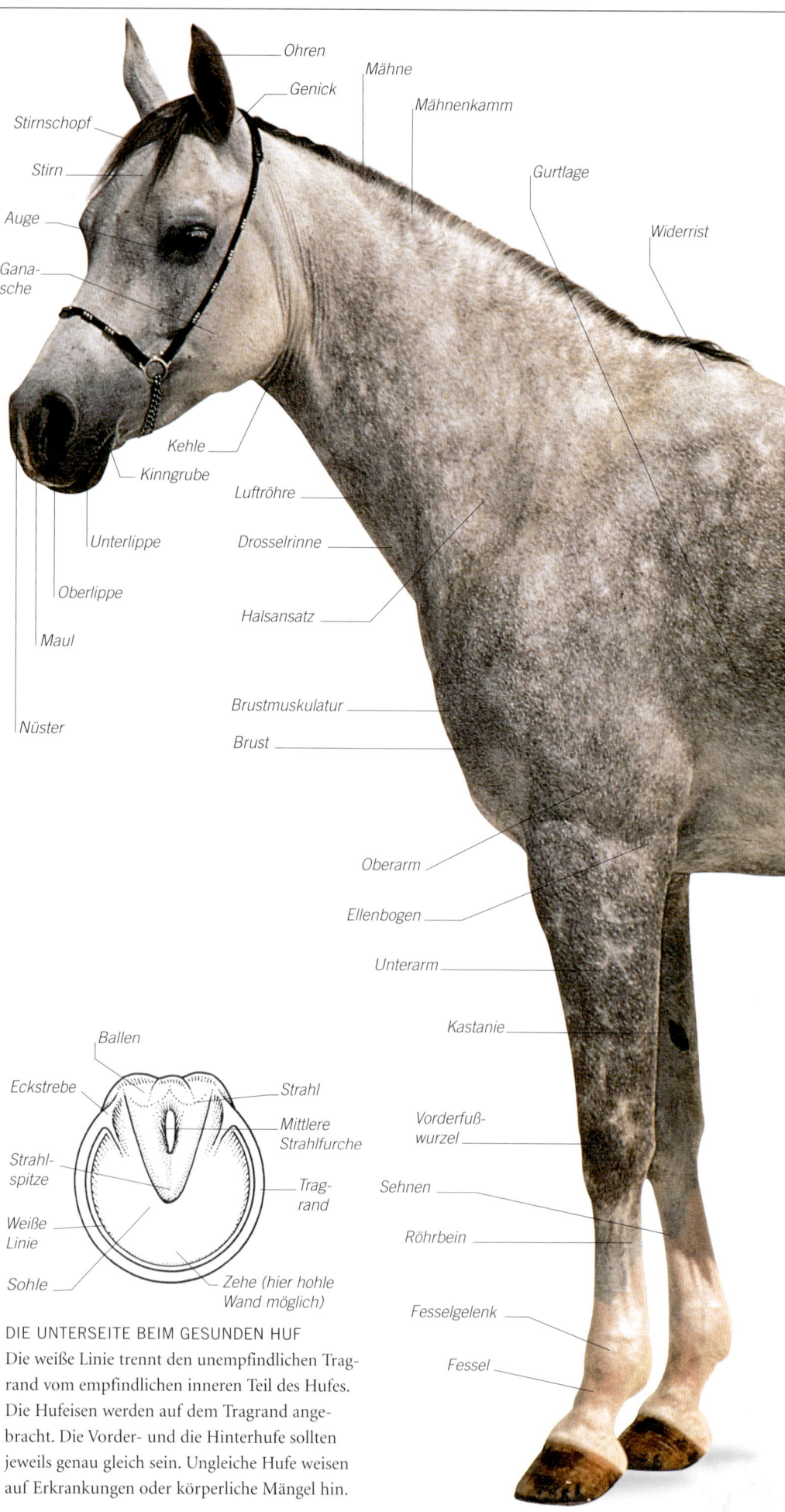

Ohren
Mähne
Genick
Mähnenkamm
Stirnschopf
Gurtlage
Stirn
Widerrist
Auge
Ganasche
Kehle
Kinngrube
Luftröhre
Unterlippe
Drosselrinne
Oberlippe
Halsansatz
Maul
Nüster
Brustmuskulatur
Brust
Oberarm
Ellenbogen
Unterarm
Kastanie
Vorderfußwurzel
Sehnen
Röhrbein
Fesselgelenk
Fessel

Ballen
Eckstrebe
Strahl
Mittlere Strahlfurche
Strahlspitze
Trag-rand
Weiße Linie
Sohle
Zehe (hier hohle Wand möglich)

DIE UNTERSEITE BEIM GESUNDEN HUF

Die weiße Linie trennt den unempfindlichen Tragrand vom empfindlichen inneren Teil des Hufes. Die Hufeisen werden auf dem Tragrand angebracht. Die Vorder- und die Hinterhufe sollten jeweils genau gleich sein. Ungleiche Hufe weisen auf Erkrankungen oder körperliche Mängel hin.

GUT PROPORTIONIERTER ARABER Dieser Araber weist gute Proportionen und die besonderen Gebäudeeigenschaften seiner Rasse auf, die hauptsächlich durch den einzigartigen Knochenbau entstehen: 17 Rippen, fünf Lendenwirbel und 16 Schweifwirbel (bei anderen Rassen lauten die Zahlen 18-6-18).

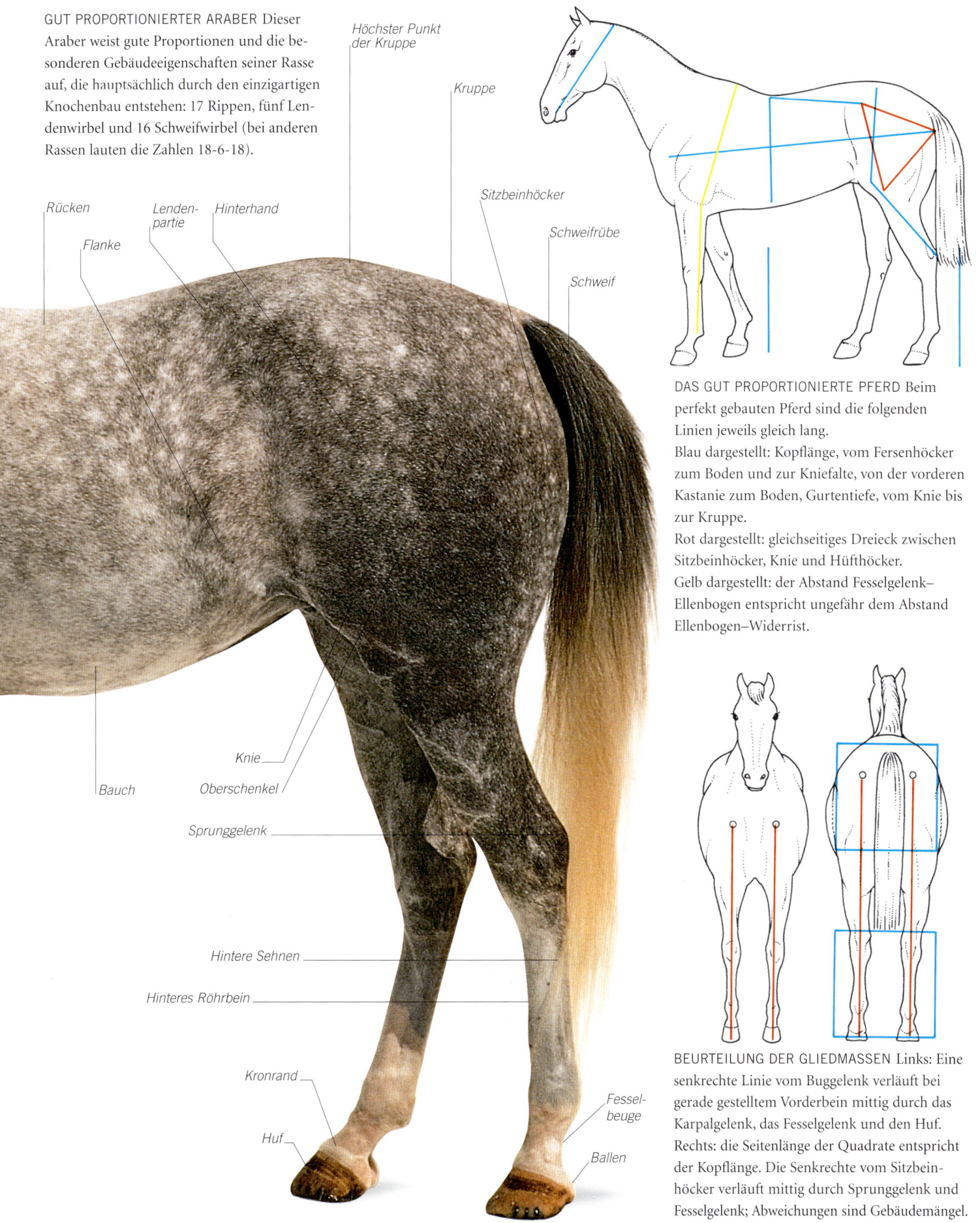

Rücken

Flanke

Lendenpartie

Hinterhand

Höchster Punkt der Kruppe

Kruppe

Sitzbeinhöcker

Schweifrübe

Schweif

Bauch

Knie

Oberschenkel

Sprunggelenk

Hintere Sehnen

Hinteres Röhrbein

Kronrand

Huf

Fesselbeuge

Ballen

DAS GUT PROPORTIONIERTE PFERD Beim perfekt gebauten Pferd sind die folgenden Linien jeweils gleich lang.
Blau dargestellt: Kopflänge, vom Fersenhöcker zum Boden und zur Kniefalte, von der vorderen Kastanie zum Boden, Gurtentiefe, vom Knie bis zur Kruppe.
Rot dargestellt: gleichseitiges Dreieck zwischen Sitzbeinhöcker, Knie und Hüfthöcker.
Gelb dargestellt: der Abstand Fesselgelenk–Ellenbogen entspricht ungefähr dem Abstand Ellenbogen–Widerrist.

BEURTEILUNG DER GLIEDMASSEN Links: Eine senkrechte Linie vom Buggelenk verläuft bei gerade gestelltem Vorderbein mittig durch das Karpalgelenk, das Fesselgelenk und den Huf. Rechts: die Seitenlänge der Quadrate entspricht der Kopflänge. Die Senkrechte vom Sitzbeinhöcker verläuft mittig durch Sprunggelenk und Fesselgelenk; Abweichungen sind Gebäudemängel.

BEURTEILUNG DER PROPORTIONEN

Nützliche Richtlinien für die Beurteilung des Gebäudes gibt die Zeichnung eines gut proportionierten Pferdes auf S. 15. Diese Richtwerte sind das Ergebnis intensiver Studien von Professor Wortley-Axe und seinen französischen Kollegen im 19. Jahrhundert, den Professoren Bourgelat, Duhousset, Goubaux und Barrier. Es gibt aber auch noch einige Faustregeln, die bei einer Gebäudebeurteilung unschätzbare Dienste leisten.

Die Gurtentiefe ist ein wichtiges Kriterium. Hier liegt der Platz für die Ausdehnung der Lungen. Der Abstand vom Widerrist zum Ellenbogen sollte nach Möglichkeit größer sein als der Abstand vom Ellenbogen zum Boden.

Bei schnellen Pferden muss der Hals ziemlich lang sein (ein kurzer, dicker Hals deutet eher auf Kraft hin). Als Richtschnur kann gelten, dass der Hals ungefähr eineinhalbmal so lang sein sollte wie die Linie vom Genick über das Gesicht bis zur Unterlippe. Ein unpropor-

BEWEGUNGEN Die aktiven, kraftvollen Bewegungen dieses Welsh Partbred beruhen auf einem guten Grundgebäude und einer beispielhaften Muskelentwicklung, die sich vor allem in der kraftvoll gerundeten Oberlinie zeigt.

GEBÄUDE Dieses Standardbred, für Trabrennen gezüchtet, ist ein gutes Beispiel für ein Gebäude, das zum Gebrauch passt. Für ein Rennpferd wäre dieses Gebäude weniger ideal.

tional großer Kopf überlastet die Vorhand, ein zu kleiner Kopf, was seltener vorkommt, beeinträchtigt das Gleichgewicht. Schließlich dient der Kopf als Ausgleichsgewicht für den Körper – man hat ihn mit einem 18-kg-Pendel verglichen. Wird der Kopf angehoben, so wird die Vorhand leichter und das Gewicht auf die Hinterhand verlagert.

Eine weitere nützliche Messung ist die der Rückenlänge – von der Hinterkante des Widerristes bis zum höchsten Punkt der Kruppe. Man vergleicht sie mit der Länge der Linie von der Bugspitze bis zur letzten »falschen« Rippe (s. Skelett, S. 18–19). Im Idealfall ist die letztere Linie doppelt so lang wie die erstere.

Die korrekte Stellung der Gliedmaßen kann man beurteilen, wenn man sich direkt vor oder hinter das Pferd stellt und nach den Richtlinien von S. 15 vorgeht.

KOPFSTUDIEN

Die Proportionen des Kopfes sind von großer Bedeutung; kein anderer Körperteil sagt so viel über den Charakter aus. Man hat den Kopf schon als »das Zentrum der Intelligenz und den Sitz der Untugenden« bezeichnet.

Beim Sportpferd erwartet man einen ausgeprägt trockenen Kopf. Die Ohren sind beweglich, und die groben, drahtigen Haare, die auf eine primitive Abstammung hindeuten, fehlen. Die Augen sind groß und klar, die Nüstern weit geöffnet zur Erleichterung der Atmung, und die Ganaschen liegen so frei, dass das Pferd im Genick nachgeben kann. So vermittelt der Kopf den Eindruck von Intelligenz und Leistungsbereitschaft. Entgegengesetzte Züge findet man bei schwereren oder nicht gut durchgezüchteten Pferden, die weniger gut reagieren und weit weniger aufmerksam wirken.

GEBÄUDEMÄNGEL

Gebäudemängel sind das Ergebnis von Schwächen oder Fehlern in der Grundstruktur des Pferdes. Sie beeinflussen die Bewegungs-manier und damit die Leistungsfähigkeit, soweit dafür eine geradlinige und mühelose Bewegung nötig ist. Allerdings können Gang-auffälligkeiten, die in der einen Disziplin als Fehler gelten, in einer anderen einen Vorteil bringen, wenn dort andere Kriterien wichtig sind. Durch Zuchtauswahl kann ein Gebäude entstehen, das von der Norm abweicht, die Tiere aber zu besonderen Gängen befähigt.

BÜGELN In Europa gilt es als Fehler, wenn die Vorderbeine kreisförmig nach außen geführt werden. Beim Paso Peruano dagegen wird diese Eigenschaft hoch geschätzt und durch sorgfältige Zuchtauswahl gefördert.

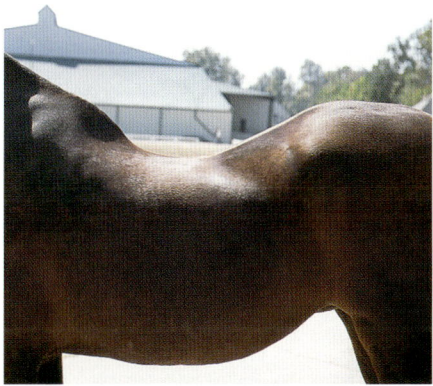

DER SENKRÜCKEN entsteht durch ein schwerwiegendes Sich-Absenken der Rücken-wirbel und tritt oft im Alter auf. Er erschwert die Sattelanpassung noch mehr und kann sich negativ auf die Bewegung auswirken.

KUHHESSIGE STELLUNG Die Sprunggelenke stehen nahe zusammen, die unteren Teile der Gliedmaßen weisen nach außen. Dadurch werden die Gelenke ungleichmäßig abgenutzt.

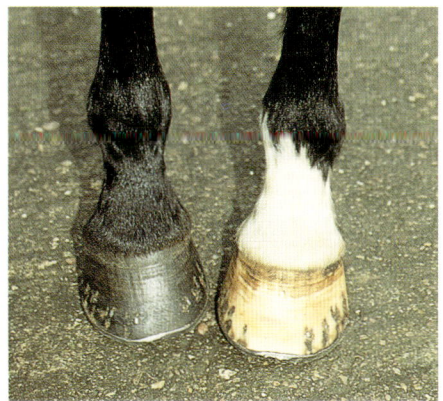

ZEHENENG Auch diese Stellung führt zu un-gleichmäßiger Abnutzung der Gelenke und kann die Bewegungsmanier beeinträchtigen. Außerdem bügeln zehenenge Pferde oft.

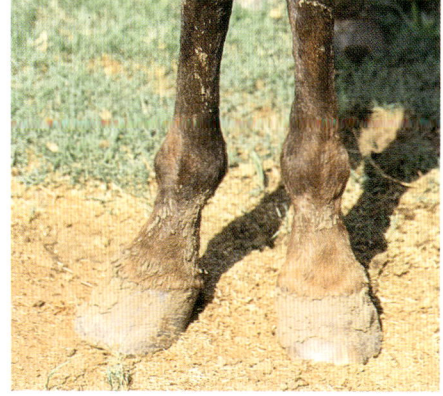

ZEHENWEIT Bei dieser Hufstellung kommt es oft zum »Streichen«, bei dem die Füße sich in der Bewegung gegenseitig berühren. Ungleichmäßige Abnutzung der Gelenke.

Der Knochenbau

Das Skelett ist das Grundgerüst des Körpers. Die verschieden geformten Knochen tragen das Körpergewicht. Die Knochen sind über Gelenke beweglich, und wenn sie mit den Muskeln zusammenarbeiten, entsteht Bewegung im Körper oder Fortbewegung.

Gelenke sind Verbindungsstellen zwischen Knochen. Die Enden der Knochen, die Gelenkflächen, sind dichter als die übrige Substanz und können dadurch der Reibung, die zwischen den beiden Oberflächen auftritt, besser widerstehen.

Als zusätzlicher Schutz gegen Abnutzung sind die Gelenkflächen von einer Knorpelschicht überzogen. Der gesamte Bereich ist von einer zweischichtigen Hülle umgeben, der Gelenkkapsel. Die äußere Schicht dieser Kapsel sorgt für eine gewisse Steifheit, während die innere eine ölige Flüssigkeit absondert (die Synovia oder Gelenkflüssigkeit), so dass das Gelenk sozusagen in einem Ölbad arbeitet und ständig geschmiert wird.

Das Ganze wird von Bändern zusammengehalten, das sind zähe, faserige, dehnbare Gewebe, die an den Knochen ansetzen. Sie lassen die freie Bewegung zu, verhindern aber eine Überdehnung, die zu Verletzungen führen würde.

Am Brustkorb sind die Rippen unterschiedlich befestigt. Die ersten acht, die »echten« Rippen, sind sowohl mit den Wirbelkörpern als auch mit dem Brustbein verwachsen; die nächsten zehn, die »falschen« Rippen, sind nur mit den Wirbelkörpern verbunden. Beim perfekten Pferd sind die echten Rippen lang und flach, so dass der Reiter bequem sitzen kann. Die fal-

schen Rippen sollten gut gerundet und geformt sein, damit das Pferd bei der Arbeit nicht »einfällt«; direkt nach der letzten Rippe sollte eine deutliche Kuhle verlaufen.

Beim Reitpferd sind die Knochen lang und schlank, während sie bei den schweren Rassen dick, kurz und dichter sind. Eine Messung des Knochenumfangs unterhalb des Karpalgelenks gibt einen guten Anhaltspunkt für die Eignung des Pferdes als Gewichtsträger ab. Misst man hier 20 cm, so rechnet man, dass das Pferd 70–76 kg tragen kann; bei 23–25 cm rechnet man mit 82,5–89 kg und bei 25–28 cm mit 100 kg und mehr.

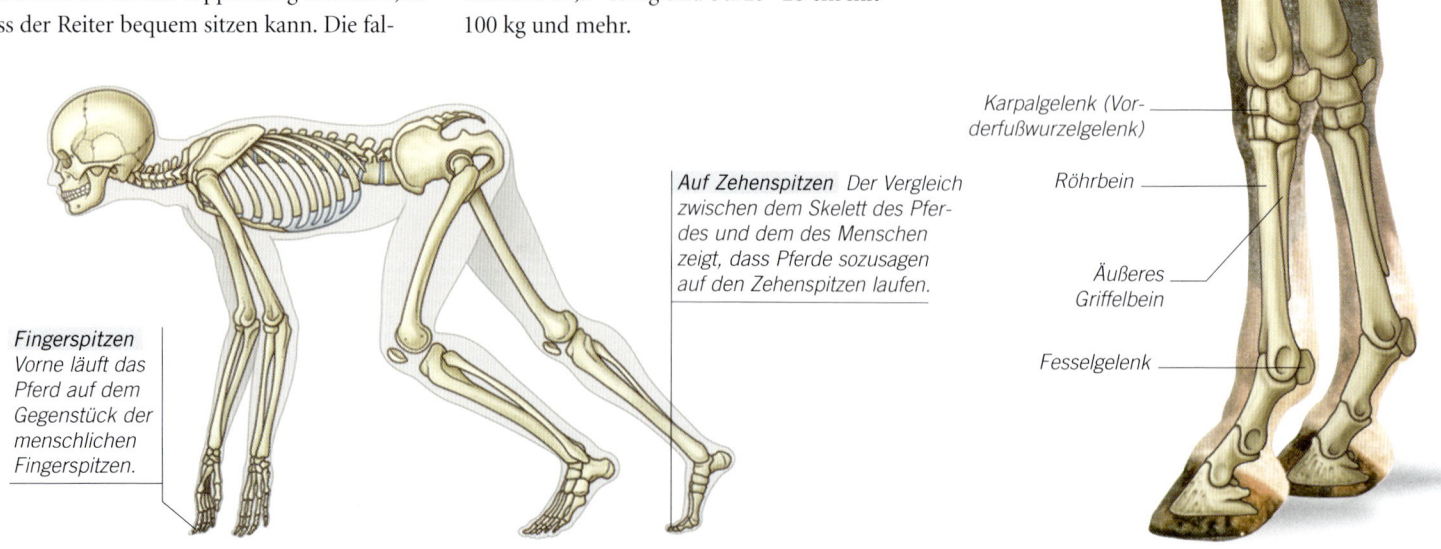

Ohröffnung

Augen höhle

Nasen bein

Nasen öffnung

Halswirbel

Brustwirbel

Schulterblatt

IDEALE SCHRÄGE Die Schulter ist für eine mühelose Laufbewegung ein kritischer Punkt. Das Schulterblatt muss im Verhältnis zum Oberarm lang sein und aus dem deutlich abgesetzten Widerrist gut nach schräg vorne verlaufen.

Humerus (Oberarmknochen)

Ulnia (Elle)

Radius (Speiche)

Karpalgelenk (Vorderfußwurzelgelenk)

Röhrbein

Äußeres Griffelbein

Fesselgelenk

Fingerspitzen
Vorne läuft das Pferd auf dem Gegenstück der menschlichen Fingerspitzen.

Auf Zehenspitzen Der Vergleich zwischen dem Skelett des Pferdes und dem des Menschen zeigt, dass Pferde sozusagen auf den Zehenspitzen laufen.

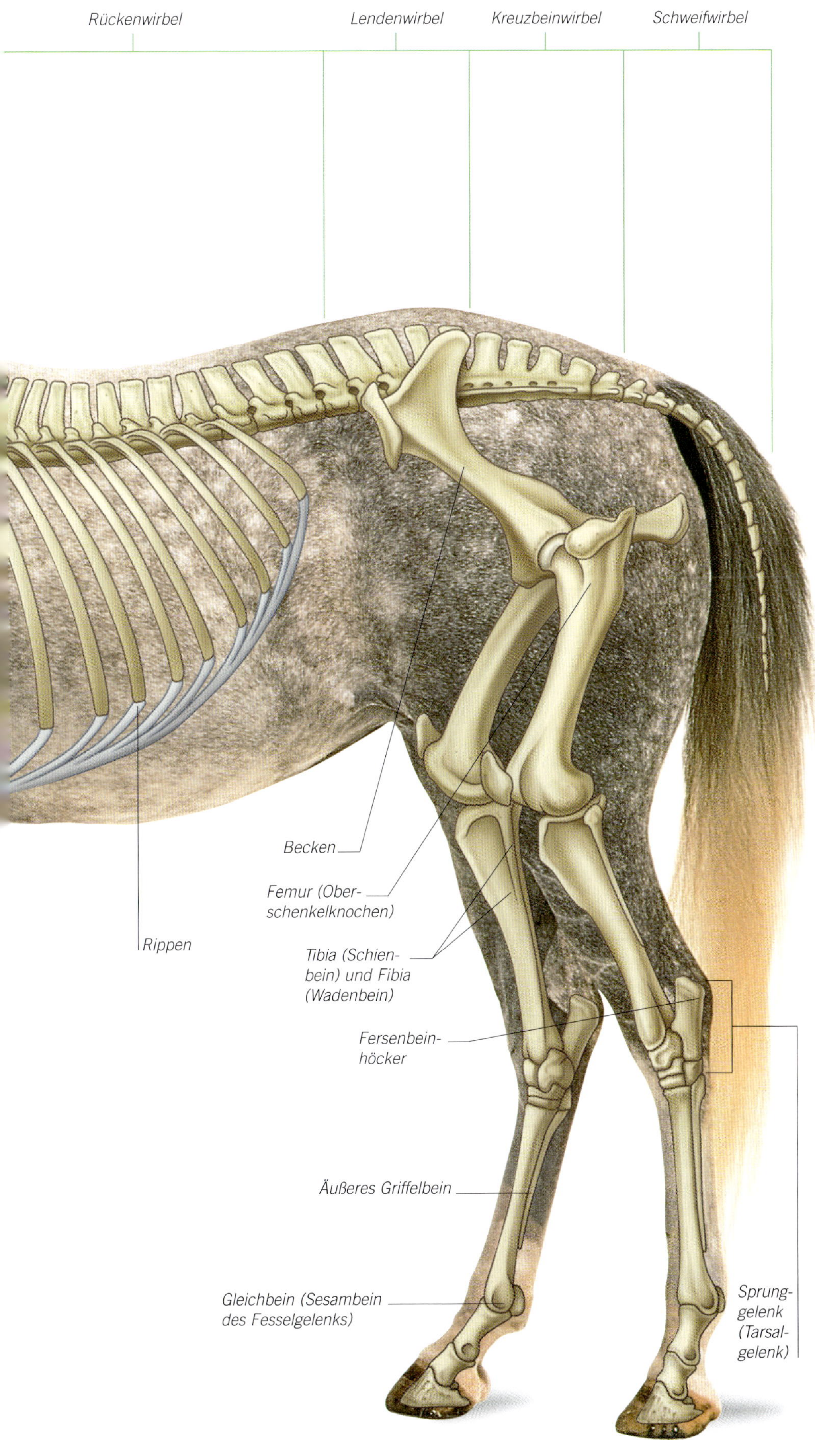

Rückenwirbel   Lendenwirbel   Kreuzbeinwirbel   Schweifwirbel

Becken

Femur (Ober-
schenkelknochen)

Rippen

Tibia (Schien-
bein) und Fibia
(Wadenbein)

Fersenbein-
höcker

Äußeres Griffelbein

Gleichbein (Sesambein
des Fesselgelenks)

Sprung-
gelenk
(Tarsal-
gelenk)

DIE ZÄHNE

*An den Schneidezähnen lässt sich das
Alter eines Pferdes in den ersten zehn
Lebensjahren recht genau ermitteln.
Neugeborene Fohlen haben noch keine
Zähne. Im Alter von zehn Tagen schieben
sich die Zangen, die mittleren Schneidezähne, durch das Zahnfleisch. Im Alter
von sechs bis neun Monaten verfügen
Fohlen über ein vollständiges Milchge-
biss. Das Dauergebiss ist im Alter von
fünf bis sechs Jahren vollständig.*

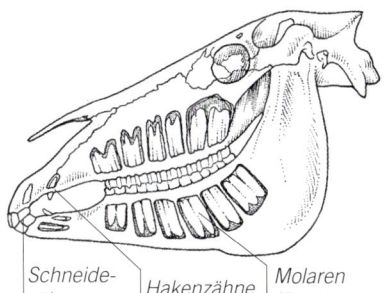

Schneide-   Hakenzähne   Molaren
zähne   (Backenzähne)

AUSGEWACHSENES PFERD Beim erwachsenen Pferd stehen in jedem Kiefer
zwölf Backenzähne zum Malmen und
Sechs Schneidezähne zum Abbeißen.

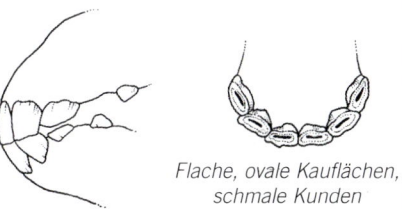

Flache, ovale Kauflächen,
schmale Kunden

FÜNF JAHRE Zangen, Mittelzähne und
Eckzähne gehören zum Dauergebiss, auf
den Kauflächen erscheinen die »Kunden«.

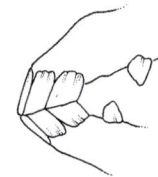 

Runde Kauflächen,
ovale Kunden

ZWÖLF JAHRE Mit zwölf Jahren stehen
die Zähne schräger zueinander, die Kunden sind weniger ausgeprägt.

Dreieckige Kauflächen
runde Kunden

ALTES PFERD Bei alten Pferden stehen
die Schneidezähne stark schräg zueinander, die seitliche Kerbe (»Einbiss«)
im Eckzahn ist fast verschwunden.

Der Muskelapparat

Das Knochengerüst ist von Muskeln
überzogen, die über Sehnen mit den
Knochen verbunden sind. Diese
stabilen Seile sind mit den Knochen
regelrecht verflochten, ohne sie würden die Muskeln reißen. Durch ihre
Verbindung mit den Gelenken sorgen
die Muskeln durch Zusammenziehen
oder Ausdehnen für Bewegung.

EIGENSCHAFTEN VON MUSKELN

Muskeln an sich sind elastisch und können sich
sowohl zusammenziehen (»kontrahieren«) als
auch verlängern. Damit bewegen sie die Kör-
permasse.

Eine Besonderheit bei der Muskelkontrak-
tion ist die Tatsache, dass der Muskel nur
genau so weit kontrahiert werden kann, wie er
auch gedehnt werden kann. Das bedeutet also,
dass das Gelenk, das durch den Muskel akti-
viert wird, umso weiter gebeugt werden kann,
je stärker der Muskel sich zusammenziehen
kann. Beim Training des Pferdes muss es deswegen ein Hauptziel sein, die Muskeln durch
geeignete Übungen zu dehnen.

Es gibt quer gestreifte Muskulatur wie die
Skelettmuskulatur, die willkürlich benutzt
werden kann, und glatte Muskulatur, die nicht
gezielt gesteuert werden kann, wie z. B. die
Darmmuskulatur und der völlig unabhängige
Herzmuskel. Oft teilt man die Muskeln in
Beuger und Strecker ein: Die Beuger ziehen
sich zusammen und beugen so ein Gelenk ab,
die Strecker arbeiten in die entgegengesetzte
Richtung und klappen es wieder auf.

Muskeln arbeiten in Paaren, oft auch gegeneinander. Als Beispiel kann man die Rücken-
muskeln nehmen, die auf beiden Seiten der
Wirbelsäule verlaufen, und als Gegenstück dazu die Bauchmuskeln. Wenn das Pferd seinen
Körper biegt, müssen die Muskeln auf der
Innenseite dieser Bewegung sich zusammenziehen, während die Muskeln auf der Außen-
seite sich entsprechend dehnen, um so die
Biegung überhaupt zu ermöglichen.

GEGENSPIELER

Wenn der Rücken aufgewölbt wird (s. Zeichnung rechts), arbeiten bestimmte Muskeln
gegeneinander. Dabei sind die großen Rücken-

muskeln gedehnt, und
das Aufwölben geschieht
dadurch, dass der Bauch angehoben wird und die Hinterbeine
unter den Körper genommen
werden. Diese Bewegung wird
durch drei Muskeln an der
Bauchseite und drei weitere, die
von der fünften und der neunten Rippe zum
Schambein verlaufen und gegen die Rücken-
muskeln als Beuger arbeiten, ausgeführt.
Ähnlich findet die Spannung der Unterhals-
muskeln im Brustbereich ihren Gegenspieler
in den Muskeln im oberen Halsbereich – so
kann das Pferd Kopf und Hals ohne be-
wusste Anstrengung tragen.

Der Begriff »Spannung« wird hier im
Sinne von »Spannungszustand der Muskeln«, Tonus genannt, verwendet. Dieser
Muskeltonus ist notwendig, damit ruckarti-
ges Strecken oder Beugen vermieden wird,
das zu ernsthaften Verletzungen führen
könnte. Durch starke körperliche Anstrengung können die Muskeln geschädigt
werden, weil der Sauerstoffmangel zu
»Muskelkater« führt. Schädigungen treten
auch durch die Kombination von eiweiß-
reicher Fütterung und zu wenig Arbeit auf.
Der Kreuzverschlag, die »Feiertagskrank-
heit«, bei der die Lendenmuskeln schmerz-
haft steif werden, ist ein Beispiel dafür.

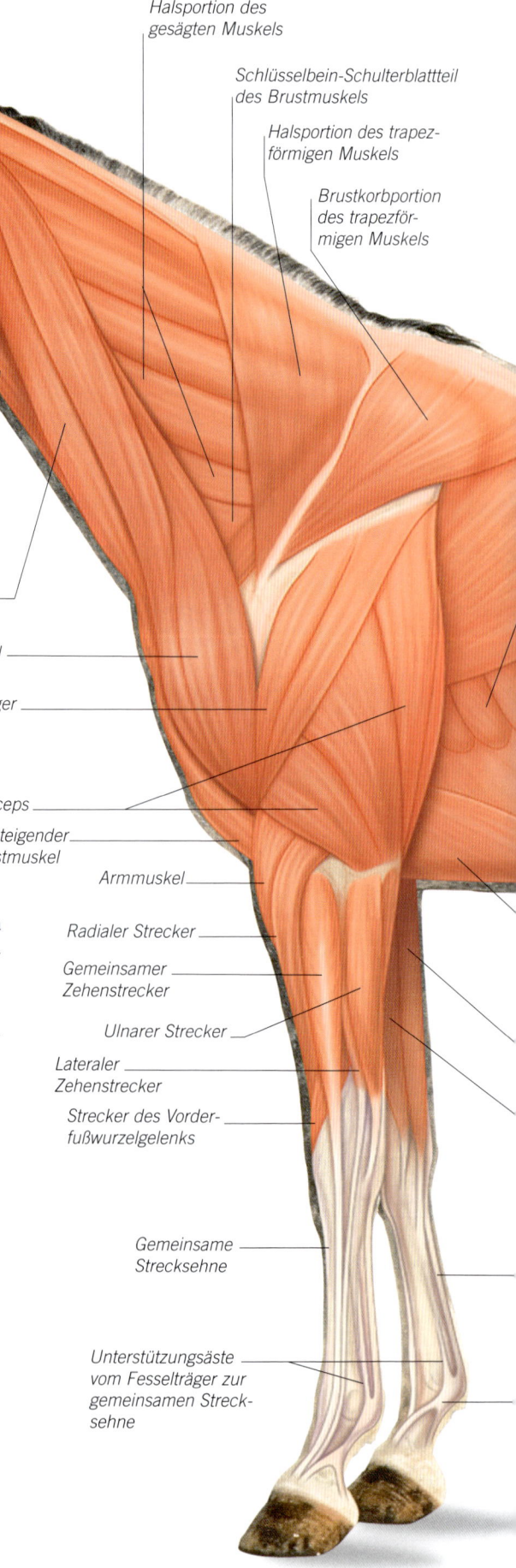

Halsportion des
gesägten Muskels

Schlüsselbein-Schulterblattteil
des Brustmuskels

Halsportion des trapez-
förmigen Muskels

Brustkorbportion
des trapezför-
migen Muskels

Ohrmuskeln

Äußerer
Kaumuskel

Nasen-
Lippenheber

Jochmuskel

Brustbein-Zun-
genbeinmuskel

Nüstern-
erweiterer

Brustbein-Unter-
kiefermuskel

Armkopfmuskel

Deltaförmiger
Muskel

Triceps

Aufsteigender
Brustmuskel

Armmuskel

Radialer Strecker

Gemeinsamer
Zehenstrecker

Ulnarer Strecker

Lateraler
Zehenstrecker

Strecker des Vorder-
fußwurzelgelenks

Gemeinsame
Strecksehne

Unterstützungsäste
vom Fesselträger zur
gemeinsamen Streck-
sehne

DIE OBERLINIE Die Ausbildung soll ein junges Pferd in die richtige Silhouette bringen. Dies wird durch gymnastizierende Übungen erreicht, die die Muskeln der Oberlinie aufbauen und gerundete Körperformen erzeugen. Die Hinterbeine sollen tätig unter den Körper treten.

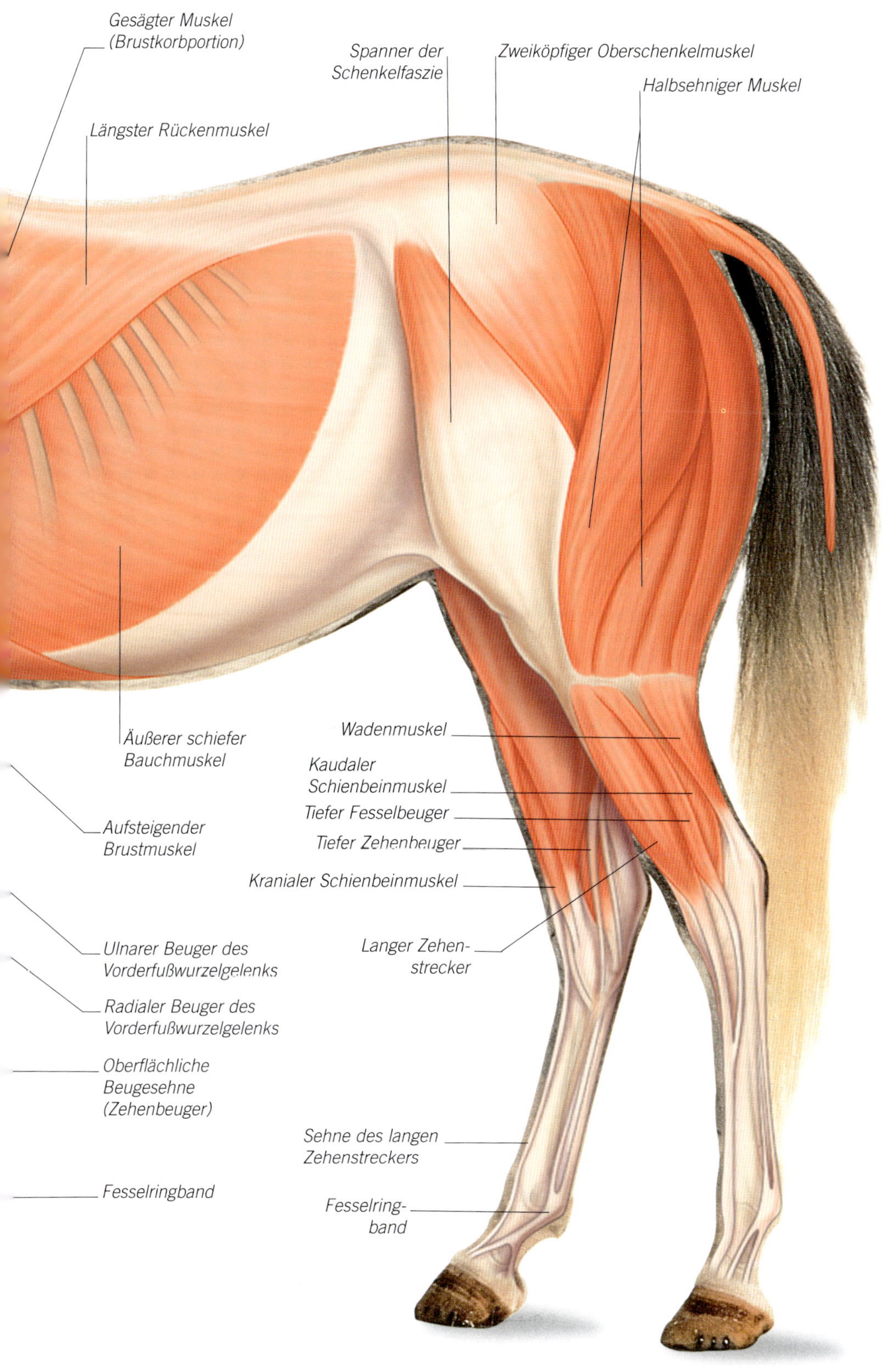

Gesägter Muskel (Brustkorbportion)

Spanner der Schenkelfaszie

Zweiköpfiger Oberschenkelmuskel

Halbsehniger Muskel

Längster Rückenmuskel

Äußerer schiefer Bauchmuskel

Wadenmuskel

Kaudaler Schienbeinmuskel

Tiefer Fesselbeuger

Tiefer Zehenbeuger

Kranialer Schienbeinmuskel

Aufsteigender Brustmuskel

Ulnarer Beuger des Vorderfußwurzelgelenks

Radialer Beuger des Vorderfußwurzelgelenks

Langer Zehenstrecker

Oberflächliche Beugesehne (Zehenbeuger)

Sehne des langen Zehenstreckers

Fesselringband

Fesselringband

MUSKELENTWICKLUNG

Korrekt entwickelte Muskeln befähigen das Pferd, sich unter dem Reiter mit möglichst geringer Anstrengung zu bewegen. Im gegenteiligen Fall bekommt man ein steifes Pferd, das den Rücken wegdrückt, die Nase in der Luft trägt und die Hinterbeine nachschleifen lässt – was beim Pferd zu Unbehagen führt und die Körperstrukturen übermäßig belastet. Gründe für eine unzureichende Entwicklung der Muskulatur sind mangelndes Training, schlechtes Reiten und fehlendes Verständnis für die zugrunde liegenden Zusammenhänge.

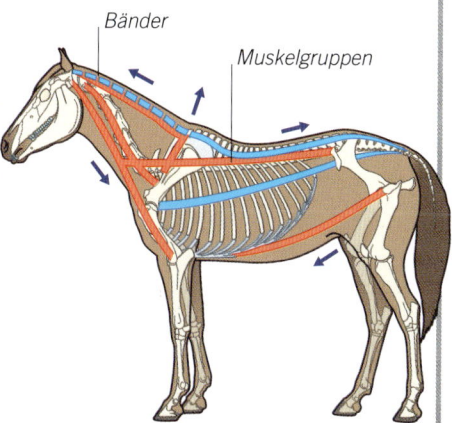

Bänder

Muskelgruppen

GERICHTETE SPANNUNG Die Zeichnung zeigt die Hauptgruppen von Muskeln (rot) und Bändern (blau). Die Pfeile zeigen in die Richtungen, in die Spannung erzeugt wird – unterstützt wird diese durch eine richtige Grundausbildung und gutes Reiten.

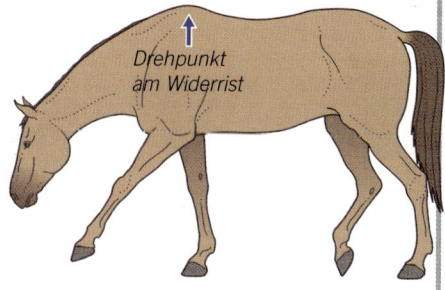

Drehpunkt am Widerrist

DAS NACKENBAND Übungen, bei denen der Hals gedehnt und der Rücken aufgewölbt wird, dehnen das Nackenband (das vom Genick über den gesamten Rücken verläuft) über den Drehpunkt der Widerristknochen und sorgen für verstärkten Muskelaufbau in der Oberlinie.

Warm und kalt

Am einfachsten lassen sich die Pferderassen in drei Typen unterteilen: leichte Pferde, schwere Pferde und Ponys. Die Typen unterscheiden sich durch Gebäudemerkmale, die von Gebrauch und Umwelt abhängen. Außerdem gibt es zahlreiche Untergruppen mit eigenen, oft sehr speziellen Eigenschaften.

Unter leichten Pferde versteht man solche vom »Reitpferdetyp« oder vom »leichten Wagenschlag«. Dazu gehören Araber und Vollblüter ebenso wie die amerikanischen Gangpferde und Traber, die Hackneys und die vielen Warmblutschläge. Im Gebäude gibt es also zahlreiche Unterschiede, weniger dafür bei den allgemeinen Proportionen.

Zu den schweren Pferden gehören alle Zugpferderassen – sie sind die Nachkommen des primitiven europäischen Waldpferdes. In der Größe und in Details sind sie unterschiedlich, aber im Grunde ist das Gebäude gleich, und auch die Proportionen weichen wenig voneinander ab.

Ponys sind fast ein Kapitel für sich. Bei ihnen hängt das Gebäude stark von Umwelt und Nutzung ab. Auf die einheimischen Ponys der englischen Gebirgs- und Moorlandschaften trifft das auf jeden Fall zu; sie werden oft unter dem Stichwort »Berg- und Moorrassen« (Mountain- and Moorland-Breeds) zusammengefasst. Es trifft aber auch auf die europäischen

DER SCHMELZTIEGEL

A Das englische Vollblut, der einzige direkte Abkömmling der orientalischen Wüstenpferde, wurde im 17. und 18. Jahrhundert in England als Superpferd »erfunden« und wird seit 200 Jahren rein gezüchtet.
B Warmblüter – Pferde, die einen gewissen Anteil an Wüstenblut aufweisen.
C Das Kaltblut, das schwere Pferd, Abkömmling des primitiven Waldpferdes.
D Das Pony, ein warmblütiges Tier von kleinerer Statur, an seine Umgebung angepasst.
E Der Araber, das Wüstenpferd, der Urquell aller Rassen der Welt.

A Englischer Vollblüter

B Warmblüter

C Kaltblüter

D Pony

E Araber

Ponys wie Haflinger, Fjordpferde und Gotländer und natürlich auch auf die bemerkenswerten Islandpferde zu.

Früher gab es eine willkürliche Formel, nach der alles über 148 cm als Pferd und alles darunter als Pony galt. Die Angelegenheit ist aber wesentlich komplexer und hat ebenso viel mit Proportionen wie mit Größe zu tun.

Beim Pony sind die Proportionen im Allgemeinen kürzer als beim Großpferd. Bei den echten Robustponys ist das Gebäude unter dem Einfluss der ursprünglichen Umwelt entstanden, die sich vor allem auf die Bewegungsmanier ausgewirkt hat. Die schräge Schulter und die Lage des Schulterblatts zum Oberarm lassen eine hohe Knieaktion zu – eine wichtige Voraussetzung für ein Tier, das in einen unebenen Gelände lebt, wo eine lange, flache Bewegung völlig unpassend wäre.

Um es noch komplizierter zu machen, bezeichnet man Araber immer als Pferde, obwohl sie oft unter 148 cm groß sind, während man bei Isländern niemals von Ponys spricht. Poloponys sind meistens größer als 148 cm, werden aber trotzdem als Ponys bezeichnet. Der Araber mit seinem einzigartigen Körperbau weist trotzdem Pferdeproportionen auf, was beim Islandpferd ganz sicher nicht der Fall ist, und Poloponys sind eigentlich kleine Vollblüter.

KALT, WARM, WÜSTE

Man kennt die Unterscheidung zwischen Wüstenpferden, Kaltblütern und Warmblütern. Unter ersteren versteht man die allgegenwärtigen Vorläufer der heutigen leichten Pferde, die Araber, die seit 3000 Jahren rein gezüchtet werden, und deren ebenso durchgezüchtete und allgegenwärtige Abkömmlinge, die Vollblüter. Die Stutbücher beider Rassen lassen Blutbeimischungen von außen nicht zu.

Kalblut ist ein Ausdruck, der sehr passend die schweren Pferdeschläge beschreibt, in denen kein Wüstenblut fließt. Auch ein oder zwei Ponyschläge gehören zu den Kaltblütern, beispielsweise der Norweger.

Mit Warmblut – dieser Ausdruck bezieht sich nicht auf die Körpertemperatur – bezeichnet man Pferde, die einen gewissen Anteil an Wüstenblut tragen. Früher bezeichnete man solche Pferde als Halbblüter, wobei das auch einen Blutanteil vom Vollblüter bedeuten kann. Der englische Ausdruck »partbred« deutet an, dass das Tier mit anderen Rassen gekreuzt wurde als mit Arabern oder Vollblütern. Der Einfluss der Wüstenpferde nimmt in der Entwicklung der heutigen leichten Pferde und der

PROPORTIONEN

Wenn man beim leichten Pferd mit hohem Vollblutanteil, beim Pony und beim Kaltblüter die Proportionen studiert, werden Unterschiede sichtbar. Vollblutanteil führt zu längeren Gliedmaßen, die zum »Geschwin- *digkeitsgebäude« gehören, während das schwere Pferd die kurzen, dicken Proportionen aufweist, die mit Kraft verbunden sind, nicht aber mit Schnelligkeit. Das Pony weist Gemeinsamkeiten mit dem Kaltblut auf.*

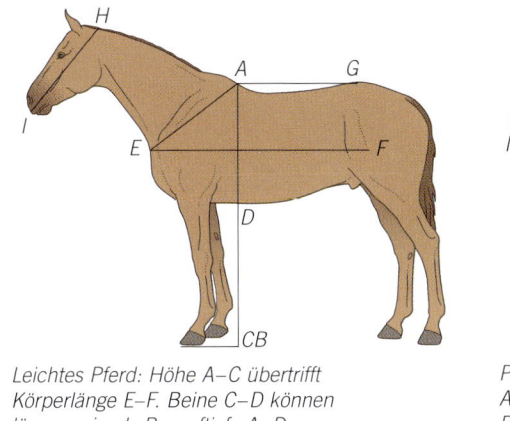

Leichtes Pferd: Höhe A–C übertrifft Körperlänge E–F. Beine C–D können länger sein als Rumpftiefe A–D. Rückenlänge A–G kann größer sein als Kopflänge H–I, Kopflänge ist kürzer als Schulter A–E.

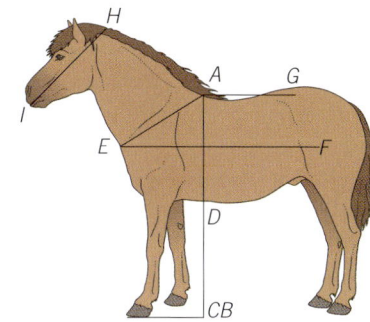

Pony: Körperlänge E–F übertrifft Höhe A–C. Rumpftiefe A–D gleich oder größer Beinlänge D–C. Kopflänge H–I gleich Schulter A–D und Rückenlänge A–G. Die Proportionen hängen direkt von der Umwelt ab.

Schweres Pferd: Proportionen ähneln mehr dem Pony. Rückenlänge A–G kann kürzer sein als Kopflänge H–I. Maß E–F größer als Höhe A–C. Rumpftiefe A–D soll Beinlänge D–C übertreffen.

Ponys der gesamten Welt zwar eine herausragende Stellung ein, aber auch andere Elemente waren beteiligt, vor allem das spanische oder iberische Pferd und der Berber. So mancher Hippologe mag sich übrigens nicht damit zufrieden geben, dass diese beiden Rassen nicht zu den Wüstenpferden gezählt werden.

Die Ursprünge des Berbers liegen ziemlich im Dunkeln. Auch die Tatsache, dass die ersten Vollblüter einige Jahrhunderte lang als Berber bezeichnet wurden, sorgt für Verwirrung. Natürlich haben die Berber hier eine Rolle gespielt, aber ihren Anspruch auf die Bezeichnung Wüstenpferd können sie nicht beweisen, weil die Rasse nicht rein gezüchtet wurde. Auch das iberische Pferd wird von den Hippologen nicht als Wüstenpferd im modernen Sinne anerkannt, obwohl es sich wie ein roter Faden durch einen Großteil der Pferdezuchtgeschichte in Amerika zieht und lange Zeit als das »wichtigste Pferd in Europa« galt. Unbestreitbar hat es sich in

vielerlei Hinsicht einen Namen gemacht, vom 16. bis zum 18. Jahrhundert hatte es in Europa sogar größeren Einfluss als der Araber.

Trotzdem wurde seine Heimat, die iberische Halbinsel, über 400 Jahre lang von Römern, Vandalen, Westgoten und anderen Stämmen besetzt gehalten, bis im 8. Jahrhundert die Moslems einfielen.

Alle diese Völker brachten ihre eigenen Pferde mit – die Mauren führten Tausende von Berbern aus Nordafrika ein, und Araber gab es immer in beachtlicher Zahl. Besonders zahlreich waren sie in der Gegend von Cordoba, wo ein früher Emir am Ufer des Guadalquivir ein Gestüt mit mindestens 200 Pferden unterhielt.

Es ist kaum anzunehmen, dass die maurischen Importe keinen Einfluss auf das iberische Pferd gehabt haben sollen. Trotz aller Diskussionen kann die wichtige Rolle, die diese Pferde gespielt haben, nicht in Frage gestellt werden.

Natürliche Gangarten

Pferde haben drei Grundgangarten und daneben eine Vielzahl von Spezialgangarten, die größtenteils auf dem Pass basieren. Dieser Gang kommt von Natur aus bei einigen Rassen vor, vor allem beim Tennessee Walker, dem Saddlebred, dem Foxtrotter, dem Standardbred und dem Islandpferd.

FUSSFOLGE

Die Grundgangarten sind Schritt, Trab und Galopp. Die Fußfolge im Schritt lautet, wenn man mit dem linken Hinterbein anfängt, folgendermaßen: 1. hinten links; 2. vorne links; 3. hinten rechts; 4. vorne rechts – ein klarer Viertakt.

Der Trab ist eine Bewegung im Zweitakt, bei der das Pferd gleichzeitig das eine diagonale Beinpaar auf den Boden setzt und nach einem Schwebemoment auf das andere diagonale Beinpaar umspringt. Man hört zwei Hufschläge, einen, wenn das linke Hinterbein und das rechte Vorderbein auf dem Boden auftreffen, und den zweiten, wenn nach kurzer Pause das gegenüberliegende diagonale Beinpaar auftrifft.

Der Galopp ist ein Dreitakt. Die Fußfolge lautet z. B.: 1. hinten links; 2. linke Diagonale (links vorne und rechts hinten berühren gleichzeitig den Boden); 3. rechts vorne – wenn dieses Bein als letztes nach vorne kommt, spricht man von Rechtsgalopp. Auf einem Zirkel nach rechts sollte das Pferd Rechtsgalopp gehen, d. h. das innere Vorderbein wird zuletzt nach vorne geführt. Auf einem Linkszirkel geht man besser Linksgalopp. Wenn ein Pferd einen Rechtszirkel im Linksgalopp geht oder umgekehrt, spricht man vom »Außengalopp« oder »falschen Galopp«. Erst bei höher ausgebildeten Pferden reitet man Außengalopp als Übung zur Förderung des Gleichgewichts.

ENTWICKLUNG DER GÄNGE

In der modernen Dressurreiterei werden die Gänge jeweils in vier »Tempi« weiter unterteilt (nur der Renngalopp nicht).

Im Mittelschritt zeigt das Pferd eine gewisse Rahmenerweiterung, die Hinterhufe kommen kurz vor der Spur der Vorderhufe auf dem Boden auf. Der versammelte Schritt ist kürzer und energischer, die Beine werden höher genommen, die Hinterhufe berühren den Boden hinter der Spur der Vorderhufe. Im starken Schritt werden Kopf und Hals etwas gestreckt. Das Pferd soll so viel Raumgriff wie möglich zeigen, wobei der deutlich abgesetzte Viertakt erhalten bleiben muss. Dabei kommen die Hinterhufe vor der Spur der Vorderhufe auf. Auch im freien Schritt, einer Pausen-Gangart, geht das Pferd in längerem Rahmen, und auch dabei soll der Viertakt erhalten bleiben.

Der Arbeitstrab liegt zwischen dem Mitteltrab und dem versammelten Trab, neigt aber zum versammelten Trab. Der Mitteltrab liegt zwischen dem starken Trab und dem versammelten Trab und neigt eher zum starken Trab, wobei die Hinterhufe in die Spuren der Vorderhufe treten. Der Galopp wird ähnlich eingeteilt wie der Trab, es gelten dieselben Regeln.

DEFINITIONEN

Die Ausführung der Gänge hängt, soweit es die Dressur betrifft, vom Verständnis bestimmter Punkte ab, wozu vor allem bestimmte Definitionen gehören. So versteht man beispielsweise unter Takt die Regelmäßigkeit und den geordneten Fluss einer Gangart. Die Tempi sind die Geschwindigkeiten innerhalb einer Gangart. Mit Kadenz bezeichnet man das Mehr an Ausdruck, Erhabenheit und Lebendigkeit, das man im Takt und in der allgemeinen Fußfolge einer Gangart bemerkt, wenn sie mit aufwärts gerichtetem Schwung ausgeführt wird – unter Schwung versteht man die Energie, die von der Hinterhand erzeugt und von der Hand des Reiters in die richtigen Bahnen gelenkt wird.

GALOPPIERENDER GAUCHO Dieses Pferd ist so dargestellt, wie es im 17. und 18. Jahrhundert in England in der Sportdarstellung üblich war: die Beine nach vorne und hinten ausgestreckt. Erst die Fotoreihen von Eadweard Muybridge (1885) bewiesen, dass diese Auffassung nicht stimmte.

TAKTREINE GÄNGE

Die drei Grundgangarten sollten taktrein ausgeführt werden, man sollte den Klang der einzelnen Hufschläge also deutlich abgesetzt hören können. Nur im Galopp können die Hufschläge ineinander übergehen. Bei einem wenig ausgebildeten Pferd fehlt der Takt; nur bei einem korrekt ausgebildeten Pferd kann man die Silhouette so verändern, dass es die unterschiedlichen Tempi zeigen kann. Für die versammelten Gangarten müssen Fundament und Silhouette des Pferdes kürzer werden, dazu kommen eine nahezu senkrechte Kopfhaltung, eine höhere Aktion und eine gesenkte Kruppe.

TRAB Schöner, schwingender, ausdrucksstarker Mitteltrab. Gefällige Kopfhaltung, die Hinterhand tritt gut unter.

GALOPP Schöner, weicher Galopp im Dreitakt auf der linken Hand. Das Pferd geht gut vorwärts, in guter Anlehnung und mit sehr gutem Gleichgewicht.

Manche Pferdeexperten sehen den Renngalopp, einen besonders schnellen Galopp, als eine vierte Gangart an.

SCHRITT Diese Bildfolge zeigt einen freien Schritt, das Pferd steht schön zwischen Hand und Schenkel. Es geht taktrein im Viertakt

Spezialgangarten

Viele der Spezialgänge der »Gangpferde«, mit Ausnahme der Westernpferde und der töltenden Rassen wie der Islandpferde, basieren auf der gleichseitigen Passbewegung, bei der das Pferd die Beine nicht im diagonalen Paar bewegt, sondern die beiden Beine einer Seite gleichzeitig einsetzt.

GANGPFERDE-TRADITION

Eine ganze Anzahl russischer Rassen zeigt noch von Natur aus den Passgang. Spanien, insbesondere Galizien, war die Heimat von Pferden, die sich in einem erschütterungsfreien, schnellen Tölt bewegten und in ganz Europa sehr gefragt waren. Ihre Abkömmlinge, die mexikanischen Galicenos, sind auch jetzt noch für ihre Gangpferde-Veranlagung bekannt.

Sowohl die Kathiawari- als auch die Marwari-Pferde aus Westindien haben sich einen angeborenen Passgang bewahrt, den schnellen und bequemen Revaal, aber eine Verfeinerung und Perfektion der Gänge hat hauptsächlich auf dem amerikanischen Kontinent stattgefunden. In Südamerika steht der bekannte Paso Peruano für die Gangpferdetradition. In Nordamerika findet man neben dem Standardbred, dem schnellsten Passgänger der Welt, drei Gangpferde-Spezialrassen: das Saddlebred, den Missouri Foxtrotter und den Tennessee Walker. Zweifellos zeigen diese Rassen beeindruckende Gänge, aber sie leiden unter dem gekünstelten, gelackten Image der Turnierszene.

KÜNSTLICHE HILFSMITTEL

Unter diesen drei Gangspezialisten wird nur beim Missouri Foxtrotter durch Verbot des Zuchtverbandes auf die Benutzung künstlicher Hilfsmittel wie Zusatzgewichte an den Hufen oder die Verwendung von Ketten um die Fesselgelenke zur Verstärkung der Knieaktion verzichtet. Bei den anderen beiden Rassen dagegen werden diese Hilfsmittel in großem Umfang eingesetzt.

DAS GEBRAUCHSPFERD

Heutzutage denkt man beim Saddlebred hauptsächlich an seine Turnierleistungen und seine gekünstelten Bewegungen. Ursprünglich war es aber als Gebrauchsrasse gezüchtet worden und kann mit normal gestellten Hufen als Rinderpferd, zum Springen, für Jagden oder als Dressurpferd ausgebildet werden.

Ähnlich wurde auch der Tennessee Walker ursprünglich als praktisches, ausdauerndes Pferd für die Plantagen gezüchtet und hätte nur sehr wenig moderne Hilfsmittel nötig, um dieser Arbeit nachzugehen.

ANGEBORENE GÄNGE

Auf dem amerikanischen Kontinent findet sich der größte und wohl farbenprächtigste Pferdebestand der Welt mit den meisten unterschiedlichen Rassen. Beim Western-Arbeitspferd findet man Gänge, die völlig dem Gebrauch der Tiere und dem schwierigen Geläuf in ihrem Lebensraum angepasst sind. Auch die sorgfältig gepflegte Gruppe der Gangpferde findet ihren Ursprung in der Nutzung für die praktische Arbeit. Diese Gänge sind größtenteils angeboren. Die übertriebenen, gekünstelten Turniergänge sind nur eine Verstärkung des natürlich vorhandenen Potentials.

SADDLEBRED Diese Turnierpferde beherrschen neben den Grundgangarten den »slow gait« (einen Tölt) und den schnellen »rack« (Renntölt) im Viertakt.

QUARTERHORSE Die typischen Gänge des Westernpferdes sind der langsame Trab, der »jog«, und der lockere »lope«, ein kräftesparender, einhändig gerittener Galopp.

TENNESSEE WALKER Der berühmte »running walk« ist ein weicher, gleitender Renntölt, der bei 9–14 km/h geritten wird und sich völlig erschütterungsfrei sitzt.

HERAUSBRINGEN DER GÄNGE

Die Knieaktion wird verstärkt, indem man die Hufe sehr lang lässt und schwere Hufeisen, kombiniert mit geformten Keilen, anbringt. Oft werden auch Ketten um die Fesselgelenke angebracht, die dasselbe erreichen sollen, aber zu Verletzungen führen können.

Hufkeil

Keil

Riemen über den Huf

Keil

TENNESSEE WALKER (Oben) Besonders geformte Keile und gerade Hufe helfen dem »running walk« ganz erheblich nach.

SADDLEBRED (Oben) Zur Verstärkung der Knieaktion wird auf den typischen überlangen Huf noch ein Eisen aufgenagelt.

STANDARDBRED Das schnellste Trabrennpferd der Welt ist kein Traber, sondern ein Passgänger. Der »Standard« beträgt 145 Sekunden für 1,6 km.

Farben und Abzeichen

Die Fellfarben werden durch Gene bestimmt. Die Gene sitzen auf den Chromosomen, von denen das Pferd 32 Paare hat. Die Kombination der Gene auf den einzelnen Chromosomen ist verantwortlich für die charakteristischen Merkmale eines Tieres einschließlich der Fellfarbe.

MÖGLICHE FARBEN

Ist ein Elternteil ein Schimmel und der andere braun, so wird das Fohlen ebenfalls ein Schimmel, da Weiß dominierend ist. Ein braunes

Gen und ein fuchsfarbenes Gen ergeben immer ein braunes Fohlen, da Fuchsfarben rezessiv ist. Dieses Fohlen hat jedoch zur Hälfte Geschlechtszellen mit fuchsfarbenen Genen. Paart man zwei Tiere mit solchen Anlagen, so kann deren Fohlen fuchsfarben sein. Aus einer Paarung zweier echter Füchse mit zwei fuchsfarbenen Genen in einer Zelle gehen immer Füchse hervor. Die Fellfarbe der Fohlen ist jedoch nicht in jedem Fall konstant – Lipizzaner beispielsweise kommen schwarz zur Welt und werden erst im Laufe ihres Lebens weiß. In Zweifelsfällen ist die Farbe der Barthaare ausschlaggebend. Zur Pferdebeschreibung gehören neben der Fellfarbe die weißen Abzeichen auf dem Körper.

TEILFÄRBUNG Pferde, deren Fell nicht einfarbig ist, nennt man Pintos (manchmal auch Calicos). Es gibt allerdings auch Pferde mit mehr als zwei Farben, die sich oftmals vermischen. Der Tobiano (Grundfarbe Weiß) aus dem Südwesten Amerikas vererbt sich dominant. Diese Pferde können dunkle oder gar blaue Augen haben.

FELLFARBEN

SCHIMMEL Schwarze Haut, darauf weiße und schwarze Haare gemischt.

PALOMINO Goldfarbenes Fell mit Mähne und Schweif in derselben Farbe.

BRAUN Rötlich braunes Fell mit schwarzen Punkten, Mähne und Schweif schwarz.

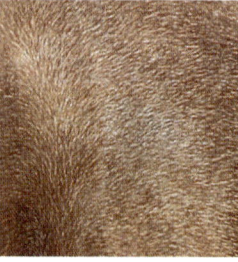

ROTSCHIMMEL Fuchsfarbenes Fell mit weißen Haaren durchsetzt.

GETÜPFELT Diese Färbung nennt man auch appaloosafarben.

FLIEGENSCHIMMEL Viele kleine braune Haarflecken auf Schimmelfell.

FUCHS Variiert in Schattierungen von dunklem bis rotem Gold.

DUNKELBRAUN Fell, Mähne und Schweif sind schwarz und braun gemischt.

DUNKELSCHIMMEL Schwarzes oder braunes Deckhaar, durchsetzt mit weißem Haar.

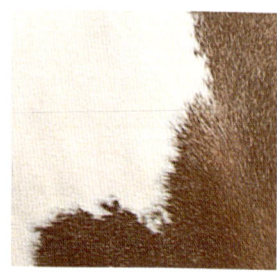

SCHECKE Große helle Flecken auf einem andersfarbigen Fell.

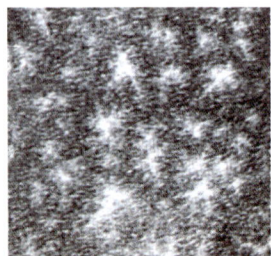

APFELSCHIMMEL Deutlich abgegrenzte dunkelgraue Ringe auf hellem Grund.

DUNKELFUCHS Dies ist die dunkelste Fuchsfärbung.

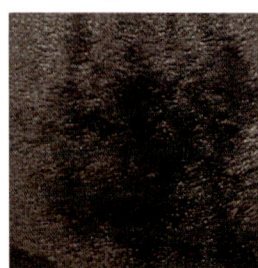

RAPPE Völlig schwarz, manchmal mit weißen Abzeichen.

FALBE Gelb mit dunklem Einschlag durch Pigmentvermischung.

SCHECKE Unregelmäßige, große, weiße oder schwarze Flecken.

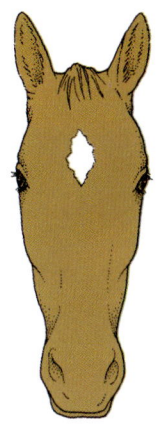

Stern

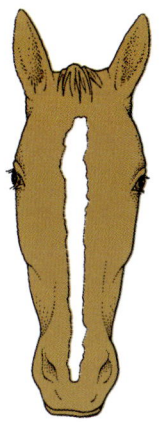

Schnurblesse

Blesse

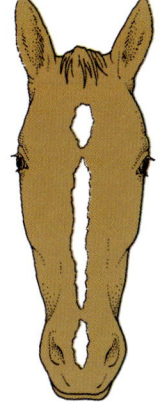

Unterbrochene schmale Blesse

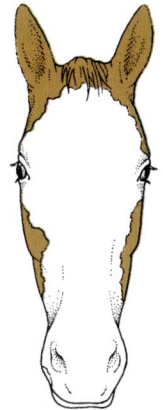

WEISSES GESICHT Bei einem weißen Gesicht ist der gesamte Vorderteil des Kopfes weiß, ebenso die Partien neben dem Maul und unterhalb der Ohren.

Weißes Maul

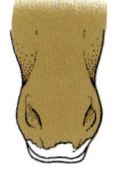

Weiße Lippen

NATÜRLICHE ABZEICHEN Die Abzeichen erscheinen im Allgemeinen als weiße Stellen im Gesicht und an den Beinen, sind aber ab und zu auch unter dem Bauch, an den Flanken usw. zu finden.

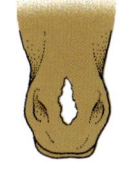

Schnippe

Dunkel

Gestreift

HUFFARBEN Huffarben dienen der Identifizierung eines Pferdes. Die Hufe links sind dunkel bis schwarz, die rechten vertikal gestreift. Hufe können auch hell oder weiß sein.

ERKENNUNGSZEICHEN

»Erkennungszeichen« dienen der Identifikation; das sind zum Beispiel Brände, auch in der Sattel- und Gurtenlage, die als weiße Haare erscheinen.

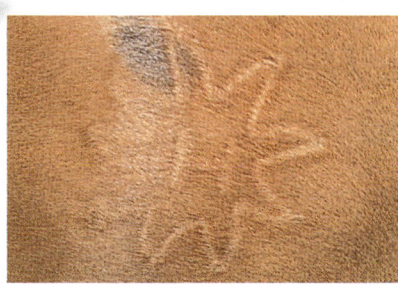

BRÄNDE Brände zur eindeutigen Identifikation der Tiere enthalten das Zeichen der Herde oder der Rasse und oft die beim Zuchtverband registrierte Nummer.

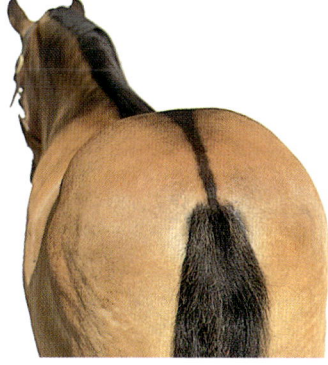

AALSTRICH Der Aalstrich erscheint meist auf grauem oder falbem Fell. Er ist ein Zeichen der Primitivrassen und findet sich bei Pferden wie dem Tarpan und mongolischen Wildpferden.

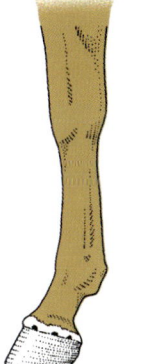

Weiße Krone

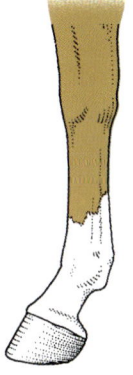

Socken

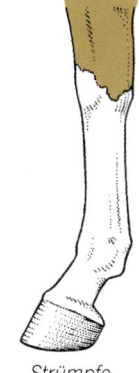

Strümpfe

ABZEICHEN AN DEN BEINEN Kronen sind schwarz oder weiß und laufen entlang dem Kronrand. Socken sind immer weiß und gehen bis zum Karpalgelenk, Strümpfe bis über das Karpalgelenk.

KALTBRAND Kaltbrand-Markierungen dienen ebenfalls der Identifikation und werden oft zur Vorbeugung gegen Diebstahl angebracht.

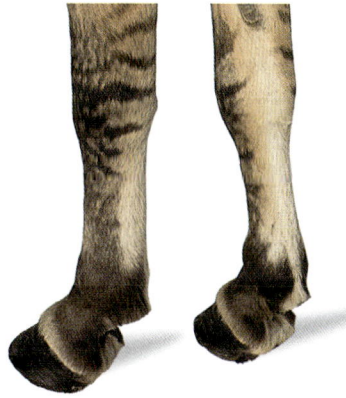

ZEBRASTREIFEN Zebrastreifen an den Beinen sind eine Art primitiver Tarnfarbe. Man sieht sie oft bei alten Rassen wie Fjordpferden (s. S. 254-255) und dem Highland-Pony (s. S. 230-231).

Die Sinne

Pferde sind von äußerst starken Instinkten geprägt, die sie im Laufe ihrer Entwicklungsgeschichte erwarben. Sie verfügen, genau wie Menschen, über fünf Sinne: Geschmack, Gefühl, Gehör, Geruch und Gesicht, haben diese jedoch wesentlich stärker ausgeprägt als der Mensch. Und außerdem haben sie noch jenen rätselhaften sechsten Sinn, eine Art höherer Wahrnehmung, der beim Menschen nur selten zu finden ist.

Nach vorn hören

Nach allen Richtungen hören

Nach hinten hören

SCHMECKEN

Über den Geschmackssinn der Pferde ist wenig bekannt, außer dass er mit dem Gefühl zusammenhängt und beispielsweise bei der sozialen Fellpflege eine wichtige Rolle spielt. Man vermutet, dass Pferde gern Süßes fressen, und so süßt die Futterindustrie ihre Produkte, in der Annahme, dass sie von den Pferden besser aufgenommen werden. Ob es wirklich stimmt, weiß man nicht, denn viele Pferde bevorzugen bittere Kräuter, wie man sie in Hecken und auf alten Weiden findet.

GEHÖR Pferde haben ein außergewöhnlich gut ausgebildetes, hochsensibles Gehör. Große, bewegliche Ohren können sich nach allen Seiten drehen und nehmen Geräusche aus allen Richtungen auf. Sie arbeiten in Verbindung mit den Augen: Ist ein Ohr nach vorn gerichtet, so versucht das Pferd, auch mit dem entsprechenden Auge das Objekt seiner Neugier zu fixieren. Je näher die Ohren aneinander stehen, desto besser kann sich das Pferd nach vorn orientieren.

FÜHLEN

Für unser Verständnis des Pferdes ist es sehr wichtig zu wissen, wie es fühlt. Das Fühlen, also die Berührung, dient als Kommunikationsmittel – sowohl den Pferden untereinander als auch zwischen Menschen und Pferden. Das Putzen und Reiten sind zwei Beispiele dafür. Das Bein des Reiters übt leichten Druck auf die reizempfindlichen Stellen der Seitenteile des Pferdes aus, die Hand kommuniziert mit dem Pferd, indem sie durch den Zügel und das Gebiss das Pferdemaul berührt. Die Tasthaare des Mauls erkunden den Bereich, den das Pferd nicht sehen kann, wie z.B. die Beschaffenheit des Futters. Es ist absolut unbegreiflich, dass man diese Tasthaare aus

FLEHMEN (rechts) Flehmen, das Zurückklappen der Lippen, zeigt der Hengst, wenn er den Geruch einer rossigen Stute in die Nase bekommt oder sie berührt; oft wird das Flehmen jedoch auch durch besonders scharfe Gerüche.

RIECHEN UND FÜHLEN Kontakte werden durch Berührung und Geruch hergestellt, wenn die Pferde sich gegenseitig in die Nüstern blasen. Fohlen erkennen immer den Geruch ihrer Mutter, genauso wie diese den ihres Fohlens. Auch Herdenmitglieder erkennen sich gegenseitig am Geruch.

Gründen der Mode abschneidet – man beraubt das Pferd damit einer seiner natürlichen Fähigkeiten.

HÖREN

Pferde hören wesentlich besser als Menschen. Der Pferdekopf mit seinen beweglichen Ohren, die sich in alle Richtungen drehen können, ist ein enorm aufnahmefähiger Schallkörper. Pferde reagieren sehr stark auf die menschliche Stimme; sie ist wohl die beste Trainingshilfe. Zusammen mit einer festen, ruhigen Hand (Berührung) kann die Stimme dem Pferd Sicherheit vermitteln und es beruhigen.

RIECHEN

Pferde verfügen über einen ausgezeichneten Geruchssinn, und der spielt ebenso wie das Gehör eine wichtige Rolle in ihrem Sicherheitssystem. Die Tiere erkennen einander und vermutlich auch ihre heimatliche Umgebung am Geruch. Pferde nehmen den Geruch des Menschen sehr genau auf, sie riechen sozusagen jede Unsicherheit und Nervosität des Menschen, der mit ihnen umgeht. Sie reagieren besonders empfindlich auf den Geruch von Blut und werden beispielsweise in der Nähe von Schlachthöfen häufig sehr unruhig und nervös. Der Geruchssinn spielt zudem im Sexualverhalten eine große Rolle.

SEHEN

Der Gesichtssinn der Pferde ist in vieler Hinsicht außergewöhnlich. Im Vergleich zu anderen Tieren, wie beispielsweise Schweinen oder Elefanten, haben Pferde sehr große Augen, was schon auf die Bedeutung dieses Sinnes hinweist. Im Gegensatz zum Menschen und anderen Tieren fixiert das Pferd die Objekte durch Heben und Senken des Kopfes; die Linse, das »Objektiv Auge«, verändert sich dabei kaum. Die Fähigkeit, Objekte zu sehen, die sich direkt vor ihm befinden, wird von der Position der Augen bestimmt – sie sitzen seitlich und ermöglichen dem Pferd eher eine Rundumsicht als ein gerades Sehen. Pferde können die Augen unabhängig voneinander bewegen. Grasende Pferde verfügen sogar über die Rundumsicht, ohne den Kopf heben oder drehen zu müssen; möglicherweise sieht das Pferd sogar einen Teil seines Reiters. Pferde sind keine Nachttiere, aber sie sehen auch nachts ganz gut.

DER SECHSTE SINN

Es gibt viele Geschichten über das außergewöhnliche Wahrnehmungsvermögen von Pferden. So ist ihr Widerwille gegen unheimliche Orte bekannt. Ebenso erkennen sie – für uns unerklärlich – Gefahren, und sie können hypersensibel auf die Launen und Gemütszustände ihrer Besitzer und Reiter reagieren.

FÜHLEN Pferde berühren fremde Gegenstände mit der Nase und mit dem Huf – sie fühlen und riechen also gleichzeitig. Oft beriechen und betasten sie ihnen unsicher erscheinenden Boden zuerst, bevor sie ihn betreten.

Verhalten und Kommunikation

Pferde haben zur Verständigung untereinander eine sehr differenzierte Sprache, die physische und taktile Signale umfasst wie beispielsweise das Ohrenanlegen und die gegenseitige Fellpflege. Auch der Geruch dient der Verständigung: So genannte Pheromone (Soziohormone) werden als Duftmarken über Hautdrüsen abgegeben und von Artgenossen wahrgenommen.

OHREN UND AUGEN (OBEN) Ohren lassen den Gemütszustand des Pferdes erkennen und auf sein Verhalten schließen. Sind die Ohren aus Wut oder Aggression eng angelegt, zeigt das Tier zumeist auch das Weiße seiner Augen.

DIE BEDEUTUNG DES GERUCHS

Die Fohlen erkennen instinktiv den Geruch ihrer Mutter. Auch Mitglieder einer Herde erkennen sich an einer Art »Gruppenduft«. Der Geruch spielt zudem eine große Rolle im Sexualverhalten: Das Pheromon, abgegeben von einer Stute in der Rosse, ist eine klare Aufforderung an den Hengst, sie zu decken. Außerdem gibt sie noch Körpersignale wie das so genannte »Blitzen«, das Auf- und Zuklappen der Vulva und das Schräghalten des Schweifes. Ebenso deutlich gibt eine Stute zu erkennen, wenn sie nicht deckbereit ist: Sie bleckt die Zähne und versucht, nach dem Hengst zu schlagen oder ihn zu beißen. Pferde sind nicht so territorial gebunden wie manche anderen Tiere, dennoch markieren die Hengste ihr Gebiet durch Urin und Kot. Urinieren sie über den Exkrementen einer Stute der eigenen Herde, zeigen sie fremden Pferden damit an, dass diese zu ihrem Harem gehört.

FLEHMEN

Die Rosse der Stute wird vom Hengst durch Beschnuppern der Vulva erkannt. Kurz vor dem Eisprung wird der Hengst aktiv und beginnt eine Art Vorspiel. Er leckt und beknabbert die Stute und sucht die körperliche Berührung, die meist von Flehmen begleitet ist, dem Hochklappen der Lippen. Flehmen hat nicht immer sexuellen Charakter und ist auch nicht das Privileg männlicher Pferde. Es kann – bei beiden Geschlechtern – auch durch starke oder ungewöhnliche Gerüche und Geschmack, wie etwa Knoblauch, Zitronen oder Essig, hervorgerufen werden.

STIMMLICHE KOMMUNIKATION

Pferde verständigen sich in geringem Maße auch mit der Stimme. Schreie und Grunzen sind meist Ausdruck von Aggression oder Erregung. Sie schnauben, wenn sie etwas besonders Interessantes oder Gefährliches wahrnehmen, wiehern noch von der Herde getrennten Gefährten zu oder einfach, weil sie aufgeregt sind. Stuten blubbern leise, um ihre Fohlen zu beruhigen; dasselbe freudige Blubbern hört man manchmal auch vor dem Füttern. Manche Pferde lernen sogar, die Menschen durch Wiehern darauf hinzuweisen, dass Fütterungszeit ist …

VERSTÄNDIGUNG MIT DEN MENSCHEN

Es ist ziemlich sicher, dass die Menschen den Pferden unbewusst Botschaften durch ihren Körpergeruch senden. Ängstliche oder aggressive Menschen haben Ausdünstungen, welche die hypersensiblen Pferde riechen – sie werden dann entweder ängstlich oder aggressiv, je nachdem, ob das Tier von Natur aus untertänig oder dominant ist. Gewiefte Reiter schmierten sich

GEGENSEITIGE FELLPFLEGE (OBEN) Dadurch wird die Beziehungen zweier Pferde untereinander gefestigt. Stuten kraulen ihre Fohlen und Hengste nutzen das Fellkraulen zur sexuellen Stimulierung der Stute.

HERDENTRIEB (LINKS) Pferde leben in der Wildnis in Herden, die aus mehreren kleinen Gruppen bestehen. Die Pferde erkennen sich untereinander am Gemeinschaftsgeruch der Gruppe.

KAMPFSPIELE Junge Pferde kämpfen zwar spielerisch, aber bei diesen Kämpfen geht es auch um die Rangordnung. Normalerweise verlaufen diese Kämpfe unblutig und ohne ernsthafte Verletzungen.

STEIGEN Pferde steigen aus verschiedenen Gründen – wenn sie erschrecken, weil sie spielen wollen oder um ihre Dominanz zum Ausdruck zu bringen. Sie steigen auch auf, wenn sie aufgeregt sind, ferner aus lauter Lebensfreude, vor allem, wenn sie längere Zeit eingesperrt waren. Besonders Hengste neigen dazu, zu steigen.

früher ihre Hände mit duftenden Ölen ein, wenn sie mit jungen oder schwierigen Pferden zu tun hatten. Der Spruch »Ein mutiger Mann macht mutige Pferde« deutet auf die große Sensibilität von Pferden hin. Pferde spüren die Art und sogar die Launen ihrer Reiter sehr genau und reagieren dementsprechend.

GESCHMACK UND GEFÜHL
Pferde verständigen sich untereinander auch durch Geschmack und Gefühl, beispielsweise bei der gegenseitigen Fellpflege, um so eine freundschaftliche Beziehung herzustellen. Die Menschen versuchen ebenfalls, den Kontakt zu Pferden durch Berührung oder durch Streicheln herzustellen. Besser wäre es allerdings, es wie die Pferde zu machen und ihnen in die Nüstern zu blasen. Auch das Putzen dient dem Kontakt zum Pferd und baut oft eine freundschaftliche Beziehung auf.

SIGNALE
Es ist nicht schwer zu verstehen, was ein Pferd tut, wenn es mit eingeknicktem Hinterbein, gesenktem Kopf, entspannten Ohren, herab-hängender Unterlippe und halb geschlossenen Augen dasteht – es döst. Ebenso einfach ist die Drohgebärde zu erkennen. Pferde, die dem Menschen die Hinterhand zudrehen, wenn er in ihre Box kommt, geben damit ein unmiss-verständliches Signal. Stampfen mit dem Hinterbein, Kopfschütteln und/oder ein unruhig, schlagender Schweif sind Zeichen von Irritation.

DIE OHREN
Pferdeohren senden ganz eindeutige Botschaften aus. Sie sind enorm beweglich und können, kontrolliert von 13 Muskelpaaren, ganz nach Belieben gedreht werden. Konzentriert nach vorn gerichtete Ohren zeigen ein starkes Interesse an einem Objekt vor dem Pferd an – und ein geringes Interesse am Reiter. Entspannte oder dösende Pferde lassen die Ohren fallen, sie werden regelrecht schlaff. Eng angelegte Ohren zeigen Missfallen, Wut und Aggression an. Ist ein Ohr seitwärts gerichtet, hört das Pferd möglicherweise eine Wespe oder eine Fliege. Sich hin und her bewegende Ohren sind für den Reiter ein positives Zeichen: Das Pferd ist aufmerksam.

Trächtigkeit und Geburt

Die Stuten kommen meist zwischen 15 und 24 Monaten in die Pubertät. Man kann zweijährige Stuten zwar schon decken lassen, besser ist es aber zu warten, bis sie drei Jahre alt sind.

DIE ROSSE

Beginnend mit dem frühen Frühjahr bis in den Herbst hinein werden die Stuten in regelmäßigen Intervallen von 18 bis 21 Tagen rossig, d.h. deckbereit. Jede Rosse dauert etwa fünf bis sieben Tage. In der Hochrosse duldet die Stute den Hengst. Die Zeichen dafür sind deutlich, sie erscheinen aber nicht immer alle gleichzeitig. Die Stuten wirken gereizt und unruhig und suchen mehr als sonst die Gesellschaft anderer Pferde. Der Schweif schlägt ständig, und die Klitoris (das kleine empfindliche Organ zwischen den Lippen der Vulva) steht vor, die Stute »blitzt«, wie man sagt. Das Tier lässt oft in kleinen Mengen Wasser, und um die Lippen der Vagina zeigt sich Schleim. Man kann die Deck-bereitschaft der Stute durch eine innerliche Untersuchung feststellen, gewöhnlich tut man dies jedoch durch einen so genannten »Probierhengst«. Auf Gestüten führt man eine Stute in den so genannten Probierstand, der mit einer dicken seitlichen Holzwand versehen ist. An diese Holzwand führt man einen Hengst, wobei die Holzwand die Tiere vor eventuellen Verletzungen schützt. Ist die Stute deckbereit, wird sie den Hengst akzeptieren, sie hält den Schweif seitwärts. Wenn nicht, bleckt sie die Zähne gegen den Hengst und schlägt nach ihm aus.

TRÄCHTIGKEIT UND GEBURT

Die durchschnittliche Trächtigkeit dauert elf Monate und einige Tage. Natürlich gibt es Abweichungen, und Hengstfohlen werden oft länger ausgetragen als Stutfohlen. Erstere kommen meistens nach 334 Tagen auf die Welt, Letztere nach 332 Tagen, jedoch ist ein Spielraum von neun Tagen bei beiden noch im Normalbereich. Beim Abfohlen brauchen hochblütige Pferde wie z.B. Vollblüter mehr Aufmerksamkeit von Seiten des Pferdebesitzers als robuste Pferde.

DIE PAARUNG Die Paarung erfolgt zwei oder drei Tage vor dem Ende der Rosse, wobei der Samen durch die Vagina in den Uterus gelangen und schließlich bis zum Eileiter vordringen muss.

Hochblütige Stuten lässt man meist in besonderen Abfohlboxen fohlen, die man durch Kameras rund um die Uhr überwachen lassen kann. Ponys hingegen dürfen fast immer im Freien abfohlen, was auch nur selten zu Problemen geführt hat. Eine Geburt bei Ponystuten verläuft sehr schnell, in etwa so wie in freier Wildbahn, wo Verzögerungen nur die Aufmerksamkeit von Raubtieren hervorrufen würden.

DIE ENTWICKLUNG DES FOHLENS

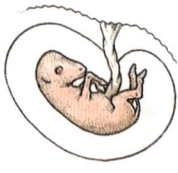

Zwei Monate (rechts) Mit zwei Monaten misst der Embryo etwa 7 bis 10 cm vom Nacken bis zur Kruppe. Die Gliedmaßen sind schon deutlich ausgeformt, und das Geschlecht ist erkennbar.

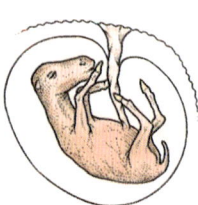

Vier Monate (links) Jetzt wiegt das Fohlen etwa 1 kg und misst 20 bis 23 cm. Die ersten kleinen Haare erscheinen an den Lippen. Die Hufe haben sich gebildet.

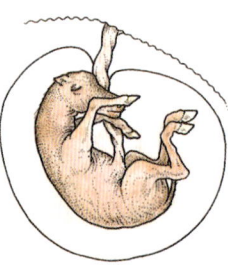

Sechs Monate (rechts) Jetzt ist das Haarkleid am ganzen Körper zu erkennen. Die äußeren Geschlechtsteile sind deutlicher geformt. Das Fohlen misst jetzt rund 56 cm und hat ein Gewicht um 5,5 kg.

ANZEICHEN FÜR DAS ABFOHLEN Ab dem fünften Monat kann man das Fohlen im Mutterleib sehen, ab dem sechsten Monat beobachten, wie es sich bewegt. Wenn der Zeitpunkt des Abfohlens kommt, senkt sich der Bauch der Stute. Deutliche Zeichen für die baldige Geburt sind Harztröpfchen am Euter der Stute.

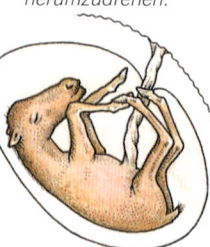

Elf Monate (rechts) Das Fohlen ist bereit, den Geburtskanal zu passieren. Es wiegt jetzt etwa 38,5 bis 48,5 kg und misst 109 cm und mehr. Die Zähne scheinen durch das Zahnfleisch hindurch.

Zehn Monate (rechts) Das Fohlen wiegt 29 bis 33,5 kg und misst 85 bis 92 cm. Fell und Langhaar sind fertig ausgebildet, das Fohlen ist bereit, sich für den Geburtsvorgang herumzudrehen.

Acht Monate (links) Das Fohlen nimmt eine aufrechte Stellung ein. Mähne und Schweif beginnen zu wachsen. Das Gewicht beträgt nun 16 bis 19 kg, die Länge 68 bis 73 cm.

AUSTREIBUNG UND GEBURT Die Geburt wird in drei Phasen unterteilt: einleitende Wehen, durch welche der Fötus in die richtige Position zur Geburt gelegt wird; austreibende Wehen, wenn das Fohlen das Becken passiert und durch den Geburtskanal hinausgleitet – das Fohlen ist geboren; letzte Wehen zur Austreibung der Nachgeburt. Vor Beginn der Wehen ist die Stute unruhig, legt sich hin und steht wieder auf. Bei der Austreibungsphase treten die Wehen regelmäßig alle paar Minuten auf. Dies kann bis zu sechs Stunden dauern, bis dann die Fruchtblase platzt.

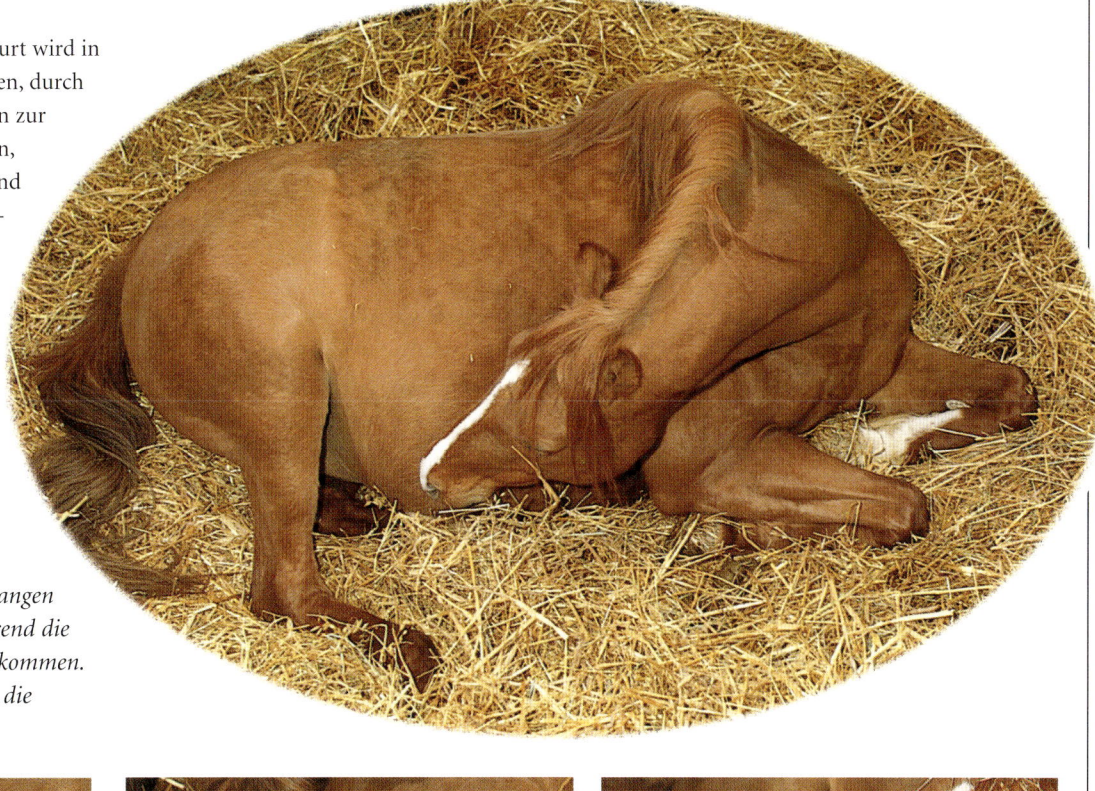

1 *Nachdem das Fruchtwasser abgegangen ist, legt sich die Stute nieder, während die Wehen in immer kürzeren Abständen kommen. Oft stöhnt sie laut und schwitzt, wenn die Wehen ihren Höhepunkt erreichen.*

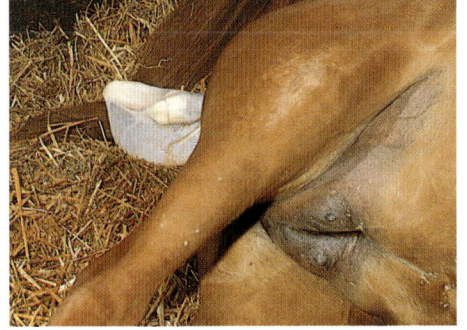

2 *Bei normaler Position des Fohlens kommen zuerst die Vorderbeine aus der Vagina heraus. Sie sind mit durchsichtigen Häuten bedeckt, der Eihaut, welche bei dem Geburtsprozess zerreißt.*

3 *Der Kopf erscheint nach den Vorderbeinen. Sobald die Schultern aus dem Mutterleib heraus sind, folgt der Rest des Fohlens leichter. In diesem Moment zerreißt die Eihaut über der Nase des Fohlens, und es beginnt zu atmen.*

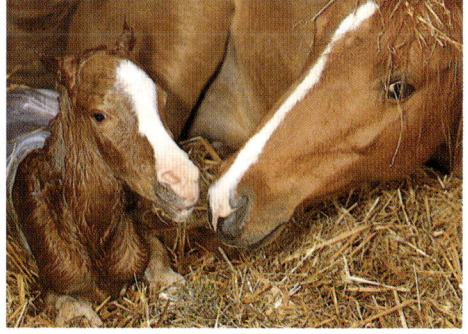

4 *Das Fohlen strampelt sich frei, wobei die Nabelschnur reißt. Dadurch bedingt schließt sich beim Fohlen, welches bisher über die mütterliche Plazenta mit Blut versorgt wurde, der eigene Blutkreislauf.*

5 *Bereits kurze Zeit nach der Geburt steht die Stute wieder auf und zerreißt endgültig die Nabelschnur, wenn dies nicht schon vorher geschehen ist. Die Stute leckt ihr Fohlen gründlich ab und wärmt das Neugeborene dadurch.*

DIE NACHGEBURT

Die Nachgeburt geht etwa vier Stunden nach dem Abfohlen ab. Wenn sie bis dahin nicht erschienen ist, sollte man den Tierarzt rufen. Ein Zurückhalten der Nachgeburt kann bei der Stute zu einer Sepsis führen.

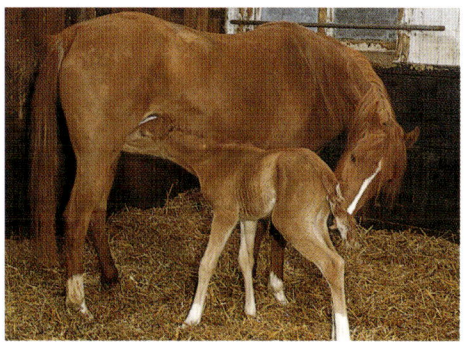

6 *Eine halbe Stunde nach der Geburt beginnt das Fohlen zu saugen. Die erste Kolostralmilch ist für das Fohlen lebenswichtig. Sie enthält Abwehrstoffe und sorgt dafür, dass das Darmpech aus dem Darm ausgestoßen wird.*

Die Entwicklung des Fohlens

Neugeborene Fohlen sind bereits eine halbe Stunde nach der Geburt auf den Beinen und trinken bei der Mutter, ihre Entwicklung verläuft, verglichen mit der des Menschenbabys, rapide. Fohlen, die im Stall geboren wurden, können am zweiten Tag bei entsprechendem Wetter mit der Stute ins Freie. Nachts sollten Stute und Fohlen in den Stall gebracht werden.

DIE ERSTEN TAGE

Die Beziehung des Fohlens zum Menschen beginnt gleich nach der Geburt. Es kann sein, dass der Mensch den Schleim um die Nüstern entfernen oder die Eihaut zerreißen muss, und in den ersten 24 Stunden seines Lebens wird das Fohlen gegen Fohlenlähme und Wund starrkrampf geimpft.

ZWEI WOCHEN ALT Mit zwei Wochen ist das Fohlen bereits mit Menschen vertraut.

AUSRUHEN Kleine Fohlen brauchen viel Ruhe und liegen oft eine Weile flach auf dem Boden.

Manche Stuten nehmen anfangs eine Verteidigungshaltung ein, indem sie sich zwischen das Fohlen und den Menschen stellen. Eine vernünftige und freundliche Stute wird aber bald verstehen, dass ihrem Nachwuchs nichts geschieht und ihre menschenfreundliche Haltung auch auf das Fohlen übertragen.

UMGANG

Am besten nimmt man mit dem Fohlen im Stall Kontakt auf, das ist besser als draußen. Zu diesem Zweck sollten Stute und Fohlen täglich für eine kurze Zeit hereingebracht werden. In diesem Stadium folgt das Fohlen der Mutter noch selbstverständlich und ohne Aufforderung des Menschen. Wenn das Fohlen drei Tage alt ist, sollte man mit der Kontaktaufnahme beginnen, während ein vertrauter Mensch die Stute am Halfter hält. Man stellt die Stute an die Stallwand; das Fohlen kommt dann von selbst zur Mutter. Jetzt kann der Ausbilder oder Besitzer seinen rechten Arm um den Körper des Fohlens legen, den linken um die Brust. Nach einigen Tagen wird das kleine Fohlen von selbst ruhig in der Umarmung stehen, solange es neben der Mutter bleiben kann und seine Flanke die Stute berührt; das gibt ihm Vertrauen. Der nächste Schritt ist dann, dem Fohlen beizubringen, sich führen zu lassen, und auch hiermit beginnt man in der Box. Die Stute wird ruhig herumgeführt, und das Fohlen folgt ihr instinktiv. Man kann es mit dem rechten Arm vorsichtig antreiben, während

SECHS WOCHEN ALT (OBEN) Mit sechs Wochen haben Fohlen schon ein gewisses Selbstvertrauen, weil sie bereits kräftiger geworden sind. Sie bekommen jetzt schon Kraftfutter, trinken aber auch noch bei der Mutter (RECHTS).

der linke Arm es daran hindert, allzuschnell vorwärts zu laufen. Nach einem oder zwei Tagen kann der linke Arm durch ein breites weiches Band ersetzt werden, und bereits nach kurzer Zeit kann man das Fohlen daran zur Koppel und von der Koppel in den Stall führen. Bei dieser Prozedur sollte man das Fohlen anfangs an der Brust, am Widerrist und an der Hinterhand kraulen, was ihm ein ähnlich angenehmes Gefühl bereitet, wie das liebevolle Knibbeln seiner Mutter mit den Zähnen. Eine Woche später kann man dem Fohlen dann ein weiches Fohlenhalfter aus Leder anlegen, woran es sich meist mühelos führen lässt, solange man es nicht zu weit von der Mutter entfernt. Das Halfter wird zuerst im Stall angelegt, wobei man vorsichtig vorgeht und keine Kämpfe mit eventuellen Verletzungen riskiert. Ab der zweiten Woche sollte sich

EINS, ZWEI ... LOS! Bereits eine halbe Stunde nach der Geburt stehen die Fohlen auf ihren Füßen, und in unglaublich kurzer Zeit können sie schon neben ihrer Mutter laufen – in der Natur ist das lebenswichtig für sie.

das Fohlen am ganzen Körper anfassen lassen. Man kann ihm jetzt die Hufe für ein paar Sekunden hochheben. Diese Übung hilft dem jungen Tier, wenn der Schmied zum ersten Mal kommt und ihm im Alter von etwa drei Monaten die Hufe berundet. Mit drei oder vier Monaten lernt das Fohlen, zusammen mit der Mutter verladen zu werden. Dabei verlädt man zuerst das Fohlen, indem es zwei Leute mit den Armen umfassen und es sicher auf die Rampe stellen. Die Stute wird darauf

bedacht sein, ihr Fohlen nicht aus den Augen zu verlieren, und ihm in den Hänger folgen.

FUTTER UND PFLEGE

Wenn die Weide gut ist und die Stute gut gefüttert wurde, reichen ihre Milch und das Gras für das Fohlen bis zum Alter von zwei Monaten aus. Ab dann jedoch sollte das Fohlen auch Kraftfutter bekommen. Im Durchschnitt benötigt ein Fohlen täglich etwa 500 Gramm Kraftfutter pro Lebensmonat, und zwar bis zum Alter von fünf oder sechs Monaten. Außer Hafer, gekochtem Leinsamen und Weizen sollten täglich 60 bis schließlich zu 200 Gramm Milchpulver gefüttert werden, außerdem Lebertran für den Knochenaufbau. Im Winter braucht das Fohlen eine angemessene Menge gutes Heu, das für seine kleinen Zähne und seinen noch empfindlichen Verdauungsapparat nicht zu hart sein darf. Neben ausreichender Nahrung braucht das Fohlen – genau wie kleine Kinder – viel Schlaf, außerdem die Gesellschaft anderer Pferde und ausreichend Platz, um sich auszutoben. Hengstfohlen, die nicht als Deckhengste in Frage kommen, werden vor dem Absetzen kastriert. Man kann sie auch später kastrieren, aber dann werden die Fohlen oft zu ungebärdig. Wichtig vor dem Absetzen ist auch das Entwurmen.

DAS ABSETZEN

Man setzt die Fohlen im Alter zwischen viereinhalb und sechs Monaten ab, wenn das Fohlen in der Lage ist, allein zu fressen. Das Absetzen ist unvermeidlich, kann aber für Stute und Fohlen sehr stressig sein und sollte

ZWEI BIS SECHS MONATE ALT (LINKS) Ab zwei Monaten verlieren die Fohlen ihr Fohlenfell. (OBEN) Mit fünf oder sechs Monaten ist das Fohlen kräftig genug, um abgesetzt zu werden. Das ist für Stute und Fohlen ein schmerzlicher Einschnitt.

daher mit Gefühl gemacht werden. Man kann die Fohlen auf die endgültige Trennung vorbereiten, indem man sie schon vorher stundenweise von der Stute trennt. Diese wird beispielsweise geritten, während das Fohlen zusammen mit anderen und vielleicht seiner Kraftfutterration im Stall bleibt. Die endgültige Trennung muss für mindestens vier Wochen erfolgen, wobei man die Stute wegführt und das Fohlen in einer absolut sicheren Box unterbringt. Nach einer Woche etwa kann man es für kurze Zeit in einen Auslauf lassen, jedoch darf es die Stute weder sehen noch hören. Gutes Futter ist für die Jungtiere ebenso wichtig wie die Freiheit, sich natürlich zu entwickeln. Ein Jährling sollte etwa 3 kg Kraftfutter pro Tag erhalten, dazu Salz, Mineralstoffe, Lebertran usw. Heu sollte ad libitum gefüttert werden, und selbstverständlich sollte immer frisches Wasser zur Verfügung stehen.

MIT SECHS MONATEN Absetzer sollten im Winter zumindest tagsüber draußen sein.

MIT EINEM JAHR Jährlinge, die vorgestellt werden, sollten so untadelig wie dieser hier aussehen.

Die Rassen

Pferderassen und Pferdetypen haben sich ursprünglich ganz allmählich entwickelt, weil sie sich an ihre Umgebung anpassen mussten und weil zwischen verschiedenen Pferdegruppen von Natur aus Blutsverwandtschaft bestand. Mit der Domestikation des Pferdes griff aber der Mensch ein, der die Entwicklung bestimmter Rassen und Typen beschleunigte und veränderte. Durch das Kastrieren der männlichen Pferde konnte die Zucht als Auswahlprozess durchgeführt werden, bei dem nur die besten Tiere berücksichtigt wurden, so dass die Qualität der Pferde stieg und bestimmte gewünschte Eigenschaften betont wurden. Verbesserte Verfahren in der Landwirtschaft und Tierzucht führten zur Erzeugung nahrhafterer Futtermittel. Das führte dazu, dass die Pferde größer, schneller oder stärker wurden – je nach dem Zweck, für den sie gebraucht wurden.

Die Populationen leichterer Pferde auf der ganzen Welt gehen auf einige Rassen östlichen Ursprungs zurück, die sich durchschlagend vererbt haben. Dabei ist zuerst der Araber zu nennen, der als Ursprung all dieser Rassen betrachtet wird. Darüber hinaus der Nordafrikanische Berber, der Vollblüter, der selbst vom Araber abstammt, und schließlich das Spanische Pferd, das stark vom Berber beeinflusst wurde.

ZUM REITEN GEZÜCHTET Dieser Mongolenjunge steht für die Reitervölker der Steppen, deren Leben untrennbar mit ihren Pferden verbunden war, von denen die primitive Wirtschaft abhing.

Araber

Das arabische Pferd ist wohl das schönste von allen;
Charakter und Erscheinungsbild sind unverwechselbar.
Es handelt sich um die älteste Pferderasse der Welt,
die über viele tausend Jahre mit großer
Sorgfalt gezüchtet wurde.

EINFLUSS AUF ANDERE RASSEN

Bei den meisten Pferderassen spielt der Einfluss arabischen Blutes eine bedeutende Rolle. Der Vollblüter geht auf den Araber zurück; er ist größer und schneller als der Araber, hat jedoch nicht dessen Robustheit und Durchhaltevermögen.

URSPRÜNGE

Der genaue Ursprung des arabischen Pferdes ist unklar; Bilder aus der Zeit um 2500 v. Chr. auf der Arabischen Halbinsel zeigen jedoch schon ein Pferd »arabischen« Typus. Die Beduinen, die mit diesem »Wüstenpferd« am engsten verbunden sind, führen seinen Ursprung jedoch bereits bis ins Jahr 3000 v. Chr. zurück, und zwar auf die Stute Baz und den Hengst Hoshaba. Die Stute Baz wurde ihren Erzählungen nach von dem Ururenkel Noahs, einem Mann namens Bax, dem Zähmer wilder Pferde, im Jemen eingefangen. Die Verbreitung des alles durchdringenden arabischen Blutes in der ganzen Welt setzte mit den Eroberungszügen der Mohammedaner ein, die im 7. Jahrhundert n. Chr. im Namen des Propheten Mohammed begannen. Mit dem grünen Banner des Islam kamen auch die arabischen Pferde über Spanien ins christliche Abendland.

Das ideale Stockmaß liegt zwischen 1,49 und 1,54 m.

Widerrist Der Hals ist anmutig gebogen und endet in einem runden Widerrist auf gut angesetzten Schultern.

Hals Ein charakteristisches Merkmal des arabischen Pferdes ist die »Mitbah«, die Winkelung zwischen Kopf und Hals. Durch die große Ganaschenfreiheit ist der Kopf nach allen Richtungen hin frei beweglich.

Mähne Mähne und Schweif sind von einzigartiger Feinheit und seidiger Struktur.

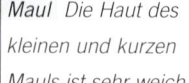

Maul Die Haut des kleinen und kurzen Mauls ist sehr weich.

KOPF Der Kopf ist unverwechselbar und unvergesslich. Er ist kurz und sehr fein, die Nasenlinie ist deutlich konkav gewölbt. Nüstern und Augen sind außerordentlich groß; die Augen sind weit geöffnet und niedriger angesetzt als bei anderen Pferderassen. Die Ohren sind klein, fein geformt und manchmal etwas nach innen zueinander gebogen. Den schildförmigen Buckel zwischen den Augen, der von den Ohren bis zum Nasenbein reicht, nennt man »Jibbah«. Es gibt ihn nur bei dieser Rasse.

EINSATZMÖGLICHKEITEN Der moderne Araber brilliert aufgrund seines Knochenbaues, seiner Härte und Ausdauer im Distanzsport, während er bei anderen Wettbewerben kaum eingesetzt wird. Dennoch wird er auf der ganzen Welt mit großer Sorgfalt und Hingabe gezüchtet und dient zur Veredelung anderer Pferderassen.

KNOCHENBAU Das Erscheinungsbild des Arabers ist geprägt durch seinen einigartigen Knochenbau. Der Araber hat 17 Rippen, fünf Lenden- und 16 Schweifwirbel, während bei anderen Pferderassen die Kombination 18-6-18 vorherrscht. Diese Anordnung der Wirbel bewirkt auch das hohe Tragen des Schweifes.

Rumpf Der Rücken ist kurz und leicht konkav, die Lende ist fest und die Kruppe lang und geschwungen.

Farben Füchse, Schimmel, Braune, wie hier auf der Abbildung, und Rappen sind typisch für die Araber.

MARENGO Diese Radierung zeigt Kaiser Napoleon auf seinem Lieblingshengst Marengo, den er auch in seiner letzten Schlacht bei Waterloo im Jahre 1815 ritt. Napoleon bevorzugte Schimmel und hatte ein eigenes Schimmelgestüt arabischer Pferde. Er setzte sich stark für den Zuchteinsatz von Arabern zur Veredelung französischer Pferderassen ein.

Schweif Der Schweif ist ausgesprochen hoch angesetzt und wird in der Bewegung in schönem Bogen frei getragen.

LEISTUNGSVERMÖGEN Das Leistungsvermögen des Arabers ist legendär, seine Stärke liegt in der Ausdauer. Im 19. Jahrhundert wurden oft Wüstenrennen veranstaltet, die bis zu drei Tage dauern konnten.

Gliedmaßen Die Gliedmaßen des Arabers sind hart und trocken; die Knochen der Vorhand sollen fein sein, der Röhrbeinumfang eher gering. Die Sehnen sind deutlich sichtbar und die Hufe nahezu vollkommen in Form und Größe. Lange Zeit war die Hinterhand des Arabers seine Schwäche – dennoch ist das Pferd außerordentlich gesund und bemerkenswert schwungvoll in seinen Bewegungen.

GÄNGE Der Gang wird als »schwebend« bezeichnet – es ist eine federnde Bewegung. Der Araber ist feurig und mutig, dabei aber von außerordentlich sanftem Wesen.

Distanzreiten

Distanzreiten als Sport gewinnt immer mehr an Bedeutung. Es ist inzwischen von der Internationalen Reiterlichen Vereinigung (FEI) als Disziplin anerkannt, so dass Europa- und Weltmeisterschaften nach FEI-Regeln ausgetragen werden. Seinen Ursprung hat das Distanzreiten in den Ritten, die Anfang des 20. Jahrhunderts zur Erprobung von Kavalleriepferden durchgeführt wurden, und in amerikanischen Kavallerietests, die 1919 abgehalten wurden.

ZIVILE RITTE

Einer der ersten zivilen Ritte war der Hundertmeiler von Vermont im Jahre 1936. Dadurch angeregt, wurden überall in Amerika Distanzreitervereinigungen gegründet. Heute werden in dieser Disziplin jährlich über 500 Ritte abgehalten.

Der berühmteste unter den amerikanischen Ritten ist der Tevis-Cup, der erstmals 1955 von Wendell T. Robie abgehalten wurde. Die Route verläuft von Tahoe City in Nevada über den Sierra-Gebirgszug bis nach Auburn in Kalifornien; das Geläuf ist steil und gefährlich. Auf seinen Arabern gewann Robie den Tevis dreimal. Der Araber wird überall als überragendes Distanzpferd anerkannt.

Auch in Australien gewinnt dieser Sport an Popularität. Hier ist das Gegenstück zum Tevis-Cup das Tom-Quilty-Rennen, das ebenso anstrengend ist und durch ähnlich strapazenreiche Landstriche führt.

In Europa hat sich das moderne Distanzreiten ebenfalls rund um den Araber entwickelt. Die britische Arab Horse Society organisierte in den zwanziger Jahren die ersten Distanzritte, ist auch heute noch sehr engagiert und hält alljährlich einen Marathon ab.

Die ersten Ritte dienten dazu, die gute Eignung arabischer Pferde für die Zucht von Kavallerieremonten zu demonstrieren. Die Pferde trugen 82,5 kg und legten die 480-Kilometer-Strecke in gerade einmal fünf Tagen zurück.

In England wurden die ersten Hundertmeiler 1937 und 1938 abgehalten. Heute kann man in England und anderen europäischen Ländern an einem umfassenden Programm teilnehmen: Einsteigerritte bis 40 km, wettkampfmäßige Wanderritte bei größerer Geschwindigkeit und Distanzritte von 80 bis 160 km.

Bei allen Veranstaltungen werden strenge tierärztliche Kontrollen abgehalten und Strafpunkte verteilt, wenn bei Atmung, Puls und Erholungspuls die geforderten Werte nicht eingehalten werden.

WÜSTENRITTE

Das Engagement der Maktoums, der Herrscherfamilie in Dubai, hat der Rennszene wie dem Distanzsport enormen Auftrieb gegeben. Scheich Mohammed und seine Söhne sind ehrgeizige und erfolgreiche Teilnehmer und haben für den Bau des ersten Distanzreiterzentrums in den Vereinigten Arabischen Emiraten gesorgt.

FUSSMARSCH (Oben) Zur Erleichterung für die steifen und schmerzenden Muskeln und um den Rücken des Pferdes zu entlasten, sitzen Distanzreiter oft ab und laufen Teile der Strecke zu Fuß. Die Reiter tragen Sturzhelme, bei der Kleidung stehen Bequemlichkeit und Sicherheit im Vordergrund.

FITNESS FÜR BEIDE (Ganz oben) Um die langen Strecken durchzustehen, müssen Pferd und Reiter körperlich fit sein. Bequemes, sorgfältig angepasstes Sattelzeug ist unbedingt nötig; die Pferde werden dazu angehalten, sich entspannt und in mühelosem Takt zu bewegen.

WÜSTENRITTE (Links) Die gut berittene Herrscherfamilie von Dubai, die Maktoums, nimmt regelmäßig und erfolgreich an Distanzritten in ihrem eigenen Wüstenland und in ganz Europa teil.

Berber

Neben dem Araber gilt der Berber als die zweite Gründerrasse für viele Pferderassen der Welt. Er ist wie der Araber ein Wüstenpferd, unterscheidet sich von ihm jedoch erheblich in Erscheinungsbild und Charakter. Sein ursprünglicher Lebensraum ist Marokko. Die Berber sollen als eine isolierte Gruppe von Wildpferden die Eiszeit überlebt haben. Wenn das stimmt, ist die Rasse vielleicht älter als der Araber.

EIN GESCHENK FÜR KÖNIGIN VICTORIA (links) Diese Radierung aus der »Illustrated London News« vom April 1850 zeigt einige Berber, die der Sultan von Marokko der Königin Victoria zum Geschenk machte.

URSPRÜNGE

Im Laufe der Geschichte wurden immer wieder Kreuzungen mit Arabern vorgenommen, so dass der heutige Berber ein Gutteil arabisches Blut hat. Einige Fachleute meinen, dass es sich um den Einschlag von Wüstenpferden handelt. Tatsache ist, dass die Rasse über eine starke eigene Erbmasse verfügt, denn in dem langen konvexen Profil des Berbers finden sich ebenso wenig Anzeichen arabischer Herkunft wie in der schrägen Hinterhand und dem tief angesetzten Schweif.

EINFLUSS

Der Berber spielte eine bedeutende Rolle bei der Entstehung des Andalusiers (s. S. 50/51) und hatte dadurch Einfluss auf viele weitere Rassen, so auf den Vollblüter und ein Dutzend weiterer europäischer Rassen. Dennoch hat er nie dieselbe Anerkennung gefunden wie das arabische Pferd – vermutlich deshalb, weil er wesentlich weniger attraktiv ist als der elegante Araber.

Schweif Im Gegensatz zum arabischen Pferd ist der Schweif des Berbers tief angesetzt; auch die runde Hinterhand entspricht nicht den Proportionen arabischer Pferde.

Hinterhand Hinterbeine und Hinterhand sind nicht immer vorbildlich, dennoch ist der Berber sehr schnell auf kurzen Strecken und bekannt wegen seines schier unglaublichen Leistungswillens.

Gliedmaßen Die Gliedmaßen sind schlank und nicht immer korrekt, oft stehen sie zeheneng – aber es gibt kein zäheres und dabei genügsameres Pferd als den Berber.

SPAHI-KAVALLERIE Der leicht gebaute Berber ist zwar äußerlich nicht sehr attraktiv, nicht groß und nicht immer gut proportioniert – aber er ist ein ungeheuer leistungswilliges, dynamisches Pferd, und diese Eigenschaft machte den Berber zum traditionellen Reitpferd der französischen Spahi-Kavallerie, in der man übrigens nur Hengste ritt.

MAROKKANISCHE FANTASIA Marokkanische Reiter bei einer Fantasia. Sie sind Abkommen der Berber, die die moslemischen Eroberungskriege führten, und zeigen ihre Reitkunst mit wildem Gewehrknallen – ein fester Bestandteil jeder nordafrikanischen Fantasia.

Widerrist Der Widerrist ist ausgesprochen gut gebaut, aber die Schultern sind flach und für ein derart geschmeidiges Pferd oft überraschend steil.

Kopf Zwar ist der arabische Einfluss auch beim Kopf des Berbers sichtbar, aber er hat auch oft eine Ramsnase.

Stirn Die leicht gebogene Stirn des Berbers weist noch auf seine primitiven Vorfahren hin.

Rumpf Der Rücken ist kurz und sehr stark mit oft leicht überbauter Kruppe. Die Brust ist meist tief und breit.

Farben Ursprünglich war der Berber vermutlich braun oder schwarz, aber die Einkreuzung arabischen Blutes brachte auch viele Schimmel hervor. Dieser Berber ist ein Rappe.

NORDAFRIKANISCHE KRIEGER Jahrhundertelang war der Berber das Kriegspferd der nordafrikanischen Reiterstämme, die Spanien eroberten und durch das fränkische Heer Karl Martells im Jahre 732 bei Poitiers zurückgeschlagen wurden.

GANGWERK Der Berber ist berühmt für seine Schnelligkeit auf kurzen Strecken. Zwar hat er nicht die herrlich fließenden Gänge des Arabers, er ist jedoch genauso ausdauernd, genauso gesund und genauso zäh.

Das Stockmaß des Berbers variiert zwischen 1,42 und 1,52 m.

Vollblüter

Der Vollblüter ist die schnellste und vermutlich wertvollste Pferderasse der Welt, um die sich ein immenses Renn- und Zuchtgeschäft etabliert hat. Die Rasse entstand im 17. und 18. Jahrhundert in England als Ergebnis der Kreuzung importierter Araberhengste mit einheimischen »Rennpferden«.

URSPRÜNGE

Heinrich VIII. und die ihm nachfolgenden Monarchen gründeten königliche Gestüte, auf denen spezielle »Rennpferde« gezüchtet wurden; sie entstanden durch die Kreuzung spanischer und italienischer Importpferde mit den Irish Hobby und den Scottish Galloway, immer wieder auch mit orientalischem Blut veredelt. Einen wichtigen Impuls gab Charles II. nach seiner Wiedereinsetzung im Jahre 1660 – er machte Newmarket zum Zentrum des Pferderennens in England.

Die Rasse hat drei Gründerhengste – Byerley Turk, Darley Arabian und Godolphin Arabian. Byerley Turk wurde in der Schlacht von Buda von Robert Byerley erbeutet und von ihm 1690 in der Schlacht am Boyne geritten. Von diesem Hengst stammen die vier ersten großen Vollblüterlinien ab: Herod, Eclipse, Matchem und Highflyer, Herods Sohn. Der Hengst Darley Arabian kam 1704 aus Aleppo und stand in Yorkshire. Er war der Vater des ersten großen Rennpferdes, Flying Childers, und der Begründer der Eclipse-Linie. Die Matchem-Linie geht auf Godolphin Arabian zurück, der 1728 nach England kam.

Brustumfang Die tiefe Brust gibt der Lunge genügend Raum, ein unbedingtes Muss für ein Rennpferd.

Vorhand Der lange, anmutige Hals mündet in einen ausgeprägten Widerrist und eine lange schräge Schulter, typische Merkmale des Vollbluts.

Augen Die Augen sind groß und lebendig.

Nüstern Die Nüstern sind weit.

KOPF Der Kopf des Vollblüters ist klar geschnitten, trocken und mit sehr feiner Haut bedeckt, durch die sich die Adern abzeichnen. Das Profil ist im Gegensatz zu seinen arabischen Vorfahren gerade, die Augen sind groß und wach und die Nüstern weit. Der Hals verfügt über ausreichend Ganaschenfreiheit, die Ohren sind aufmerksam und beweglich.

Der durchschnittliche Vollblüter hat ein Stockmaß von 1,60 bis 1,62 m, Abweichungen nach oben und unten sind möglich.

IROQUOIS (links) Dieser Kupferstich zeigt Iroquois, den in Amerika gezüchteten Gewinner des Epsom Derby von 1881, mit dem berühmten Jockey Fred Archer im Sattel. Archer, der mit 13 Jahren sein erstes Rennen ritt, war 13 Jahre lang Champion-Jockey und gewann insgesamt 2748 Rennen. Im Jahre 1886 beging er im Alter von 29 Jahren in Newmarket Selbstmord; dort wurde er auch begraben.

Fell Die Feinheit der Erscheinung des Vollblüters liegt in seinem Körperbau und seinem Fell. Beides ist fein, das Fell ist dünn und seidig.

Rumpf Für den Vollblüter sind lange Linien charakteristisch; sie allein deuten schon auf ein schnelles Pferd hin. Dennoch müssen Rücken, Lendenpartie und Hinterhand stark sein.

Farben Die meisten Vollblüter sind braun oder dunkelbraun, wie das hier abgebildete Pferd, Füchse Rappen und manchmal Schimmel. Die Schimmelfarbe stammt von dem arabischen Hengst Alcock Arabian, der im 17. Jahrhundert lebte.

WESEN Der Vollblüter verfügt sowohl über körperliches als auch psychisches Durchhaltevermögen und ist sehr mutig und leistungswillig; er kämpft weiter, wenn andere, weniger edle Pferde schon lange aufgegeben haben. Auf der anderen Seite ist er äußerst sensibel, nervös und kann schwierig sein.

FRÜHREIFE PFERDE Der moderne Vollblüter wird frühreif gezüchtet, die Pferde gehen bereits mit zwei Jahren auf der Rennbahn. Dies ist eine harte Praxis, und viele Jungpferde brechen unter den Anforderungen zusammen. Der Grund für die frühe Forderung der Pferde ist rein wirtschaftlicher Natur.

GANGWERK Die Gänge des Vollblüters sind lang, flach und ökonomisch. Die Hinterhand ist von der Hüfte zum Sprunggelenk hin so lang, dass sie beim Galopp extrem untertreten kann.

SECOND Second wurde vom Herzog von Devonshire gezüchtet und 1732 geboren. Er war ein Sohn des großen Flying Childers und einer namenlosen Stute. Second war zwar kein bemerkenswertes Rennpferd, aber er gewann zwei »King's Plates«, siegte auf Strecken von 3,2 und 6,4 km und trug 76 kg! Sein obiges Porträt wurde von James Seymour (1702–1752) gemalt.

Rennsport

Der moderne Rennsport – auch der »Sport der Könige« genannt wegen seiner Verbindung zum englischen Königshaus im 17. und 18. Jahrhundert, als der Sport sich zu entwickeln begann – hat seinen Ursprung in der Entwicklung des Vollblüters während dieser Zeit (s. S. 46–47). Seitdem werden weltweit nach britischem Vorbild Rennen geritten.

LÄNDERÜBERGREIFEND

England ist zwar immer noch das Zentrum der internationalen Rennszene, aber den weltweit größten Einfluss im 21. Jahrhundert hat das Königshaus von Dubai, die steinreiche Familie Maktoum. Das Maktoum'sche Godolphin-Unternehmen hat seinen Sitz in Newmarket, dem Zentrum des englischen Rennsports, während die Familie in Dubai eines der größten Rennzentren der Welt aufgebaut hat und dort einige der höchstdotierten Rennen der internationalen Szene abhält.

Das Wetten hat in diesem Sport von Anfang an eine zentrale Rolle gespielt und ist der Hauptgrund für die unvorstellbar hohen Summen, für die die Stars der Rennbahn den Besitzer wechseln.

DIE KLASSISCHEN RENNEN

In allen Ländern, in denen Rennsport betrieben wird, werden eine Reihe von klassischen Rennen abgehalten, die auf den englischen Rennen basieren und Leistungsstandards setzen sollen.

Die englischen Klassikrennen für Dreijährige sind das St. Leger, das 2000 Guineas und das 1000 Guineas, das Derby und das Oaks. Als Triple Crown, die höchste Auszeichnung im Rennsport, wird der Kombinationssieg im 2000 Guineas, im Derby und im St. Leger bezeichnet.

Die amerikanischen Gegenstücke zu den englischen Klassikrennen sind das Kentucky Derby, die Preakness Stakes, die Belmont Stakes und das Coaching Club American Oaks. Die amerikanische Triple Crown besteht aus den ersten drei der aufgeführten Rennen.

WINTERSPIELE

Der Winter ist traditionsgemäß die richtige Zeit für Hürdenrennen, deren geistige Heimat England und Irland sind. Sie werden als Jagdrennen (auch Steeplechase genannt) oder als Gelände-Jagdrennen ausgeschrieben. Die Jagdrennen werden auf einer entsprechend umgebauten Rennbahn ausgetragen. Gelände-Jagdrennen werden in Deutschland kaum gelaufen.

Das größte Jagdrennen der Welt ist das englische Grand National, das seit 1839 in Aintree abgehalten wird. Es geht über eine Strecke von 7,22 km und führt über 30 Hindernisse, bei denen die Landeseite oft deutlich tiefer liegt als die Absprungseite. Das eigentliche Zentrum für Jagdrennen ist jedoch das Cheltenham National Hunt Festival, auf dem der bekannte Gold-Cup abgehalten wird. Das schwierigste Rennen in Europa ist das Große Rennen von Pardubice in Tschechien, das auf einer Strecke von 6,4 km über zahlreiche natürliche, Furcht einflößende Hindernisse führt.

STRAHLENDER SIEG (Oben) Dieser schlamm-bedeckte, ekstatische Jockey zeigt seine Freude über den Sieg bei einem großen Rennen auf einem mutigen Pferd – das so aussieht, als sei es rundum zufrieden mit sich selbst.

DAS GRÖSSTE (Ganz oben) Das Grand National ist das berühmteste Hürdenrennen der Welt und bereits eine nationale Institution. Das erste National gewann Lottery im Jahre 1839, während das Pferd Red Rum die besten Leistungen über die Hindernisse in Aintree zeigte: Es gewann dieses Rennen dreimal, nämlich 1973, 1974 und 1977.

RENNEN IM PRÄRIEGRAS (Links) Das erste Rennen am Eröffnungstag auf der Keeneland-Bahn im Herzen des »Präriegras-Staates« Kentucky. Rund um Keeneland befinden sich einige der größten Gestüte der Welt.

Andalusier

Araber und Berber halten den größten Einfluss auf die
Entstehung und Veredelung anderer Pferderassen.
Lässt man die viel jüngere Rasse des Vollblüters
außer Acht, so ist die dritte prägende Rasse der
Andalusier, der heute gemäß den Bestimmungen
des spanischen Heeresministeriums »Caballo
de Pura Raza Española«, also »Pferd Reiner
Spanischer Rasse« genannt wird.

HERKUNFT

Das Zentrum der spanischen Pferdezucht liegt im
»alten« Spanien, in Jerez de la Frontera, Cordoba und
Sevilla. Hier wachten die Kartäusermönche über die
Reinheit der Zucht. Der Ursprung der Rasse ist jedoch
nicht mehr hundertprozentig festzustellen. Vor der
Eiszeit war die heutige Straße von Gibraltar eine Landbrücke zwischen Spanien und Afrika, über die möglicherweise Berberpferde von Afrika nach Spanien wan-
derten. Während der Araberherrschaft zwischen 711
und 1492 vermischte sich die einheimische Pferderasse, das Sorraia-Pony, mit Pferden berberischen
Ursprungs. Vermutlich entwickelte sich das Spanische
Pferd aus einer Kreuzung der einheimischen
Rassen mit den Pferden der Eroberer, den
nordafrikanischen Berbern.

Kopf Der hübsche Kopf hat oft
etwas Falkenartiges und ähnelt stark
dem des Berbers (s. S. 44/45); er
ist ausgesprochen markant.

Farben Die Pferde sind meist Braune und
Schimmel in allen Schattierungen, manchmal
mit einem maulbeerfarbenen Schimmer. In den
alten spanischen Linien gab es früher auch gesprenkelte Pferde und Schecken. Die Fellfärbung
des amerikanischen Appaloosas und der Pintos
wurde im 16. Jahrhundert durch
spanische Konquistadorenpferde
nach Amerika gebracht.

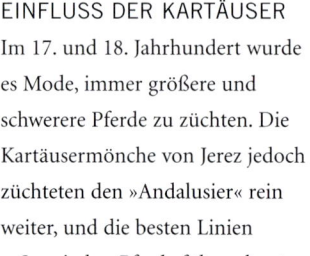

EINFLUSS DER KARTÄUSER
Im 17. und 18. Jahrhundert wurde
es Mode, immer größere und
schwerere Pferde zu züchten. Die
Kartäusermönche von Jerez jedoch
züchteten den »Andalusier« rein
weiter, und die besten Linien
Spanischer Pferde führen heute
noch auf die Kartäuser zurück.

STIERKÄMPFER UND HIRTEN Das
Spanische Pferd, das Pferd der spanischen
Stierkämpfer, ist auch ein unentbehrlicher
Bestandteil der farbenprächtigen Ferias.

EINFLUSS Der Lipizzaner ist ein direkter Abkomme des Spanischen Pferdes, aber auch andere Rassen wurden von ihm veredelt, wie etwa die Friesen, die Frederiksborger, die Kladruber, Connemara, Cleveland Bay und Welsh Cob. Der portugiesische Alter Real und Lusitano sind seine Blutsbrüder. Auch die meisten amerikanischen Pferderassen stammen vom Spanischen Pferd ab.

BABIECA Babieca war 20 Jahre lang das Pferd des spanischen Nationalhelden Ruy Diaz, El Cid (ca. 1040-1099). Der Hengst starb mit 40 Jahren und wurde in der Nähe des Klosters San Pedro de Cardena begraben; sein Denkmal steht heute noch dort.

Hinterhand Die starke Hinterhand und die starke Hankenbiegung der Hinterbeine prädestinieren das Spanische Pferd für die Hohe Schule.

SORRAIA-PONYS Die ersten Pferde in Europa wurden auf der Iberischen Halbinsel domestiziert. Die dort beheimateten Urrassen sind das Sorraia-Pony und der etwas feinere portugiesische Garrano. Vermutlich stammt das Sorraia-Pony vom Asiatischen Wildpferd und dem Tarpan ab, dem es außerordentlich ähnlich sieht. Die Ponys haben ein Stockmaß von 1,20 bis 1,30 m und sehen nicht sehr attraktiv aus. Die Köpfe sind lang und haben das typische konvexe Profil des Primitivpferdes, die Schultern sind gerade, und der Schweif ist tief angesetzt. Meist ist das Fell grau bis falb mit schwarzen Punkten und hat den charakteristischen Aalstrich auf dem Rücken, vom Widerrist bis zum Schweifansatz; viele Tiere haben auch Zebrastreifen an den Beinen, ebenfalls ein Zeichen primitiver Abstammung. Wie ihre primitiven Vorfahren, so sind auch die Sorraias unglaublich zäh, widerstandsfähig gegen Hitze und Kälte und ausgesprochen leichtfuttrig.

GANGWERK Der Andalusier wirkt leicht und stolz in der Bewegung. Der Schritt ist ausdrucksvoll und rhythmisch, der Trab hoch und mit viel Schwung, der langsame Galopp weich und spektakulär anzusehen. Das natürliche Gleichgewicht, die Geschmeidigkeit und das Feuer des Spanischen Pferdes, seine außergewöhnlichen Gänge und sein freundliches Temperament prädestinieren es für die Hohe Schule.

STARK UND AUSDAUERND Das Spanische Pferd mit seinem relativ kurzen Rücken, der manchmal runden Kruppe und dem tief angesetzten Schweif ist zwar nicht schnell, aber ausgesprochen stark und ausdauernd.

Schweif Zur typischen Erscheinung des Spanischen Pferdes gehören der lange, volle und seidige Schweif sowie die lang wallende Mähne, die selten eingeflochten wird.

Das Spanische Pferd hat ein Stockmaß von 1,52 m.

Lusitano

Der Lusitano ist sozusagen die portugiesische Abteilung des iberischen Pferdes. Unterschiede bestehen in Gebäudedetails, wahrscheinlich aufgrund der unterschiedlichen Vorgehensweisen in der Zucht, aber trotzdem ist dieses Pferd in Aussehen und Charakter unbestreitbar als iberisch zu bezeichnen. Als Reittier der *Campinos,* die die wilden schwarzen Rinder hüten, und der *Cavaleiros,* die bei der *Corrida* (s. S. 54–55) die Kampfstiere herausfordern und schließlich besiegen, hat es sich einen Achtung gebietenden Namen gemacht.

GESCHICHTE UND EIGENSCHAFTEN

Ursprung und Entwicklung dieser Rasse liegen in mancher Hinsicht im Dunkeln, aber der Lusitano ist das Pferd Portugals und wird hier, von gelegentlichen Experimenten abgesehen, seit Jahrhunderten gezüchtet. Trotzdem ist der Name Lusitano (von *Lusitania,* der lateinischen Bezeichnung für Portugal) erst seit 1966 offiziell anerkannt.

Der Lusitano war auf dem Lande das Pferd für alles, er wurde sowohl für leichte Arbeiten in der Landwirtschaft eingesetzt als auch für allgemeine Reitzwecke und als auffallendes Kutschpferd. Die portugiesische Kavallerie benutzte ihn als Reittier. Besondere Beachtung verdient er aber als das breit ausgebildete und ungeheuer mutige Pferd des *Cavaleiro,* mit dem er in der portugiesischen *Corrida* die Hauptrolle spielt.

In Portugal wäre es undenkbar, den Stier wie in Spanien zu töten, und es wäre eine Schande, wenn das Pferd verletzt würde. Die Richtlinien für diesen ungemein gefährlichen Sport wurden im 18. Jahrhundert von Portugals größtem Meister, dem Marquis de Marialva (1713–1799), festgelegt.

Hals Der Hals ist kurz, dick und muskulös und geht ansatzlos in die Schulter über.

Schultern Die ausgesprochen kräftigen Schultern fördern die energische, hohe Aktion dieses ausgesprochen intelligenten Pferdes.

Gliedmaßen Der Unterarm ist gut bemuskelt, alle Beinabschnitte weisen eine beträchtliche Länge auf, die aber nicht von der schönen Aktion ablenkt.

Das durchschnittliche Stockmaß des Lusitano liegt bei 1,52 bis 1,62 m.

VON HINTEN GESEHEN Der volle, wellige, etwas tief angesetzte Schweif gehört zu den Charakteristika des iberischen Pferdes. Die Hinterhand und der Oberschenkel sind bemerkenswert kräftig gebaut.

Gurtentiefe Die Gurtentiefe mag vielleicht verbesserungsfähig erscheinen, ist einem Pferd mit der sportlichen Beweglichkeit des Lusitano aber angemessen.

PERSÖNLICHKEIT Dieses sanfte und äußerst willige Pferd hat inneres Feuer. Es ist intelligent und unglaublich mutig und verfügt über eine außergewöhnliche Beweglichkeit.

Farben Am häufigsten kommen Schimmel und Braune vor, niemals dagegen Füchse – die Fuchsfarbe würde auf einen »outcross«, einen Rückfall zum Araber hindeuten. Falben sind weniger häufig, und ab und zu sieht man eine sehr auffällige dunkelpurpurfarbene Färbung.

KOPF Der fein gezeichnete Kopf weist kleine, immer aufmerksam gespitzte Ohren und ein schön geformtes Maul auf. Das Gesichtsprofil ist gerade, kann aber auch zur konvexen Ausprägung neigen.

Rumpf Der kompakte Rücken ist in der Lendenpartie besonders kräftig ausgebildet. Das Gesamtbild wird durch eine kräftige, leicht abfallende Hinterhand ergänzt.

TURNIERREITEN In der *Corrida* zeigen Lusitanos eine ganze Reihe von Dressurlektionen, und das auch noch in hohem Tempo. Für Dressurstarts auf Turnieren sind sie dagegen weniger begehrt. Allmählich werden Lusitanos im Dressurviereck akzeptiert, aber die schönen Bewegungen mit der hohen Aktion werden in einem Bereich, der von kraftvollen und extra für diesen Zweck gezüchteten europäischen Warmblütern dominiert wird, nicht besonders gut bewertet. Die erwünschten Verstärkungen können Lusitanos oft nicht zeigen.

HISPANOARABER Diese Rasse ist aus der wohlüberlegten Kreuzung von spanischen (iberischen) Pferden mit arabischem oder angloarabischem Blut hervorgegangen. So erhielt man ein sehr trocken gebautes, spritziges Reitpferd. Der arabische Typ ist, vor allem im Bereich des Kopfes, weitgehend erhalten geblieben, aber diese besondere Trockenheit ist hier mit dem kalibrigeren Rumpf und der kräftigeren Hinterhand des spanischen Pferdes verbunden.

Stierkampf

Stierkampf ist ein heiß diskutiertes Thema, bei dem es häufig zu Diskrepanzen in den Anschauungen kommt. Der elementare Kampf zwischen dem schwarzen Stier und dem Menschen, ob beritten oder am Boden, hat in Spanien wie auch in Portugal eine tief verwurzelte Tradition. Es gibt jedoch wesentliche Unterschiede zwischen den beiden Ländern.

DER SPANISCHE STIERKAMPF

Die stolzen spanischen Rejoneadores reiten Andalusier, die in den schwierigsten Übungen der Hohen Schule ausgebildet sind. In einem Kampf reiten sie nacheinander mehrere dieser wertvollen Pferde. Zuerst werden die Rejones, kurze Stahlklingen, in den Hals des Stieres gesetzt. Ihnen folgen kürzere Klingen, die Banderillas. Auf dem Höhepunkt der Spannung, dem »Augenblick der Wahrheit«, tötet der Rejoneador den Stier mit der langen Klinge seines Rejon de Muerte.

In Spanien treten vor dem Rejoneador noch die Picadores in die Arena. Deren Pferde sind mit dicken, abgesteppten Decken gegen den Stier geschützt. Mit ihren Lanzen schwächen sie das Tier und leisten somit die Vorarbeit für den Rejoneador.

Auch wenn der Auftritt der Reiter in der spanischen Arena gefeiert wird, so ist doch der Matador (der, der tötet) der wahre Held und Star der Corrida (des Stierkampfes). In seiner »Livree« kämpft er zu Fuß gegen den Stier.

DER PORTUGIESISCHE STIERKAMPF

In der portugiesischen Arena gibt es weder Picadores noch Matadores und auch keinen »Augenblick der Wahrheit«, denn hier wird der Stier niemals getötet, und es wäre eine Schande, erlitte das Pferd auch nur einen Kratzer. Ganz anders als der schlicht und dunkel gekleidete Rejoneador wirft der portugiesische Cavalheiro auf seinem Lusitano sich mit einem Gewand aus dem 18. Jahrhundert in Schale: Seide, Spitzen, Goldborten und darüber ein extravaganter Dreispitz.

Mit seinem edlen Pferd gibt er eine Vorstellung, die mit ihrer Schönheit, ihrer artistischen Leistung und ihrem Mut die Zuschauer fesselt und Reitkunst in Vollendung zeigt. Im perfekten Gleichgewicht tanzt das Pferd in halsbrecherischer Geschwindigkeit ein Ballett mit dem Stier, wobei die Aufregung durch das Element der Gefahr, ja des möglichen Todes noch gesteigert wird.

Dem festgelegten Ritual dieser Vorstellung liegen die Regeln zu Grunde, die der erste klassische Reitmeister Portugals, der vierte Marquis de Marialva (1713–1799), festgelegt hat. Ihm zu Ehren spricht man von der Kunst des Marialva.

GEMEINSAMKEITEN

Sowohl in Spanien als auch in Portugal sind es die Kampfstiere, die die Anregungen für eine praktisch orientierte, klassische Schule der Reitkunst gegeben haben. Diese steht in ihrem Alter den anderen europäischen Schulen nicht nach (s. S. 96–97).

DER HÖHEPUNKT (Oben) Der portugiesische Cavalheiro setzt eine Banderilla, während sein einhändig gerittenes Pferd sich so eng um den Stier dreht, dass kaum noch ein »Barthaar« dazwischen passt. Diese Szene kommt dem berühmten, dramatischen »Augenblick der Wahrheit«, der die spanische Arena beherrscht, am nächsten.

SPANISCHER REJONEADOR (Ganz oben) In der traditionellen dunklen Kleindung des spanischen Reiters reizt der Rejoneador den Stier zum Angriff. Sein Pferd ist gespannt wie eine Feder, aber es erwartet den Furcht erregenden Angriff mit Fassung.

DIE LETZTE BANDERILLA (links) Der Stier greift in voller Geschwindigkeit an, und der portugiesische Cavalheiro bereitet sich darauf vor, die letzte Banderilla ganz genau zu setzen. Die Ausrüstung von Reiter und Pferd verdient besondere Beachtung.

Alter Real

Der portugiesische Alter Real hat seinen Namen von
der Stadt Alter do Chao, wo er 1748 im königlichen Gestüt (daher »real« = königlich) erstmals
gezüchtete wurde. Das Gestüt zog Pferde für
die königlichen Ställe, die sich für die Hohe
Schule und die Stierkampfarena (s. S. 54–55)
ebenso eignen sollten wie für die Kutsche.

FEHLGESCHLAGENE KREUZUNGEN

Im Laufe von Portugals bewegter Geschichte hat
der Alter mehr als ein Mal unter unbedachten
Kreuzungsexperimenten gelitten. Hannoveraner
wurden ebenso eingekreuzt wie Normänner
und englische Pferde und in massivem Umfang
Araber – mit katastrophalen Folgen.

Die Rettung für die Rasse kam mit der
Einführung reinster andalusischer Linien
(s. S. 50–51) gegen Ende des 19. Jahrhunderts.
Besonders erfolgreich war die Aufnahme von
Stuten der berühmten Zapatero-Linie und die
Linienzucht auf zwei außergewöhnliche Hengste
zu Beginn des 20. Jahrhunderts. So wurde der
wunderschöne, beeindruckende moderne Alter
Real geschaffen, der den Originaltieren des
18. Jahrhunderts sehr ähnlich sein soll.

UNVERWECHSELBAR

Diese Rasse unterscheidet sich deutlich von den
anderen iberischen Rassen, vor allem im Bau des
Rückens und der jeweiligen Länge von Fessel,
Röhrbein und Unterarm, und durch die ausgesprochen breite und tiefe Brust. Diese Beson-
derheiten im Gebäude sorgen für die außergewöhnliche Bewegungsmanier des Alter mit
der hohen Knieaktion, die für ein Barockpferd
sehr passend ist.

Der Alter ist durch seinen Körperbau gut
geeignet für die Hohe Schule und stellt das
bevorzugte Reitpferd der Portugiesischen Schule
für Reitkunst dar.

Kopf und Hals Der Kopf ist in jeder Beziehung iberisch zu nennen. Der Hals ist kurz
und sehr muskulös und wird von Natur
aus mit hohem Aufsatz getragen, die Ganaschen ermöglichen das Nachgeben im
Genick. Die Mähne ist fein und üppig.

Schultern und Brust Die ausgesprochen
kräftige Schulter ist vergleichsweise kurz
und läuft auf einen eher flachen Widerrist
zu. Die Brust ist im Unterschied zu den
anderen iberischen Rassen außergewöhnlich tief und breit.

Gliedmaßen Die Röhrbeine sind
kurz, ebenso der gut bemuskelte
Unterarm. Die Fessel hat eine
entsprechende Länge und ist in
ihrer Winkelung für die Rasse
charakteristisch.

Rücken Der Rücken und die Silhouette mit der typisch zum tief
angesetzten Schweif hin abfallen-
den Kruppe sind ganz bezeichnend
für den Alter Real. Die Lendenpartie
ist besonders kräftig gebaut.

Hinterhand Die Hüften sind
breit, die gesamte Hinterhand
ist gut bemuskelt und durchgehend stark gebaut, der Unterschenkel ist bemerkenswert
gut entwickelt.

ELEGANZ FÜR DIE KUTSCHE Der Alter Real,
im 18. Jahrhundert im königlichen Gestüt Vila de
Portel in Alter do Chao gezüchtet, sollte ein beein-
druckendes und qualitätsvolles Wagenpferd für den
königlichen Hof sein und sich so gut zum Reiten
eignen, dass man mit ihm vor den Kampfstieren
die Kunst des Marialva (s. S. 54–55) vorführen
konnte. Seine Kraft, sein Gleichgewicht und seine
edle Ausstrahlung machen den Alter für alle diese
Disziplinen geeignet.

Gurtentiefe Die Gurtentiefe passt zu den
übrigen Proportionen, der Körper ist schön
geformt, kompakt gebaut und mit guter Verbindung zwischen Mittel- und Hinterhand.
Schultern und Hinterhand stehen in einem
guten Verhältnis zueinander.

Sprunggelenke Bei einem Pferd, das die
anstrengende Arbeit in der Hohen Schule
durchstehen soll, müssen die Gelenke
kräftig, klar abgesetzt, trocken und so
gebaut sein, dass sie Spiel für die maxi-
male Beweglichkeit lassen.

Der Alter Real erreicht ein Stockmaß von 1,52 bis 1,62 m.

Hufe Die Hufe sind, wie bei allen iberischen Rassen, gut geformt und sehr hart.

Angloaraber

Widerrist Der Widerrist des Angloarabers ist stärker ausgeprägt als der des Arabers; der gut angesetzte Hals ist länger.

Der Angloaraber stammt zwar ursprünglich aus England, aber er wird in der ganzen Welt gezüchtet. Besondere Aufmerksamkeit widmet man der Rasse in Frankreich, wo der Angloaraber seit über 150 Jahren als Allround-Pferd gezüchtet wird. Sowohl in England als auch in Frankreich ist er als Rasse anerkannt, dennoch wurde bisher noch kein offizieller Standard ausgearbeitet.

URSPRÜNGE

In England gilt die Kreuzung eines Vollbluthengstes und einer arabischen Stute oder umgekehrt als Angloaraber. Dies sind die beiden einzigen Rassen in seinem Stammbaum. In Frankreich sind mehrere Variationen möglich, jedoch sind ein Anteil von mindestens 25 Prozent arabischen Blutes sowie Araber, Vollblüter oder Angloaraber als Vorfahren Voraussetzung für einen Eintrag im Zuchtbuch.

Der Angloaraber soll die Vorzüge des Arabers und des Vollblüters in sich vereinen. Vom Araber soll er die Sanftheit, die Ausdauer und den Leistungswillen haben, vom Vollblüter den Rahmen und die Schnelligkeit, jedoch nicht dessen leicht erregbares Temperament.

DAS ZUCHTZIEL IST DIE GRÖSSE

In England kreuzt man normalerweise einen arabischen Hengst und eine Vollblutstute, wenn die Nachkommen größer als ihre Eltern werden sollen. Die Kreuzung zwischen einem Vollbluthengst und einer arabischen Stute wird meist kleiner und ist nicht so wertvoll wie ein rein gezogenes Pferd.

Mähne Die Mähne ist ebenso wie der Schweif und das Fell fein und seidig.

ANGLOARABER-ZUCHT IN FRANKREICH Die wichtigsten Gestüte in Frankreich sind in Pau (auf dem Bild), in Pompadour, Tarbes und Gelos. Mit der systematischen Angloaraber-Zucht begann man im Jahre 1836, als E. Gayot Leiter des Gestüts in Pompadour war. Die Zucht basiert auf zwei arabischen Hengsten, Massoud und Aslan (ein türkischer Hengst), und den drei Vollblutstuten Dair, Common Mare und Selim Mare.

KOPF Der Kopf gleicht eher dem des Vollblüters als dem des Arabers. Das Profil ist gerade, die Ohren sind beweglich und die Augen sehr ausdrucksvoll. Obwohl es keinen Rassestandard gibt, tendiert der Angloaraber in seinem ganzen Erscheinungsbild eher zum Vollblüter als zum Araber. Die französischen Angloaraber aus dem Südwesten Frankreichs sind leichter im Typ; für sie gibt es spezielle Rennen.

HARTE PFERDE Die Angloaraber aus Pompadour sind größer und muskulöser und vor allem als ausgezeichnete Springpferde bekannt. Das Zuchtziel ist ein hartes Pferd im besten Reittyp, das Rennen gehen kann, das springt und hervorragend für Geländereiten und Dressur geeignet ist.

Rumpf Der Rücken des Angloarabers ist im Allgemeinen kurz, die Brust tief und die Schulter sehr schräg und kräftig.

Hinterhand Die Hinterhand ist eher lang und gerade. Sie ist insgesamt kompakter und stärker als die des Vollblüters.

GEORGE IV. AUF DER STRASSE NACH BRIGHTON
Diese Radierung zeigt George IV., der »Mrs. Q« in seiner eleganten Privatkutsche auf der Straße nach Brighton fährt (ca. 1800). Die Pferde, die er kutschiert, sind vermutlich Vollblüter, die zu dieser Zeit jedoch einen ausgesprochen orientalischen Einfluss aufwiesen.

Farben Diese ganz ausgezeichneten Reitpferde haben verschiedene Farben; Füchse, wie das abgebildete Tier, und Braune sind die Regel, aber Dunkelbraune kommen ebenfalls vor.

GANGWERK Der Angloaraber ist nicht so schnell wie der Vollblüter (s. S. 34/35), aber die besten Angloaraber sind außerordentlich geschmeidig und athletisch und bestechen durch ihre korrekten Gänge.

Gliedmaßen Die Gliedmaßen sind stark und insgesamt gut geformt. Die Leichtigkeit der Knochen wird durch die dichte Knochenstruktur und deren Qualität kompensiert.

Der Angloaraber hat ein Stockmaß zwischen 1,60 und 1,63 m.

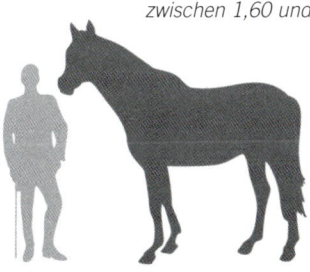

Shagya-Araber

Vor seinem Zusammenbruch zu Beginn des 20. Jahrhunderts war Österreich-Ungarn führend in der Pferdezucht Europas. Ende des 19. Jahrhunderts befanden sich dort bis zu zwei Millionen Pferde und einige der größten Gestüte der Welt. Ungarns ältestes Gestüt, Mezöhegyes, wurde 1785 gegründet, und im Jahre 1789 entstand das Gestüt Bábolna. Ungarn ist für seine erstklassigen arabische Pferde bekannt, deren Zuchtzentrum Bábolna wurde.

URSPRÜNGE

Nach 1816 konzentrierte sich Bábolna auf die Zucht reiner »Wüsten«-Araber und Partbreds, Halbblutaraber, die man arabische Rennpferde nannte. Diese arabischen Rennpferde entstanden durch die Kreuzung reinblütiger Hengste mit Stuten, die durch spanischen, ungarischen und Vollblutanteil ein stark orientalisches Aussehen hatten. Daraus wiederum entstand der Shagya-Araber, wie er heute in Zentral- und Osteuropa sowie in Ungarn gezüchtet wird.

Der Rassebegründer war der arabische Hengst Shagya, ein Pferd aus der Kehil/Sighlawi-Linie. Der Hengst wurde 1830 in Syrien geboren und 1836 nach Bábolna importiert. Er war cremefarben und für einen Araber sehr groß, nämlich 152,5 cm. Shagya wurde der Vater vieler erfolgreicher Hengste und hat sowohl in Bábolna als auch in anderen Gestüten Europas direkte Nachkommen.

Der Shagya ist in jeder Hinsicht ein typischer Araber, hat jedoch meist stärkere Knochen und mehr Substanz als beispielsweise der moderne »reine« Araber ägyptischen Typs. Der Shagya ist vielseitig verwendbar, er geht sowohl in allen Disziplinen unter dem Sattel als auch vor der Kutsche.

Das Stockmaß ist meist um 1,50 m.

Gliedmaßen Meist unverdient werden dem Araber schwache Hintergliedmaßen nachgesagt. Beim Shagya-Araber ist diese Kritik überhaupt nicht berechtigt – die Hinterbeine sind absolut korrekt.

Farben Die vorherrschende Farbe ist Weiß wie auf der Abbildung, jedoch kommen alle Farben vor, die auch der Araber aufweist. Der berühmte O'Bajan XIII., die »Schwarze Perle Ungarns«, und auch sein Sohn, beide berühmte Zuchthengste aus Bábolna nach dem Zweiten Weltkrieg, waren Rappen, was bei Arabern sehr selten ist.

BRAND In Europa ist es üblich, das Gestütszeichen auf Schulter oder Hinterhand zu brennen, um die Familie und das Gestüt, aus dem das Pferd kommt, kenntlich zu machen.

Oberlinie Die Oberlinie des Shagya-Arabers entspricht der des reinen Arabers und ist unverwechselbar. Der Shagya-Araber ist jedoch größer als der reine Araber und hat mehr Rahmen.

Kopf Der Gründerhengst der Rasse, Shagya, war berühmt für seinen schönen Kopf, und seine Nachkommen haben diese Schönheit geerbt. Das Profil ist deutlich konkav gewölbt, das Maul ist klein und die Haut auffallend fein. Das Gesicht wird von großen Augen beherrscht.

Rumpf Wie der reine Araber hat der Shagya 17 Rippen, fünf Lendenwirbel und 16 Schweifwirbel (im Vergleich zu der 18-6-18-Kombination anderer Rassen). Das führt u.a. dazu, dass der Schweif hochgetragen wird und der Rücken ausgesprochen gerade ist.

Schultern Der Shagya-Araber wurde als Reitpferd gezüchtet. So ist seine Schulter schräg angesetzt, wodurch er sich frei bewegen kann und vorn weit herauskommt. Der Widerrist jedoch ist stärker ausgeprägt als bei vielen anderen Arabern.

Knochen Der Shagya-Araber ist ein ausgesprochen gutes Reitpferd – der Röhrbein-umfang unterhalb des Karpal-gelenks ist selten geringer als 19 cm.

GANGWERK Die Gänge des Shagya-Arabers sind wie die Gänge des reinen Arabers einzigartig schön. Das Pferd geht frei und elastisch, es scheint fast zu schweben.

Hufe Die Hufe des Shagyas sollten, wie bei der Mehrzahl arabischer Pferde, nahezu perfekt in Umfang und Form sein – und sind es in der Regel auch.

IN FREIHEIT In der Heimat der Shagyas, in Bábolna, laufen die Stuten in kleinen Herden, oft von einem Hengst begleitet, die meiste Zeit des Jahres über frei; selbstverständlich werden die Herden regelmäßig kontrolliert.

Belgisches Warmblut

In Belgien hat die Spezialisierung auf massive Zugpferde wie den Brabanter (Belgisches Kaltblut, s. S. 208–209) Tradition. Inzwischen hat der Schwerpunkt sich aber auf die Erzeugung von Warmblütern nach dem Vorbild anderer europäischer Turnierpferde verlagert, um den heutigen Bedarf an Turnierpferden zu decken. Jährlich werden etwa 4500 Fohlen dieser Rasse geboren, die innerhalb kurzer Zeit beachtliche Erfolge vorweisen könnten.

ZUCHT FÜR DEN GEBRAUCH

Die Rasse wurde in den fünfziger Jahren des 20. Jahrhunderts begründet. Man kreuzte damals die leichteren belgischen Bauernpferde mit dem Gelderländer (s. S. 112–113) und erhielt so ein schweres Reitpferd. Diese Bauernpferde waren kräftig gebaute und verlässliche Tiere, bestachen aber nicht unbedingt durch große Veranlagung oder sportliche Fähigkeiten. So ersetzte man die Gelderländer durch Holsteiner Hengste (s. S. 82–83) und Selle Français (s. S. 72–73) mit besserer Sportveranlagung, denn beide Rassen gehen stark auf den Vollbüter zurück und weisen gute Bewegungen auf. Um schließlich noch bessere Turnierpferde zu erzeugen, kreuzte man reines Vollblut ein (s. S. 46–47) und fügte später noch einige Kreuzungen mit Angloarabern und Niederländischen Warmblütern hinzu, die den gewünschten Charakter festigen sollten. Das Ergebnis ist ein kräftiges Pferd mit guten, geradlinigen Bewegungen und einem Stockmaß von ungefähr 165 cm, das Beweglichkeit mit guten Gliedmaßen, gesunden Hufen und dem gelassenen Charakter vereint, der für den Spitzensport nötig ist. Dieser Neuling in der Warmblutszene ist extra für den Dressur- und Springsport gezüchtet. Mit seiner kürzeren, aber kadenzierteren Aktion als man es bei den Vollblütern findet und der kräftigen Lendenpartie hat er in beiden Disziplinen Vorteile.

Kopf und Hals Der Hals ist ziemlich kurz und hat damit keine Vorteile für die Geschwindigkeit, ist aber durch die kräftige Muskulatur ideal für Dressur und Springen geeignet. Der Kopf spricht von Ehrlichkeit und Intelligenz.

Schultern Die Schultern passen zum kürzeren Hals, der Gesamtaufbau von Schultern und Hals macht das Pferd eher für Kraft als für Geschwindigkeit geeignet. Die Brust ist breit und tief und lässt viel Platz zwischen den Vorderbeinen.

Gliedmaßen Gute, solide, kurze Beine mit gut gebauten Gelenken und genügend Knochenstärke sind ein Charakteristikum der Rasse, ebenso die guten, gleich großen Hufe mit ihrer guten Sohlenwölbung.

GENETISCHE MISCHUNG Das belgische Warmblut wird in seiner gesamten Heimat gezüchtet, vor allem aber in der Gegend von Brabant, die international für ihre Pferdezucht bekannt ist. Sinnvollerweise hat man benachbarte Rassen mit eingekreuzt, aber die Hauptrolle in der genetischen Mischung spielt, wie bei allen Warmblütern, der Vollblüter.

Hinterhand Das Becken ist breit, die Hinterhand kräftig bemuskelt bis hinunter in den Unterschenkel, und die Lendenpartie ist bemerkenswert kräftig.

Schweif Die Hinterhand fällt zum hoch angesetzten und gut getragenen Schweif hin gefällig ab.

GUTE LEISTUNGEN Das belgische Warmblut kann auf eine beneidenswerte Liste von Erfolgen in internationalen Springwettbewerben blicken, und das innerhalb einer vergleichsweise kurzen Zeit. Die Rasse hat heute eine ausnehmend gute Sportveranlagung und verfügt mit ihrem gelassenen Charakter über einen großen Vorteil in der oft aufregenden Atmosphäre der großen Springplätze der Welt.

Körper Der Körper ist gut gerundet mit ausreichender Gurtentiefe. Der Widerrist könnte etwas deutlicher ausgeprägt sein, ist von der Struktur her aber gut und kompakt.

Unterschenkel Der ausgesprochen stark bemuskelte, kurze Unterschenkel ist ein Plus für das Hinterbein insgesamt und trägt noch zum Eindruck der Kraft bei.

Hinterbeine Die Hinterbeine sind akzeptabel gebaut und werden gut unter den kompakten Körper genommen, auch wenn bei diesem Pferd das Sprunggelenk etwas schwammig wirkt.

Das Stockmaß beträgt beim belgischen Warmblut ungefähr 1,65 m.

Welsh Partbred

Das Welsch Partbred gibt es schon viel länger als die meisten europäischen Warmblüter, aber erst in den letzten Jahren hat man angefangen, es ernsthaft als Turnierpferd in Betracht zu ziehen und die Rasse gezielt zu fördern.

Hals Der gute Hals ist lang genug für eine mehr als ausreichende Züggellänge.

KORREKT UND GESUND

In der Zucht des Welsh Partbred ist kein Warmbluteinfluss zu verzeichnen – diese Tatsache ist der fehlenden Organisation der kleinen englischen Pferdezüchter zu verdanken, aber auch der mangelnden Zielausrichtung und Unterstützung durch die Regierung. Trotzdem handelt es sich hier um ein sehr gutes Turnierpferd, das vielseitig, sehr aktiv, korrekt, gesund und mutig ist.

Die verschiedenen Welsh-Rassen sind seit Jahrhunderten eine bewährte Basis für weiterführende Zuchtarbeit, weil sie die Schlauheit der Ponyrassen ebenso vererben wie ihre starke Konstitution. Das britische Reitpony (s. S. 236–237), das nach dem Vollblüter als »die bedeutendste Errungenschaft der Zuchtauswahl in der Geschichte des Pferdes« gilt, mag als Beispiel dienen.

Kopf Der wohlgeformte Kopf mit den großen, ausdrucksvollen Augen wirkt intelligent.

Schulter Eine stabile, ausreichend schräge Schulter verläuft vom gut ausgeprägten Widerrist zum beispielhaft gut gebauten Unterarm.

BEVORZUGTE KREUZUNG

Wenn es um Turnierpferde geht, ist die Kreuzung von Vollblut und Welsh Cob (s. S. 224–225) zu bevorzugen, wobei man vielleicht noch einmal den Vollblüter einkreuzen sollte, um mehr Geschwindigkeit und Sportveranlagung zu erreichen.

Normalerweise wird dabei ein Vollbluthengst mit einer Cob-Stute gekreuzt, so dass im allgemeinen der Vollblutcharakter überwiegt. Aber auch mit der umgekehrten Anpaarung werden hervorragende Pferde erzeugt.

MUTIGE LEISTUNGSPFERDE Dieses Welsh Partbred mit einem Vollblutanteil von 75% war auf verschiedenen internationalen Turnieren erfolgreich (s. S. 66–67). Mit seiner eisernen Konstitution, seiner Geschwindkeit und Kraft ist es ein mutiges Springpferd, das sich trotzdem den »Selbsterhaltungstrieb« des robusten Ponys erhalten hat.

Rücken Dieses Pferd hat einen guten Rücken von passender Länge. Er verläuft mit guter Linie bis in die Kruppe und weist eine kraftvolle Lendenpartie auf. Die gefällige Oberlinie wird ganz entscheidend vom Rücken beeinflusst.

Hinterhand Die Kruppe ist schön geformt, der Abstand vom Hüfthöcker bis zum Sprunggelenk ist ebenso gut wie die Breite des Beckens. Dieses Gebäude ermöglicht maximales Untertreten.

IN FORM GEBLIEBEN Dieses Pferd wurde von einem Vollblutvater und aus einer Welsh-Cob-Stute gezogen. Die Stute hat die Palominofarbe vererbt. Das Pferd ist nicht gerade für den Renngalopp gebaut, ist aber von den Proportionen her gut für Dressur oder Springen geeignet. Früher war es ein bekanntes Sportpferd, das Dressurwettbewerbe bis zur oberen M-Klasse gegangen ist. Auch jetzt, als altes Pferd, hat es sich eine gute Form bei klaren, harten Beinen bewahrt.

Schweif Der Schweif ist gut in die Hinterhand eingesetzt, voll und lang und neigt nicht dazu, aus der Senkrechten zu kommen.

Unterschenkel und Sprunggelenk Der Unterschenkel ist bemuskelt und von guter Länge, das Sprunggelenk ist klar und trocken und ohne jede Andeutung von Schwammigkeit.

Körper Der Körper ist kompakt und ausgesprochen gut proportioniert bei sehr guter Gurtentiefe. Die Rippen sind besonders gut geformt.

VIELSEITIGE PFERDE Die Kreuzung von Vollblut und Welsh Cob ergibt ein bekannt hartes Pferd ohne Schwächen, hart im Nehmen und langlebig. Es erbt die Springveranlagung und Trittsicherheit des Cob, ist klar im Kopf und mutig im Gelände.

Gliedmaßen Die Gliedmaßen sind gut gebaut und gut bemuskelt und weisen überall bestmögliche Gelenke auf.

Hufe Die Welsh-Rassen vererben ihre natürliche Korrektheit immer auch über ihre gut geformten Hufe.

Das Welsh Partbred erreicht ein Stockmaß von 1,55 bis 1,65 m.

Vielseitigkeit

Die Franzosen verwenden für die Vielseitigkeit den Ausdruck »concours complet« – die vollständige Prüfung. Damit ist die umfassendste Prüfung, der sich Pferd und Reiter stellen können, recht genau beschrieben. Wie viele andere Disziplinen des Reitsports hat auch die Vielseitigkeit sich aus den Kavallerieprüfungen des 19. Jahrhunderts entwickelt.

DREI PHASEN

Erst seit dem Ende des Zweiten Weltkrieges werden Vielseitigkeitsprüfungen im zivilen Bereich veranstaltet. Der Sport ist mit bemerkenswerter Geschwindigkeit gewachsen und zieht nun hauptsächlich Reiterinnen an. Am zahlreichsten sind die Engländer vertreten, deren Teams beneidenswerte Erfolge vorzuweisen haben. In den letzten Jahren haben auch Australien und Neuseeland hervorragende Teams und Einzelreiter hervorgebracht. Englisch und irisch gezogene Pferde spielen in diesem Sport immer noch die größte Rolle.

Die drei Teilprüfungen einer Vielseitigkeit erstrecken sich über drei Tage. In der Dressurprüfung wird der Gehorsam geprüft, auf der Geländestrecke mit einer Reihe fester Hindernisse (einschließlich der Wegestrecke) die Sportveranlagung, der Mut und die Ausdauer, und zum Schluss findet eine Springprüfung auf dem Platz statt, die bestätigen soll, dass das Pferd die Anstrengungen des Geländerittes gut überstanden hat. Die drei Teilprüfungen werden wie folgt bewertet: Dressur dreifach, Geländestrecke zwölffach, Parcoursspringen einfach. Diese Gewichtung wird allerdings laufend diskutiert.

Vielseitigkeitspferde werden nach ihren Erfolgen bewertet, Pferd und Reiter müssen sich nach einem sorgfältig erarbeiteten Schema von Einstiegsprüfungen, die an einem Tag ausgetragen werden, bis zu den langen, drei Tage dauernden Vielseitigkeitsprüfungen der schweren Klasse qualifizieren.

Weltmeisterschaften und internationale Meisterschaften werden in den Jahren abgehalten, die zwischen den Olympischen Spielen liegen.

BADMINTON

Am stärksten wurden die Vielseitigkeitsveranstaltungen auf der ganzen Welt von den Badminton Horse Trials beeinflusst, die erstmals im Jahre 1949 auf dem Gelände des Duke of Beaufort in Badminton abgehalten wurden. In Badminton wird die Ausdauer auf einer Strecke von ungefähr 25 km geprüft, die in 1½ Stunden zurückgelegt werden. Die erste »Wegestrecke« ist 6 km lang, die zweite 9 km. Dazwischen liegt die Rennbahn von 3 km, die in 4½ Minuten und damit mit einer Geschwindigkeit von 690 m/min zu reiten ist. Nach einer zehnminütigen Zwangspause nehmen die Reiter die 7 km lange Geländestrecke mit 32 festen Hindernissen in Angriff.

Obwohl bei der Organisation von Vielseitigkeitsveranstaltungen schon immer die Sicherheit im Vordergrund stand, kam es 1999 zu einer Reihe tödlicher Unfälle, so dass jetzt noch mehr Wert darauf gelegt wird, die Strecken eher technisch schwierig, aber »pferdefreundlich« zu bauen.

AUF DER WEGESTRECKE (Oben) Dieser Abschnitt geht über 15 km und ist in einer Mindestzeit (220 m/min) zu reiten. Zwei solcher Abschnitte werden von der Rennbahn, die über 3 km geht, unterbrochen. Vor der Geländestrecke, die 7 km lang ist, dem eigentlichen Herzstück dieser Teilprüfung, sind die Wegestrecken und die Rennbahn zu absolvieren.

ZWANGSPAUSE (Ganz oben) Nach der zweiten Wegestrecke wird eine zehnminütige Zwangspause eingelegt, in der das Pferd vom Tierarzt untersucht und vom Team des Reiters auf die anstrengende Geländestrecke vorbereitet wird.

DIE WASSERHINDERNISSE (Links) Bei allen Strecken ist eine Gruppe von Wasserhindernissen eingebaut, die meist sehr spektakulär wirken und Pferd und Reiter ein hohes Maß an gegenseitigem Vertrauen und Können abverlangen.

Holländisches Warmblut

Beim holländischen Warmblut gibt es einige herausragende Leistungspferde wie zum Beispiel das Springpferd Calypso und den unvergesslichen Marius, den Vater von Milton. Auch Dressurpferde wie Dutch Courage stehen im klassischen Warmbluttyp.

GESCHMEIDIGE PFERDE (OBEN) Die holländischen Züchter produzierten Pferde nach der jeweiligen Nachfrage des Marktes. Diese elegante Kutsche, typisch für das 19. Jahrhundert, wird von einem überraschend geschmeidigen kleinen Pferd gezogen.

URSPRÜNGE

Das Holländische Warmblut ist das Produkt zweier einheimischer Pferderassen – des Gelderländers (s. S. 112/113) und des Groninger Pferdes. Hinzu kamen ein Schuss Vollblut und hie und da ein Spritzer französischen oder deutschen Warmbluts. Der Gelderländer wurde im vergangenen Jahrhundert von den marktorientierten Züchtern der Provinz Geldern kreiert. Das schwerere Groninger Pferd stammt vom Friesen und Oldenburger ab. Beide zusammen ergaben bei sorgfältiger Mischung ein gutes Turnierpferd. Die Kutschpferd-Gänge und der lange Rücken wurden durch die Einkreuzung von Vollblütern wunschgemäß verändert und das dann teilweise überschäumende Temperament durch die Hereinnahme von Warmblutpferden in leichter lenkbare Bahnen geleitet.

Hinterhand Die kraftvolle Kutschpferd-Hinterhand des schweren Groninger Pferdes wurde durch intensive Einkreuzung von Vollblütern verfeinert.

Farbe Jede Farbe ist zugelassen, jedoch sind Braune wie auf der Abbildung und Dunkelbraune am häufigsten (früher gab es bei den Gelderländern einen Zuchtzweig mit Schecken, der beim Holländischen Warmblut jedoch nicht erscheint).

Gliedmaßen Es gelang den holländischen Züchtern, ein Pferd mit starken Gliedmaßen und Hufen zu züchten; das Pferd hat viel Substanz. Ein wichtiges Merkmal ist das kurze Röhrbein.

WETTBEWERBE Das Holländische Warmblutpferd wurde erfolgreich in Springen und in der Dressur eingesetzt; wie viele Warmblüter ist es jedoch als Vielseitigkeitspferd nicht so erfolgreich. Der Gelderländer, von dem es teilweise abstammt, ist ein ausgezeichnetes Fahrpferd, das den internationalen Fahrsport prägte.

DUTCH COURAGE Eine große Werbung für das Holländische Warmblutpferd ist Jennie Loriston-Clarke, die britische Dressurreiterin, die Dutch Courage so erfolgreich ritt. Ihre Vorstellungen am langen Zügel wie hier und unter dem Sattel begründeten den Ruf der Rasse in Großbritannien.

Hals Der Hals ist so lang, wie er für ein gutes Reitpferd sein muss; im Gegensatz dazu steht der eher kurze Hals des leichten Fahrpferdes.

Rücken Der lange Kutschpferde-rücken des einheimischen Holländischen Pferdes wurde durch die Einkreuzung von Vollblütern kürzer und kräftiger, was der Rasse ausgezeichnet bekam.

Ohren Aufmerksame, bewegliche Ohren und ein freundlicher Gesichtsausdruck sind das Erbe der Vollblüter.

Vorhand Der Gelderländer ist zwar ein Fahrpferd, aber er hat eine gute Schulter und eine gute Vorhand, die er auch dem Holländischen Warmblut vererbte.

STARKE SELEKTION Die Zucht des Holländischen Warmblutpferdes unterliegt einer strengen Selektion, wodurch wirklich nur Tiere in die Zucht kommen, die von der äußeren Erscheinung, vom Gangwerk und vom Temperament her dem Zuchtziel entsprechen. Der zuständige Zuchtverband ist das Warmbloed Paardenstamboek Nederland.

KOPF Der Kopf des Holländischen Warmblutpferdes ist vom Kopf des Vollblüters, der die Rasse prägte, fast nicht zu unterscheiden. Das wichtigste Kriterium in der Zucht ist ein gutes Reitpferde-Exterieur, genauso wichtig sind aber ein freundliches Wesen und Intelligenz.

Hufe Gute Hufe und gesunde Gliedmaßen, die leider nicht bei allen Warmblutrassen anzutreffen sind, zeichnen das Holländische Warmblut aus.

Das Stockmaß liegt um oder über 1,60 m.

Dressur

Das Wort Dressur leitet sich von dem französischen Ausdruck »dresser« her, der sich im Pferdebereich auf die Ausbildung des Fahr- oder Reitpferdes bezieht. Der heutige Sport gründet sich auf Prüfungen, die früher für die Offizierspferde der Kavallerie üblich waren. Die Wurzeln reichen aber bis zur klassischen Reitkunst in der Renaissance zurück.

ENTWICKLUNG

Bis ins Jahr 1956 waren die Schweden die Stärksten in diesem Sport, trotz einer bemerkenswerten Leistung der deutschen Mannschaften bei den Olympischen Spielen 1936 in Berlin. Seit 1956 hat Deutschland sich an die Spitze des Weltdressursports gesetzt und spielt heute die dominierende Rolle. Mit extra für diesen Zweck gezüchteten starken Warmblütern hat das Land außerdem großen Einfluss auf die Bewertungskriterien und den bevorzugten Pferdetyp gewonnen.

Die Lektionen Passage und Piaffe, Elemente der klassischen Hohen Schule, wurden erst 1932 anlässlich der Olympischen Spiele in Los Angeles in die Kategorie S mit aufgenommen.

Von allen reiterlichen Disziplinen wächst die Dressur wohl am schnellsten, wenigstens in Europa und vor allem in England, wo das Schulreiten keine Tradition hat. Der Sport hat zum Aufschwung eines ganzen Industriezweiges geführt, der die Versorgung mit spezieller Ausrüstung und Kleidung und selbst die Erstellung von kompletten Reitanlagen übernimmt.

DIE PRÜFUNGEN

Die Spanne der Dressurprüfungen reicht von den Einstiegsprüfungen bis zum Grand Prix, der alle fortgeschrittenen Lektionen einschließt. Außerdem gibt es noch die schön anzusehende Kür, eine freie Darbietung zu Musik, die dem Sport ein wenig die ansonsten vernachlässigte Kunstform vergangener Zeiten bewahrt.

Abgesehen von der Kür gibt es vier internationale Wettbewerbe: den St. Georg, die Intermédiaire I und II und den Grand Prix. Diese höheren Prüfungen ab dem M-Niveau werden auf einem großen Viereck geritten, während die niedrigeren Prüfungen ab Klasse E auf einem kleinen Viereck stattfinden. Jede Lektion wird nach einer Skala bewertet: 10 ausgezeichnet, 9 sehr gut, 8 gut, 7 ziemlich gut, 6 befriedigend, 5 genügend, 4 mangelhaft, 3 ziemlich schlecht, 2 schlecht, 1 sehr schlecht, 0 Lektion nicht ausgeführt. Heute wird die Gesamtbenotung meist als Prozentzahl bekannt gegeben.

DEFINITIONEN

Die FEI (die Internationale Reiterliche Vereinigung) definiert die Zielsetzung des Dressurreitens wie folgt: »Getragen von lebhaftem Schwung und beweglichen Gelenken, frei von der lähmenden Wirkung des Widerstandes, gehorcht das Pferd willig und ohne zu zögern.« Außerdem wird auf die »harmonische Entwicklung der körperlichen Fähigkeiten des Pferdes« Wert gelegt. Es soll sich »ruhig, losgelassen, zufrieden und aufmerksam …« bewegen.

DRESSUR-SCHAUBILD (Oben) Eine Reitergruppe zeigt bei den Britischen Meisterschaften in Goodwood in England, dem Sitz des Duke of Richmond and Gordon, ein beliebtes Schaubild des Dressurreitens.

KEHRT MARSCH! (Ganz oben) Eine fortgeschrittene Lektion, die Galopp-Pirouette, bei der das Pferd sich um das innere Hinterbein dreht. Sie wurde erst für die Olympischen Spiele 1920 in die Dressurprüfungen aufgenommen.

VERSTÄRKUNG (Links) Starker Trab, in perfekter Haltung ausgeführt, im Gleichgewicht und mit maximaler Beugung des Sprunggelenks. Die Zügelanlehnung durch den Reiter und die Kopfhaltung des Pferdes sind beispielhaft.

Selle Français

Seit 1958 heißt das französische Warmblutpferd offiziell Selle Français. Es ist so vielseitig wie der Trakehner (s. S. 76/77),
und gehört zu den härtesten und
geschicktesten Pferden. Wie alle
Warmblüter ist der Selle Français
eine Mischung verschiedener Rassen.

URSPRÜNGE

Die geschickten Züchter der Normandie importierten im
19. Jahrhundert englische Vollblut- und Halbbluthengste
und veredelten damit ihre einfachen, aber vielseitig ein-
setzbaren normannischen Landpferde. Viele der Halbbluthengste stammten von den robusten Norfolk Radstern ab.
Das Ergebnis waren zwei Kreuzungen – ein schnelles
Fahrpferd, aus dem sich später der französische Traber
entwickelte (s. S. 102/103) und der Anglonormanne, bei
dem man zwischen dem Reit- und dem Fahrtyp unterschied. Der erste war der Prototyp des Selle Français. Nach
dem Zweiten Weltkrieg strebte man ein Reitpferd an, das
Schnelligkeit, Durchhaltevermögen und Geschicklichkeit
in sich vereinte. In erster Linie legte man Wert auf
ein Springpferd, aber es wird auch für andere Zwecke
gezüchtet; so nehmen viele Selle Français an Hindernisrennen und Vielseitigkeitsprüfungen teil. Der
jetzige Bestand stammt zu 33 Prozent von Vollbluthengsten, zu 20 Prozent von Angloaraber-Hengsten,
2 Prozent von französischen Traberhengsten und
45 Prozent von Selle-Francais-Hengsten ab, einige
haben Traberanlagen.

*Mittelschwere kleine: bis 1,53 m,
mittelschwere 1,53–1,61 m; große
über 1,61 m. Schwere kleine unter
1,60 m, große über 1,60 m.*

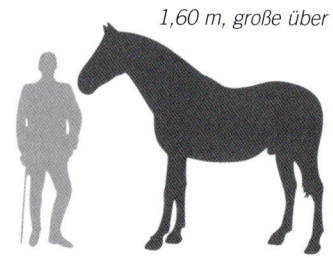

Hals *Ein langer, eleganter
Hals, anmutiger als der des
Französischen Trabers, ist für
den Selle Français typisch.*

Schultern *Den früheren Anglonormannen, besonders denen mit Traberveranlagung, sagte man eine zu steile
Schulter nach; dieser Fehler wurde
beim Selle Français korrigiert.*

Kehlgang *Der
Kehlgang ist fein
und fleischlos.*

KOPF Der Kopf hat nicht mehr die
Grobheit seiner normannischen Vorfahren. Diese Verfeinerung kommt durch
den Vollblutanteil und den arabischen
Einfluss. Trotz höherer Qualität erinnert
der Kopf des Selle Français immer noch
an den Französischen Traber.

Knochen *Der Röhrbeinumfang sollte stark sein,
20 cm sind in jedem Fall erwünscht. Das Karpalgelenk
war früher oft zu klein, das
wurde jedoch korrigiert.*

Silhouette Die Silhouette ist die eines Vollblüters, jedoch ist der Einfluss des Trabers bei dem gröberen Knochenbau und bei den Gliedmaßen insgesamt unverkennbar.

Hinterhand Wie beim Französischen Traber ist die Hinterhand breit und fürs Springen gemacht.

LE PIN UND SAINTE LO Die Selle Français stammen aus den großen Gestüten Le Pin, hier abgebildet, und Sainte Lo. Die ersten Hengste kamen im Jahre 1730 nach Le Pin, Sainte Lo wurde im Jahr 1806 gegründet. Das historische Gestüt Sainte Lo wurde im Jahre 1944 bei einem Bombenangriff zerstört.

Farben Alle Farben sind erlaubt, am häufigsten sind jedoch Füchse wie das abgebildete Pferd.

FURIOSO Einer der erfolgreichsten Hengste nach dem Zweiten Weltkrieg war der aus England stammende Vollbluthengst Furioso. Er machte eine brillante Karriere, war zehn Jahre lang wohl der teuerste Deckhengst und wurde Vater vieler international erfolgreicher Springpferde.

Gliedmaßen Durch die Traberveranlagung sind die Gliedmaßen außerordentlich stark mit einer besonders kräftigen Vorhand – dies zeichnet sowohl die Reitpferde aus als auch die Traber. Die Gelenke sollen klar, gut entwickelt und korrekt sein.

GANGWERK Die Bewegung ist kraftvoll, lang und ausgesprochen geschmeidig. Die Pferde haben ein ausgeprägtes Springvermögen und sind meist spritziger als andere Warmblutpferde.

KREUZUNGEN Weitere Kreuzungen, die unter dem Namen Selle Français laufen, sind: Vollblüter/Französischer Traber, Araber oder Angloaraber/Französischer Traber und Vollblüter/Angloaraber (mit weniger als 25 Prozent reinem Araberblut).

Dänisches Warmblut

Gesamterscheinung *Diese Pferde weisen keine Fehler auf, sie haben alle wünschenswerten Attribute eines guten Turnierpferdes. Das Dänische Warmblutpferd ist ein hervorragendes, gut ausbalanciertes Dressurpferd; ebenso leistungsfähig ist es als Vielseitigkeitspferd.*

In Dänemark hat die Pferdezucht eine lange Tradition. Anfang des 14. Jahrhunderts gründeten die Zisterzienserklöster von Holstein (das bis 1864 dänisches Herzogtum war) Gestüte, auf denen sie die großen norddeutschen Pferde mit den besten spanischen Hengsten, derer sie habhaft wurden, kreuzten. Der moderne Holsteiner und viele dänische Rassen, wie auch der Frederiksborger, gingen aus dieser frühen Zuchtpolitik hervor.

URSPRÜNGE

Dennoch waren die Dänen im Turniersport Spätstarter. Zwar wurde im Jahre 1918 eine Nationale Reitervereinigung gegründet, aber erst in den sechziger Jahren eröffnete man ein Stutbuch für ein eigenes dänisches Sportpferd. Dieses Pferd nannte man zuerst Dänisches Sportpferd, später Dänisches Warmblut. Die Rasse entstand durch Kreuzung bodenständiger Stuten mit hochkarätigen Hengsten mehrerer Rassen aus verschiedenen Ländern. Die Stuten waren Halbblüter, meist Frederiksborger/Vollblut; sie bildeten eine gesunde Basis für die Zucht eines guten Allround-Sportpferdes, nach dem eine steigende Nachfrage zu verzeichnen war. Die Hengste, die man einkreuzte, waren Anglonormannen, Vollblüter und Trakehner sowie polnische Pferde, wie etwa Malapolski und Wielkopolski. Allerdings gibt es kaum Hannoveranereinfluss bei dieser Rasse, die jetzt als eigenständige dänische Rasse gilt.

Farben *Beim Dänischen Warmblut kommen alle Farben vor, obwohl Kastanienbraune wie auf der Abbildung am häufigsten sind.*

MODERNES TURNIERPFERD Das Dänische Warmblut ist eines der besten Beispiele für ein modernes Turnierpferd, wie es derzeit in Europa gezüchtet wird. Es hat ein ausgezeichnetes Temperament, ist dabei spritzig und mutig.

Hufe *Die Schräge der Hufe und die Neigung der Fesseln sind bei diesem ausgezeichneten Exemplar eines modernen Reitpferdes genau richtig.*

SCHWEDISCHES WARMBLUT Das Schwedische Warmblut entstand vor gut 300 Jahren auf dem Königlichen Gestüt in Flyinge; 1874 wurde ein Stutbuch eröffnet. Es basierte auf einer Vielzahl verschiedenartiger importierter Pferde. In diesem Jahrhundert wurden vermehrt Trakehner, Vollblüter und Hannoveraner eingekreuzt; daraus entstanden erstklassige Vielseitigkeits- und Dressurpferde.

Widerrist Der Widerrist ist gut platziert und ausgebildet, er geht in die schräge Reitpferde-Schulter über und lässt den Sattel genau auf der richtigen Stelle liegen.

Hals Das abgebildete Pferd hat einen eindrucksvollen Hals von genau der richtigen Länge, wie man sie beim Reitpferd gern sieht.

Kehlgang Der Kehlgang ist klar und fleischlos.

Gliedmaßen Die Gliedmaßen sind kraftvoll, die Gelenke groß und gut geformt; die Knochen sind kräftig und können das eigene Körpergewicht und den Reiter gut tragen. Die Vorderbeine sind gut. Der Oberarm ist lang und muskulös, die Karpalgelenke sind groß, breit und trocken.

KOPF Hier ist der Vollbluteinfluss dominant. Der Gesichtsausdruck ist freundlich, intelligent, mutig und offen – ein ausgesprochen schöner Kopf.

Das Stockmaß variiert zwischen 1,61 und 1,62 m.

Trakehner

Die Trakehner-Rasse ist sehr alt. Von allen Warmblutrassen kommt der Trakehner dem Ideal des modernen Turnierpferdes am nächsten. Trakehnerblut wird oft zur Veredelung anderer Rassen eingekreuzt.

URSPRÜNGE

Die Trakehner stammen aus Ostpreußen, das jetzt zu Polen gehört. Im frühen 13. Jahrhundert wurde die Provinz vom Deutschen Ritterorden kolonisiert. Dieser gründete die Trakehnergestüte, indem sie die einheimischen Schweiken als Zuchtbasis benutzten. Diese Ponys waren rund und oft recht grob, aber sie waren auch hart und zäh. Die Schweiken-Ponys stammen vom Konik-Pony ab, einem direkten Nachkommen des primitiven Tarpans, dessen außerordentliche natürliche Kraft und Durchhaltevermögen sie geerbt haben. 1732 gründete Friedrich Wilhelm I. von Preußen die Königliche Gestütsverwaltung. Dieses Gestüt war für Preußen die Hauptquelle aller Hengste, und bald erwarb es sich den Ruf, hochelegante Fahrpferde zu züchten. Nach 50 Jahren lag der Schwerpunkt der Zucht auf Militärpferden und Remonten, deren Qualität in Europa unübertroffen war. Danach wurden mehr und mehr Englische Vollblüter und Araber eingekreuzt, die dem Pferd mehr Temperament und Ausstrahlung gaben. Bis etwa 1913 waren die meisten Trakehnerhengste Vollblüter. Den größten Einfluss hatte Perfectionist, der Sohn von Persimmon, der im Jahre 1896 das Englische Derby und das St. Leger gewann. Sein bester Sohn, Tempelhüter, begründete eine kraftvolle Linie, die als die Basis des modernen Trakehners angesehen wird.

Das Stockmaß liegt zwischen 1,60 und 1,65 m.

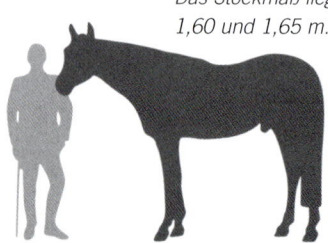

Hals *Der Hals ist lang und elegant.*

Schultern *Der ideale Trakehner hat eine gute, schräge Schulter.*

TEMPERAMENT Durch den Vollbluteinfluss ist der Trakehner ein ausgesprochen mutiges Pferd, und eine sorgfältige Zuchtauswahl hat den Erhalt des großen Leistungswillens und des Durchhaltevermögens sowie eines ansprechenden Äußeren gesichert.

Ohren *Die aufmerksamen, beweglichen Ohren stehen immer aufrecht.*

Augen *Die ausdrucksvollen Augen stehen weit auseinander.*

KOPF Der feine Kopf des Trakehners spiegelt den Einfluss der Vollblüter und Araber wider. Er ist ausdrucksvoll und schön und wird gern als »nobel« bezeichnet – ein Ausdruck, der gern verwendet wird zur Beschreibung von Europas vielleicht edelstem Warmblüter. Das Gesicht hat viel Ausdruck und Ausstrahlung, was bei Warmblütern sonst ja oft nicht so gegeben ist.

Gliedmaßen *Gute, starke Gliedmaßen und Gelenke zeichnen den Trakehner aus. Mit relativ kurzen Röhrbeinen steht er gerade auf dem Boden.*

ERFOLGE Trakehner weisen bemerkenswerte Erfolge im internationalen Turniersport auf. Bei den Olympischen Spielen in Berlin 1936 dominierten Trakehner im deutschen Team, welches sämtliche Medaillen gewann. Seitdem gibt es im Springen, in der Dressur und in der Military viele erfolgreiche Trakehner.

TEMPELHÜTER Als der berühmte Tempelhüter 1932 in Trakehnen starb, hinterließ er 54 gekörte Söhne und 60 Zuchtstuten. Die andere berühmte Trakehnerlinie von Dingo geht auf Tempelhüter-Töchter zurück.

ELCHSCHAUFEL-BRAND Der Elchschaufel-Brand ist der traditionelle Brand der Trakehner, die man früher auch »Ostpreußen« nannte. Das Pferd wird auf der Hinterhand gebrannt, auch das Zaumzeug wird mit Elchschaufeln verziert.

Hinterhand Die Hinterhand ist besonders kräftig – es ist interessant, dass das Starterfeld beim großen Pardubice-Hindernisrennen zum großen Teil aus Trakehnern besteht.

Farben Bei den Trakehnern kommen alle Grundfarben vor; das abgebildete Pferd ist kastanienbraun.

GESAMTERSCHEINUNG Der Trakehner ist eine blendende Erscheinung, die insgesamt der eines Vollblüters von Substanz gleichkommt. Er ist wunderbar ausbalanciert, athletisch, geschmeidig und hat ausgesprochen harmonische, freie Gänge.

Hufe Im Vergleich zu einigen anderen Warmblutrassen bemerkenswert gute harte Hufe.

AUF DER WEIDE Vor über einem halben Jahrhundert zogen Stuten wie diese teils mit Fohlen rund 1450 Kilometer durch das vom Krieg heimgesuchte Europa, um den russischen Truppen zu entkommen. Von eingetragenen 25 000 Pferden überlebten nur 1200. Auf ihnen basiert die Zucht des modernen Trakehners in Deutschland seit 1947.

Hannove-raner

Der Hannoveraner ist wohl das erfolg-reichste europäische Warmblutpferd und weltweit als Spring- und Dressurpferd anerkannt. Er ist das Ergebnis einer sorgfältigen Kreuzung.

URSPRÜNGE

Die Zucht des Hannoveraners wurde 1735 im Gestüt Celle von Georg II., Kurfürst von Hannover und König von England, gegründet. Das Zuchtziel war ein Kern kraftvoller Hengste, die bei der Kreuzung mit den schweren einheimischen Stuten ein Pferd hervorbringen würden, welches für alle Arbeiten in der Landwirtschaft eingesetzt werden konnte. Ursprünglich standen in Celle 14 Holsteiner-Hengste. Es waren kraftvolle Kutschpferde, die aus der Kreuzung einheimischer Stuten mit östlichen, spanischen und neapolitanischen Pferden entstanden waren. Später wurde Vollblut ein-gekreuzt, welches zur damaligen Zeit orientalischer im Charakter war als heute. Das Ergebnis war ein leichteres, besseres Pferd, das im Geschirr ging, aber auch als Kavalleriepferd genutzt und in der Landwirtschaft eingesetzt werden konnte. Die Vollbluteinkreuzung wurde fortgesetzt, aber man ging vorsichtig vor, denn der Hannoveraner sollte nicht zu leicht werden. Im Jahre 1924 standen 500 Hengste in Celle. Nach dem zweiten Weltkrieg ging die Zuchtpolitik in Richtung Sportpferd. Auch Tra-kehner – Flüchtlinge aus Ostpreußen – wurden in die Zucht mit hineingenommen. In Celle stehen immer einige Trakehner und Vollblüter zur Blutauf-frischung.

CHARAKTERISTIKA

Die Selektion geschieht durch kontrollierte Leistungs-prüfung und unter Berücksichtigung der individuellen Eigenarten jedes Pferdes. Es wird sorgfältig auf ein aus-geglichenes Temperament und Verlässlichkeit geachtet – Eigenschaften, auf die besonders viel Wert gelegt wird.

Hals Der Hals des Hanno-veraners ist bemerkenswert lang und fein. Er mündet in gute schräge Schultern und einen ausgeprägten Widerrist.

Farben Dieser Hannoveraner ist hell-braun. Es kommen alle Grundfarben vor, keine Farbe ist vorherrschend. Die ursprünglichen Holsteiner-Hengs-te, die den Grundstein zu dieser Rasse legten, waren Rappen.

KOPF Die Einkreuzung von Vollblut gab dem vorher schweren und manch-mal etwas groben Kopf des Hanno-veraner Arbeitspferdes Adel. Moderne Hannoveraner haben einen feineren, mittelgroßen Kopf, der klar geschnitten und ausdrucksvoll ist. Die Augen sind groß und freundlich.

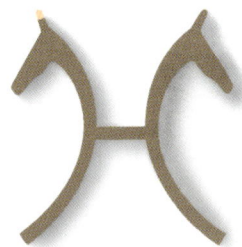

BRAND (LINKS) Seit der Gründung des Celler Gestütes durch Georg II. im Jahre 1735 ist das stilisierte, aus zwei Pferdeköpfen gebildete »H« der Hannoveraner-Brand. Jedes Jahr werden schätzungsweise 8000 Stuten von Hannoveraner-Hengsten gedeckt.

HANNOVERANER FOHLEN Dieses kraftvolle Rappfohlen wurde in England aus importierten Pferden und englischem Warmblut gezogen. Die Farbe ist eine Reminiszenz an die alten Holsteiner Rapphengste, die das Gestüt in Celle begründeten.

Rücken Der Rücken ist mittellang und stark; die kraftvolle Lendenpartie weist das Springpferd aus.

Schweif Der Schweif ist meist sehr hoch angesetzt.

Hinterhand Die Hinterhand ist ausgesprochen muskulös, an der Kruppe sind manchmal charakteristische Ausbuchtungen zu sehen.

Körper Eine tiefe Brust und eine gut ausgebildete Rippenpartie sind die Kennzeichen des Hannoveraners. Der Rumpf ist kräftig, aber nicht auf Schnelligkeit gezüchtet.

WESTFALEN Obwohl der Hannoveraner nach Celle gehört, wird er auch bei der Zucht einer anderen Warmblutrasse, nämlich dem Westfalen, hauptsächlich in Warendorf eingesetzt. Der Westfale ist im Grunde ein Hannoveraner, der in Westfalen gezogen wird.

GANGWERK Die Gänge des Hannoveraners sind beeindruckend. Sie sind korrekt, sehr energisch und ausgesprochen schwungvoll. Die Pferde haben fast keine »Knieaktion«, dafür aber einen sehr langen Schritt.

Gliedmaßen Kraftvolle, symmetrische Gliedmaßen mit großen, gut ausgebildeten Gelenken, kurzen Röhrbeinen und einem angemessenen Knochenumfang werden erwartet.

Hannoveraner haben ein Stockmaß zwischen 1,60 und 1,70 m.

Hufe Der moderne Hannoveraner sollte harte, gut geformte Hufe haben. Die früher oft vorkommenden schlechten Hufe wurden weitgehend verbessert.

Springreiten

Die ersten Springwettbewerbe wurden als Prüfungen für Jagdpferde abgehalten. Der erste organisierte Wettbewerb fand 1865 statt, als die Royal Dublin Society auf dem Gelände von Leinster Lawn in Dublin ein Turnier für »Hoch- und Weitsprung« abhielt. Im Jahre 1900 wurden Springprüfungen olympische Disziplin.

CAPRILLI

Ein Meilenstein für diesen Sport war der erste Concorso Ippico Internazionale 1903 in Turin, bei dem die italienische Mannschaft nach dem System »il sisterna« ritt, das der Chefreitlehrer der Kavallerieschule von Pinerolo, Federico Caprilli (1868–1907), entwickelt hatte. Mit dem leichten Sitz, dem nach vorne geneigten Oberkörper, und durch verkürzte Steigbügel wird das Reitergewicht perfekt über den Schwerpunkt des Pferdes gebracht. Mit diesem Springsitz gingen die Standards in die Höhe, und mit leichten Abweichungen setzte er sich weltweit durch.

Zwischen den Weltkriegen fanden weiterhin viele Springturniere in Europa und Amerika statt. Die wichtigsten Ereignisse waren die International Horse Show der Olympischen Spiele in London, bei denen der erste Nation's Cup statt fand, und die National Horse Show in den Madison Square Gardens in New York.

Damals krankte der Sport jedoch noch an seinen eigenen Regeln, die von Land zu Land unterschiedlich und dabei kompliziert und ungenau waren.

DIE REGELN

Nach dem Zweiten Weltkrieg wurde das Regelwerk auf internationaler Ebene formuliert und der Zeitfaktor eingeführt. Erst danach begann der Sport sich in Richtung seiner heutigen Form zu entwickeln.

Während die internationalen Regeln (FEI, s. S. 70) je nach Wettbewerb immer noch etwas unterschiedlich aussehen, sind die wichtigsten nationalen Regeln nicht sonderlich kompliziert. So wird beispielsweise nach deutschem Reglement die erste Verweigerung mit drei Strafpunkten belegt, die zweite mit sechs, die dritte mit dem Ausschluss. Beim ersten Sturz gibt es acht Strafpunkte, beim zweiten Ausschluss. Auch Zeitüberschreitung führt zu Strafpunkten. Bei mehreren Reitern mit null Fehlern gibt es einem zweiten Umlauf.

MÄCHTIGKEITSSPRINGEN UND DERBY

Weitsprünge werden kaum noch geritten, aber Hochsprünge werden im Mächtigkeitsspringen noch gefordert. Der letzte Sprung, eine Mauer, wird nach jedem Umlauf erhöht.

Bei den Derbyprüfungen führt ein Geländeparcours über Wälle, Gräben und Wassersprünge, die die Sache noch aufregender machen. Die erste solcher Prüfungen war das Hamburger Derby im Jahre 1920. In England wurde 1961 das British Jumping Derby in Hickstead zum ersten Mal ausgetragen. Es hat anderen führenden Reiternationen Anregungen für den Bau ähnlicher Strecken geliefert.

DER WALL IN HICKSTEAD (Oben) Ein Prüfungsteilnehmer überwindet den Furcht einflößenden Wall beim Hickstead Derby Meeting in ausgezeichnetem Stil. Derby-Parcours bereichern durch eine Komponente des Geländereitens den Springsport und sind damit für die Zuschauer besonders attraktiv.

DAS MÄCHTIGKEITSSPRINGEN (Ganz oben) Die letzte Mauer, die bei den Mächtigkeitsspringen über Sieg oder Niederlage entscheidet, wird nach jedem Umlauf höher gebaut. Von Anfang an stellt sie für Pferd und Reiter eine echte Prüfung auf Geschicklichkeit, Sprungkraft und Mut dar.

IN AKTION (Links) Ein international reitendes Paar bei einer großen Prüfung über ein hohes, gut gebautes und einfallsreich entworfenes Hindernis. Weder das Pferd noch der Reiter können sich bei diesem Sprung den geringsten Fehler erlauben.

Holsteiner

Der Holsteiner, eine Mischung aus deutschen, neapolitanischen, spanischen und orientalischen Pferden, erfreute sich bei seinen europäischen Nachbarn einer regen Nachfrage. Sie sind hart und kraftvoll, dabei aber nicht unelegant und gleichermaßen als Fahrpferd wie als starkes Reitpferd einsetzbar.

GESCHICHTE

Englische Vollblüter und Yorkshire Coach-Horses hatten den größten Einfluss bei der Entstehung dieser Rasse. Das kraftvolle Reitpferd wurde mehr und mehr als Armeepferd eingesetzt. Nach dem Zweiten Weltkrieg kreuzte man verstärkt Vollblüter ein, um ein leichteres Turnierpferd zu züchten, das schneller und leistungsfähiger sein sollte. Der moderne Holsteiner ist ein qualitätsvolles Jagdpferd, ein erfolgreiches Spring- und Dressurpferd und wird auch in der Military eingesetzt.

Vorhand Die Brust ist weit und tief, aber die schräge Schulter des modernen Holsteiners und der lange, leicht gebogene Hals weisen ihn eindeutig als Reitpferd aus; das Erbe der Kutschpferde ist kaum mehr zu erkennen.

DRESSURPFERD Sein Wesen und seine taktreinen Gänge prädestinieren den Holsteiner zum Dressurpferd. Die Holsteiner gehören zu den erfolgreichsten deutschen Turnierpferden und haben einige der besten Springpferde der Nachkriegszeit, wie Fritz Thiedemanns Meteor, hervorgebracht.

KOPF Der frühere Holsteinerschlag hatte eine grobe, schwere Kopfpartie und oft ein konvexes Profil. Durch den Vollbluteinfluss bekam der Kopf des modernen Holsteiners mehr Feinheit; er ähnelt jetzt dem eines Hunters – ausdrucksvoll, mit großen, strahlenden Augen und gut platzierten Ohren. Der früher manchmal etwas schwere Unterkiefer kommt beim heutigen Holsteiner kaum mehr vor.

Augen Große, strahlende Augen sind für den Holsteiner charakteristisch.

Knochen Die Fesseln entsprechen der schrägen Schulter, der Röhrbeinumfang soll zwischen 20 und 24 cm liegen.

DIE GÄNGE Dem qualitätsvollen Gangwerk wird große Bedeutung zugemessen. Der Schritt ist lang, frei, elastisch und ganz gerade. Der Trab ist aktiv, sehr ausgeglichen und rhythmisch sowie weit ausgreifend; eine geringe Knieaktion (das Erbe der früheren Kutschpferde) ist erlaubt. Der Galopp ist weich, gerade und in gutem Gleichgewicht.

Körper Die Struktur des Rumpfes ist stark und qualitätsvoll. Der Widerrist ist gut ausgebildet, wie es bei einem Reitpferd sein soll, die Brust tief und der Rücken und die Lendenpartie stark und muskulös.

Farben Alle Farben sind erlaubt. Am häufigsten kommen Kastanienbraune mit schwarzen Flecken und Braune wie auf der Abbildung vor. Es gibt viele Schimmel, selten jedoch Füchse.

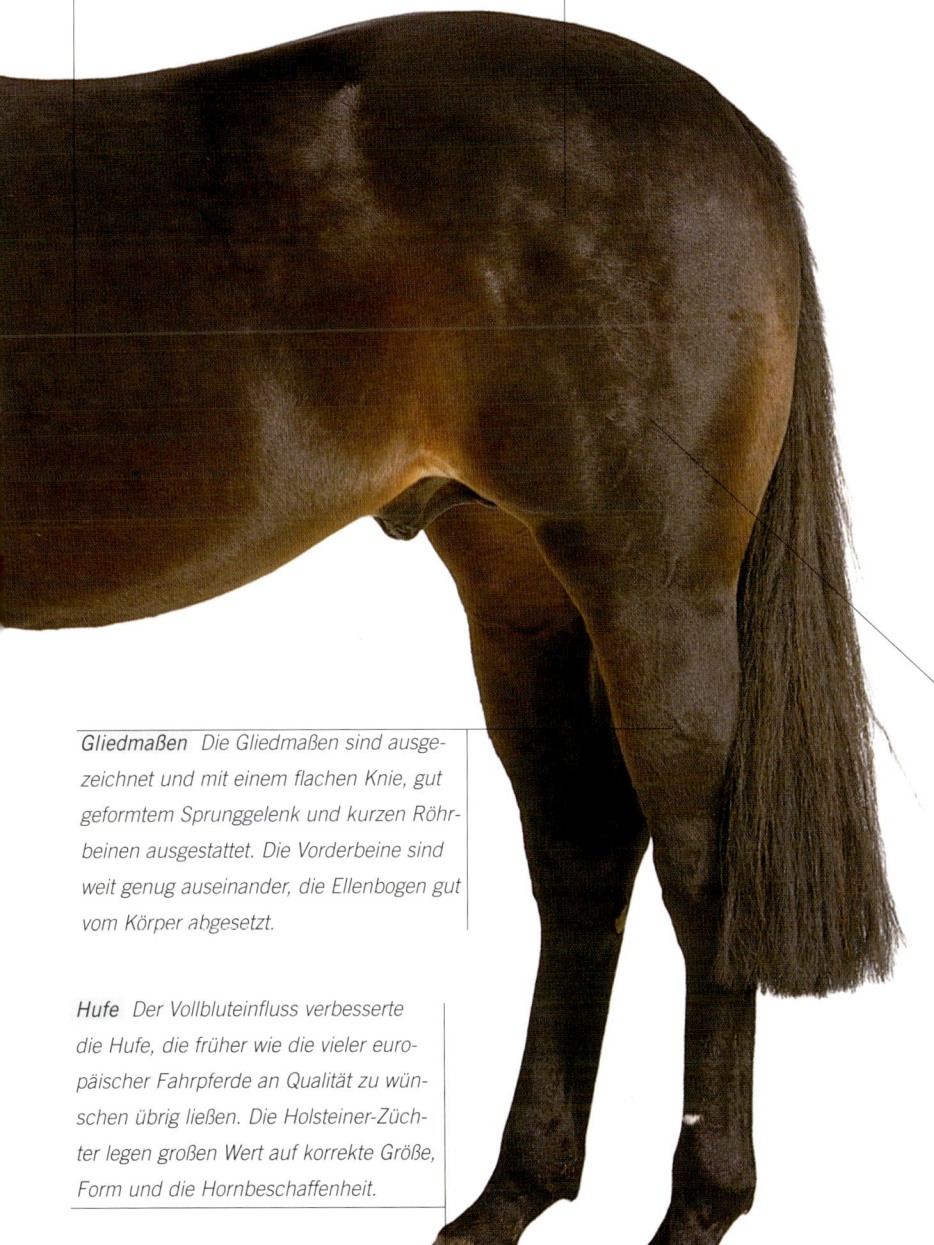

TANDEM FAHREN Im 19. Jahrhundert wurden Holsteiner überwiegend als Fahrpferde verwendet. Diese Zeichnung zeigt zwei Holsteiner in Tandem-Anspannung. Der Holsteiner war ein starkes und aufmerksames Kutschpferd, das sich gut handhaben ließ. Die betont hohe Aktion der Vorhand wurde beim modernen Holsteiner in eine geschmeidige Vorwärtsbewegung umgeformt, auch die typische Kutschpferdeschulter ist verschwunden.

Gliedmaßen Die Gliedmaßen sind ausgezeichnet und mit einem flachen Knie, gut geformtem Sprunggelenk und kurzen Röhrbeinen ausgestattet. Die Vorderbeine sind weit genug auseinander, die Ellenbogen gut vom Körper abgesetzt.

Hinterhand Der Schweif wird schön getragen, jedoch ist er nicht sehr hoch an der kraftvollen Hinterhand angesetzt; Flanken, Oberschenkel und Unterschenkel sind stark und muskulös.

Hufe Der Vollbluteinfluss verbesserte die Hufe, die früher wie die vieler europäischer Fahrpferde an Qualität zu wünschen übrig ließen. Die Holsteiner-Züchter legen großen Wert auf korrekte Größe, Form und die Hornbeschaffenheit.

Holsteiner haben ein Stockmaß von 1,60 bis 1,70 m (dreijährige Stutfohlen sollten bei der Eintragung 1,60 m messen, zweijährige angehende Deckhengste 1,61–1,62 m).

Oldenburger

Der Oldenburger ist die schwerste deutsche Warmblutrasse und wurde im 17. Jahrhundert durch die Bemühungen des Grafen Anton Gunther von Oldenburg (1607 – 1667) begründet. Hierzu benutzte er den Halbbluthengst Kranich und eine Basis von Friesenpferden.

GESCHICHTE

Die Friesen wurden mit spanischen Pferden, Berbern, Neapolitanern und englischen Halbblutpferden gekreuzt; im 19. Jahrhundert führten die Züchter vermehrt Vollblüter, Cleveland Bays, Hannoveraner und Normannen zu. Das Ergebnis war ein schwer gebautes Kutschpferd, ein »Karossierpferd«, von etwa 1,70 Meter Stockmaß. Trotz seiner Größe und seines Rahmens war es ein frühreifes Pferd. Als die Nachfrage nach schweren Kutschpferden nachließ, züchtete man den Oldenburger als Pferd, das für alle Arbeiten in der Landwirtschaft eingesetzt werden konnte. Als sich die Nachfrage nach 1945 wiederum änderte, kreuzte man mehr Vollblüter und Normannen ein, um einen besseren Reittyp zu erhalten. Heute ist der Oldenburger ein Reitpferd, das für alle Sparten der Reiterei brauchbar ist.

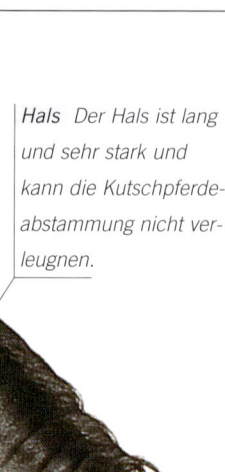

Hals *Der Hals ist lang und sehr stark und kann die Kutschpferdeabstammung nicht verleugnen.*

KOPF Der Kopf ist einfach, aber ehrlich. Das Profil ist gerade, hie und da mit einer leichten Ramsnase. Die Ganaschenpartie ist manchmal etwas dick. Der Gesichtsausdruck ist jedoch ausgesprochen freundlich und liebenswürdig mit ausdrucksvollen Augen.

BEEINDRUCKEND UND VIELSEITIG Der moderne Oldenburger ist leichter als seine Vorfahren und hat freiere Gänge. Er ist ein großes, eindrucksvolles Pferd, das wegen seines taktklaren Ganges und seines ausgeglichenen Temperamentes gern als Dressurpferd verwendet wird, aber auch immer noch als kraftvolles Fahrpferd vor der Kutsche geht.

Gliedmaßen *Dem großen Rahmen entsprechend sind die Gliedmaßen stark und kurz mit großen, gut entwickelten Gelenken, kurzen Röhrbeinen und einem Röhrbeinumfang von mindestens 23 cm. Die Winkelung des Oberarmknochens zum Schulterblatt bedingt eine relativ hohe Knieaktion.*

Hufe *Bei der Hengstleistungsprüfung wird den Hufen besondere Aufmerksamkeit gewidmet. Bei solch einem großem Pferd müssen sie im Trachtenbereich weit genug sein; die Proportionen sollen dem Pferd entsprechen und die Hufe von guter Konsistenz sein.*

Gebäude Der Oldenburger hat das kraftvollste Gebäude aller Warmblut-Reitpferderassen. Die Brust ist ausgesprochen tief, was die Aktion fördert. Die Schulter entspricht in Länge und Form nicht der des Vollblüters und ist in Verbindung mit der Weite der Brust nicht für Schnelligkeit gemacht. Die Gänge sind jedoch taktklar und elastisch, das Pferd bewegt sich sehr korrekt.

Hinterhand Die Hinterhand und die hinteren Gliedmaßen sind sehr kräftig. Zwar ist der Oldenburger nicht auf Schnelligkeit gezüchtet, aber er ist als kraftvolles Springpferd sowie als Leistungspferd in der Dressur bekannt.

Schweif Der Schweif ist hoch angesetzt und wird schön getragen, die Hinterhand ist stark.

DAS GRONINGER PFERD Ein Zweig des Oldenburgers, der holländische Groninger, trug zur Entwicklung des Holländischen Warmbluts bei. Es entstand durch die Kreuzung von Oldenburgern und den unverwechselbaren Friesen mit schweren holländischen Stuten. Der Groninger war ein starkes, ausdauerndes Fahrpferd mit einer guten Hinterhand, das sowohl zur Landarbeit als auch als ein nützliches, wenn auch mittelmäßiges und schweres Reitpferd benutzt wurde. Der alte reine Typ, der dem Oldenburger sehr ähnlich sah, existiert nicht mehr.

ZÜCHTERVEREINIGUNG 1819 eingerichtet und in den Jahren 1897 und 1923 ergänzt, liegt die Verantwortung für die Zucht und die Zulassung von Hengsten beim Verband der Züchter des Oldenburger Pferdes. Der Verband verfolgt eine sorgfältige Selektionspolitik mit dem Ziel eines einheitlichen Pferdetyps.

BESONDERE MERKMALE Durch den Einsatz von Vollblütern wurden die speziellen Merkmale des ehemaligen Kutschpferdes, besonders die steile Schulter und der lange Rücken, beim modernen Oldenburger weitgehend verändert. Trotz der Vollbluteinkreuzung legen die deutschen Züchter großen Wert auf ein im Wesen ausgeglichenes Pferd.

Farben Die häufigsten Farben sind Braun, Schwarz und Kastanienbraun wie auf der Abbildung. Füchse und Schimmel sind ungewöhnlich, wenn es überhaupt welche geben sollte.

Das Stockmaß liegt zwischen 1,62 und 1,72 m.

Jagdpferd

Als Jagdpferd gilt jedes Pferd, das für die Jagd hinter der Meute eingesetzt wird. Es ist ein Pferdetyp, variiert je nach dem Gelände, in dem es geritten wird, hat keine allgemeinen festen Merkmale wie Farbe oder Größe und kann daher nicht als Rasse angesehen werden.

URSPRÜNGE

Die besten Jagdpferde kommen aus Irland, England und zu einem gewissen Teil aus Amerika, wo das Vollblutelement beherrschend ist. Der irische Hunter stammt ebenso wie der englische oft aus einer Kaltblut/Vollblut-Kreuzung. Jede Mischung ist erlaubt; viele gute Jagdpferde in Großbritannien führen Ponyblut wie Connemara, New Forest, Fell, Highland oder Welsh Cob. Die besten Jagdpferde haben jedoch immer eine gute Portion Vollblut.

MERKMALE

Ein gutes Jagdpferd ist gesund, gut proportioniert und besitzt alle Exterieurmerkmale eines erstklassigen Reitpferdes. Es ist gut ausbalanciert, hat leichte, bequeme Gänge und ist schnell genug, um den Hunden folgen zu können. Es ist mutig, wendig, leistungswillig und verfügt über ein gutes Springvermögen, damit es alle Hindernisse eines langen Jagdtages überwinden kann. Ein Jagdpferd muss ausgeglichen und gut erzogen sein und eine robuste Konstitution haben, dann kann es in der Jagdsaison zweimal in der Woche hinter der Meute gehen.

Schultern Eine gute schräge Schulter ist wesentlich für ein gut gebautes Jagdpferd. Sie ermöglicht es ihm, über unebenes Gelände zu galoppieren und die verschiedenartigsten Hindernisse zu springen.

EXTERIEUR Ein erstklassiges Jagdpferd verfügt über alle Attribute eines guten Reitpferdes, verbunden mit Substanz, Stärke und guten Knochen. Ein gut gebautes Pferd bleibt länger gesund als ein schlecht gebautes.

Farben Bei Jagdpferden sind alle Farben erlaubt; dieses ist dunkelbraun.

Das Stockmaß von Jagdpferden ist unterschiedlich, im Durchschnitt liegt es bei 1,60 bis 1,62 m.

DAS JAGDPFERD UND SEIN REITER Seit 300 Jahren ist die Jagd der Sport auf dem Lande, besonders in England. »Schauen Sie sich überall in England um, wo natürliche, gesunde, zufriedene und richtig nette Engländer sind; was finden Sie überall? Dass die Ställe der eigentliche Mittelpunkt des Haushalts sind.« G. B. Shaw.

DAS ZWEITE PFERD (LINKS) Auf dieser Radierung aus dem 19. Jahrhundert sieht man die Praxis des »zweiten Pferdes«, welche auch heute noch bei den schnellen Galoppjagden in den grasreichen Gegenden Englands üblich ist: Der Besitzer reitet morgens sein erstes Pferd und wechselt am Nachmittag auf ein zweites frisches Pferd. Der Groom folgt der Jagd in ruhigem Tempo auf Feldwegen und Pfaden, bis das Pferd gebraucht wird.

DER AUSDRUCK Jagdpferde sind nicht immer so schön wie dieses, aber sie sollten qualitätsvoll sein und den Eindruck eines ehrlichen Arbeitspferdes machen. Die guten unter ihnen haben einen intelligenten und gelassenen Ausdruck.

Körper Ein Jagdpferd muss kompakt sein und eine tiefe Brust haben, damit sich die Lungen voll ausdehnen können.

Gliedmaßen Es hängt vom gesamten Gebäude und dem Röhrbeinumfang ab, wie viel Gewicht das Pferd tragen kann.

Hufe »Armeen marschieren mit dem Magen, Pferde gehen, traben und galoppieren mit ihren Hufen.« (Redensart)

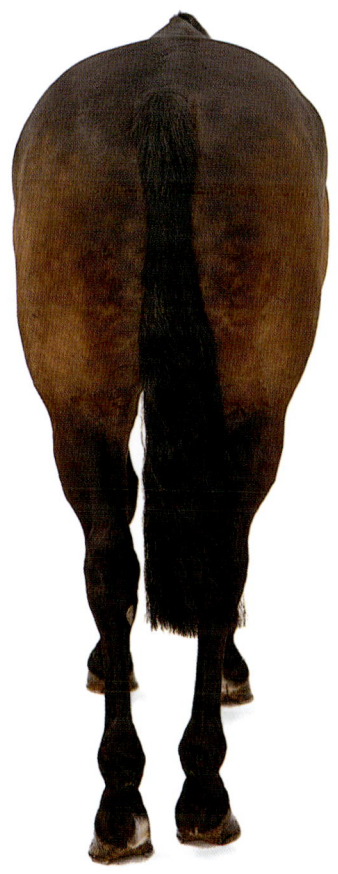

VON HINTEN GESEHEN Dies ist eine ausgezeichnete Hinterhand für ein Jagdpferd. Die Beine sind kraftvoll, die Gelenke sauber und hart, und die Röhrbeine sind gerade unter dem Sprunggelenk. Es bietet sich der Gesamteindruck von Kraft und Galoppiervermögen.

Jagdreiten

In Frankreich ist die Tradition der organisierten Reitjagden am ältesten. Zum Klang der Fanfares de Circonstance aus den geschwungenen Jagdhörnern jagen dort immer noch 75 Meuten! Sie werden als Equipage bezeichnet, wenn auf Hirsche gejagt wird, und als Vautrait, wenn es um Eber geht.

FUCHSJAGD IN ENGLAND

Die Franzosen führten nach der Eroberung Englands durch die Normannen im Jahre 1066 das Jagdreiten in England ein. Zu dieser Zeit war das anerkannte Jagdwild Hirsch, Eber und manchmal Wolf.

Erst im 17. Jahrhundert begann man in England, Füchse zu jagen, auf die sich bis zum 19. Jahrhundert etwa 250 Meuten in England und Irland spezialisiert hatten. Außerdem gab und gibt es bis heute noch in beiden Ländern Meuten, die auf Hasen jagen, und auch eine Handvoll von Hirschhunden.

In England und Irland zieht eine Reitjagd so viele Reiter an, dass man ihre Zahl im Interesse der Natur begrenzen muss.

Die Aufsicht über das Jagdreiten führt die Masters of Foxhounds Association, wobei jede Jagdgesellschaft ihr eigenes, genau abgegrenztes Gebiet hat. Die Meute gehört normalerweise einem Komitee, das die Master ernennt und ihnen eine jährliche Summe zur Verfügung stellt, mit der der Zwinger und die Tierpfleger bezahlt werden.

Wenn der Master selbst mit der Meute auf die Jagd geht, sagt man von ihm »er trägt das Horn«. Er trägt als einziger wirklich ein Horn, auf dem er bestimmte Signale bläst, um sich mit den Hunden, seinen Helfern und dem Feld (den Reitern) zu verständigen.

Jagdreiten ist in England ein millionenschwerer Industriezweig. Trotz strikt einzuhaltender Regeln regt sich aber vor allem in städtischen Gegenden Widerstand gegen diesen Sport. In Irland und Amerika ist das Jagdreiten weniger in Gefahr.

SCHLEPPJAGD

In Deutschland ist die Jagd auf den Fuchs aus Tierschutzgründen verboten. Hier reitet dem Feld ein Reiter als Fuchs voraus, der einen Fuchsschwanz am Jacket trägt. Wenn Hunde verwendet werden, jagen sie einer künstlich gelegten, aus einem Kanister tropfenden Riechspur nach. Die Jagd schließt meist mit einem kurzen Rennen, bei dem alle Reiter versuchen, dem »Fuchs« seinen Schwanz zu entreißen. Wer die Trophäe erbeutet, reitet nächstes Jahr auf der Ehrenposition als Fuchs.

AMERIKANISCHER SPORT

In Amerika nimmt die Begeisterung für Reitjagden mit jeder Saison zu. Die ersten Siedler führten diesen Sport nach streng britischem Vorbild in Virginia, Maryland und Pennsylvania ungefähr um dieselbe Zeit ein, als er sich in England entwickelte.

Früher hat man auch Rotfüchse von England nach Amerika importiert, aber die meisten Meuten jagen den einheimischen Graufuchs. Im westlichen Teil Amerikas dient der Coyote als Jagdbeute.

ALLEN VORAN (Oben) Der Master und die Pikeure (die das Feld kontrollieren) müssen in der Lage sein, den Weg durch das Jagdgelände zu zeigen und dabei zu überspringen, was ihnen in den Weg kommt. Dazu braucht man gute, mutige Reiter mit guten Pferden, die jeden Acker und jede Furche im Gelände wie ihre Hosentasche kennen.

AUF EIGENEN WEGEN (Ganz oben) Der »Huntsman« (Meutenführer) setzt sich mit seinen Hunden vom Feld ab, um mit ihnen das erste in Betracht kommende Versteck zu durchkämmen – vielleicht ein Wäldchen oder ein Dickicht – in dem sich ein Fuchs aufhalten könnte.

RUND UM WASHINGTON (Links) Ein Jagdreiter aus Virginia folgt in traditioneller Kleidung der Fairfax-Meute, die 1747 von Lord Fairfax ins Leben gerufen wurde. In dieser Gegend gibt es auch heute noch viele Füchse.

Hack

Früher ritten die Grooms die Jagdpferde ihrer Herren in ruhigem Tempo zum Treffen, während die Besitzer nach dem Frühstück in ihren Dogcarts folgten oder mit einem so genannten »Covert Hack« Aufsehen erregten. Hierbei handelte es sich um ein äußerst attraktives Reitpferd im Vollbluttyp – elegant, gut erzogen und in einem weichen Galopp zu reiten –, das leichter war als ein Jagdpferd. Es brauchte nicht den ganzen Tag unter dem Reiter zu gehen, hatte daher auch nicht die Substanz oder die Knochen für eine richtige Jagd.

PARK HACK

Noch feiner als der »Covert Hack« war der wunderschöne und gut ausgebildete »Park Hack«. Zu Zeiten, als es beispielsweise noch zum guten Ton gehörte, im Londoner Hyde Park auf der Rotten Row morgendliche Ausritte zu machen, paradierte der Park-Hack unter seinem gut angezogenen Besitzer, der oft in Begleitung einer Lady war, vor den bewundernden und oft auch kritischen Augen der Spaziergänger. Der Park-Hack sollte seinen Reiter möglichst vorteilhaft zur Geltung bringen und war ein Pferd, das sich immer in allen Gangarten leicht und frei bewegte. Sein Benehmen und seine ganze Erscheinung waren absolut makellos.

DER MODERNE HACK

Dieselben Qualitäten werden auch vom modernen Hack erwartet, der auf Turnieren oder Schauen auftritt – er soll ein Muster an Harmonie sein. Leicht und anmutig, hat der moderne Hack doch viel Substanz, der Röhrbeinumfang soll nicht unter 20 Zentimeter liegen.

Die meisten Pferde bei den typischen Hack-Prüfungen sind Vollblüter oder fast Vollblüter und ähneln mehr dem Park-Hack als dem kräftigeren Covert-Hack. Es gibt allerdings auch Araberkreuzungen und einen oder zwei sehr gute Angloaraber. In England und Amerika gibt es Show-Classes für kleine Hacks (1,42–1,50 Meter), für große Hacks (1,50–1,53 Meter) und Ladies' Hacks (1,42–1,53 Meter). Ladies' Hacks werden unter dem Damensattel vorgeführt. Die Pferde werden im Schritt, Trab und Galopp präsentiert. Sie dürfen ihr individuelles Tempo zeigen. Auf britischen Wettbewerben werden die Pferde auch von den Richtern geritten.

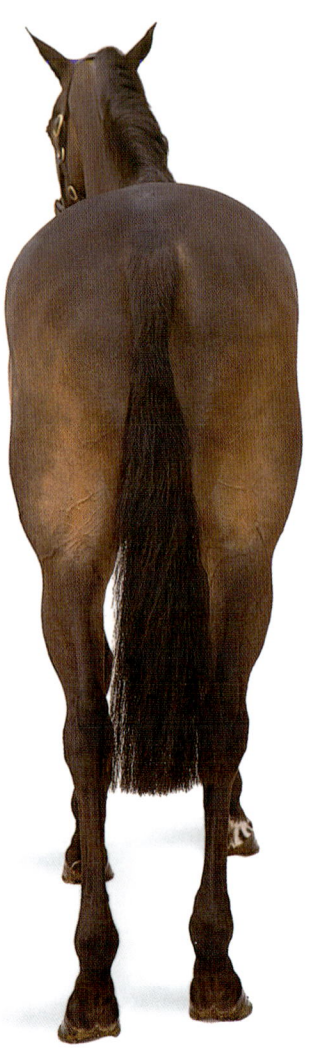

VON HINTEN GESEHEN
Von hinten gesehen ist das Pferd von anmutiger Symmetrie, kombiniert mit Kraft. Es werden kraftvolle Hinterbeine und starke Gelenke verlangt. Eine gut bemuskelte, ausreichend breite Hinterhand ist beim Hack wie bei jedem guten Pferd Voraussetzung. Die Hufe müssen erstklassig sein.

GANGWERK Der Hack soll geradeaus, sauber und flach gehen, er darf sich nicht streifen oder zu viel Aktion haben. Der Trab ist weich und fließend, der Galopp langsam, leicht und vollkommen ausgewogen; die absolute Akkuratheit der Darbietung eines Dressurpferdes wird vom Hack bei Wettbewerben nicht verlangt.

Mähne Auf Turnieren und Schauen werden die Mähnen eingeflochten, damit man die Halslinie besser sehen kann. Der Schweif wird ausgedünnt oder auch geflochten.

Erscheinungsbild Das allgemeine Erscheinungsbild des Hack ist das des Vollblüters; das ganze Pferd ist für Schnelligkeit gebaut. Die Proportionen sind nahezu perfekt, mit langer, niemals kurzer und dicker Muskulatur.

Ohren Die Ohren sollten beweglich und aufmerksam sein.

Farben Hacks können alle Grundfarben haben, dieser ist dunkelbraun.

KOPF Der gut geformte Kopf weist auf edle Vorfahren hin und ist typisch für den Hack. Kein Pferd gewann je einen Wettbewerb, das nicht einen ausgesprochen schönen Kopf hatte. Große, mutige und freundliche Augen sind zusammen mit den aufmerksamen, beweglichen Ohren ein wesentliches Merkmal.

BESCHREIBUNG Eine vielsagende Definition beschreibt den Hack als ein Pferd, das sein Besitzer mühelos mit einer Hand reiten kann, während er mit seiner weiblichen Begleitung flirtet.

Beschlag Hacks werden mit leichten Eisen beschlagen, um die Leichtigkeit der Bewegungen nicht zu beeinträchtigen.

Hacks haben ein Stockmaß zwischen 1,42 und 1,53 m, je nach Typ.

Cob

Cobs sind vom Exterieur her unverkennbar: kleine stämmige Pferde mit einem relativ großen Rumpf, der auf vier kraftvollen Beinen über viel Boden steht. Ihr Erscheinungsbild mit der dicken kurzen Muskulatur lässt eher auf Stärke und Packpferdqualitäten schließen als auf Schnelligkeit. Dabei hat der Cob einen guten, eher flachen als zu hohen Galopp.

URSPRÜNGE

Der Cob ist ein Typ, keine anerkannte Rasse, daher gibt es auch keine festen Zuchtregeln. Einige der besten Cobs stammen aus der Kreuzung zwischen einem irischen Kaltblut oder einem schwergewichtigen Hunter mit Vollblut; andere hervorragende Pferde wiederum sind reine Iren. Hie und da wurden auch Cobs aus der Mischung von Shire und Welsh Cob gezüchtet, jedoch entstanden diese Kreuzungen eher durch Zufall und nur selten mit wohl überlegter Absicht.

MERKMALE

Bevor es 1948 in Großbritannien per Gesetz verboten wurde, die Schweife zu kupieren, war dies bei den Cobs Tradition. Es gab den Pferden einen flotten, sportlichen Anstrich, war aber eine grausame und absolut unnötige Prozedur.

Das am meisten mit dem Cob in Verbindung gebrachte Adjektiv ist vertrauenerweckend, und das mit Recht. Der Cob ist dafür prädestiniert, einen etwas schwergewichtigen Reiter, der sich nicht mehr in der ersten Blüte seiner Jugend befindet, zuverlässig und gleichmütig zu tragen. Dafür muss das Pferd eine ausgezeichnete Erziehung haben und sollte nie »hitzig« reagieren. Tatsächlich sind die meisten Cobs ausgesprochen intelligent und haben einen erstklassigen Charakter.

Früher ging der Cob sowohl unter dem Sattel als auch im Geschirr. Heutzutage ist er meist ein Familienpferd; viele von ihnen sind gute Jagdpferde, dabei leicht und ökonomisch zu halten.

Farben Alle Farben kommen vor, aber viele Cobs sind durch den Einfluss der irischen Pferde Schimmel oder Graue. Gegen getupfte Pferde oder Schecken besteht kein Einwand, sie sind aber ausgesprochen selten. Dieser Cob ist kastanienbraun.

Hinterhand Die Hinterhand ist kräftig, stark bemuskelt und gut geformt, ein wesentliches Merkmal des Cob, der in der Lage sein muss, Gewicht zu tragen. Sie ist nicht für Schnelligkeit gemacht, dafür ist sie zu schwer, aber gewöhnlich sprungstark.

VON HINTEN GESEHEN Der Kopf des Cob ist nicht immer »der eines schönen Mädchens«, dafür hat er »den Leib eines Kochs«. Die Hinterhand ist sicherlich nicht für Schnelligkeit gebaut, aber sie ist ausgesprochen kraftvoll.

Rücken Der Rücken ist kurz und relativ breit, wie er bei einem Lastenträger sein soll; die Lenden sind dick und kraftvoll. Ein langer Rücken, möglicherweise noch mit einer weichen Lendenpartie, wäre bei einem Cob nicht akzeptabel.

Schultern Die Schultern sind kraftvoll, aber für flache, ökonomische Gänge ausreichend schräg; sie verhindern eine zu hohe Knieaktion.

EINDRUCK Der Cob vermittelt den Eindruck eines Gentleman.

Hals Der Hals ist im Einklang mit dem übrigen Körperbau relativ kurz, aber stark und gewölbt.

Mähne Die Mähne wird immer geschoren.

Brustumfang Der Cob steht auf kurzen kraftvollen Beinen, aber die tiefe Brust lässt die Beine noch kürzer erscheinen, als sie in Wirklichkeit sind.

Gliedmaßen Die Röhrbeine sind kurz, der Röhrbeinumfang, der unterhalb der Karpalgelenke gemessen wird und ausschlaggebend ist für das Gewicht, das das Pferd zu tragen in der Lage ist, kann bis zu 23 cm sein.

Karpalgelenke Die Karpalgelenke sind groß und sauber, die Vorderbeine stark bemuskelt; der Ellenbogen setzt frei am Körper an.

Hufe Der Cob hat breite, offene Hufe, deren Größe seinen Proportionen angemessen ist.

KOPF Der Kopf ist sensibel, gleicht dem eines Arbeitspferdes und ist eher ehrlich als fein und qualitätsvoll. Jedoch ist er nicht derb und hat einen intelligenten Ausdruck, der durch die beweglichen, aufmerksamen Ohren und die freundlichen, weit auseinander stehenden Augen entsteht.

Der Cob kann bis zu 1,53 m messen, bei Wettbewerben ist allerdings nur ein Stockmaß bis zu 1,51 m zugelassen – eine Höhe, die auch dem nicht allzu sportlichen Reiter ein müheloses Aufsteigen ermöglicht.

Lipizzaner

Die weißen Lipizzaner werden zwar meist mit der Spanischen Hofreitschule in Wien assoziiert, aber sie werden in dem gesamten Gebiet gezüchtet, das früher einmal zu Österreich-Ungarn gehörte. Die Pferde der Hofreitschule wachsen im österreichischen Gestüt Piber in der Nähe von Graz auf, aber auch in Ungarn, Rumänien und in der Tschechischen und der Slowakischen Republik gibt es Lipizzanergestüte. Natürlich sind die einzelnen Schläge unterschiedlich, und der etwas kleinere Lipizzaner aus Piber ist keineswegs dominierend.

URSPRÜNGE

Die Rasse hat ihren Namen von dem Ort Lipizza (Lipica) im heutigen Kroatien, wo die Rasse entstand und auch heute noch gezüchtet wird. Gestüt und Zucht wurden im Jahre 1580 gegründet, als auf Befehl des Erzherzogs Karl II. 25 spanische Hengste und 24 Stuten von der Iberischen Halbinsel importiert wurden. Ziel des Erzherzogs war, die Belieferung des herzoglichen Stalles in Graz und des Marstalles in Wien mit ausreichend großen Pferden sicherzustellen. 1572 wurde – direkt neben dem kaiserlichen Palast – in einer Reithalle aus Holz die Spanische Hofreitschule etabliert, um die Adligen im klassischen Reitstil zu unterrichten. Ihren Namen erhielt sie von den spanischen Pferden, mit denen sie von Beginn an und ausschließlich beritten wurde.

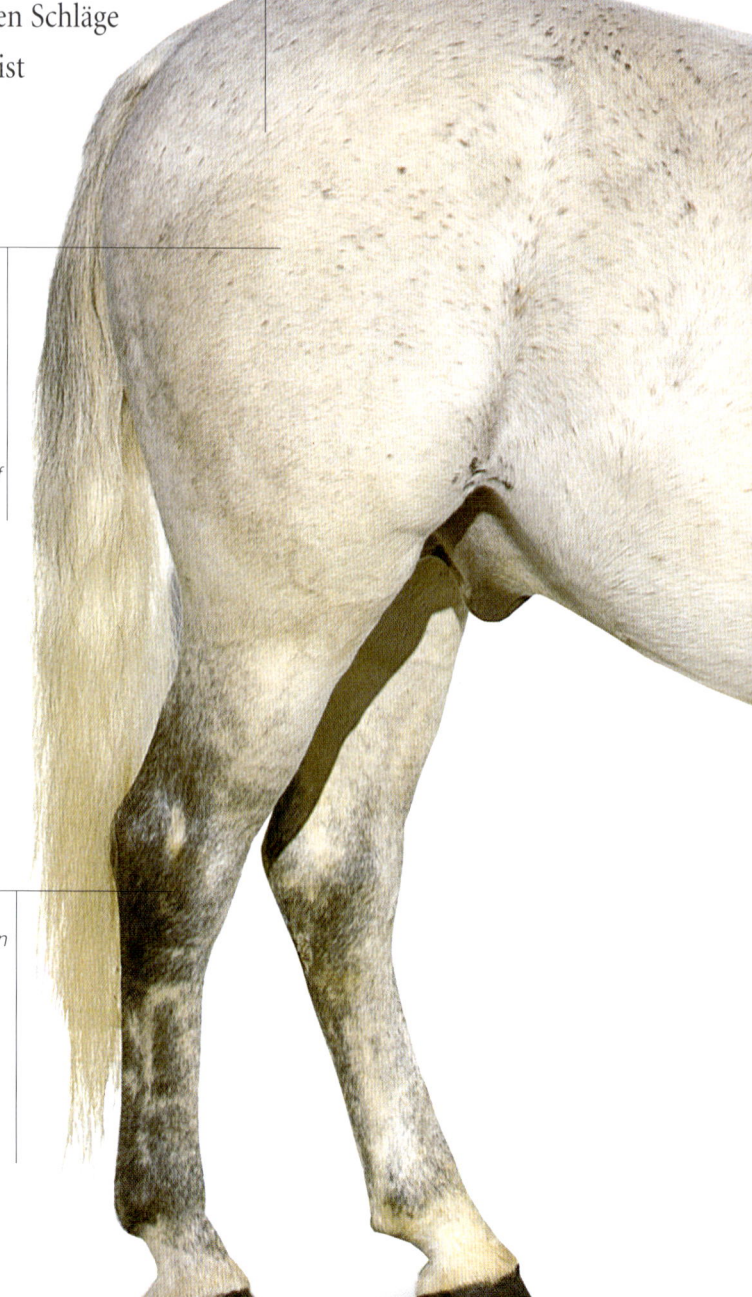

Farbe Fast alle Lipizzaner sind weiß, obwohl die Fohlen schwarz oder braun zur Welt kommen. Hie und da gibt es Braune. Traditionsgemäß steht immer ein Brauner Hengst in der Spanischen Hofreitschule.

Hinterhand Das Pferd ist nicht für Schnelligkeit gebaut, wegen seiner kraftvollen Hinterhand jedoch prädestiniert für die Lektionen der Hohen Schule. Der feine, seidene Schweif ist hoch angesetzt.

Gliedmaßen Kurze, kräftige Gliedmaßen mit flachen Gelenken, guten Knochen und harten Hufen sind die Merkmale der Lipizzaner – sie sind das Ergebnis des felsigen Kalksteinbodens ihrer Heimat in Lipica.

KLADRUBER Die Kladruber, Fahrpferde spanischen Ursprungs, hatten erheblichen Einfluss auf die Entwicklung der Lipizzaner. Das Gestüt Kladrub wurde 1572 gegründet und ist das älteste Europas.

Schultern Der Widerrist ist oft schwach ausgebildet, die Schulter passt sich der Form an und ist gleichermaßen für ein Reit- wie für ein Fahrpferd geeignet. Folglich sind die Gänge eher hoch als weit und flach.

Kopf Der Kopf ist gut geformt. Der arabische Einfluss ist unverkennbar, aber auch der Ramskopf des alten Spanischen Pferdes kommt immer wieder vor.

Rumpf Der Rumpf ist kompakt und muskulös mit guter Gurtentiefe.

LANGLEBIG Lipizzaner sind spätreif, dafür aber langlebig. Viele der Hengste in der Spanischen Hofreitschule arbeiten noch, wenn sie bereits weit über 20 Jahre alt sind.

GESAMTERSCHEINUNG Das Gebäude aller Lipizzaner, insbesondere aber das derer aus Piber, entspricht dem eines vernünftigen kleinen Arbeitspferdes. Im ungarischen Typ ist der Vollbluteinfluss etwas stärker; diese Pferde sind größer und freier in der Bewegung.

SECHS HENGSTE Die Rasse basiert auf sechs Gründerhengsten: Pluto (1765), einem weißen spanischen Hengst aus Fredericksborg; auf dem schwarzen Conversano (1767), einem Neapolitaner; dem falben Kladruber Favory (1779); Neapolitano (1790), einem rotbraunen Neapolitaner; Siglavy (1810), einem weißen Araber, und Maestoso (1819), einer Kreuzung aus Neapolitaner und Spanier. Abkömmlinge aller Linien sind in der Spanischen Hofreitschule vertreten, und in Piber sind noch 14 der ursprünglich 23 Stutenfamilien erhalten.

GESCHMEIDIG UND ATHLETISCH Der Lipizzaner ist gleichzeitig geschmeidig und athletisch und durch sein ruhiges Wesen für die Schulreiterei prädestiniert. Die Spanische Hofreitschule und Piber verdanken ihr Überleben im letzten Weltkrieg den amerikanischen Truppen, die sie vor den vorrückenden Russen retteten.

Das Stockmaß variiert zwischen 1,51 und 1,62 m.

Klassische Reitkunst

Die Basis für die klassische Reitkunst wurde in den barocken Reithallen der europäischen Renaissance gelegt. Sie blühte unter einer Reihe von Meistern auf, zunächst unter Federico Grisone, der seine Schule in Neapel im Jahre 1532 eröffnete. Ihren Höhepunkt fand sie in der Arbeit von François Robichon, Sieur de La Guérinière (1688–1751).

DAS ERBE VON DE LA GUÉRINIÈRE

De la Guérinière – dessen Buch »Ecole de Cavalerie« (1733) sich zur Bibel der Reiterei entwickeln sollte – war die Quelle der Inspiration für die beiden Schulen der klassischen Reitkunst, die der Spanischen Hofreitschule in Wien und die des berühmten französischen Cadre Noir in Saumur. Beide Schulen wahren die Prinzipien von de la Guérinière, wenn auch mit unterschiedlicher Betonung. Dasselbe gilt für die dritte klassische Tradition, die iberischen Schulen, denn auch deren Meister, der vierte Marquis von Marialva (1713–1799), war von diesen Lehren beeinflusst.

RATIONALE WISSENSCHAFT

De la Guérinière, Stallmeister Ludwigs XIV. von 1730 bis 1751, war königlicher Reitmeister und Direktor des königlichen Marstalls der Tuilerien. Seiner Arbeit ist es zu verdanken, dass die Prinzipien der Reitkunst zu einer rationalen Wissenschaft erweitert wurden. »Ohne Theorie«, behauptete er, »ist alle Praxis ohne Ziel.« Er führte die systematisch aufbauende Ausbildung mit Übungen wie dem Schulterherein auf zwei Hufschlägen und dem fliegenden Galoppwechsel ein, mit deren Hilfe die Losgelassenheit und das Gleichgewicht des Pferdes gefördert werden sollten. Darüber hinaus hat der klassische Sitz, wie er ihn definierte und lehrte, in seinen Grundzügen noch heute Gültigkeit.

SCHULEN ÜBER DER ERDE

Die Unterscheidung zwischen der Sportart Dressurreiten und der Kunstform Hohe Schule, die von den klassischen Schulen gepflegt wird, betrifft die »Schulen über der Erde«. Die Dressurreiterei kennzeichnen Lektionen wie Piaffe und Passage, nicht aber beispielsweise der klassische spanische Schritt, wie er von den iberischen Schulen gepflegt wird. Von den klassischen Lektionen sind noch drei übrig geblieben: die Levade, die Courbette und die Kapriole. Allerdings bewahrt der Cadre Noir auch noch die Croupade, ein kräftiges, hohes Ausschlagen mit den Hinterbeinen. In der Levade hebt das Pferd die Vorhand und balanciert sich auf den stark angewinkelten Sprunggelenken aus. Die Levade ist die Basis für die Courbette, bei der das Pferd in der Levadehaltung vorwärts springt, und auch für die hohe Kapriole, den »Ziegensprung«. Bei dieser schwierigen Lektion springt das Pferd mit allen Vieren in die Luft und streicht mit waagrechtem Körper nach hinten aus.

SPANISCHER SCHRITT (Oben) Der schön anzusehende spanische Schritt wird nur in den iberischen Schulen und in der Stierkampfarena von den Cavalheiros und Rejoneadores gezeigt. Diese Lektion hat ihren Ursprung wahrscheinlich im byzantinischen Zirkus und wird ansonsten in Europa nicht geübt.

COURBETTE AN DER HAND (Ganz oben) Ein Hengst der andalusischen Schule Jerez wird gleich aus der Grundstellung der Levade heraus auf den Hinterbeinen vorwärts springen. Diese und die anderen »Schulen über der Erde« verlangen einen hohen Versammlungsgrad und viel Kraft.

SCHULQUADRILLE (Links) Die Spanische Hofreitschule in Wien ist die älteste Reitakademie der Welt. Hier wird »die Reitkunst in ihrer reinsten Form kultiviert und zur Perfektion gebracht«.

Hackney

Es steht wohl kaum in Frage, dass der Hackney mit seiner hohen Knieaktion das auffälligste Fahrpferd der Welt ist. Heute sieht man ihn hauptsächlich auf Pferdeschauen, aber er verfügt durchaus über genügend Mut und Fähigkeiten, um sich auch auf Fahrturnieren hervortun zu können. Die ersten Traber, auf deren Grundlage die Rasse entstanden ist, waren für ihre Geschwindigkeit und Ausdauer sowohl unter dem Sattel als auch im Geschirr bekannt. Der Traber Bellfounder trabte 3,2 km in 6 Minuten und 14,5 km in 30 Minuten.

DIE URSPRÜNGE

Woher das Wort Hackney stammt, ist zweifelhaft. Wahrscheinlich leitet es sich aber vom französischen »haquenée« ab – im Altfranzösischen bedeutet das Wort »haque«, das mit dem spanischen »haca« verwandt ist, Wallach.

Der Hackney, den es als Pferd und als Pony gibt, hat seinen Ursprung in der Tradition der englischen Traber des 18. und 19. Jahrhunderts. (Beim Hackney-Pony findet sich über die Wilson-Ponys, die in Kirkby Lonsdale in Cumbria von Christopher Wilson gezüchtet werden, auch der Einfluss des Fell-Ponys.) Damals gab es in England zwei Traberrassen, in Norfolk und in Yorkshire. Mit Shales, einem 1755 geborenen Pferd aus einer (»Hackney«-)Traberstute von Blaze, haben sie einen gemeinsamen Vorfahren. Blaze wiederum war verwandt mit Messenger, dem Begründer der amerikanischen Traberrasse American Standardbred.

Außerdem war Blaze ein Ururenkel von Darley Arabian, einem der drei Linienbegründer des Vollbuts. Sein Gegenstück für die Entstehung des Hackney-Ponys ist Wilsons Ponyhengst Sir George, der auf Flying Childers zurückgeht, den Vater von Blaze.

Hals Der Hals ist ziemlich lang und gut gebaut. Er wird fast senkrecht getragen.

Kopf Der Kopf ist klein, hat ein konvexes Profil, kleine, gut geformte Ohren und ein feines Maul. Das Auge ist groß und sehr mutig.

Schultern Die Schultern sind kräftig. Der Widerrist ist wenig ausgeprägt – gar nicht wie bei einem Reitpferd.

IM GESCHIRR Ein Hackney in Fahranspannung gehört zu den aufregendsten Dingen, die man auf einem Fahrplatz zu sehen bekommen kann. Die vierrädrige Kutsche ist sehr leicht.

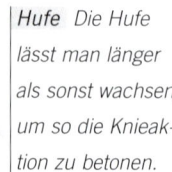

Hufe Die Hufe lässt man länger als sonst wachsen, um so die Knieaktion zu betonen.

Fell *Sowohl beim Pferd als auch beim Pony ist das Fell besonders fein und seidig.*

Farben *Sowohl bei den Hackney-Pferden als auch bei den Ponys kommen Schwarzbraune, Rappen, Braune wie der hier gezeigte und Füchse vor.*

OMNIBUS (OBEN) Hackney-Pferde verbindet man meist mit dem Hackney-Cab, einer speziellen Kutsche. Hier zieht ein Pferd einen der ersten »Omnibusse«, ein Fahrzeug, das ursprünglich aus Paris kam.

Hinterbeine *Hinterhand und Hinterbeine sind ungeheuer kräftig mit ausgesprochen starken Sprunggelenken. Dieses Gebäude begünstigt die bemerkenswert aktive Hinterhand.*

Körper *Der Körper ist beim Hackney kompakt und der Rücken nicht allzu lang; die Brust ist breit und tief.*

Schweif *Der Schweif ist gut angesetzt und wird hoch getragen.*

AKTION Bei der Beurteilung von Hackneys wird auf die hohe Aktion größter Wert gelegt. Die Beine sollen ganz gerade gehoben werden, ohne Bügeln oder andere Abweichungen zur Seite.

Gliedmaßen *Die Gliedmaßen sollen kurz, die Sprunggelenke sollen kräftig sein und nahe über dem Boden stehen. Beim Mustern steht der Hackney wie angewurzelt, mit geraden Vorderbeinen und nach hinten herausgestellten Hinterbeinen, über möglichst viel Boden.*

Hackney-Pferde erreichen durchschnittlich ein Stockmaß von 1,52 bis 1,60 m; die Ponys dürfen 1,42 m nicht überschreiten.

Fahren

Fahren als Sport gab es in Europa bereits gegen Ende des 19. Jahrhunderts. Benno von Achenbach, der Sieger des ersten dotierten Wettbewerbes im Jahre 1882, hatte auf diesen Sport einen ganz besonderen Einfluss. Von ihm stammt die nach ihm benannte Achenbach-Führung, die er von dem Profifahrer Edwin Howlet gelernt hatte.

FAHRTURNIERE

Das Achenbach-System – bei dem alle Leinen in der linken Hand gehalten und mit den Fingern der rechten Hand reguliert werden – ist inzwischen überall anerkannt. Nur die Ungarn haben ihren eigenen Stil und benutzen dabei leichte Brustblattgeschirre.

Erst 1969 wurde auf Initiative von Prinz Philipp, dem damaligen Präsidenten der Internationalen Reiterischen Vereinigung (FEI, s. S. 69), Fahren international als Turniersport anerkannt. Heute werden jedes Jahr Europa- oder Weltmeisterschaften abgehalten, dazu kommen zahlreiche internationale Prüfungen.

Im Sport aufgenommen sind Viererzüge, Zweispänner, Tandems und auch Einspänner.

Fahrturniere sind wie eine Vielseitigkeitsprüfung aufgebaut. Einer Dressurprüfung im Viereck folgt ein Marathon; dieser ist wie ein Geländeritt mit entsprechender Wegestrecke. Er wird dreimal stärker gewichtet als die Dressurprüfung. In mehrere Phasen eingeteilt, führt der Marathon über 64 km und durch verschiedene Hindernisse. Als letzte Phase folgt eine Geschicklichkeitsfahrprüfung, die »Kegelfahren« genannt wird. Eine schwierige Wegestrecke, durch Kegel markiert, muss innerhalb sehr kurzer Zeit absolviert werden. Wird ein Kegel verschoben oder fällt der Ball von seiner Spitze, gibt es Strafpunkte, ebenso wie für Zeitüberschreitung. Prüfungskriterien sind die Geschicklichkeit des Fahrers und die Kondition der Pferde nach dem anstrengenden Marathon.

KUTSCHEN UND PFERDE

Marathon-Turnierfahrzeuge werden extra für diesen Zweck gebaut, oft mit Scheibenbremsen ausgerüstet und sind eher praktisch als elegant. Die meisten Fahrpferde rekrutieren sich aus den europäischen Wagenschlägen wie Holsteiner, Oldenburger, Gelderländer u.s.w. Cleveland Bays und Cleveland-Kreuzungen sind recht beliebt, ebenso wie die beweglicheren Welsh Cobs und Fell-Ponys. Die ungarischen Fahrer spannen oft in Ungarn gezogene Lipizzaner ein, die schneller sind als der klassische Piber-Typ.

SPEZIAL-HINDERNISFAHREN

Diese bei den Zuschauern beliebte Veranstaltung ist ein Hindernisrennen gegen die Uhr, bei denen zwei Pferde vor leichte, luftbereifte vierrädrige Kutschen mit Kutscher und Beifahrer gespannt werden. Der Beifahrer erhält durch schnelle Gewichtsverlagerungen das Gleichgewicht der Kutsche. Die Palette der Prüfungen reicht vom Stil- über das Glückshindernisfahren bis zur »Jagd um Punkte«.

EINSPÄNNER (Oben) Fahrwettbewerbe werden auch für Einspänner ausgeschrieben, die dieselben Phasen durchlaufen müssen wie die Viererzüge. Dieses Pferd trägt, ebenso wie die Pferde ganz oben, ein Brustblattgeschirr statt des üblichen Kumets. Das Brustblatt ist leichter und passt deswegen besser zum Einspänner.

VOLLE KRAFT VORAUS! (Ganz oben) Ein schönes Passergespann in einer schnellen, scharfen Wendung durch die Kegel. Zeit ist der wichtige Faktor beim Spezial-Hindernisfahren, und natürlich muss man einen fehlerfreien Durchlauf schaffen. Dazu braucht man Geschick, ein scharfes Auge und außerdem Nerven wie Drahtseile!

IN AKTION (Links) Ein Viergespann kräftiger holländischer Warmblüter in Brustblattanspannung bewältigt selbstbewusst und flott ein Hindernis. Alle Pferde tragen Schutzgamaschen, die auch eine Stützfunktion haben.

Französischer Traber

Der Trabersport vor dem Sulky und unter dem Sattel wurde Anfang des 19. Jahrhunderts in Frankreich populär; die erste Trabrennbahn entstand 1836 in Cherbourg. Die Entwicklung einer speziellen Traberrasse, basierend auf einem bereits in der Normandie existierenden Pferdetyp, war allein durch diesen Sport geprägt.

URSPRÜNGE

Die cleveren und vorausschauenden Züchter der Normandie importierten – unterstützt vom Nationalen Zuchtverband – englische Vollblüter und Partbred-Hengste sowie den unvergleichlichen Norfolk Roadster, ein Fahrpferd der Sonderklasse, um aus den heimischen Stuten leichtere Pferde mit mehr Gangwerk zu züchten. Zwei Hengste waren hier prägend: The Norfolk Phenomenon, ein Roadster, und Young Rattler, ein Partbred-Sohn von Rattler. Auch Heir von Linne, ein Vollblüter, wurde eingesetzt. Diese und andere Importhengste schufen fünf Blutlinien, auf welche die meisten modernen französischen Traber zurückgehen.

DER EINFLUSS DES STANDARDBRED

Zu gegebener Zeit wurden amerikanisch Standardbreds eingekreuzt, um dem Traber mehr Speed zu geben. Das hatte jedoch keinen Einfluss auf den einzigartigen Charakter des zähen französischen Trabers, der jetzt in der Lage ist, es vor dem Sulky mit den besten Rennpferden der Welt aufzunehmen – und sie zu schlagen. Der gerittene Traber – und rund zehn Prozent aller französischen Rennen sind Rennen unter dem Sattel – ist ohnegleichen auf der Welt. Die Reitpferde sind größer, kräftiger und vielseitig einzusetzen. Außer als Rennpferd vor dem Sulky spielte der französische Traber eine große Rolle bei der Entstehung der Rasse Selle Français; auch viele berühmte Springpferde gingen aus der Rasse hervor. Der französische Traber wurde 1922 als Rasse anerkannt und das Stutbuch 1937 für nicht französische Pferde geschlossen. Seit kurzem ist jedoch die Aufnahme von ausgesuchten Standardbred-Kreuzungen wieder gestattet.

Schultern Früher hatte der französische Traber zu steile Schultern. Die Schultern des modernen Trabers sind jedoch wesentlich besser geworden.

Kehlgang Der Kehlgang ist weit.

KOPF Als konsolidierte Rasse hat der französische Traber ein ganz eigenes, charakteristisches Erscheinungsbild. Der Kopf des modernen Trabers ähnelt eher dem des Vollblüters als dem des anglo-normannischen Pferdes, von dem er abstammt, ist jedoch nicht ganz so fein wie der des Vollblüters; das Tier wirkt aber feurig und intelligent.

RENNEN Das wichtigste Trabrennen vor dem Sulky ist der Prix d'Amérique. Die jährliche Europameisterschaft findet in Vincennes über 2650 Meter statt. Das wichtigste Rennen unter dem Sattel ist der Prix de Cornulier über dieselbe Distanz. Ourasi, der berühmteste französische Traber, krönte seinen dritten Sieg in Folge beim Prix d'Amérique 1988 mit einem neuen Kilometerrekord von 1 Minute 15,6 Sekunden.

Hinterhand Für den modernen Traber, der den früher manchmal etwas grobknochigen Typ ersetzte, ist die kraftvolle Hinterhand kennzeichnend. Gegenüber dem alten Typ ist der heutige Traber entschieden qualitätsvoller.

RENNAUSRÜSTUNG Etwa um 1890 wurden die früheren großen Räder durch kleinere fahrradähnliche mit Gummireifen ersetzt. Das trug erheblich zu einer Erhöhung der Geschwindigkeit bei. Die heutige Ausrüstung, die von Joe King, einem amerikanischen Flugingenieur, verbessert wurde, wird seit den siebziger Jahren gebraucht und führte zu zahlreichen neuen Rekorden.

Farben Dieser französische Traber ist ein Fuchs. Die vorherrschenden Farben sind Fuchsfarben, Braun und Schwarzbraun. Vereinzelt gibt es auch Fuchsschimmel, während reine Schimmel äußerst selten vorkommen.

VINCENNES Das Hippodrome de Vincennes ist die berühmteste Rennbahn in Frankreich. Diese 2000 Meter lange Strecke wird als Teststrecke für gerittene und gefahrene Traber angesehen. Die Streckenführung verläuft zuerst bergab, dann eben, um auf den letzten 900 Metern wieder steil anzusteigen. Dies ist einzigartig in der Welt und prägte einen ebenso einzigartigen Typ des Trabers.

SCHNELLIGKEIT Im Jahre 1989 wurde die Qualifikation für die Teilnahme an Rennen für vierjährige und ältere Pferde auf 1 Minute 22 Sekunden für 1000 Meter festgesetzt.

FUCHSIA Die erfolgreichste Traberlinie überhaupt ist die des Fuchsia, eines englischen Halbbluts, der 1883 geboren wurde. Von ihm stammen gut 400 Traber ab, und über 100 seiner Söhne waren wiederum Väter von Siegerpferden.

Der französische Traber hat normalerweise ein Stockmaß um 1,62 m, die größeren Pferde sind die besten Reitpferde.

Friese

Im Gegensatz zur landläufigen Meinung ist der Friese kein Kaltblut, sondern ein Warmblutpferd. Er stammt aus Ostfriesland in den Niederlanden, wird aber seit einigen Jahren auch in Deutschland intensiv und qualitätsvoll gezüchtet. Überall, wo die »Schwarzen Perlen« auftauchen, erregen sie durch ihre Erscheinung Aufmerksamkeit und Bewunderung.

GESCHICHTE

Schon die Römer schätzten friesische Pferde als kraftvolle Arbeitstiere, auch wenn sie ihrer Ansicht nach hässlich waren. Tausend Jahre später sahen die Friesen besser aus und bewiesen ihre Kraft, ihre Freundlichkeit im Umgang mit Menschen und ihr Durchhaltevermögen in den Kreuzzügen. Kontakt mit östlichem Blut verbesserte die Rasse weiterhin, ebenso die Einkreuzung von Andalusiern (s. S. 50/51), als die Spanier die Niederlande während des Achtzigjährigen Krieges besetzten. Der Friese, der im Geschirr, unter dem Sattel und als Arbeitspferd in der Landwirtschaft überzeugte, hatte großen Einfluss auf die benachbarten Zuchten. So haben beispielsweise die Oldenburger (s. S. 84/85) und einige englische Ponyrassen (s. S. 226-229) einen guten Schuss friesischen Blutes. Durch ihre Nachkommen, die Old English Black, hatten die Friesen auch Einfluss auf die Entstehung des »Great Horse«, das man jetzt Shire (s. S. 188/189) nennt.

Oberlinie Der relativ kleine Friese hat eine beeindruckende Oberlinie, die von dem gebogenen und stolz getragenen Hals gekrönt wird.

Kopf Der Kopf mit den kurzen Ohren ist relativ lang, dabei aber fein gezeichnet und hat einen wachen Gesichtsausdruck, der die Freundlichkeit und den liebenswürdigen Charakter der Rasse widerspiegelt.

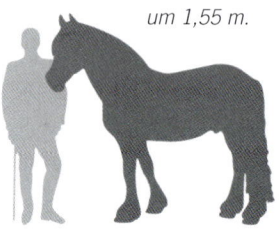

Friesen haben ein Stockmaß um 1,55 m.

EIN EXZELLENTES FAHRPFERD Durch seine schönen Bewegungen und sein Temperament ist der Friese ein gutes Reitpferd. Aber auch als Fahrpferde brillieren die Friesen, denn sie sind phantastisch ausbalanciert und haben einen energischen, dabei aber hohen Trab. Traditionell wird der Friese in der hochrädrigen Friesenkutsche gefahren.

Rücken *Insgesamt gesehen vereint der Irish Draught viel Substanz mit Qualität. Der Rücken ist zwar manchmal etwas lang, die Hinterhand zu schräg – dennoch hat man bei dem Pferd immer den Eindruck von großer Kraft.*

TEMPERAMENT UND CHARAKTER Der moderne Irish Draught ist ein Springpferd von Natur aus: äußerst geschmeidig und geschickt, athletisch und mutig. Die meisten der bei der Irish Draught Horse Society of Great Britain registrierten Hengste werden regelmäßig als Jagd- oder Springpferde eingesetzt. Die Pferde haben ein ausgeglichenes Wesen, sind kooperativ und leicht zu halten.

KOPF Der Kopf des Irish Draught ist im Vergleich zum Körper klein und intelligent, mit einem fast wissenden Ausdruck. Die Augen sind freundlich und ehrlich – alles in allem ein gutes, ehrliches Leistungspferd.

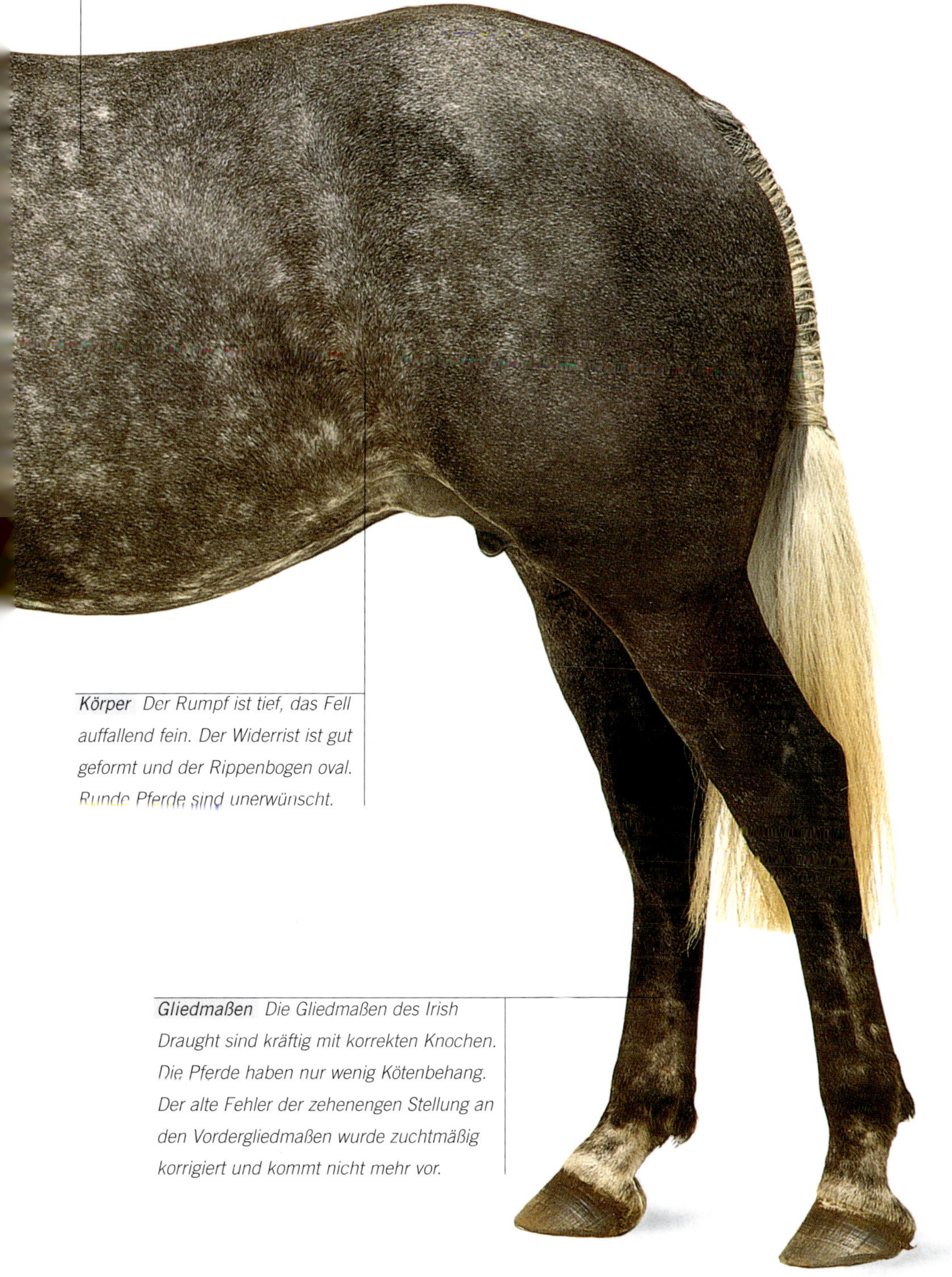

Körper *Der Rumpf ist tief, das Fell auffallend fein. Der Widerrist ist gut geformt und der Rippenbogen oval. Runde Pferde sind unerwünscht.*

Gliedmaßen *Die Gliedmaßen des Irish Draught sind kräftig mit korrekten Knochen. Die Pferde haben nur wenig Kötenbehang. Der alte Fehler der zehenengen Stellung an den Vordergliedmaßen wurde zuchtmäßig korrigiert und kommt nicht mehr vor.*

VON HINTEN GESEHEN Ein charakteristisches Merkmal des Irish Draught ist die starke sprungkräftige Hinterhand. Die Gänge sind gerade, ausreichend hoch und ausbalanciert. Das Gangwerk ist nicht überragend, aber kraftvoll und »deckt den Boden«.

Normanni-scher Cob

Die Normandie ist eines der größten Pferdezuchtgebiete der Welt. Jahrhundertelang wurden in den berühmten Gestüten von Le Pin und Sainte Lo Pferde für die verschiedensten Zwecke gezüchtet. Aus der Normandie stammen die französischen Traber, die Percherons, die Vollblüter, Anglonormannen und Boulonnais; auf beiden Gestüten werden aber auch die weniger bekannten und dennoch sehr beliebten Normannischen Cobs gezüchtet.

DIE URSPRÜNGE

Im Jahre 1665 gründete Ludwig XIV. Le Pin als königliches Gestüt; die ersten Hengste wurden 1730 eingestellt. Sainte Lo wurde per königlichem Dekret im Jahre 1806 gegründet, im Jahre 1912 standen hier 422 Hengste.

Anfang des 20. Jahrhunderts unterschieden die Warmblutzüchter zwischen den Kavalleriepferden und dem etwas schwereren Typ, der als leichtes Zugpferd eingesetzt wurde. Die Schweife der Zugpferde wurden kupiert, und bald bürgerte sich für diesen Pferdetyp der Name »Cob« ein, weil er dem englischen Namensvetter ähnelte. Es gibt kein Stutbuch, obwohl viele Cob-Hengste in staatlichen Gestüten stehen; von den Jungpferden wird jedoch eine Leistungsprüfung verlangt, und die Zucht ist natürlich dokumentiert. Die Region La Manche gilt als das Cob-Gebiet der Normandie, hier wird mit den Cobs auch regelmäßig gearbeitet. Hauptsächlich werden sie für leichte landwirtschaftliche Arbeiten eingesetzt. Der Normannische Cob wurde im Laufe der Jahre immer schwerer. Jedoch verlor er nie seinen kraftvollen Gang und sein freundliches Wesen.

Hals Ein gut gewölbter Hals und ein feiner Kopf sind für den Normannischen Cob typisch.

Körperbau Der Normannische Cob ist ein stämmiges Pferd, kräftig und stark in seiner ganzen Erscheinung. Er ist jedoch kein Kaltblutpferd und weist auch nicht dessen massiven Rahmen und die typischen, etwas schweren Körperlinien auf. Tatsächlich ist es ein sehr bewegungsfreudiges und energiegeladenes Pferd.

PACKPFERDE Die Normandie war immer ein Pferdeland, und seine Bewohner haben die Tiere für jeden erdenklichen Zweck eingesetzt. In dem reichen Agrarland arbeiten die Pferde in der Landwirtschaft, sie trugen die Waren zum Markt und dienten allgemein als Transportmittel. Hier transportieren die Packpferde geschnittenes Holz.

Cleveland Bay

Bereits im Mittelalter wurde in North Riding, dem nordöstlichen Teil Yorkshires, der auch den Bezirk Cleveland umfasst, ein braunes Packpferd gezüchtet. Es war damals unter dem Namen »Chapman Horse« bekannt, da es die Waren der »chapmen«, der fahrenden Händler jener Tage, zog.

URSPRÜNGE

Diese Pferde der fahrenden Kaufleute waren die Vorfahren des heutigen Cleveland Bay, der später noch mit spanischem Blut veredelt wurde. Ende des 17. Jahrhunderts gab es in Nordostengland viele spanische Pferde und auch Berber, denn zwischen den Küsten Nordafrikas und den nordöstlichen Seehäfen bestand ein reger Handelsverkehr. Aus dieser Mischung entstand ohne weitere Einkreuzungen, beispielsweise von Vollblütern, ein kraftvolles Pferd mit trockenen Beinen, das wie kein anderes auf den schweren Lehmböden arbeiten und beträchtliche Lasten ziehen konnte; ein Pferd, das in der Lage war, auf der Jagd auch schwere Reiter zu tragen, und das über ein bemerkenswertes Springvermögen verfügte. Darüber hinaus war es bis zum Zeitalter Georges II. als Kutschpferd unübertroffen. Als allerdings ein Netz geschotterter Straßen entstand, wurde der Cleveland Bay für die Kutschen, die damals mit einer Geschwindigkeit von 12 bis 16 km/h fuhren, zu langsam. Als sein Nachfolger kam das Yorkshire Coach-Horse, eine Mischung aus Cleveland Bay und Vollblütern, in Mode. Das Yorkshire-Coach-Horse-Stutbuch wurde 1936 geschlossen, als die Rasse trotz aller Bemühungen ausstarb.

Hals Der moderne Cleveland ist zwar leichter als seine Vorfahren, aber er weist immer noch deren kraftvolle Hals- und Schulterpartie auf.

Farben Clevelands sind ausschließlich braun mit schwarzen Punkten.

KOPF Der Kopf des Cleveland Bay weist noch einige Charakteristika auf, die an seine andalusischen Vorfahren (s. S. 32/33) erinnern. Merkmale, die jedoch weniger für den heutigen Andalusier typisch sind als vielmehr für die spanischen Pferde der Renaissance. Das manchmal konvexe Profil, das man früher als »Ramsnase« oder »Adlerprofil« bezeichnete, ist typisch für spanische Pferde.

Die meisten Clevelands haben ein Stockmaß zwischen 1,60 und 1,62 m.

MULGRAVE SUPREME 1962 gab es nur noch vier Cleveland-Hengste in Großbritannien. Die Rasse überlebte nur dadurch, dass Königin Elisabeth II. den Hengst Mulgrave Supreme, der ursprünglich nach Amerika verkauft werden sollte, der einheimischen Zucht zur Verfügung stellte. Er war so erfolgreich, dass es im Jahre 1977 bereits wieder 17 Deckhengste gab, die fast alle von ihm abstammten.

KONSTITUTION Clevelands werden mit Vollblütern gekreuzt, das gibt hervorragende Spring- und Jagdpferde und natürlich herrliche Fahrpferde. Der Cleveland vererbt Größe, Knochen, gute Gesundheit, Leistungswillen und Kraft. Clevelands sind ausgesprochen langlebig und fruchtbar.

KÖNIGLICHE FAVORITEN Clevelands zogen immer die königlichen Kutschen. Pferde aus der Zucht des Herzogs von Edinburgh, und zwar Clevelands und Cleveland-Partbreds, waren bei internationalen Fahrtunieren sehr erfolgreich.

Körper Obwohl der Cleveland Bay ein sehr kraftvolles Pferd ist, ist er doch beweglich. Der Röhrbeinumfang liegt bei 22 cm oder mehr. Bei erwachsenen Pferden (also im Alter ab sechs oder sieben Jahre) ist der Abstand zwischen Widerrist und Ellenbogen gleich oder noch größer als der zwischen Ellenbogen und dem Boden.

Beine Trockene Beine ohne Kötenbehang sind typisch für den Cleveland Bay. Dadurch können die Pferde auf den schweren Lehmböden von Nordostengland arbeiten und auf Reitjagden auch bei tiefem Boden in diesem schwierigsten Jagdgelände Englands springen.

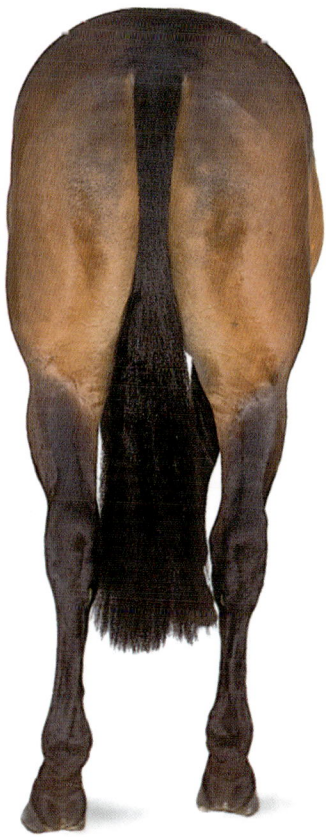

VON HINTEN GESEHEN Die Hinterhand ist stabil genug, auch mit schwergewichtigen Reitern »Häuser zu springen«; kräftige Oberschenkel, gute Sprung- und Fesselgelenke machen dieses schwere Jagdpferd zu einem der besten der Welt.

Gelderländer

Die Züchter der niederländischen Provinz Geldern waren schon immer innovativ und am Markt orientiert. Sie züchteten Pferde zwar in erster Linie für den Eigenbedarf, aber doch auch immer mit einem Auge auf eventuelle Nachfrage ihrer Nachbarn. Seit 100 Jahren werden Gelderländer systematisch gezüchtet. Das Zuchtziel war ein Kutschpferd mit guter Aufrichtung, wach und mit viel Aktion, das als Arbeits- und Reitpferd genutzt werden kann.

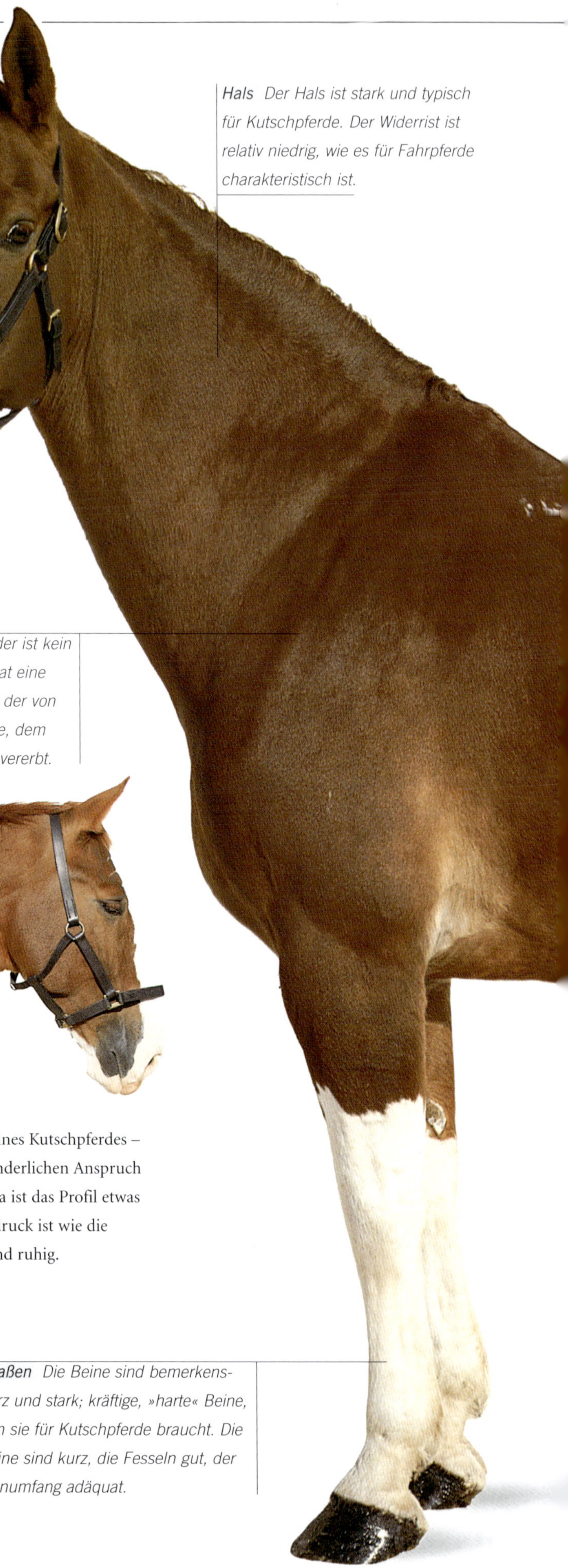

GESCHICHTE

Um ein Pferd mit diesem Exterieur und dabei sanftem Charakter zu erhalten, kreuzte man die schwerfälligen Landstuten mit Hengsten aus England, Ägypten, Ungarn, Deutschland, Polen und Russland. Die jeweils besten Nachkommen wurden dann untereinander gekreuzt. Später kamen noch einige Oldenburger und Friesen hinzu. Gegen 1900 benutzte man dann noch einen Hackney, um die Rasse etwas spritziger zu machen. Seitdem wurden nur hie und da einige französische Anglonormannen eingekreuzt. Viel später wiederum wurde der Gelderländer mit seiner hohen Aufrichtung und seiner guten Vorhand zusammen mit seinem Nachbarn, dem Groninger Pferd, als Begründer des modernen und erfolgreichen Holländischen Warmbluts benutzt (s. S. 68/69).

FREIE BEWEGUNGEN Gelderländer bei einem Galopp um die Weide. Als gute Kutschpferde verfügen sie über das fürs Fahren notwendige Gangwerk und bewegen sich geschmeidig und frei.

Hals Der Hals ist stark und typisch für Kutschpferde. Der Widerrist ist relativ niedrig, wie es für Fahrpferde charakteristisch ist.

Schultern Der Gelderländer ist kein schnelles Pferd, aber er hat eine gute Schulter, die er auch der von ihm abstammenden Rasse, dem Holländischen Warmblut, vererbt.

KOPF Der Kopf ist der eines Kutschpferdes – gerade und fein, ohne sonderlichen Anspruch auf Schönheit. Hie und da ist das Profil etwas konvex. Der Gesichtsausdruck ist wie die Rasse selbst freundlich und ruhig.

Gliedmaßen Die Beine sind bemerkenswert kurz und stark; kräftige, »harte« Beine, wie man sie für Kutschpferde braucht. Die Röhrbeine sind kurz, die Fesseln gut, der Knochenumfang adäquat.

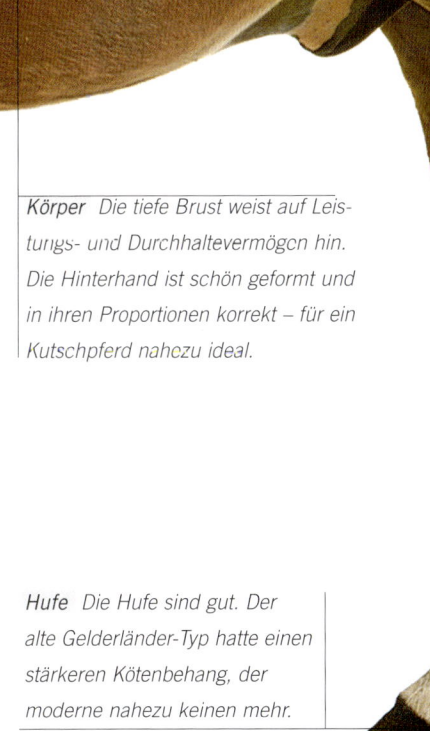

TEAMARBEIT Ein eindrucksvoller Viererzug mit kraftvollen Gelderländern auf der Weltmeisterschaft im Viererzugfahren. Dies ist die Domäne der Gelderländer.

Rücken Wie man es für Fahrpferde wünscht, ist der Rücken länger als beim Reitpferd. Er ist stark, die Lendenpartei kräftig.

Hinterhand Die Kruppe ist gerade, der Schweif hoch angesetzt, wie es für viele europäische Warmblutpferde charakteristisch ist. Die Hinterhand ist auf Kraft gezüchtet, nicht auf Schnelligkeit.

PFERDESCHLITTEN AUF DEM EIS Eine Pferdeschlittenszene mit einem holländischen Pferd. Die holländischen Züchter – besonders die aus Geldern, Friesland und Groningen – züchteten immer gemäß den Markterfordernissen.

Silhouette Der Umriss des Gelderländers ist der eines perfekten Fahrpferdes. Stärke, eine stolze Haltung und ein leichter, taktreiner Gang vervollständigen das Bild dieses attraktiven Pferdes.

Körper Die tiefe Brust weist auf Leistungs- und Durchhaltevermögen hin. Die Hinterhand ist schön geformt und in ihren Proportionen korrekt – für ein Kutschpferd nahezu ideal.

Farben Die vorherrschende Farbe, die man meist auch mit dieser Rasse assoziiert, ist die dunkle Fuchsfarbe, oft mit weißen Bein-abzeichen wie hier; aber es gibt auch Schimmel, und früher gab es sogar einmal einen oder zwei Schecken.

Hufe Die Hufe sind gut. Der alte Gelderländer-Typ hatte einen stärkeren Kötenbehang, der moderne nahezu keinen mehr.

Das Stockmaß liegt zwischen 1,52 und 1,62 m.

Frederiksborger

Im 16. Jahrhundert war Dänemark einer der Hauptpferde-
lieferanten für die Fürstenhöfe Europas. Dänemarks
Pferde waren die Frederiksborger, die aus einem
Gestüt stammten, welches König Frederik II. 1592
gründete. Das Gestüt züchtete elegante Pferde mit
leichten Gängen, die sowohl für die Dressurlektionen
der Manège geeignet waren als auch für die Anforderungen der Kavallerie.

URSPRÜNGE

Der Grundstock der Rasse liegt im spanischen Pferd,
dem zur damaligen Zeit und in den nachfolgenden
Jahrhunderten bevorzugten Reitpferd Europas. Später
importierte man Neapolitaner, die mit dem spanischen
Pferd eng verwandt sind. Im 19. Jahrhundert kreuzte
man östliche und englische Halbbluthengste ein. Das
Ergebnis war ein lebhaftes Reitpferd von ansprechen-
dem Äußeren mit genug Rahmen und ausgezeichnetem kraftvollem Gangwerk. Der Frederiksborger wurde
in ganz Europa bewundert, wie es auch von Wrangel in
»Die Rassen des Pferdes« (1908/1909) beschrieb: »Eine
elegante Erscheinung, lebhaftes, freundliches Wesen
und kraftvolle, schwungvolle und hohe Gänge.« Die
Rasse diente auch als Veredler anderer Rassen, wie etwa
des Jütländers, um seinen Schwung zu steigern. Ein
Frederiksborger aus dem Königlich Dänischen Gestüt,
der Schimmel Pluto, der 1765 geboren
wurde, begründete die wichtige Lipiz-
zanerlinie, die auch heute noch
existiert. Die Beliebtheit des Frederiksborgers führte schließlich zu
seinem Verderben: Der Export
hatte derartige Ausmaße erreicht,
dass der alte Zuchtbestand weitgehend dezimiert wurde und sich das
Gestüt 1839 der Vollblutzucht zuwandte. Die Privat-
züchter aber züchteten den Frederiksborger weiterhin
als leichtes Wagenpferd. In jüngster Zeit wurden vermehrt Vollblüter eingekreuzt, um die Pferde den
Anforderungen des Turniersports anzupassen, und es
ist unwahrscheinlich, dass noch viele Pferde des alten
Frederiksborger Typs existieren.

KUTSCHPFERD Das Äußere des Frederiksborgers ist das eines erstklassigen
Fahrpferdes mit viel Aufrichtung und
der Ausstrahlung von Kraft und Stärke.
Nach der Schließung des Königlichen
Gestüts wurde der Frederiksborger vermehrt als Fahrpferd eingesetzt.

Vorhand Die Pferde haben eine breite
Brust, einen relativ kurzen, hoch angesetzten Hals und einen geraden, intelligenten Kopf. Die Schultern sind kraftvoll,
aber etwas steil und eher fürs Fahren als
fürs Reiten geeignet.

REISEKUTSCHE Diese typische dänische Reisekutsche des vorigen Jahrhunderts wird von einem
Paar starker, runder Pferde gezogen, die vermutlich
mit dem Frederiksborger verwandt sind. Sicherlich
sind sie nicht rein gezogen, denn man kann sie
schwerlich als elegant bezeichnen.

Rücken Der Rücken ist stark, und der Hals endet in einem ziemlich flachen Widerrist, wie man ihn für Fahrpferde wünscht.

EINFLUSS AUF ANDERE RASSEN Bodenständige Stuten mit Frederiksborger Exterieur waren der Grundstock für das Dänische Warmblut (s. S. 74/75). Ferner wurden die Pferde mit vielen europäischen Warmblutrassen und mit Vollblütern und dänischen Halbblutpferden gekreuzt.

Farben Die charakteristische Farbe des Frederiksborgers ist Fuchsfarben wie hier. Andere Farben gibt es selten.

Hinterhand Die Hinterhand ist nicht auf Schnelligkeit gezüchtet. Die Kruppe ist gerade mit hoch angesetztem und schön getragenem Schweif.

EINE SCHÖNE ERSCHEINUNG Der Frederiksborger ist ein ausgesprochen schönes Pferd. Der kraftvolle Rahmen des Pferdes macht die Rasse zu einer guten Zuchtbasis für die Kreuzung mit Pferden wie Vollblütern oder Trakehnern, die beide an der Entwicklung des Dänischen Warmblutpferdes beteiligt waren.

GANGWERK Die Gänge sind korrekt und hoch, wie man es bei einem Fahrpferd gern sieht. Die beste Gangart des Frederiksborgers ist der Trab.

Körper Der Rumpf des Frederiksborgers ist manchmal etwas lang; und da die Gurtentiefe adäquat ist, scheint das Pferd über viel Boden zu stehen. Die Gelenke sind akzeptabel.

Hufe Die Hufe des Frederiksborgers sind hart und gut geformt, sie sind ein Pluspunkt für diese Rasse.

Der Frederiksborger hat ein Stockmaß zwischen 1,53 und 1,60 m.

Maremma

Die Maremma-Pferde werden in der toskanischen Maremma gezüchtet. Zwar ging der Pferdebestand in Italien in den letzten 50 Jahren stark zurück, aber in der Maremma, im Po-Delta, auf Sizilien und auf Sardinien werden noch immer gute Reitpferde gezüchtet.

ERSCHEINUNGSBILD »Bäuerlich« ist eine treffende Bezeichnung für das Maremma-Pferd. Wie sein Vorfahr, der bedeutende, aber nicht unbedingt schöne Neapolitaner, ist es in seiner Erscheinung eher gewöhnlich.

GESCHICHTE

Ursprünglich gab es wahrscheinlich keine einheimischen Pferde oder Ponys in Italien, die ersten Pferde wurden vermutlich aus Spanien, Persien und Noricum, einer römischen Provinz im Ostalpenraum, importiert. Dennoch waren Italien und seine Pferdezucht 2000 Jahre lang von großer Bedeutung. Im 17. Jahrhundert war Italien eines der führenden Länder in der Pferdezucht. Die berühmteste Rasse war der Neapolitaner, der aus spanischen, berberischen und arabischen Pferden entstanden war. Später wurden in Italien einige der besten Vollblüter der Welt gezüchtet. Auch einige erstklassige Traber stammen von hier, wo der Trabrennsport sehr populär war.

Die Abstammung des Maremma-Pferdes ist wegen der vielen Einkreuzungen nicht mehr zu definieren; jedoch handelt es sich weder um ein einheimisches Pferd noch um einen genau festgelegten Typ. Im 19. Jahrhundert veredelte man bodenständige Pferde mit englischen Pferden, namentlich dem Norfolk Roadster. Ebenso wurde neapolitanisches Blut zugeführt. Das Ergebnis war ein »bäuerliches« Pferd. Solide und nicht unbedingt hübsch, ist es jedoch stark, ausdauernd und umgänglich. Das Maremma-Pferd wird für leichte landwirtschaftliche Arbeiten benutzt und dient bei der Armee und der Polizei als Reitpferd. Auch wird es von den »butteri«, den einheimischen Rinderhirten, zum Viehhüten gebraucht.

Farben Bei diesen Pferden mit den bunt gemischten Abstammung sind alle Farben erlaubt, und keine ist dominant. Dieses Pferd ist braun.

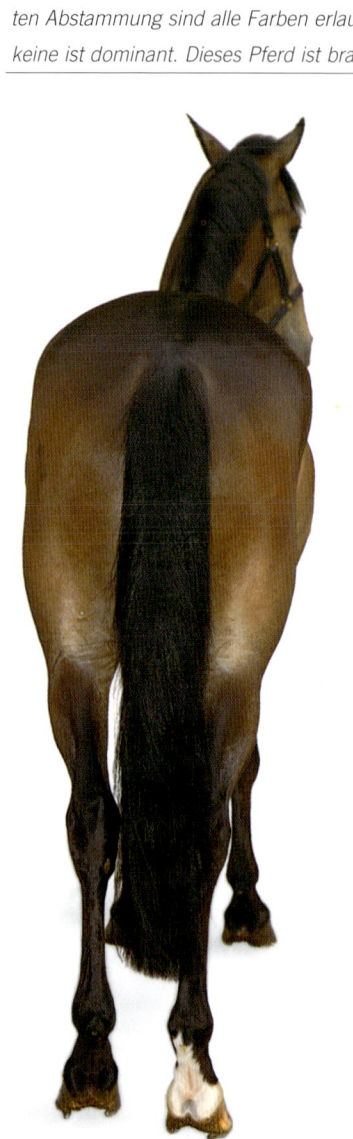

Die Höhe ist ziemlich unterschiedlich; Durchschnitt ist jedoch ein Stockmaß von 1,52–1,53 m.

VON HINTEN GESEHEN Die Hinterhand ist nicht auf Schnelligkeit gezüchtet, aber sie ist stark und zweckmäßig, die Sprunggelenke sind gut geformt. Bei diesem Pferd ist die Linie der Hinterhand besser als bei den meisten Maremmapferden. Im Allgemeinen ist sie etwas grob, auch mit ziemlich tief angesetztem Schweif.

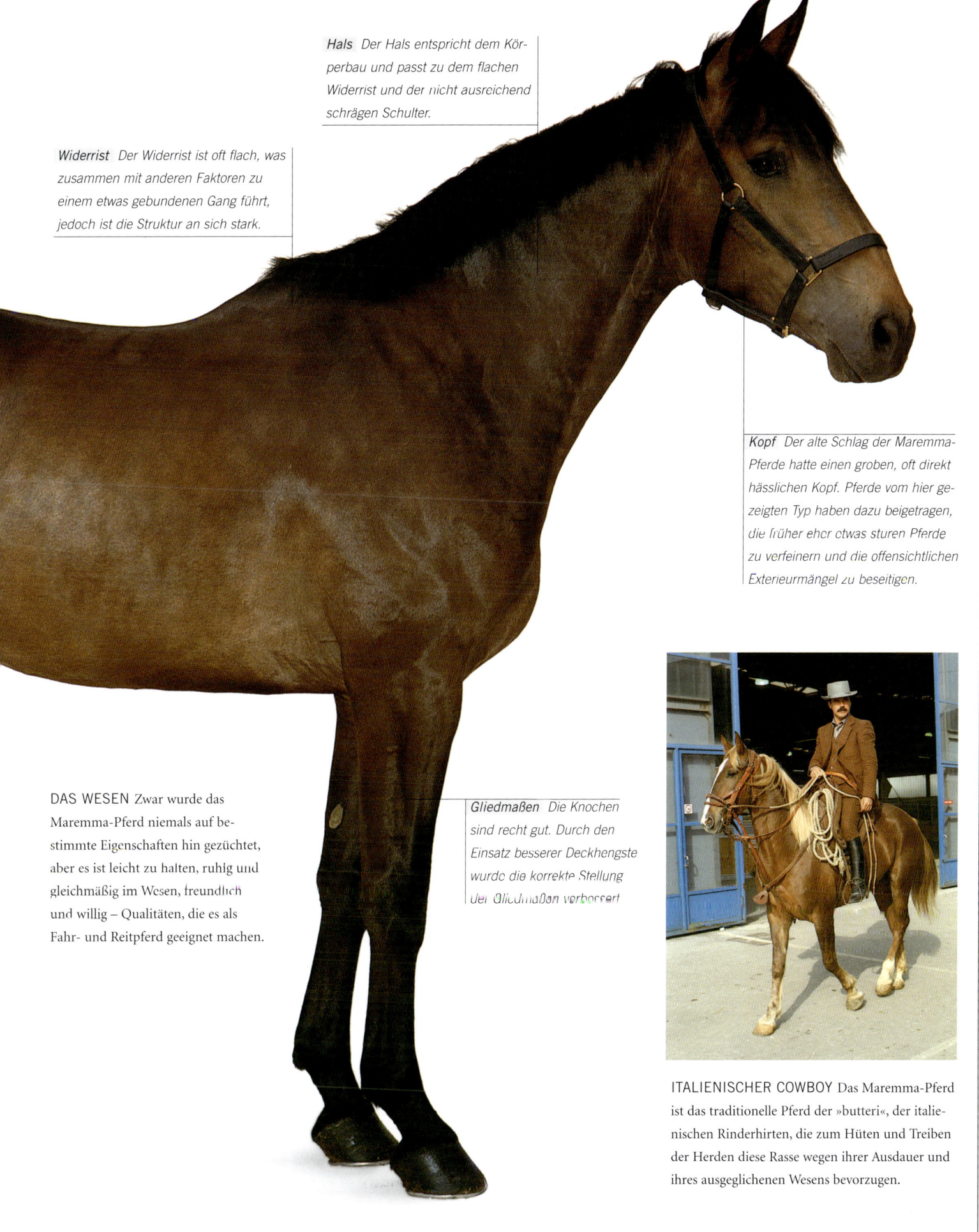

Hals *Der Hals entspricht dem Körperbau und passt zu dem flachen Widerrist und der nicht ausreichend schrägen Schulter.*

Widerrist *Der Widerrist ist oft flach, was zusammen mit anderen Faktoren zu einem etwas gebundenen Gang führt, jedoch ist die Struktur an sich stark.*

Kopf *Der alte Schlag der Maremma-Pferde hatte einen groben, oft direkt hässlichen Kopf. Pferde vom hier gezeigten Typ haben dazu beigetragen, die früher eher etwas sturen Pferde zu verfeinern und die offensichtlichen Exterieurmängel zu beseitigen.*

DAS WESEN Zwar wurde das Maremma-Pferd niemals auf bestimmte Eigenschaften hin gezüchtet, aber es ist leicht zu halten, ruhig und gleichmäßig im Wesen, freundlich und willig – Qualitäten, die es als Fahr- und Reitpferd geeignet machen.

Gliedmaßen *Die Knochen sind recht gut. Durch den Einsatz besserer Deckhengste wurde die korrekte Stellung der Gliedmaßen verbessert.*

ITALIENISCHER COWBOY Das Maremma-Pferd ist das traditionelle Pferd der »butteri«, der italienischen Rinderhirten, die zum Hüten und Treiben der Herden diese Rasse wegen ihrer Ausdauer und ihres ausgeglichenen Wesens bevorzugen.

Murgese

Der starke Vollbluteinfluss in Italien und der Bestand an ausgezeichneten Trabern führten dazu, dass die Zucht von Reit- und leichten Fahrpferden etwas vernachlässigt wurde. Dennoch gibt es einige sehr typische italienische Rassen, die den Anforderungen der Gegenden, aus denen sie stammen, gut angepasst sind. Neben dem Avelignese und soliden Reitpferden wie dem Salerno, dem weniger attraktiven San Fratello und einigen noch eher zu akzeptierenden Angloarabern gibt es die Zucht von Murge, einem Landstrich bei Puglia, der einst für seine qualitativ hochwertigen Pferde bekannt war.

GESCHICHTE

Die Murge ist eine trockene Hügelregion, in der Tiere mit guten Knochen und harten Hufen gedeihen. Im 15. und frühen 16. Jahrhundert war der Murgese als Kavalleriepferd sehr gefragt. Später ging jedoch das Interesse am Murgese verloren, typisch für die italienische Geschichte der Pferdezucht.

DIE HEUTIGEN PFERDE

Der alte Murgese-Typ – wie immer er auch ausgesehen haben mag – ist jetzt ausgestorben, und der neue Typ, der in den zwanziger Jahren dieses Jahrhunderts begründet wurde, ist ihm vermutlich wenig ähnlich. Der heutige Murgese ist in erster Linie ein leichtes Fahrpferd, eine etwas einfachere Ausgabe des Irish Draught. Die Zucht ist wenig konsolidiert, aber die besten Exemplare sind durchaus akzeptabel und können vielseitig eingesetzt werden. Der Murgese ist ein brauchbares Pferd für landwirtschaftliche Arbeiten und kann darüber hinaus als Basis für Kreuzungen dienen. Gute Reitpferde können durch die Kreuzung von Murgeser Stuten mit Vollblut- oder guten Halbbluthengsten entstehen. Die Nachkommen können als leichte Zugpferde, Reitpferde und gute Allround-Pferde eingesetzt werden. Die Murgeser Stuten dienen ebenfalls als Mütter starker Maultiere, die in der italienischen Landwirtschaft und im ländlichen Transportwesen noch eine wichtige Rolle spielen.

Augen Die Augen liegen weit auseinander.

Gliedmaßen Die Beine sind gerade, aber die Karpalgelenke sind oft zu klein und zu rund.

Knochen Die Röhrbeine sind sehr unterschiedlich, wie man es bei Pferden nicht konsolidierter Rassen findet. Die Fesseln sind beim Murgese oft etwas steif.

KOPF Der Kopf ist einfach und ohne besondere Merkmale, aber der Gesichtsausdruck ist ehrlich und freundlich. Der Kehlgang ist ausgefüllt, die Augen stehen etwas seitlich. Der Kopf erinnert an einen Kaltblüter, was durch selektive Einkreuzung verbessert werden könnte. Dennoch wirkt das Pferd wach und energisch, es ist von angenehmem Wesen, leicht zu halten und entspricht den Anforderungen der Region.

JÄHRLICHE LEISTUNGSPRÜFUNG Die Zucht des Murgese unterliegt keiner strengen Kontrolle oder irgendwelchen Zuchtvorschriften. Eine Zeit lang gab es jedoch in der Stadt Martina Franca eine jährliche Leistungsprüfung für angehende junge Deckhengste.

GANGWERK Der Murgese hat ein gutes Vorwärts, jedoch sind die Schritte kurz, und die Hinterhand setzt, durch den Körperbau bedingt, wenig unter. Beim Fahren ist das jedoch nicht als ernsthafter Nachteil anzusehen.

Widerrist Der Widerrist ist oft von Muskeln überlagert, was die freie Bewegung einschränkt, aber der Rücken ist stark; der früher zu lange Rücken wurde weggezüchtet.

Hinterhand Die Hinterhand des Murgese ist nicht immer gut, der Schweif oft niedrig angesetzt, und bei manchen Pferden ist die Oberschenkelpartie nicht ausreichend bemuskelt.

SALERNO Der Salerno wurde auf dem Gestüt in Persano entwickelt, das 1763 von Karl III., König von Neapel und Sizilien (und später von Spanien), gegründet wurde. Die Gründerrasse war der Neapolitaner mit einem gewaltigen Schuss Andalusierblut. Die spätere Einkreuzung von Arabern und speziell von Vollblütern, brachte qualitätsvolle Reitpferde mit hervorragendem Springvermögen hervor. Der Salerno ist vermutlich das beste italienische Reitpferd und wurde früher sehr oft als Kavalleriepferd genutzt. Die Gesamterscheinung ist im Allgemeinen gut. Der Kopf ist qualitätsvoll, die Schulter von guter Schräge, wie man sie bei Reitpferden wünscht, die Hinterhand ist kraftvoll, und die Gliedmaßen sind ausgesprochen korrekt. Alle Grundfarben sind erlaubt, das Stockmaß ist rund 1,60 m.

Farben Das abgebildete Pferd ist ein Rappe, vorherrschend ist jedoch die Fuchsfarbe, wie auch beim Abelignese.

BERGPFERD Der Murgese ist kein ausgeprägter Typ. Am besten eignet er sich als leichtes Zugpferd. Er kann auch geritten werden, ist jedoch besser einsetzbar als Basis für Kreuzungen. Seine Heimat ist eine karge felsige Gegend, und so ähnelt er eher einem Berg- als einem massiven Zugpferd.

Der Murgese hat ein Stockmaß zwischen 1,50 und 1,60 m.

Hufe Die Hufe des Murgese sollen hart und gut geformt sein.

Camarguepferd

Die Camarguepferde stammen aus dem Rhônedelta in Südfrankreich und haben große Ähnlichkeit mit den Pferden auf den Höhlenzeichnungen von Lascaux, welche um 15 000 v. Chr. entstanden. Man nimmt auch an, dass die noch viel älteren Überreste prähistorischer Pferde, die im vorigen Jahrhundert bei Solutré gefunden wurden, von Vorfahren der jetzigen Camarguepferde stammen könnten.

EINFLÜSSE

Das einheimische Pferd wurde von Berbern (s. S. 30/31) beeinflusst, welche die maurischen Invasoren mitgebracht hatten. Seitdem sind aufgrund der isolierten Lage der Camargue die »manades«, die wilden Herden weißer Pferde, unberührt von fremdem Blut.

Die unwirtliche Umgebung ist verantwortlich für die unglaubliche Härte der Pferde, die sich nur von den Gräsern ernähren, die auf den Schilfgrasinseln des Deltas zu finden sind. Die Gegend und das Klima sind extrem lebensfeindlich: heiß im Sommer, den Rest des Jahres von kaltem Salzwasser überspült. Die Pferde der Stierhirten der Camargue, der Gardians, werden »die weißen Pferde aus dem Meer« genannt und seit Jahrhunderten in vielen Gedichten und Geschichten besungen.

Vorhand Der Hals ist im Allgemeinen kurz und geht in eine ziemlich gerade, steile Schulter über, welche den Eindruck des Primitivpferdes verstärkt, mit Anklängen an den nordafrikanischen Berber. Die Vorhand und der Ansatz der Vorderbeine an der Schulter prägen die ganz eigene Gangart dieser Rasse.

KOPF Der Kopf des Camarguepferdes mit dem typischen Strickhalfter, das meist aus gedrehtem Pferdehaar gefertigt ist, entspricht wenig den romantischen Vorstellungen und Legenden. Zwar ist der nordafrikanische Einfluss sichtbar, aber der Kopf ist normalerweise grob und schwer und erinnert eher an die Vorfahren aus prähistorischer Zeit. Dabei ist das Camarguepferd intelligent und von freundlichem Naturell.

REITEN DURCH DIE SÜMPFE An der traditionellen Ausrüstung des Gardian-Pferdes sieht man noch deutlich den maurischen Einfluss auf das Rhônedelta.

Hufe In Anpassung an den sumpfigen Boden seines Ursprungslandes sind die Hufe des Camarguepferdes breit, aber sie sind auch unglaublich hart und stark, so dass nur wenige Camarguepferde beschlagen werden müssen.

TEMPERAMENT Das Camarguepferd hat einen unabhängigen Charakter, ist aber unter dem Sattel feurig und sehr mutig. Die Pferde sind geschmeidig und trittsicher und haben einen natürlichen Instinkt für die Arbeit mit den schwarzen Stieren der Camargue.

GÄNGE Die Rasse hat unverkennbar eigene Gänge. Der Schritt ist aktiv – lange Schritte mit hoher Aktion. Der Trab wird selten geritten, er ist kurz, staksig und hart. Der langsame Canter und der schnelle Galopp hingegen sind herrlich frei.

Farbe Die Farbe ist der schönste Schmuck des Camarguepferdes. Das Fell ist weiß wie Meerschaum und hat einen seltsamen, silbrigen Glanz.

Schweif Mähne und Schweif sind herrlich voll.

STEIGENDER TOURISMUS Das wilde Brachland der Camargue, in welchem die »manades«, die wilden Pferdeherden, Schutz finden, ist im Begriff auszutrocknen. Dafür wächst der Tourismus; die Reisenden können jetzt auf den »Pferden aus dem Meer« das Naturschutzgebiet entdecken.

Hinterhand Die Kruppe ist oft schräg mit tief angesetztem Schweif, aber sie ist immer gut bemuskelt und stark. Die Flanken, auf denen der Brand meist deutlich zu sehen ist, sind im Allgemeinen kräftig.

AUSSERORDENTLICH LANGLEBIG Das Camarguepferd entwickelt sich langsam und ist erst mit fünf bis sieben Jahren voll ausgewachsen, aber es ist außerordentlich ausdauernd und besonders langlebig.

JÄHRLICHE INSPEKTION Die meiste Zeit des Jahres leben die Camarguepferde halb wild; jeder Hengst hat eine eigene Herde mit Stuten und Jungpferden. Einmal im Jahr jedoch wird die Herde zur Inspektion und zum Brennen eingefangen und hereingebracht.

Körper Zum Ausgleich für andere Gebäudefehler hat das Camarguepferd eine gute Gurtentiefe und trotz des relativ flachen Widerristes einen unglaublich starken Rücken und eine ebensolche Lendenpartie. Auch die Gliedmaßen sind gut geformt, und der Knochenumfang ist gut.

Das Stockmaß ist unterschiedlich, liegt aber meistens zwischen 1,31 und 1,40 m.

Furioso

Die Furioso-Rasse ist eine der vielen Rassen, die während der Zeit entstanden, als Österreich-Ungarn die vorherrschende Macht in Europa war. Das Gestüt Mezöhegyes, 1785 von Kaiser Joseph II. gegründet, wurde zuerst das Zentrum der Nonius- (s. S. 124/125), später der Furioso-Zucht.

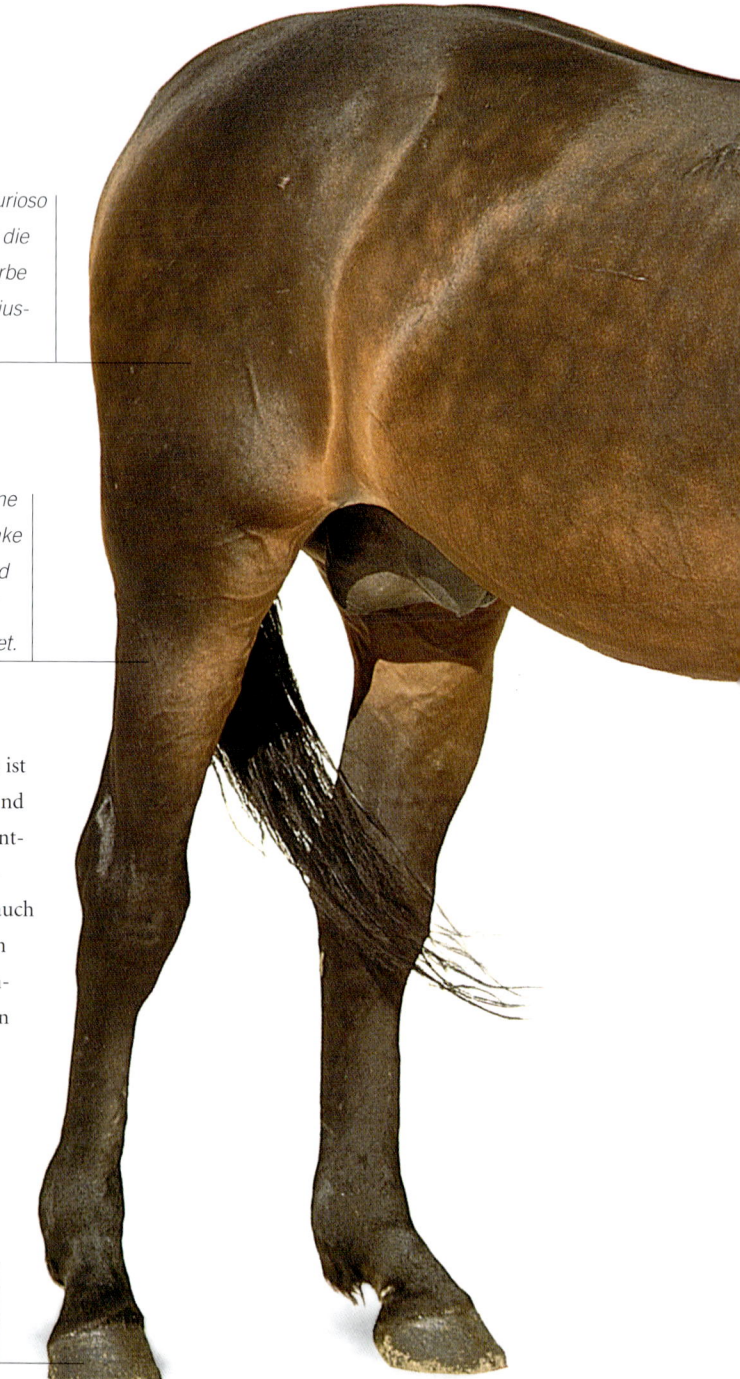

ERSCHEINUNG (LINKS) Bei diesem hübschen Kavalleriepferd kommt der orientalische Einfluss in der ungarischen Pferdezucht deutlich zum Ausdruck. Die ungarischen »leichten Reiter« gehörten zu den besten der Welt.

URSPRÜNGE

Die Furioso-Rasse entstand aus zwei englischen Importhengsten. Sie hießen Furioso und North Star. Beide Hengste wurden mit Nonius-Stuten gekreuzt. Der Begründer der Nonius-Rasse war Nonius senior, der von einem englischen Halbbluthengst und einer normannischen Stute abstammte.

Furioso, ein englischer Vollblüter, wurde um 1840 vom Grafen Karolyi importiert. In Mezöhegyes zeugte er nicht weniger als 95 Hengste. Diese wurden auf viele der kaiserlichen Gestüte verteilt. North Star wurde drei Jahre später importiert. Er stammte von einem Norfolk Roadster ab und war der Sohn von Touchstone, dem Gewinner des St. Leger 1834 und zweimaligen Gewinner des Ascot Gold Cup. North Star wurde der Vater vieler guter Rennpferde, genauso wie sein Vorfahr Waxy, der Gewinner des Derbys 1793. Später wurde der Furioso-Rasse mehr Vollblut eingekreuzt, bemerkenswerterweise über Buccaneer, den Vater von Kisber, den ungarisch gezogenen Gewinner des Derbys 1876.

Ursprünglich hielt man die Furioso- und die North-Star-Linien getrennt. 1885 kreuzte man sie jedoch untereinander, und die Furioso-Linie wurde dominierend.

Hinterhand *Obwohl der Furioso ein gutes Reitpferd ist, fällt die Hinterhand leicht ab, ein Erbe des eher plebejischen Nonius-Pferdes.*

Hinterbeine *Die Hinterbeine sind stark, die Sprunggelenke tief am Boden, aber sie sind nicht auf Schnelligkeit und weites Untertreten gezüchtet.*

CHARAKTER Der Furioso ist intelligent und sehr eifrig und gehorsam. Er ist außerordentlich vielseitig, ein gutes Allround-Reitpferd, das aber auch gut im Geschirr geht und in allen Turnierdisziplinen einschließlich Hindernisrennen erfolgreich ist.

Das Stockmaß liegt um 1,60 m oder etwas darüber.

Hufe *Die Hufe sind gut und besser als die vieler berühmter Warmblutrassen.*

Schultern Die Schultern und der Widerrist sind eindeutig die eines Reitpferdes; dennoch leidet die Aktion manchmal unter dem ausgeprägten Kutschpferde-Erbe der Nonius-Vorfahren.

Kopf Der Kopf ist meist der eines Vollblüters, die Ohren sind allerdings etwas kleiner. Der Gesichtsausdruck ist intelligent und freundlich. Charakteristisch ist ein ziemlich gerades Profil.

Maul Der Furioso hat ein manchmal etwas eckiges Maul und große Nüstern.

Farben Fast alle Farben sind erlaubt, aber die häufigsten sind Schwarz, Dunkelbraun oder Dunkelkastanienbraun wie hier. Weiße Abzeichen sind selten.

Gliedmaßen Die Gliedmaßen sind gut und die Gelenke sauber, groß und gut ausgeprägt. Vielleicht sind die Fesseln etwas zu steil, ein Erbe der Kutschpferde-Vorfahren.

HALFTER Das traditionelle Halfter bei diesem Furioso weist auf den asiatischen Einfluss in der ungarischen Pferdezucht hin. Die Magyaren waren Steppenbewohner, Nachfahren der Hunnen, die vor 1000 Jahren am Rande der Karpaten sesshaft wurden. Sie hatten eine Pferdekultur geerbt, die vor 6000 Jahren in Zentralasien begann; als Husaren des Habsburger Kaiserhauses waren sie als beste leichte Kavallerie aller Zeiten bekannt.

DAS KUTSCHPFERDE-ERBE Zwar ist der Vollbluteinfluss beim Furioso dominant, doch das Kutschpferde-Erbe ist nicht zu leugnen.

ÖSTERREICHISCH-UNGARISCHE DOMINANZ Nirgends auf der Welt gab es Gestüte, die sich in Größe und zweckgebundener Architektur mit denen vergleichen konnten, welche die österreichisch-ungarischen Kaiser errichteten. Auch heute noch leben auf den ungarischen Gestüten riesige Pferdeherden unter der Obhut der Czikos, der berittenen Hirten, in der Pußta. Furiosos wurden zuerst in Mezöhegyes gezüchtet, heute gibt es sie überall zwischen Österreich und Polen.

Nonius

Gegen Ende des 19. Jahrhunderts verfügte
Ungarn über mehr als zwei Millionen Pferde
und belieferte die Kavallerien von ganz
Europa mit Remonten. Es gab hier einige
der größten Gestüte der Welt, unter
anderen das von Kaiser Joseph II.
1785 gegründete Gestüt Mezöhegyes.

Widerrist Der Widerrist ist gut ausgeprägt, die Schulter weist eine ausreichende Schräge auf.

GESCHICHTE

Mezöhegyes war das Zentrum der Nonius-Zucht und
der des mit ihm verwandten Furioso (s. S. 122/123). Die
Nonius-Rasse wurde mit dem Hengst Nonius senior begründet. Er wurde 1810 in Calvados in der Normandie
geboren und 1813 – nach Napoleons Niederlage in der
Völkerschlacht bei Leipzig – im Gestüt Rosières von der
ungarischen Kavallerie erbeutet.

Nach den Unterlagen war Nonius senior der Sohn einer
einfachen normannischen Stute und des englischen Halbbluthengstes Orion, der zweifelsohne Roadster-Blut hatte.
Nonius senior war keineswegs ein schönes Pferd. Er maß
etwa 1,61 Meter und hatte der Beschreibung nach
einen groben, schweren Kopf mit kleinen Augen
und langen »Eselsohren«. Seine weiteren Merkmale waren ein kurzer Hals, ein langer Rücken,
eine enge Beckenpartie und ein niedrig angesetzter Schweif. Dennoch war Nonius senior ein produktiver und bald auch ein sehr erfolgreicher
Hengst. Er deckte viele verschiedenartige Stuten
und zeugte gute Fohlen, die sein eigenes Exterieur und seine Gänge weit übertrafen. Nonius
senior hinterließ nicht weniger als 15 hervorragende Hengste.

Hals Zwar ist der Hals nicht lang und elegant, aber er ist gut geformt und passt zum Rahmen.

CHARAKTERISTIKA

Um 1860 wurden verstärkt Vollblüter eingekreuzt,
um die äußere Erscheinung zu verbessern. Zu dieser
Zeit unterteilte man auch die Rasse in zwei Typen, einen
großen und einen kleineren. Ersterer ist ein Fahrpferd
und wird vornehmlich in der Landwirtschaft eingesetzt,
Letzterer hat einen höheren Anteil arabischen Blutes
und zeichnet sich als ein Allround-Pferd aus, das gleichermaßen gut unter dem Sattel wie im Geschirr geht.

FOHLEN Dieses langbeinige Nonius-Fohlen
wird erst mit sechs Jahren erwachsen sein,
dafür ist es aber auch ausgesprochen langlebig. Heute wird die Nonius-Zucht in
Ungarn nur noch auf dem Gestüt Hortobagy
betrieben; das Zuchtzentrum der ehemaligen
Tschechoslowakei ist Topolcianky.

Hinterhand *Die Hinterhand ist immer stark, obwohl die Kruppe manchmal stark abfällt. Dennoch ist die Hinterhand zum Reiten und zum Fahren geeignet.*

Rücken *Die Oberlinie, besonders der starke Rücken, entspricht dem Typ eines guten, mittelgewichtigen Jagdpferdes oder eines ausdauernden, gut vorwärts gehenden Kutschpferdes.*

KOPF Trotz des Vollbluteinflusses ist der Kopf der eines anständigen Halbblutpferdes. Das ruhige, ehrliche Aussehen des Nonius spiegelt seine willige Natur und sein angenehmes Temperament wider, welche hervorragende Merkmale dieser zähen und freundlichen Allround-Pferde sind.

Farben *Die häufigste Farbe ist Kastanienbraun, aber es gibt auch, wie auf der Abbildung Dunkelbraune und einige kastanienbraune Schattierungen.*

Körper *Der Nonius ist ein sehr gesundes Pferd mit kurzen Gliedmaßen, guten Hufen und beachtlich straffen Proportionen. Die Gelenke sind korrekt, die Knochen mehr als zufriedenstellend, und die Pferde verfügen über eine gute Gurtentiefe.*

SORGFÄLTIGE ZUCHT Den unverwechselbaren Nonius-Typ erreichte man durch sorgfältig selektierte Rückkreuzung der Nonius-senior-Nachkommen aus Arabern, Lipizzanern, Normannen und englischen Halbblütern auf ihren Vater. Nonius senior starb 1832; im Jahre 1870 waren 2800 Hengste und 3200 Stuten als seine Nachkommen registriert. Zur Verfeinerung und zur Korrektur von Fehlern in der Gesamterscheinung kreuzte man Vollblüter ein.

Der große Typus hat ein Stockmaß zwischen 1,53 und 1,65 m, der kleine ein Stockmaß um 1,53 m.

GANGWERK Das herausragende Merkmal dieser Rasse ist nicht unbedingt Schnelligkeit, aber sie genügt den Ansprüchen eines Allround-Reit- und Fahrpferdes. Das Pferd bewegt sich frei.

Knabstrupper

Dänemark war einst berühmt für seine Frederiksborger, die im Königlich Däni-schen Gestüt gezüchtet wurden, und für seine auffallenden, getupften Knab-strupper. In ihrer alten Form gibt es beide nicht mehr. Knabstrupper waren früher weiß mit braunen oder schwarzen Tupfen von unterschiedlicher Größe, die sich über den ganzen Körper und die Beine verteilten. Der moderne Knab-strupper sieht eher wie der amerikanische Appaloosa (s. S. 186/187) aus.

URSPRÜNGE

Die Knabstrupper-Rasse entstand in der Zeit der Napoleonischen Kriege und basiert auf einer getupften Stute namens Flaebehoppen, die spani-schen Ursprungs war. Bis zum 19. Jahrhundert war das getupfte Fall bei spanischen Pferden recht häufig. Ein Metzger namens Flaebe (daher der Name Flaebehoppen = Flaebes Pferd) kaufte die Stute einem spanischen Offizier ab und veräußerte sie sei-nerseits an Richter Lunn, den man als den Begrün-der dieser Rasse bezeichnen kann. Flaebehoppen war berühmt für ihre Schnelligkeit und Ausdauer, und Richter Lunn ließ sie auf seinem Gut Knab-strupp in Dänemark von Frederiksborger-Heng-sten decken. Sie begründete eine Linie getupfter Pferde, die zwar nicht so viel Substanz hatten wie der Frederiksborger, die aber wegen ihrer Farbe und ihres Leistungsvermögens gefragt waren.

GEBÄUDE

Die Knabstrupper waren zwar grobknochige Pferde, aber hart, gesund und gut zu handhaben. Sie lernten schnell, so dass auch bei den Zirkusunternehmen eine große Nachfrage nach ihnen bestand. Aufgrund einer sehr unklugen Selektion rein auf Farbe verschlechterte sich die Rasse Ende des letzten Jahrhunderts erheblich. Die heutigen Knabstrupper haben zwar nur noch wenig Ähnlichkeit mit dem ehemaligen Pferd, sind jedoch wieder wesentlich besser geworden.

Der Knabstrupper ist um 1,55 m groß.

IN DER ANTIKE Von jeher waren getupfte Pferde – weil selten – begehrt. In der Antike waren sie die Pferde der Herrschenden – und standen ihrem Reiter oft so nahe, dass sie bei dessen Tod auch sterben mussten und mit ihm bestattet wurden.

VON HINTEN GESEHEN Die dünne Mähne und der dürftige Schweif scheinen ein typisches Merkmal der getupften Pferde zu sein – man findet sie beim Appaloosa ebenso wie beim früheren und heutigen Knabstrupper. Die besten Pferde der Rasse haben eine gut geformte, runde, stark bemuskelte Hinterhand. Der alte Typ hatte eine eher etwas knochige Hüftpartie.

VERBESSERUNGEN DES EXTERIEURS

Der moderne Knabstrupper-Hengst hat mehr Substanz und insgesamt ein besseres Exterieur als die Pferde dieser Rasse vor 50 Jahren. Diese hatten unter Degenerationserscheinungen zu leiden und hätten nie die Qualität der heutigen, attraktiven Pferde erreicht.

Oberlinie *Die Linie des Rückens und der Widerrist scheinen für den Knabstrupper und einige Appaloosa-Linien typisch zu sein.*

Mähne *Die Mähne ist spärlich. Diese ist eingeflochten.*

Kopf *Der freundliche Kopf des Knabstruppers verrät die Intelligenz der Rasse. Alle getupften Pferde sind sehr umgänglich und kooperativ und lernen schnell. Diese Fähigkeiten, und darüber hinaus natürlich die spektakuläre Färbung, begründeten die Popularität der Rasse als Zirkuspferd.*

Farbe *Die ursprüngliche Farbe des Knabstruppers war weiß mit braunen oder schwarzen Tupfen am ganzen Körper. Die Rotschimmelfarbe wie hier gibt es erst seit relativ kurzer Zeit.*

Gliedmaßen *Das getupfte Fell reicht auch über die Beine bis hinunter zu den Hufen. Die Gebäudefehler, die früher durch die reine Farbzucht entstanden, sind weitgehend ausgemerzt.*

Hufe *Der Huf hat oft vertikale Streifen.*

DER ALTE TYP Der alte Typ des Knabstruppers war stark und stand eher im Kutschpferde-Typ, was sich besonders in der Schulter und in dem kurzen Hals zeigte. Er hatte den Ruf eines harten und ausdauernden Pferdes, und die Gründerstute Flaebehoppen galt als ausgesprochenes Leistungspferd. Der Knabstrupper war dennoch in vieler Hinsicht ein grobes Pferd und abgesehen von seiner Farbe eher mittelmäßig.

Achal-Tekkiner

Unverwechselbar in der Erscheinung, ist der Achal-Tekkiner eines der ungewöhnlichsten Pferde der Welt; darüber hinaus ist die Rasse wohl eine der ältesten überhaupt. Achal-Tekkiner werden in den Oasen der turkmenischen Wüste im Norden des Iran gezogen. Das Zentrum der Zucht ist Ashkabad. Seit 3000 Jahren werden hier Pferde gezüchtet, und der heutige Achal-Tekkiner entspricht fast genau dem Pferdtyp 3 (s. Ursprünge S. 10/11) und hat eine gewisse Ähnlichkeit mit dem arabischen Muniqui-Typ.

KUBAN-KOSAKEN (LINKS) Die Kuban-Kosaken, unglaublich geschickte Reiter und ebenso ausdauernd wie ihre Pferde, waren oft mit Achal-Tekkinern beritten. Selbst extremen klimatischen Bedingungen trotzend, passte der leistungsfähige Achal-Tekkiner zu diesen tollkühnen Reitern.

GESCHICHTE

Dieses mysteriöse Pferd ist ohnegleichen. Seine Ausdauer und sein Durchhaltevermögen bei Hitze sind phänomenal. Im Jahre 1935 bewältigten Achal-Tekkiner die Strecke von Ashkabad nach Moskau in nur 84 Tagen – eine Distanz von 4125 Kilometern, von denen fast 1000 Kilometer durch reine Wüste ohne Wasservorkommen führten. Rennen sind Tradition in Turkmenistan. Die Pferde bekommen ein stark proteinhaltiges Futter aus getrockneter Luzerne, dazu wenn irgend möglich Pellets aus Hammelfett, Eiern, Gerste und »Quatlame«, einem speziellen Trockenkeks. Um sie vor der Eiseskälte der Nacht und der glühenden Mittagssonne zu schützen, tragen die Pferde schwere Filzdecken. Der moderne Achal-Tekkiner wird als Rennpferd, als Distanzpferd und in Russland auch oft als Dressur- und Springpferd eingesetzt.

Hinterhand Die Hinterhand ist durchschnittlich und eng gebaut, und wäre in einer Schauklasse ein Alptraum, dabei ist sie hager, sehnig, lang und muskulös.

Fell Das Fell ist außergewöhnlich fein, die Haut sehr dünn – typisch für Wüstenpferde.

Schweif Der Schweif ist kurz und seidig ebenso wie die Mähne und der Schopf, die bei dem abgebildeten Pferd geschoren sind.

Hinterbeine Die Hinterbeine stehen oft etwas eng bis kuhhessig, die Sprunggelenke sind weit vom Boden entfernt.

FARBEN Es gibt Füchse (wie auf der großen Abbildung), Rappen und Schimmel, am eindrucksvollsten jedoch ist der falbe Ton mit metallischem Goldschimmer (oben), der im Sonnenlicht herrlich leuchtet. Auch silberne Tönungen sind möglich.

Hals Der lange dünne Hals ist sehr hoch und verläuft fast vertikal zum Rumpf, so dass der Kopf in einem Winkel von 45 Grad zu ihm steht. Durch den langen Hals und die Kopfstellung liegt das Maul oft höher als die gedachte Linie zum Widerrist.

Kopf Der Kopf ist fein, mit großen ausdrucksvollen Augen. Die Nüstern sind weit, das Profil gerade, und die wunderschön geformten Ohren sitzen weit auseinander.

STUTEN AUF DER WEIDE Im Gegensatz zu früher sind die Stuten heutzutage tagsüber auf der Weide, nachts im Stall. Auch mit der alten Gewohnheit, die Fohlen bereits mit zwei Monaten zu entwöhnen und Jährlingsrennen zu veranstalten, hat man gebrochen. Die Kreuzung mit Vollblütern verwässert den speziellen Charakter dieser Pferde.

GEBÄUDE Beim Achal-Tekkiner findet man eigentlich alles, was gemeinhin als Gebäudefehler gilt. Der Körper ist röhrenförmig, der Rücken lang, die Rippenwölbung flach und die Lendenpartie oft schwach. Trotzdem handelt es sich um eines der ausdauerndsten und außergewöhnlichsten Pferde der Welt.

GANGWERK Ebenso einzigartig wie das Pferd sind seine Gänge: Das Pferd »gleitet« in fließenden Bewegungen mit fast unbeweglichem Rücken über den Boden.

CHARAKTER Der Achal-Tekkiner ist oft stur und von schwierigem Charakter; als leicht lenkbares Pferd kann man ihn nicht bezeichnen.

Vorderbeine Sie stehen normalerweise zu eng, andererseits sind sie gerade mit langem Oberarm.

Hufe Die Hufe sind klein, aber regelmäßig geformt; sie sind hart und nutzen sich wenig ab.

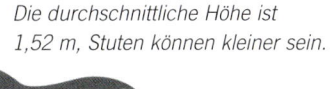

Die durchschnittliche Höhe ist 1,52 m, Stuten können kleiner sein.

Budjonny

Um 1920 begann man in der Sowjetunion, neue Rassen zu züchten. Der Budjonny, aus vielen Kreuzungen entstanden, ist ein typisches Ergebnis dieser Bemühungen. Ursprünglich war die Rasse als ausdauerndes Kavalleriepferd angelegt, heute ist es ein gutes Reitpferd, auch für die Ansprüche internationaler Spring- und Dressurprüfungen und für Hindernisrennen.

DIE ZUCHT

Der Budjonny wurde auf der Basis von Chernomor- (ähnlich dem Donpferd, aber kleiner und leichter) und Don-Stuten in der Kreuzung mit Vollbluthengsten gezüchtet. Auch kasachische und kirgisische Pferde wurden eingekreuzt, wenn auch weniger erfolgreich. Die Nachkommen wurden sorgfältig aufgezogen und systematisch gefüttert und mit zwei bis vier Jahren leistungsgeprüft. Von 657 ursprünglich für den Zuchtversuch eingesetzten Stuten waren 359 Anglodon-Pferde (eine Vollblutkreuzung), 261 Anglodon x Chernomor und 37 Anglochernomor-Pferde. Diese Stuten wurde Anglodon-Hengsten zugeführt, Halbblütern, die als Basis der Zucht gelten. Stuten mit nicht genügend Vollblutausdruck wurden hingegen mit Vollblütern gekreuzt.

TERSKER (RECHTS) Eine weitere russische Züchtung, der Tersker, entstand zwischen 1921 und 1950 in den Gestüten Tersk und Stavropol im nördlichen Kaukasus. Die Rasse gründet sich auf den Strelitz-Araber, ein Partbred, das durch die Kreuzung arabischer Hengste mit Orlow- und Orlow-Rastopchin-Stuten entstand. In geringem Maße waren auch Vollblüter am Strelitz-Araber beteiligt. In den zwanziger Jahren wären die Strelitz-Araber beinahe ausgestorben. Die restlichen Tiere transportierte man nach Tersk, wo die neue Rasse entstand.

Hals und Schultern Der lange gerade Hals sitzt auf einer gut schrägen Schulter mit hohem Widerrist. Die Schulter lässt jedoch eine Länge wie bei den Vollblütern vermissen.

Haut Der Kopf ist »trocken«, die Adern sind durch die feine weiche Haut deutlich sichtbar.

KOPF Kopf und Hals sind gut proportioniert; der Kopf ist gerade oder mit leicht konkav gebogenem Profil. Er ist hübsch und qualitätsvoll mit deutlichem Vollbluteinschlag.

Gliedmaßen Die Gliedmaßen sind fein und leicht, allerdings hie und da in Größe und Qualität der Gelenke fehlerhaft.

Vorderbeine Früher standen die Vorderbeine zu breit auseinander, wodurch der Gang unbeholfen wirkte. Vor allem Don-Kasache-Kreuzungen litten unter diesem Fehler.

Knochen Die Fesseln sind korrekt gestellt. Die Knochen erscheinen im Vergleich zum Körper sehr leicht, aber die mittelgroßen Hufe sind wohlgeformt.

LEISTUNGSVERMÖGEN Der Budjonny wurde auf Rennen und Distanzritten härtesten Tests unterworfen. Ein Budjonny gewann den »Großen Pardubitzer« in der Tschechischen Republik, ein anderer Budjonny-Hengst namens Zanos legte die Strecke von 309 km in 24 Stunden zurück, 20 Stunden davon waren reine Reitzeit.

Körperbau Ein leicht gebautes Pferd mit vergleichs- weise schwerem Rumpf. Der Rücken ist gerade, oft auch breit und flach. Die Lendenpartie ist etwas lang, die Kruppe lang und normalerweise gerade.

Maße Die angestrebten Maße sind: Rumpflänge 164,4 cm, Brustumfang 191,1 cm und Röhrbeinum- fang im Bestfall 20,8 cm.

LOKAIER Der Lokaier ist eine Kreuzung aus dem südlichen Tadschikistan, einer Republik der GUS in den westlichen Ausläufern des Pamirs. Jahrhundertelang wurden die Pferde Zentralasiens mit den primitiven Steppenpferden gekreuzt. Seit dem 16. Jahrhundert verbesserten die Lokai-Nomaden ihren Pferdebestand durch Kreuzungen mit Achal-Tekkinern, Karabaiern und sogar mit Arabern. In seiner gebirgigen Heimat zwischen 2000 und 4000 Metern Höhe ist der trittsichere Lokaier als Reit- und Packpferd unentbehrlich. Die tadschikischen Reiter benutzen den smarten und geschmeidigen Lokaier bei ihrem nationalen Reiterspiel, dem Kokpar (einem Kampf um eine Ziege); hier werden die kleinen Pferde mit einem Stockmaß von bis zu 1,43 m bevorzugt.

Farben 80 Prozent der Budjonnys sind Füchse, oft mit einem goldfarbenen Schimmer, ein Erbe der Don- und Chernomor-Pferde. Es gibt jedoch auch braune oder schwarzbraune Tiere. Das abgebildete Tier ist ein Rappe.

TEMPERAMENT Die Rasse gilt als ruhig und sensibel, besitzt jedoch Leistungsvermögen und Ausdauer.

Hinterbeine Obwohl der Budjonny viele positive Qualitäten des Vollblüters geerbt hat, sind die Gebäudefehler der anderen Rassen dieser Zucht mehr oder weniger augenfällig. Der schlimmste dürfte die weiche Struktur der Hinterbeine sein.

Der Budjonny hat ein durchschnitt- liches Stockmaß von 1,60 m.

Kabardiner

Der Kabardiner aus dem nördlichen Kaukasus stammt von den Pferden der Steppenvölker ab, gekreuzt mit Karabakh-, persischen und turkmenischen Pferden. Diese Gebirgsrasse ist seit dem 16. Jahrhundert bekannt und kann auch in schwierigem Gelände große Leistungen vollbringen; der Kabardiner scheut weder Schnee noch breite Flüsse, ist gehorsam, ausgesprochen hart und ausdauernd.

ARBEITSPFERD (LINKS)
Obwohl der Kabardiner vornehmlich als Reitpferd eingesetzt wird, ist er auch gut geeignet für alle möglichen Arbeiten im Geschirr, wie man auf dieser Radierung aus dem 17. Jahrhundert sieht.

MODERNER TYP

Nach der Russischen Revolution wurde die Rasse stark von den Gestüten Kabardin-Balkar und Karachew-Tscherkess beeinflusst; Zuchtziel dieser Gestüte war ein stärkerer Pferdetyp zum Reiten und für die Arbeit in der Landwirtschaft. Der Kabardiner ist die wichtigste Rasse in der Republik Kabardin-Balkar und wird auch in Armenien, Aserbaidschan, Dagestan, Georgien und Osetien zur Verbesserung einheimischer Rassen eingesetzt. Die besten Kabardiner werden in den Gestüten Malo-Karachew und Malkin gezüchtet. Sie leben im Feien, werden aber im Winter zugefüttert.

Schweif Wie für die meisten Gebirgspferde ist für den Kabardiner ein üppiger Mähnen- und Schweifwuchs charakteristisch.

Farben Die vorherrschenden Farben sind Braun bis Dunkelbraun und Schwarz, wie hier abgebildet, ohne weitere Merkmale.

Hinterbeine Die meisten Gebirgspferde haben keine perfekten Beine, der Kabardiner ist da keine Ausnahme – die Hinterbeine stehen oft kuhhessig.

Hufe Die Hufe sind normalerweise fest und stark. Selbst auf schlechtestem Untergrund können die Pferde ohne Eisen gehen.

GEBIRGSHEIMAT Der Kabardiner ist im Gebirge zu Hause und durch das Bergland und das harte Klima geprägt. Er ist sehr trittsicher und flink und findet auch in Nebel und Dunkelheit unweigerlich den richtigen Weg.

Hals *Der Hals ist mittellang und gut bemuskelt. Er geht in einen etwas flachen Widerrist über und gibt dadurch der Schulter ein plumpes Aussehen.*

Rücken *Der Rücken ist kurz und gerade und die Hinterhand gut gerundet. Die Lendenpartie ist sehr stark, jedoch oft leicht konkav gebogen.*

Stirn *Die Ohren stehen ausgesprochen eng, der Schopf ist oft ein wenig wirr.*

Ohren *Die Ohren sind fein, aufmerksam und beweglich.*

Schultern *Nach westlichem Standard sind die Schultern etwas schwer und eher gerade – bei einem Gebirgspferd durchaus kein Nachteil, jedoch nicht unbedingt ein Kennzeichen von Schnelligkeit.*

Vorderbeine *Die Vorderbeine sind gut geformt, stark und sauber mit deutlich sichtbaren Sehnen, guten Gelenken und kurzem, starkem Röhrbein. Der Röhrbeinumfang von 17 bis 20 cm ist mehr als ausreichend im Vergleich zum Gebäude.*

KOPF Das abgerundete Pferd hat einen langen Kopf, der zu seinen üblichen Proportionen passt, wobei die Haut sehr fein ist. Das Profil ist leicht ramsnasig und wirkt wie der Kopf eines Steppenpferdes, dessen Ahnen bei den primitiven asiatischen Wildpferden und dem Tarpan zu suchen sind.

Hengste haben ein durchschnittliches Stockmaß von 1,52 m, Stuten von 1,50 m.

GANGWERK Der Kabardiner verfügt über ein gutes Gangwerk und ist ausgesprochen trittsicher. Der Schritt ist ausgeglichen und taktrein, Trab und Galopp sind leicht und geschmeidig. Manche Kabardiner gehen Tölt und Pass.

ANGLOKABARDINER Der Anglokabardiner entstand durch Kreuzung von Kabardinern und Vollblütern, Anglokabardiner sind größer, schneller und im Gebäude dem Vollblüter ähnlich, jedoch dem Klima des Kaukasus gut angepasst.

Don

Der Don ist das traditionelle Pferd der Don-kosaken. Die Rasse, die auf die Steppenpferde der Nomadenstämme zurückgeht, entwickelte sich im 18. und 19. Jahrhundert. Sie wurde frühzeitig durch Kreuzungen mit mongo-lischen und Karabakh-Pferden sowie mit persischen Arabern und Turk-menen verbessert.

GESCHICHTE

Die Donpferde waren keineswegs verhät-schelt. Sie lebten auf Steppenweiden und waren weitgehend sich selbst überlassen – im Winter scharrten sie den Schnee von dem gefrorenen Gras. Der Don ist kein besonders schönes Pferd, jedoch unglaublich zäh und passt sich mühelos jeder Witterung an. Die Rasse und ihre Reiter wurden in den Jahren 1812–1814 während des Russland-feldzugs Napoleons berühmt, als 60 000 mit Dons berittene Kosaken die napoleonischen Truppen aus Russland zu vertreiben halfen. Später wurden die Donpferde mit Orlow-Trabern (s. S. 136/137), mit Vollblütern und Strelitz-Arabern, erstklassigen Partbreds aus dem Gestüt Strelitz, veredelt. Seit den zwanziger Jahren dieses Jahr-hunderts wurde die Rasse rein gezogen, und zwar hauptsächlich als solides, brauchbares Militärpferd.

Hals Der Hals ist mittellang und gewöhnlich gerade.

Kopf Der Kopf ist mittelgroß mit gera-dem Profil. Die kurze enge Stirn erschwert die Flexion.

Farbe Das hier abgebildete Don-pferd ist hellbraun, obwohl die dominierenden Farben Fuchs und Dunkelbraun sind, oft mit einem goldenen Schimmer.

Vorderbeine Die Vorderbeine sind meist gut bemuskelt, stehen manchmal jedoch kuhhessig, d. h. unterhalb des Karpal-gelenks sichelförmig gegeneinander.

KARABAKH Der Karabakh hatte bedeutenden Einfluss auf das Donpferd. Die Rasse entstand bereits im vierten Jahrhundert und geht zurück auf die Karabakh-Pferde in Aserbaidschan. Die besten Tiere stammten aus dem Gestüt Akdam, wo sie mit arabischen Hengsten gekreuzt wurden. Der Karabakh hat ein Stockmaß von etwa 1,40 m, ein ruhi-ges Wesen und ein gutes Gangwerk. Wie viele der östlichen russischen Pferde ist sein Fell meist falb mit einem Gold-schimmer. Er ist bekannt als Leistungspferd bei Rennen und beim Chavgan-Spiel (eine Variante des Polo) sowie beim Surpanakh (einer Art Basketball zu Pferd).

Rumpf Das moderne Donpferd ist ein vergleichsweise rahmiges Tier mit starkem Knochenbau. Zwar hat es kurze gerade Schultern, die die Gänge einengen, aber die Brust ist gut entwickelt und die Rippenpartie ist lang und gut gerundet.

BUDJONNY-GESTÜT Donpferde werden als Rasse für lange Distanzen gezüchtet, und heute ist das Pferd größer und besser gebaut als früher. Die besten Donpferde stammen aus dem Budjonny-Gestüt, wo das Budjonny-Pferd als Kreuzung des Donpferdes mit Vollblütern entstand.

Rücken Der Rücken ist gerade und breit, der Widerrist niedrig und die Lendenpartie gerade.

Hinterhand Die Kruppe ist abgerundet, die Flanken sind flach, der Schweif ist gelegentlich tief angesetzt.

DAS EINBRINGEN DER ERNTE (OBEN) Die Donpferde haben ein angenehmes Wesen, sie sind ruhig und leicht zu lenken und werden daher gern zu landwirtschaftlichen Arbeiten im Geschirr herangezogen. Sie sind ausdauernd und kraftvoll und benötigen keine besondere Pflege. Der alte Rassetyp wirkte oft drahtig, später wurde das Tier dann kompakter.

Hinterbeine Die Hinterbeine sind oft sichelförmig, und beim alten Rassetyp ist das Becken so eng, dass die Bewegung nicht frei genug ist.

GANGWERK Die Gänge des Donpferdes sind manchmal etwas gebunden und hart. Das resultiert aus den Gebäudefehlern, der steilen Schulter, den fehlerhaften Vordergliedmaßen und den etwas zu steilen Fesseln. Die Gänge sind taktklar, aber weder elegant und elastisch noch unbedingt bequem für den Reiter.

DIE REITKUNST DER KOSAKEN Die Donkosaken beherrschten sämtliche Reiterkunststücke und waren im Krieg gefährliche Gegner, da sie, statt in wohl geordneten Formationen anzugreifen, oft Zermürbungstaktiken anwandten.

Das Donpferd hat ein Stockmaß von 1,53 m, manchmal etwas mehr.

Orlow-Traber

Der Orlow-Traber ist eine der ältesten und bekanntesten russischen Pferderassen. Ende des 19. Jahrhunderts wurde der arabische Schimmelhengst Smetanka im Gestüt Orlow zum Decken bei holländischen, mecklenburgischen und dänischen Stuten eingesetzt. Er hinterließ nur fünf Nachkommen, darunter aber war Polkan I. aus einer dänischen Stute mit hohem spanischen Blutanteil.

DROSCHKY (OBEN) Eine russische Droschky, ein Geschenk an den Prinzgemahl der Königin Victoria, Prinz Albert. Das Fahrzeug wird von einem Orlow-Traber in typisch russischer Anspannung gezogen; dazu gehört auch der Bogen, die Duga.

STAMMHENGST

Polkan I. wurde der Vater des Stammhengstes der Orlow-Rasse; Letzterer hieß Bars I. und war aus einer holländischen Stute mit viel Substanz und freien Bewegungen. Bars I. wurde 1784 geboren und auf dem neuen Gestüt Krenow extensiv eingesetzt. Hier begann dann 1788 Fürst Orlow zusammen mit seinem Gestütsleiter V. I. Schischkin mit dem Ausbau der Orlow-Zucht. Bars I. deckte arabische, dänische und holländische Stuten ebenso wie englische Halbblüter und Araber/Mecklenburger-Kreuzungen. Anschließend wurde auf Bars und seine Söhne zurückgezüchtet, um den gewünschten Typ zu erhalten. Die Stammbäume aller Orlow-Traber zeigen die enge Verbindung zum Stammhengst. Seit 1834 wurden in Moskau Trainingsprogramme und Rennen durchgeführt. Orlow und Schischkin taten viel für den Aufbau und die Verbesserung der Zucht sowie für die Anhebung des Leistungsniveaus.

TROIKA Die Troika ist eine russische Anspannung, bei der drei Pferde nebeneinander gehen. Das Mittelpferd geht im schnellen Trab. Die Außenpferde sind seitwärts ausgebunden und müssen galoppieren, um mit dem mittleren Pferd mithalten zu können.

Farben Die vorherrschende Farbe ist Weiß, wohl ein Erbe des arabischen Einflusses. Dieser Orlow-Traber ist grau geäpfelt. Rappen und Schimmel sind häufig vertreten. Füchse gibt es nur selten.

GESAMTERSCHEINUNG Der ideale Orlow-Traber vereint Höhe mit einem leichten kraftvollen Körperbau; durch seine guten Proportionen wirkt er sehr elegant. Die Beine sind fein und straff und stark bemuskelt.

VERSCHIEDENE TYPEN Von dieser Rasse gibt es verschiedene Grundtypen; die Unterschiede resultieren aus den verschiedenartigen Zuchtzielen der Gestüte. Die besten Pferde stehen im Krenow-Typ, die man im Allgemeinen als den klassischen Orlow-Typ betrachtet. Andere Pferde geringerer Qualität stammen aus Dubrow, Novotominkow, Perm und Tula.

Rücken Der Rücken ist lang und gerade, wie es sich für einen Traber gehört, aber die Lendenpartie ist muskulös und die Kruppe breit und kraftvoll.

Hals Charakteristisch für den Orlow-Traber ist der lange Schwanenhals, der hoch an der Schulter ansetzt.

Knochen Der Rassestandard schreibt einen Röhrbeinumfang von mindestens 20 cm vor, obwohl dies nicht bei allen Pferden erreicht wird.

Gliedmaßen Einige Pferde haben überlange Beine und stehen zu hoch über dem Boden; hinzu kommt oft eine ungenügende Gurtentiefe. In der Zeit von 1825 bis 1840 wurden viele Kreuzungen mit holländischen Stuten vorgenommen, wodurch die überlangen Beine entstanden, insbesondere zu lange und zu weiche Röhrbeine.

HOLLÄNDISCHER EINFLUSS

Der starke holländische Einfluss wirkte sich nicht immer positiv auf die Gliedmaßen aus, die manchmal zu lang wurden, hinzu kommen weiche Sehnen und sogar Knochendeformationen. Diese Fehler konnten beim modernen Orlow-Traber weitgehend behoben werden.

ERHALTUNG UND VERBESSERUNG

Der moderne Orlow-Traber wird oft zur Verbesserung anderer Zuchten eingesetzt. Zu diesem Zweck wird viel Wert auf die Höhe, das kraftvolle leichte Gebäude, die starke Lendenpartie, die elegante Erscheinung und natürlich auf die Schnelligkeit im Trab gelegt.

KOPF Der Kopf des Orlow-Trabers ist normalerweise ziemlich klein, aber trotz des arabischen Einflusses oft ein wenig grob. Der Ohrenansatz und die breite Stirn zeigen jedoch deutlich das arabische Erbe.

Orlow-Traber haben normalerweise ein Stockmaß von 1,60 m, Stuten können 2 cm kleiner sein.

Baschkir

Der Baschkir oder Baschkirsky entstand vor einigen hundert Jahren in Baschkirien, südlich des Urals. Dort wurde die Rasse als Pack-, Zug- und Reitpferd gezüchtet und lieferte darüber hinaus auch Fleisch, Milch und Kleidung. In einer sieben bis acht Monate dauernden Laktationsperiode liefert eine Stute 1500 bis 1600 Liter Milch. Außerdem kann das dicke, wollige Unterhaar der Pferde gesponnen und somit als Kleidung verwertet werden.

CHARAKTERISTIKA

Der harte Baschkir wird robust gehalten, kann im Winter Temperaturen von minus 30 bis minus 40 Grad aushalten und findet noch unter einem Meter hohem Schnee Nahrung. Man sagt, ein Gespann Baschkirs kann einen Schlitten in 24 Stunden – ohne Fütterungspausen – 120 bis 140 Kilometer ziehen.

TYPEN

Zwei Typen wurden in ihrem Verbreitungsgebiet entwickelt: ein Berg- und ein Steppenpferd. Ersteres wurde mit Donpferden und Budjonnys gekreuzt, das Letztere, ein Kutschpferd, mit Traber- und Ardennerhengsten. Die Amerikaner nennen die Baschkirs »Curly« (= Locke) wegen ihres lockigen Fells. Das abgebildete Pony ist eines der 1100 in Amerika registrierten Baschkirs. Es wurde behauptet, dass die Pferde über eine Landbrücke, die jetzige Beringstraße, nach Amerika kamen. Diese Annahme trägt jedoch nicht der Tatsache Rechnung, dass die Spezies Equus nach der Eiszeit, die die Landbrücke zwischen den Kontinenten wegschwemmte, auf dem amerikanischen Kontinent ausgestorben war; erst die spanischen Konquistadoren brachten einige 10 000 Jahre später wieder Pferde nach Amerika.

Der Baschkir hat ein Stockmaß von 1,40 m.

Fell *Ein wesentliches Merkmal des Baschkirs, der als sanft und intelligent gilt, ist das dicke lockige Winterfell, das ihm das Überleben auch bei kältesten Temperaturen ermöglicht.*

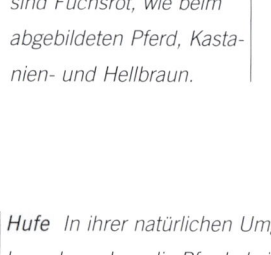

Farben *Die Hauptfarben sind Fuchsrot, wie beim abgebildeten Pferd, Kastanien- und Hellbraun.*

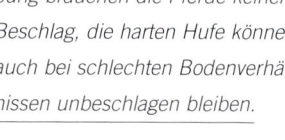

Hufe *In ihrer natürlichen Umgebung brauchen die Pferde keinen Beschlag, die harten Hufe können auch bei schlechten Bodenverhältnissen unbeschlagen bleiben.*

Mähne Mähne und Schweif des Baschkirs sollten außerordentlich dick sein.

Kopf Der Kopf des russischen Baschkirs ist massiv und sitzt auf einem kurzen fleischigen Hals, der in einen flachen Widerrist übergeht. Der amerikanische Typ wurde in diesen Punkten verbessert, und in den letzten Jahren wurde durch selektive Kreuzungen auch die Qualität der Pferde angehoben.

Körper Der Baschkir wird im offiziellen Rassestandard als klein mit breitem Körper und flachem geradem Rücken beschrieben. Der Brustumfang bei Hengsten liegt bei 180 cm.

Gliedmaßen Die Gliedmaßen dieses soliden kleinen Pferdes sind verhältnismäßig kurz; der offizielle russische Rassestandard schreibt einen Röhrbeinumfang von 20 cm vor.

DER AMERIKANISCHE BASCHKIR Die meisten Baschkir-Ponys findet man im Nordwesten der USA. Man sagt, dass sie bei den Indianern genauso beliebt waren wie bei den Baschkiren am Ural. Die ersten halbwilden Ponys wurden um 1800 gesichtet.

EIN LUXUSLEBEN Die Pferde finden ihr Futter selbst unter schwierigsten klimatischen Bedingungen und gehören zu den genügsamsten der Welt. Dieser amerikanische Baschkir allerdings schwelgt im Überfluss einer Weide in Kentucky.

Kathiawari

Der Kathiawari wird hauptsächlich auf der Kathiawar-Halbinsel gezogen, man findet ihn aber in ganz Maharashtra, Gujarat und Rajasthan. Er ist mit dem Marwari eng verwandt, ist aber etwas kleiner. In seinem Verbreitungsgebiet wird dieses hoch geschätzte Pferd viel in der Polizeiarbeit eingesetzt.

URSPRÜNGE

Bereits lange vor der Regierungszeit der Mogule des 16. Jahrhunderts gab es in den Provinzen der West-küste Indiens einen recht gemischten Pferdebestand. Diese Pferde waren teilweise Baluchis und Kabulis aus dem Norden, die mit den Steppen- und Wü-stenpferden des Westens und Nordwestens verwandt waren. Später kamen aus der Golfregion und der afrikanischen Kapprovinz starke arabische Einflüsse. Die Pferde wurden von den Prinzenhäusern gezüch-tet, die eine Zuchtauswahl durchführten. 28 solcher Pferdelinien gibt es heute noch.

Die sehr beweglichen, geschwungenen Ohren sind charakteristisch für die Rasse, und die besten Kathiawari-Exemplare sind attraktive kleine Pferde, die für alles zu haben sind. Wie allen Wüstenpferden macht Hitze ihnen nichts aus, sie sind zäh und aus-dauernd. Die Veranlagung für den Revaal, einen schnellen Passgang, ist ihnen angeboren.

Das Stutbuch wird von der Zuchtvereinigung für Kathiawari-Pferde geführt, und eine Hengststation der Regierung befindet sich bei Junagadh in Gujarat.

Hals *Der Hals passt im Ver-hältnis zum Körper, er ist be-muskelt und nicht zu schwer.*

Schulter *Die Schulter ist stark, gut gebaut und gut bemuskelt. Sie geht harmonisch in den Hals über; die Schräge vom gut ausgeprägten Wider-rist her ist mehr als ausreichend.*

Gliedmaßen *Die Beine sind dünn und nicht gerade der beste Körperteil bei die-sem ansonsten attraktiven Pferd. Man erkennt Abnutzungserscheinungen, die Gelenke sind eher rund und fleischig.*

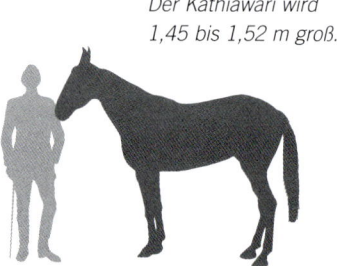

Der Kathiawari wird 1,45 bis 1,52 m groß.

POLIZEIPFERDE Der Kathiawari dient als Reittier für die zahlreich vertretene berittene Polizei Indiens. Er ist robust und zäh und in der Anschaffung nicht teuer. Außerdem eignet er sich ideal für das Lieb-lingsreiterspiel der Polizeikräfte, eine Art Lanzen-stechen auf ein Ziel am Boden. Das mutige Tier galoppiert schnell und gerade und verschafft so seinem Reiter die besten Chancen bei diesem Spiel.

Rücken Der kräftige Rücken hat gerade die richtige Länge und verfügt über eine gut bemuskelte Lendenpartie. Die Linienführung vom Widerrist zur Kruppe ist sehr gefällig.

KLASSISCHER KOPF Diese Kopfstudie eines durchgezüchteten Kathiawari ist typisch für die besten Tiere dieser Rasse. Die feinen, auffallend geschwungenen Ohren, die man beim Kathiawari unbedingt sehen möchte, sind so beweglich, dass sie problemlos um 360 Grad gedreht werden können. Auch das Halfter ist bemerkenswert.

Körper Der Körper weist eine gute Gurtentiefe auf und ist kompakt und stark gebaut. Der Brustkorb ist gut gewölbt. Der Gesamteindruck ist der eines robusten kleinen Pferdes mit stämmiger Silhouette.

Hinterbeine Die Bemuskelung der Hinterbeine zieht sich nur ein kurzes Stück den Unterschenkel hinunter. An sich sind diese zur Säbelbeinigkeit neigenden Hinterbeine ein Schwachpunkt im Vergleich zum übrigen Körperbau. Trotzdem scheint ihr Besitzer sehr gut damit zurechtzukommen.

Marwari

Der westindische Bundesstaat Rajasthan hat sein Zentrum immer noch in Marwar (Jodhpur), dessen traditionelle Herrscher, die Rathors, sich dem Ideal des Radschiput-Kriegers verschrieben hatten. Ihre Marwari-Pferde genossen einen ähnlich kriegerischen Ruf.

URSPRÜNGE

Ihren Ursprung haben die Marwari-Pferde wahrscheinlich in Gegenden, die nordwestlich von Indien liegen: Usbekistan, Kasachstan und mit größter Wahrscheinlichkeit auch Turkmenistan, der Heimat verschiedener Wüstenpferde vom Kaliber eines Achal-Tekkiners (s. S. 128–129). Pferde vom Arabertyp aus dem Iran hatten vermutlich ebenfalls einen Einfluss, und sicher ist, dass im 19. Jahrhundert Araber aus Südafrika in das angrenzende Gujarat importiert wurden.

Typisch für Marwaris und hoch geschätzt sind die geschwungenen Ohren, die man in ganz Westindien bis hinunter nach Maharashtra bei Pferden findet.

Pferde waren für die Radschiput-Krieger unentbehrlich, so dass die Rathors vom 12. Jahrhundert an ihre Pferde auf zähe, ausdauernde Tiere auswählten, die in einer Wüstenumgebung gedeihen konnten. Die Rasse geht von Natur aus den Revaal, einen Passgang, der in Asien weit verbreitet ist.

Eine engagierte Züchtervereinigung kümmert sich sehr energisch und mit erstaunlichem Fachwissen um die Rasse.

Marwaris haben ein Stockmaß von 1,49 bis 1,55 m.

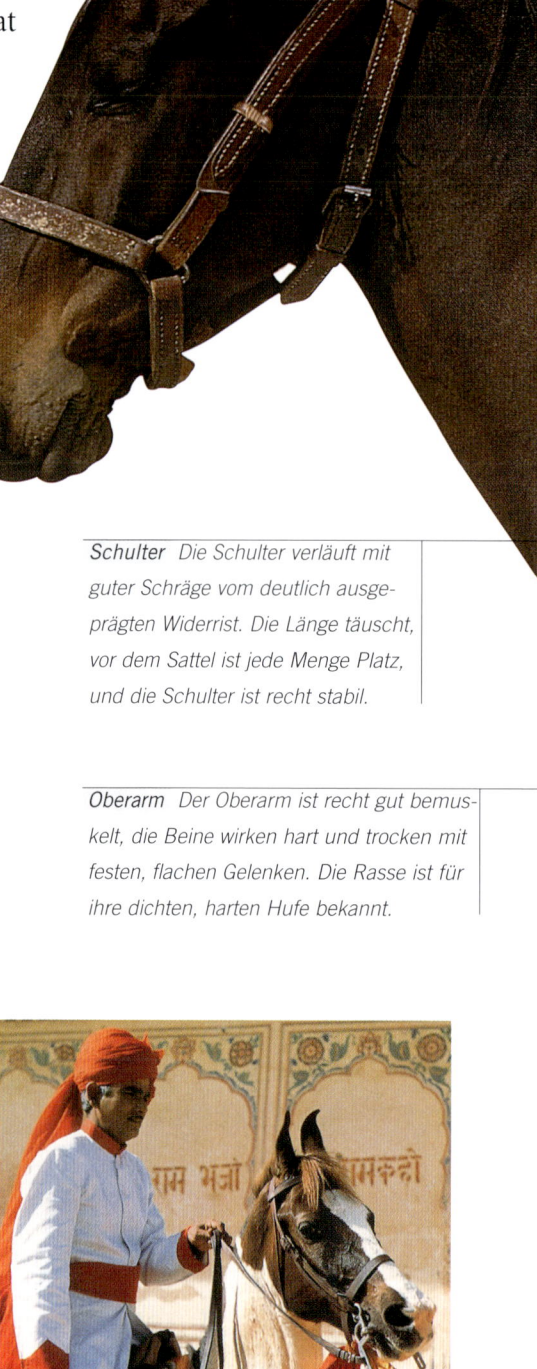

Mähne Mähne und Schweif sind fein, das Fell fühlt sich seidig an.

Schulter Die Schulter verläuft mit guter Schräge vom deutlich ausgeprägten Widerrist. Die Länge täuscht, vor dem Sattel ist jede Menge Platz, und die Schulter ist recht stabil.

Oberarm Der Oberarm ist recht gut bemuskelt, die Beine wirken hart und trocken mit festen, flachen Gelenken. Die Rasse ist für ihre dichten, harten Hufe bekannt.

MARWARI-STUTE Diese Stute gehört einer ausgewählten Blutlinie an. Sie hat einen besonders feinen und typischen Kopf. Schecken sind sehr beliebt bei den Marwaris, bei denen ansonsten viele Schwarzbraune, Braune, verschiedene Fuchsfarben und gelegentlich Palominos auftauchen.

Rücken Der Rücken ist aus dem gut geformten Widerrist heraus stabil mit muskulöser Lendenpartie. Er hat die ideale Form für einen Sattel.

Kruppe Die Kruppe fällt vom Becken zum Schweif hin deutlich ab und vermittelt den Eindruck drahtiger Kraft mit einer Veranlagung zur Schnelligkeit. Gute Länge vom Hüfthöcker zum Sprunggelenk.

HOHE SCHULE In der Pferdekultur der Radschiput hat auch die Hohe Schule eine Tradition, die wahrscheinlich auf die Zirkusveranstaltungen des Altertums zurückgeht. Zum Repertoire eines ausgebildeten Marwari-Pferdes gehören erkennbare Schulsprünge, und zu besonderen Gelegenheiten werden Vorführungen mit anspruchsvollen Lektionen gegeben.

Körper Der Körper verfügt über ausreichende Tiefe bei genügender Länge und erlaubt so relativ schnelle Bewegungen. Er passt in den Proportionen genau zur Länge des Rückens.

Hinterbeine Die Hinterbeine sind im Unterschenkel ein wenig schwach, die Behosung ist nur wenig ausgeprägt. Trotzdem ist das Sprunggelenk groß, gut geformt und keinesfalls schwammig. Marwaris neigen manchmal etwas zur kuhhessigen Stellung.

FELLWIRBEL Den Wirbeln im Fell der Pferde wird große Beachtung geschenkt. Vielen wird eine Bedeutung zugeschrieben, und Pferdekäufer meiden Tiere mit Wirbeln, die Unglück bringen. Die Proportionen eines Pferdes werden mit den Fingern ausgemessen. So beträgt die Länge des Kopfes zwischen 28 und 40 Fingern. Die Kopflänge mal vier ist so lang wie die Linie vom Genick zum Schweifansatz.

Gliedmaßen Die Hinterbeine sind im Röhrbein nicht allzu lang, die Fesseln haben die korrekte Winkelung und Länge. Die Beine gelten als sehr belastbar.

Australian Stockhorse

Vor etwa 200 Jahren wurden die ersten Pferde in die besiedelten Distrikte von New South Wales importiert. Sie kamen zunächst aus Südafrika, dann nach und nach aus Europa, wobei Vollblüter und Araber am beliebtesten waren. Die einheimische Zucht wurde bis vor kurzem noch nach dem Landstrich New South Wales »Waler« benannt.

GESCHICHTE

Während und nach dem Ersten Weltkrieg galten die Waler als die besten Kavalleriepferde der Welt, denn sie waren gesund und ausdauernd und ausgesprochen gute und kräftige Packpferde – kein anderes Pferd konnte so viel leisten. Trotz ihrer Verdienste kamen viele Waler nicht mehr nach Australien zurück; auf Anordnung der australischen Regierung wurden sie getötet. Das Pferd, das man jetzt als Australian Stockhorse bezeichnet, basiert auf dem Waler. Es ist im Grunde ein Angloaraber mit Percheron-, Quarterhorse- und sogar ein bisschen Ponyblut.

Das Australian Stockhorse wird meist bei der Arbeit mit Rindern gebraucht, hauptsächlich wegen seiner Ausdauer. Es ist zwar nicht schnell, aber ein bemerkenswert gutes Allround-Pferd mit großem Durchhaltevermögen. Die Australian Stock Horse Society bemüht sich um Förderung und Standardisierung dieser Rasse, da sie bisher in sich noch sehr unterschiedlich ist und die einzelnen Pferde sehr stark variieren. Deshalb gibt es noch keinen Rassestandard, aber der Vollbluttyp wird deutlich bevorzugt.

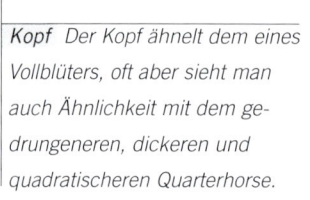

Kopf Der Kopf ähnelt dem eines Vollblüters, oft aber sieht man auch Ähnlichkeit mit dem gedrungeneren, dickeren und quadratischeren Quarterhorse.

Schultern und Brust Die Schulter ist ausreichend schräg, die Brust von genügender Tiefe, wie man es bei einem guten Reitpferd gern sieht.

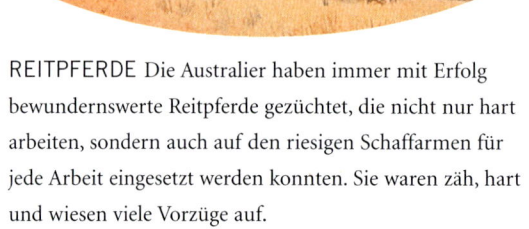

Das Australian Stockhorse hat ein Stockmaß zwischen 1,50 und 1,62 m.

REITPFERDE Die Australier haben immer mit Erfolg bewundernswerte Reitpferde gezüchtet, die nicht nur hart arbeiten, sondern auch auf den riesigen Schaffarmen für jede Arbeit eingesetzt werden konnten. Sie waren zäh, hart und wiesen viele Vorzüge auf.

EIN PERFEKTES KAVALLERIEPFERD

Würden heute noch Kavalleriepferde gebraucht, wäre das Australian Horse sicherlich sehr gefragt. Es ist ein guter Lastenträger, ausdauernd und von Natur aus hart; darüber hinaus hat es ein ausgeglichenes Wesen.

TRANSPORTE IM 19. JAHRHUNDERT (OBEN)

Die Firma Cobb und Co. Unterhielt in den achtziger Jahren des vorigen Jahrhunderts ein Transportnetz von mehr als 6000 Meilen in New South Wales und Queensland. Als Kutschpferde setzte man Waler ein, oft in Siebener-Anspannung vor dem berühmten Concord-Coaches.

Farbe Das Australian Stockhorse ist normalerweise kastanienbraun, aber es gibt auch andere Farben; nur Schimmel sind schön. Dieses Pferd ist ein Rappe.

AUSTRALIENS BRUMBIES Nach dem großen australischen Goldrausch um 1850 wurden viele Pferde freigelassen und in den Busch getrieben – sie waren die Vorfahren der Walers und Stockhorses. Diese Pferde verwilderten im Lauf der Jahre, und die Herden wurden immer größer, während die Pferde in Typ und Qualität degenerierten. Diese Brumbies, die australischen Gegenstücke zu den amerikanischen Mustangs, wurden so zahlreich, dass es in den sechziger Jahren notwendig wurde, sie systematisch zu dezimieren. Die angewandten Methoden waren jedoch oft inhuman und abstoßend, so dass Australien weltweit dafür geächtet wurde. Auf dem Foto gräbt ein Pferd in einem ausgetrockneten Flussbett im dürren Norden Australiens nach Wasser – eine schon fast geniale Handlung für ein Pferd.

Körper Die besten Pferde des Australian Stockhorse, wenn es auch im Typ noch nicht einheitlich ist, sind gut proportionierte Tiere. Häufig wurde die Ähnlichkeit des alten Walers mit dem besten Angloaraber-Typ hervorgehoben; dieselbe Beschreibung trifft auf das moderne Australian Stockhorse zu, obwohl der Quarterhorse-Einfluss nicht zu übersehen ist.

GANGWERK Der Galopp durch den Busch hinter Schafen oder Rindern erfordert ein Pferd in gutem Gleichgewicht, mit einem wohl proportionierten Hals und einer ebensolchen Schulter.

AUSDAUER Wie seine Vorfahren ist auch das Australian Stockhorse sehr ausdauernd, obwohl es dabei natürlich nicht an die Schnelligkeit der Vollblüter heranreicht. 1917 legte die berittene Einheit Allenbys Mounted Corps 270 Kilometer in vier Tagen zurück, und das bei Temperaturen von 37,8 Grad Celsius. Auch heute noch legen die berittenen Arbeiter der Schaffarmen lange Strecken unter der heißen Sonne Australiens zurück.

Gliedmaßen Australische Pferde sind schon seit jeher für ihre ausgezeichneten Beine und Hufe sowie für ihre Ausdauer und ihr ausgeglichenes Wesen bekannt.

Viehtrieb

Rund um das Geschäft mit dem Vieh, das die spanischen Siedler in der Neuen Welt begannen, erwuchsen die Legende und Mythologie des amerikanischen Westens. Hollywood baute den zunächst von Autoren geschaffenen Mythos vom Cowboy kontinuierlich und in romantischer Verklärung bis zu einem der großen Phänomene unserer Zeit aus.

LEBENSMITTEL FÜR AMERIKA

Der Western entwickelte sich zum modernen Theaterstück in Sachen Moral, in dem das Gute immer über das Böse siegen muss. Die Realität war weniger romantisch und ganz und gar nicht heldenhaft. Das harte Leben verlangte vom Cowboy und seinen Pferden außergewöhnliches Geschick und Können. Hing doch davon seine Existenz ab.

Auf den ersten Ranches in Mexiko und Argentinien wurde eigentlich zunächst Leder gewonnen, aber das Bevölkerungswachstum im Osten und die Industrialisierung in Europa und Amerika verschoben das Hauptaugenmerk bald auf die Produktion von Rindfleisch zur Ernährung der vielen Menschen. So breitete sich die Viehzucht in den westlichen Staaten Amerikas schnell aus. Zur Viehhaltung und für die langen Viehtriebe durch unwirtliches Gelände zu den Eisenbahnstationen waren Pferde gefragt, die für die Techniken beim Viehhüten ausgebildet waren, und man brauchte zähe, einfallsreiche Männer mit besonderen Fertigkeiten.

DER COWBOY

Anfangs war das Hauptreittier der Cowboys der Mustang oder auch wilde Kreuzungsprodukte aus Schlägen spanischer Herkunft. Diese Pferde waren klein, nicht gerade hübsch, dabei aber wild,

drahtig, zäh und beweglich. Nach dem Bürgerkrieg (1861–1865) sah man mehr Quarterhorses. Die Pferde dieser Rasse haben sich zweifelsohne zu den besten Rinderpferden der Welt entwickelt. Sie haben von Natur aus den »cow sense«, den Instinkt, mit den oft unberechenbaren Herden zu arbeiten. Der Cowboy ritt sein Pferd im Jog und dem bequemen Lope. Er suchte sich seine Tiere sorgfältig aus. Als Elite unter seiner Remuda (seinen »gebrochenen« Ranch-Pferden) galt das Quarterhorse, mit seiner Fähigkeit, einen bestimmten Stier von der Viehherde abzusondern. Dann gab es noch das Roping-Horse, von dem aus der Reiter, von seinem Instinkt geleitet, Arbeiten mit dem Lariat, dem Lasso, erledigte und schließlich das zuverlässige Nachtpferd für die Arbeit im Dunkeln.

Die Ausrüstung entwickelte sich aus den Anforderungen der Arbeit heraus. So besitzt der bequeme, stabile Westernsattel ein Horn als Abstützung und Halterung für die Lassoarbeit.

Der Cowboy trug einen breitkrempigen Stetsonhut und Denims mit tiefem Bund. Er benützte große, schwere Sporen, deren Klirren dem Vieh zeigte, wo er sich befand, und kräftige Chaps aus Leder zum Schutz vor Dornbüschen. In offenem Gelände waren die Chaps oft aus Schaffell. Die meisten Cowboys trugen stabile Lederhandschuhe um die Hände gegen das Scheuern des Lassos zu schützen.

LONGHORNS (Oben) Viehtrieb in den Big Belt Mountains. Die Texas Longhorns konnten unberechenbar und gefährlich werden, wenn man sie aufschreckte. Für einen solchen Viehtrieb waren sechs bis acht Männer und eine Remuda gut ausgebildeter Pferde nötig.

DAS TREIBEN DER HERDE (Ganz oben) Auf den längeren Viehtrieben war es wichtig, die Tiere in guter Verfassung zu halten und sie schnell voranzubringen. Wenn es unvorhergesehen zu Verzögerungen kam, riskierte man Gewichtsverluste beim Vieh, mit dem man dann am Ziel keinen guten Preis mehr erzielt.

BRASILIEN (Links) Brasilianische Cowboys konzentrieren sich bei ihrem Viehtrieb darauf, die Herde zusammenzuhalten. Der vordere Cowboy trägt Chaps aus Schaffell, seine Kollegen tragen Ponchos und traditionelle Hüte.

Morgan

Morganhorses sind Jagdpferde, Spring- und Dressurpferde und werden in den USA beliebten »Park Classes« eingesetzt, in denen Schönheit und Geschmeidigkeit unter dem Sattel und vor der eleganten Kutsche bewertet werden. Aber auch als Westernpferd, als Freizeitpferd, als Kutsch- und als Wanderreitpferd ist das Morganhorse bekannt. Die Morganhorses gehen zurück auf einen phantastischen Hengst von einmaliger, durchschlagender Erbkraft, Justin Morgan.

MORGAN-FOHLEN Diese stilisierte Darstellung eines Morgan-Fohlens trifft den von der Morgan Horse Association ausgearbeiteten Standard zwar in einigen Punkten, jedoch nicht in allen.

GESCHICHTE

Justin Morgan war ein dunkelbrauner Hengst von nur 140 cm Stockmaß. Er wurde 1789 oder 1793 in West Springfield, Massachusetts, geboren und hieß ursprünglich »Figure«. 1795 kam er in den Besitz des Justin Morgan, nach dem er benannt wurde. 1821 starb der Hengst. Sein ganzes Leben lang arbeitete der Hengst unglaublich hart vor dem Pflug, beim Roden der Wälder und vor der Kutsche – aber trotz seines harten Lebens voller Entbehrungen wurde er bei Zugwettbewerben, bei Rennen unter dem Sattel oder vor der Kutsche niemals geschlagen. Alle Morganhorses gehen über seine drei berühmtesten Söhne, Sherman, Woodbury und Bullrush, auf Justin Morgan zurück. Bei der Entstehung des American Standardbred, des Saddlebred und des Tennessee Walkers spielten Morganhorses eine bedeutende Rolle.

Schweif Zum Show-Morgan gehört der lang fließende Schweif, der bis auf den Boden geht, wenn das Pferd nicht in Bewegung ist.

Hinterhand Der offizielle Standard der American Morgan Horse Association verlangt eine lange, perfekte Hinterhand und gute Beine – normalerweise sind sie es auch.

Gliedmaßen Die Röhrbeine der Morganhorses sind kurz; trotz der Schlankheit der Gliedmaßen verfügt das Morganhorse über »viel« Knochen, und die Gelenke sind außerordentlich gut geformt. Die Fesseln sind stark, von mittlerer Länge und nicht zu schräg.

SHOW-PFERD Das moderne Morganhorse mit seinem großen Gangwerk ist ein beliebtes Show-Pferd in den USA. Morganhorses sind vielseitig einsetzbar und, obwohl gelehrig und willig, in ihrem Auftreten feurig und energisch.

WOHER KAM JUSTIN MORGAN? Die Herkunft von Justin Morgan, dem Gründerhengst, wurde nie geklärt. Manche vermuten, dass ein früher Vollblüter, True Briton, sein Ahnherr gewesen sei. Andere ordnen ihn einem importierten Friesen zu, und die Welsh-Züchter sehen in ihm den Abkommen eines Welsh Cob – auch das wäre nicht unmöglich.

Schultern Die Schultern sind von guter Schräge und sehr stark ausgebildet. Der Halsansatz ist relativ niedrig.

Hals Der Hals muss gut geformt und mittellang sein und ausreichend Ganaschenfreiheit haben. Der Widerrist ist klar gezeichnet und leicht höher als der höchste Punkt der Hüfte.

Mähne Mähne und Schopf sind voll, das Haar ist immer seidenweich, niemals hart.

Ohren Die Ohren sind gut geformt und stehen weit auseinander.

Rumpf Der Rumpf ist sehr charakteristisch: ein kurzer breiter und stark bemuskelter Rücken, die Rippenpartie ist gerundet, die Brust weit und tief – ein kompaktes Pferd.

GANGWERK Der Schritt ist lang, gerade und elastisch; der Trab sehr frei, gerade, gut ausbalanciert und versammelt; der Galopp ist leicht und weich, gerade und im Gleichgewicht.

TEMPERAMENT Der Morgan ist spritzig und mutig, dabei leichttrittig und intelligent. Er ist ein hartes und vielseitiges Pferd, sehr kraftvoll, in jeder Hinsicht gut proportioniert und mit großem Leistungsvermögen ausgestattet.

Farben Morganhorses sind braun, wie auf der Abbildung, schwarz, dunkelbraun und fuchsfarben. Schimmel und Schecken kommen nicht vor.

KOPF Der Kopf ist mittelgroß, trocken und verjüngt sich von der Ganasche zum Maul hin. Das Profil ist gerade, manchmal ein wenig gebogen, aber niemals ramsköpfig. Das Maul ist fein, mittelgroß mit kleinen festen Lippen und weiten Nüstern. Die Augen sind groß und leuchtend.

Das Stockmaß variiert zwischen 1,41 m und 1,52 m. Auch etwas größere oder kleinere Pferde lässt man durchgehen.

Hufe Die Hufe sind rund, mittelgroß und von geschmeidiger, guter Hornsubstanz.

Galiceno

Das Galiceno-Pony lebt in Mexiko, sein Name leitet sich aber von der spanischen Provinz Galizien ab, wo es sich zunächst entwickelte. Die Gegend von Galizien war für ihre weich zu reitende Pferde bekannt, die einen schnellen Tölt beherrschten. Im Europa des 16. Jahrhunderts waren sie wegen dieses bequemen Reiseganges begehrt. Trotz seiner geringen Größe von 142 cm entspricht der Galiceno in Charakter und Proportionen mehr einem Pferd als einem Pony.

GESCHICHTE

Schon unter den ersten Pferden, die die Spanier im 16. Jahrhundert aus Haiti einführten, befanden sich Galicenos, bei denen sicher starker Einfluss durch die robusten Sorraias und Garranos der spanischen Halbinsel vorlag. Diese beiden uralten Rassen, die auf Primitivpferde wie den Tarpan (s. S. 10–11) zurückgehen, haben an der Entwicklung des Spanischen Pferdes direkt mitgewirkt.

DER GALICENO HEUTE

Einige der heutigen mexikanischen Galicenos stehen dem Original-Sorraia-Typ wahrscheinlich sehr nahe, vor allem in der Falbfarbe. Sie vererben die zähe Konstitution der iberischen Pferde und sind für die Rancharbeit und für Turniere beliebt.

MÄDCHEN FÜR ALLES Der fügsame und intelligente Galiceno ist nicht nur ein attraktives Reitpferd mit dem Vorzug der Gangart Tölt, sondern auch ein Pferd mit zäher Konstitution, das man auch im Gespann bei der Bodenbearbeitung und als Arbeitspferd bei Hofarbeiten sieht.

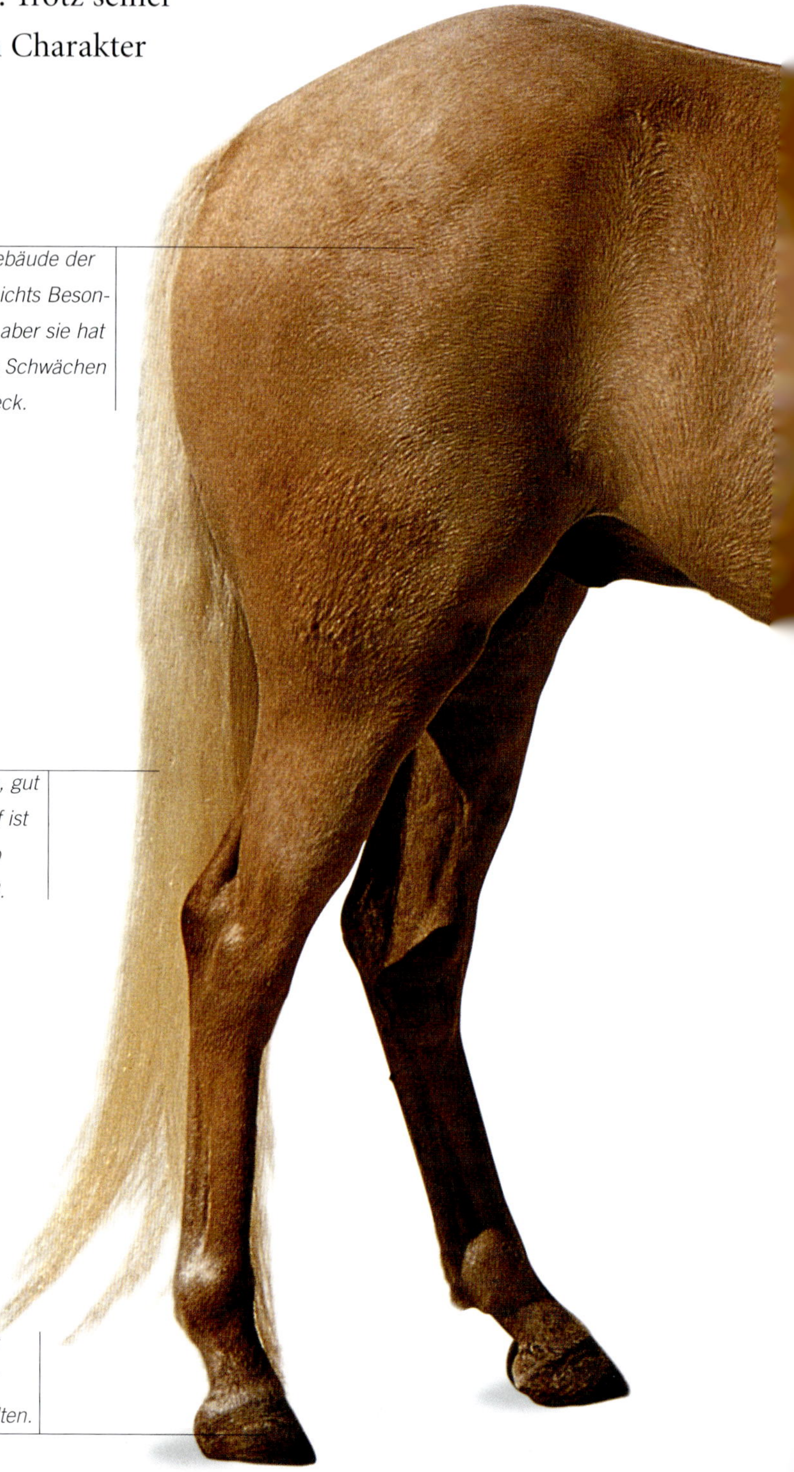

FELLFARBEN In der Färbung dieses attraktiven Pferdes sind, wie bei den frühen spanischen Pferden, Falben und Palominos häufig. Man findet aber auch Braune und einige Füchse. Die Falbfärbung mit schwarzer Mähne und Schweif und mit Aalstrich zeigt manchmal noch Zebrastreifen im unteren Beinbereich, ein Erbe des Sorraia-Blutes.

Hinterhand Zum Gebäude der Hinterhand gibt es nichts Besonderes zu bemerken, aber sie hat auch keine größeren Schwächen und dient ihrem Zweck.

Schweif Der feine, gut angesetzte Schweif ist wie beim Palomino praktisch rein weiß.

Hufe Das Horn ist hart, Probleme mit den Hufen sind selten.

Rücken Der Widerrist neigt zu einer abgerundeten Form, aber der Rücken ist gut gebaut. Der Abstand zwischen letzter Rippe und Oberschenkel ist vielleicht eine Spur zu lang.

Hals Der Hals ist ein wenig kurz, passt aber zum besonderen Gang.

Kopf Der Kopf dieses Pferdes zeigt einen aufmerksamen Ausdruck, es hat schön geformte Ohren, die großen, freundlichen Augen stehen weit auseinander.

Vorhand Die Schulter, der eher niedrige Widerrist und der relativ kurze Hals sind bei einem Pferd, das für seinen weichen Tölt bekannt ist, zu erwarten. Die Verbindung zum Vorderbein ist bemerkenswert gut, das Pferd hat eine gute Gurtentiefe und eine breite, tiefe Brust.

PFERD ODER PONY? Mit seiner Größe von 142 cm muss man den Galiceno als Pony bezeichnen, aber die Proportionen, der Charakter und selbst der Kopf gehören zu einem kleinen Pferd. Aufgrund der allgemeinen Charakteristik seines Gebäudes ist es ein reaktionsschnelles, gelenkiges Tier.

Unterarm Der bemerkenswert gute Unterarm ist ausreichend lang und bemuskelt. Das Vorderfußwurzelgelenk ist flach und groß genug und bildet mit Unterarm und Röhrbein eine Linie.

EIN PFERD VOM LANDE Der Galiceno ist ein Pferd, das für das Leben draußen auf dem Land gemacht ist. Hart und zäh, passt er sich leicht an die Klimabedingungen an und kann mit seinen harten Hufen und seiner eisernen Gesundheit auf hartem, von der Sonne ausgedörrtem Boden gut arbeiten. Sein besonderer Gang, der Tölt, ist für den Reiter sehr bequem und bringt ihn schnell voran.

Unterer Beinbereich Die guten, kurzen Röhrbeine passen mit ihrer ausreichenden Stärke zur Größe des Tieres. Die Gelenke sind trocken, die Fessel ist sehr korrekt gewinkelt.

Der Galiceno hat ein Stockmaß von 1,42 m.

Criollo

Der Ausdruck Criollo bedeutet »von spanischer Abstammung« und umfasst eine ganze Anzahl südamerikanischer Pferde. Dazu gehören der Crioulo Braziliero und auch das zähe Llanero-Pferd Venezuelas, dem argentinischen Criollo nicht unähnlich, mit dem es gemeinsame Vorfahren hat.

GAUCHO-PFERDE

Der argentinische Criollo ist außerhalb seines Heimatlandes ziemlich unbekannt. Er stammt von den ersten spanischen Pferden ab, die einen hohen Anteil Berberblut führten. Außerdem gibt es Beweise für einen gewissen Einfluss vom Sorraia (s. S. 150–151). Der Criollo ist das Reittier der legendären Gauchos, die zu den letzten Reitervölkern der Welt gehören. Er ist so zäh, gesund und ausdauernd, dass er weltweit keinen Vergleich zu scheuen braucht. Über weite Strecken trägt er schwere Gewichte durch schwierigstes Gelände.

Selbst bei Futtermangel und minimaler Wasserzufuhr hält der Criollo härtesten Klimabedingungen stand und hat damit die Fähigkeit, unter fast unmöglichen Bedingungen zu überleben.

ZUCHTAUSWAHL

Der Zuchtverband wurde 1918 gegründet. Er befürwortet eine Zuchtauswahl auf der Grundlage schärfster Ausdauerprüfungen.

Criollos werden für alle militärischen Zwecke eingesetzt und ergeben durch Kreuzung mit Vollblut die Basis für das argentinische Polopony, das beste der Welt.

Criollos erreichen ein Stockmaß von 1,42 bis 1,52 m.

Hals Der elegante, muskulose Hals deutet auf ausgezeichnetes Gleichgewicht und Schnelligkeit.

Halfter Das Nasenteil des Gaucho-Halfters sorgt für die fast vollständige Kontrolle über das Tier.

Schulter Die lange, schräge Schulter mit dem gut abgesetzten Widerrist ist ein bemerkenswertes Charakteristikum und für die verschiedenen Einsatzzwecke dieses Pferdes wichtig. Besondere Bedeutung hat sie beim schnellen Galopp.

Gliedmaßen Die hervorragend guten, kurzen Beine sind mit gut ausgeprägten Gelenken und kurzen Röhrbeinen versehen.

KOPFZEUG Zaumzeug (oben) und Halfter (großes Bild) des Gaucho werden fachmännisch aus geflochtener Rohhaut hergestellt und sind sehr praktisch für die Arbeit. Das Zaumzeug hat seinen Ursprung in persischen Zäumen von bemerkenswert ähnlicher Konstruktion aus dem Jahre 300 v. Chr.

FARBEN Bei Criollos kommen unterschiedliche Fellfarben vor, Falbschattierungen sind vorherrschend. Außerdem gibt es Rot- und Schwarzschimmel, Füchse, Braunschecken und Schwarzschecken. Die gesuchteste Farbe heißt Grulla oder Gateado, sie ist braunfalb oder graufalb.

Rücken Stark, kompakt und mit gut bemuskelter Lendenpartie. Der Rücken passt harmonisch mit Schultern und Hinterhand zusammen und ist kaum zu verbessern.

Hinterhand Eine gute, schön geformte und bemuskelte Hinterhand mit beeindruckender Länge vom Hüfthöcker zum Sprunggelenk. Sie verspricht Geschicklichkeit und Gleichgewicht, gepaart mit Schnelligkeit.

ZUCHTPRÜFUNGEN Mit den vom Zuchtverband festgelegten strengen Leistungstests wird die Ausdauer in jeder Hinsicht geprüft. Eine solche Auswahlprüfung besteht aus einem Ritt über 756 km, der mit 110 kg Belastung innerhalb von 15 Tagen und ohne zusätzliche Kraftfutterbeigabe zu reiten ist.

Unterschenkel Die Kruppe geht in einen langen Oberschenkel mit guter Behosung über, der dem Gesamtgebäude große Kraft verleiht.

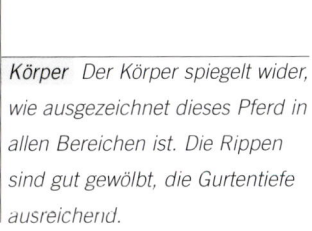

Körper Der Körper spiegelt wider, wie ausgezeichnet dieses Pferd in allen Bereichen ist. Die Rippen sind gut gewölbt, die Gurtentiefe ausreichend.

Sprunggelenke Die Gelenke sind trocken, ausgezeichnet gebaut und stehen nahe am Boden. Die Hufe sind durchwegs gut und hart.

QUADRATPFERD Der Criollo ist stämmig gebaut und wird nicht größer als 152 cm. Der Hals ist kurz, aber elegant, die Nasenlinie meist konvex. Moderne Criollos zeigen die üblichen Gänge, einige haben sich aber auch den Passgang der spanischen Pferde bewahrt.

MANCHA UND GATO Die bekannteste Reise mit Criollos unternahm Professor Aime Tschiffely mit Mancha und Gato, die 15 und 16 Jahre alt waren. Tschiffely ritt im Jahre 1925 los und legte die 16090 km von Buenos Aires bis nach Washington DC in zweieinhalb Jahren zurück. Er durchquerte dabei einige der schwierigsten und gefährlichsten Landstriche der Welt.

American Crème

Die Amerikaner haben ein Händchen dafür, »Rassen« zu schaffen (zu kreieren), die eine bestimmte Facette der Spezies Equus betonen. Entsprechend vielfältig und uneinheitlich ist der Pferdebestand. Der American Crème ist ein typisches Beispiel. Zoologisch gesehen handelt es sich um einen Farb-»Typ« wie den des Palomino (s. S. 184–185), der die Kriterien für den Status als »Rasse« nicht erfüllt.

BREITES SPEKTRUM

Lässt man die Diskussion um den Rassestatus einmal beiseite, so stellt man fest, dass der Crème eng mit dem American Albino verwandt ist, dessen Zuchtorganisation 1937 gegründet wurde. 1970 wurde dieser Verband in American White Horse Club umbenannt und das Zuchtbuch in Abteilungen für Whites (Schimmel) und Crèmes aufgeteilt. Innerhalb der Abteilungen gibt es detaillierte »Rassebeschreibungen« und Standards für Rinderpferde und Arabertypen. Zu dem American Crème können viele Pferdetypen gerechnet werden, beispielsweise der Morgan, Vollblüter, Araber und das Quarterhorse, aber sie müssen in eine der vier Farbkategorien gehören: A) Körper elfenbeinfarben, Mähne heller weiß, Augen blau, Haut rosa. B) Körper cremefarben, Mähne und Augen dunkel. C) Körper und Mähne blass cremefarben, Augen blau, Haut rosa. D) Körper und Mähne rußig cremefarben, Augen blau, Haut rosa.

ARABERTYP Ein cremefarbenes Pferd im Arabertyp. Die Farbe ist die Hauptanforderung für den Stutbucheintrag. Cremefarbene Pferde und Albinos sind beliebte Zirkustiere. Ein berühmter Albino war Silver, das Pferd des »Lone Ranger«.

Farben In der Rassebeschreibung für die Albinos sind spezielle Maße für Gebäude und Proportionen festgelegt. Bei den Crèmes dagegen geht es mehr um die Farbe, so dass das hier abgebildete Pferd nicht als charakteristisch für den Typ gelten kann.

GRÜNDERZEIT Der American Albino hatte seinen Ursprung auf der White Horse Ranch in Naper in Nebraska. Linienbegründer war der Schimmelhengst Old King, der väterlicherseits hauptsächlich Araberblut führte. Seine Mutter war eine Morgan-Stute. Man kann davon ausgehen, dass die Linien von Old King einen erheblichen Einfluss auf den American Crème hatten.

Gliedmaßen Es gibt einen Verband für Crème-Zugpferde des mittleren und schweren Typs, aber das hier abgebildete Pferd hat eindeutig die Gliedmaßen eines Reitpferdes.

Silhouette Das Gebäude dieses Pferdes geht in Richtung Rinderpferd und ist nicht besonders auffällig, doch insgesamt kräftig mit großzügiger Gurtentiefe.

Maulpartie Die Maulpartie ist eher grob. Die fehlende Pigmentierung könnte Anfälligkeit für Sonnenbrand bedeuten.

Hals Der Hals ist kurz, aber sehr schön bemuskelt. Hinter der Ganasche tritt die Ohrspeicheldrüse zu stark hervor.

Gliedmaßen Die Gliedmaßen sind in Ordnung, wenn auch nicht außergewöhnlich. Die Gelenke, vor allem die Fesselgelenke, sind zu schwammig.

KOPF Der Kopf eines Arbeitspferdes: solide, verlässlicher Ausdruck und nicht unattraktiv. Für Pferdekenner kann der Mangel an Pigmentierung allerdings auf Schwächen hinweisen: Sonnenempfindlichkeit und Sehmängel sind möglich.

Hufe Die Hufe sind aus dunklem Horn, obwohl man gerade beim Albino eine weiße Färbung erwarten würde.

Der American Crème hat ein durchschnittliches Stockmaß von 1,55 m.

Quarterhorse

Das amerikanische Quarterhorse ist das erste rein amerikanisch gezogene Pferd. Die in ihrer Erscheinung unverwechselbare Rasse entstand zu Beginn des 17. Jahrhunderts in Virginia und den Küstensiedlungen. Die Anhänger dieser Pferde behaupten, es handle sich um »die beliebteste Rasse der Welt«. Bei der American Quarter Horse Association sind Millionen von Tieren registriert.

GESCHICHTE

Der erste größere Import von englischen Pferden nach Virginia fand 1611 statt, also noch bevor man in England mit der Vollblutzucht begann. Das heißt, dass die Importpferde englisches, östliches und spanisches Blut geführt haben müssen. Man kreuzte sie mit den vorhandenen Pferden spanischen Ursprungs und bekam so den Grundstock für das Quarterhorse, das sich schnell zu einem kompakten Pferd mit stark bemuskelter Hinterhand entwickelte.

Die Siedler benutzten diese Pferde für die Arbeit auf der Farm: zum Viehhüten und Holzrücken, als leichte Zugpferde und zum Reiten. Die sportbegeisterten englischen Siedler ließen sie außerdem Rennen über eine Viertelmeile (quarter mile) gehen – daher der Name Quarterhorse. Das erklärt auch, woher die Rasse die Fähigkeit entwickelt hat, wie aus der Pistole geschossen kurze Strecken zu sprinten. Im Westen hat das Quarterhorse sich auch noch als ideales Cowboypferd einen Namen gemacht.

MATERIALPRÜFUNG Dieser Teilnehmer an einer Materialprüfung zeigt mit seiner extrem stark bemuskelten Hinterhand das typische Gebäude des Quarterhorses. Die symmetrischen Strukturen und die Proportionen der Körperteile zueinander versprechen ein perfektes Gleichgewicht.

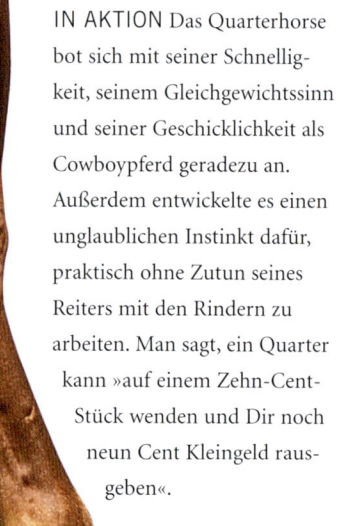

Hinterhand Eine ungewöhnlich stark bemuskelte, tiefe und breite Hinterhand ist für dieses stämmige Pferd typisch.

IN AKTION Das Quarterhorse bot sich mit seiner Schnelligkeit, seinem Gleichgewichtssinn und seiner Geschicklichkeit als Cowboypferd geradezu an. Außerdem entwickelte es einen unglaublichen Instinkt dafür, praktisch ohne Zutun seines Reiters mit den Rindern zu arbeiten. Man sagt, ein Quarter kann »auf einem Zehn-Cent-Stück wenden und Dir noch neun Cent Kleingeld rausgeben«.

Widerrist Die ausgezeichnete Sattellage beruht auf dem gut ausgeprägten Widerrist, der von der Schulter her weit in den Rücken hinein verläuft und damit dem Sattel guten Halt gibt.

Hals Der Hals muss ziemlich lang und beweglich sein, weil Quarterhorses mit gestrecktem Hals und tiefer Kopfhaltung geritten werden. Ein kurzer oder gewölbter Hals ist unerwünscht.

Maulpartie Das Maul ist klein, die Maulspalte ist kurz, die Lippen fest. Die Zähne stehen genau aufeinander.

Farben Die Fuchsfarbe ist bei den Quarters am häufigsten vertreten, aber alle anderen Grundfarben werden auch akzeptiert.

Gelenke Die Röhrbeine sind kurz, das Sprunggelenk liegt niedrig. Die Gelenke sind so gebaut, dass nichts anderes als eine korrekte Vorwärtsbewegung möglich ist.

Hufe Die Hufe sind länglich und von passender Größe. Der Winkel zum Boden ist derselbe wie bei den Fesseln, ungefähr 45 Grad.

IN ALLEN SÄTTELN GERECHT Quarterhorses sind ausgezeichnete Wanderreitpferde. Als Jagdpferde sind sie klug und unermüdlich, bei der Materialprüfung wie in den traditionellen amerikanischen Rodeodisziplinen schneiden sie gut ab. Sie haben eine natürliche Springveranlagung und bringen nachweislich gute Leistungen im Dressurviereck. Rennen mit Quarterhorses haben inzwischen einen festen Platz in der Rennszene, sind beliebt und hoch dotiert.

Quarter Horses liegen im Stockmaß zwischen 1,45 und 1,62 m.

Westernreiten

Das Westernreiten spiegelt immer noch die Pferdekultur und die Ausrüstung wider, die vor 400 Jahren von den frühen spanischen Siedlern nach Amerika gebracht worden waren. Die weitere Entwicklung zum eigenen Stil hat allerdings eine völlig eigenständige Art des Umgangs mit Pferden hervorgebracht.

ENGAGEMENT UND HINGABE

Auf dem höchsten Niveau steht das Westernreiten den klassischen europäischen Schulen in nichts nach und erfordert genauso viel Hingabe und Prinzipientreue in der Ausbildung.

Sowohl die Western- als auch die Englischreiter haben dieselben Ziele: Leichtheit, Gehorsam, Entspannung und das Gleichgewicht des Pferdes. Unterschiede bestehen in Zweck, Methode und Betonung.

In Europa ist der Zweck hauptsächlich der Turniersport – dieses Element fehlt im Westernreiten allerdings keineswegs. Westernreiter erreichen die Versammlung durch eine Mischung aus treibenden Hilfen und verhaltenden Hilfen, für die hauptsächlich Zügelanlehnung gehalten und mit dem Körpergewicht unterstützt wird. Dem System des Westernreitens liegt als praktisches Ziel ein vielseitiges Arbeitspferd zu Grunde, das mit Rindern arbeiten kann, und das bei großer Geschwindigkeit. Das Westernpferd ist nicht weniger gut im Gleichgewicht als

sein englisch gerittener Kollege, aber die Silhouette ist ganz anders. Anstatt in Aufrichtung und Versammlung bewegt es sich mit einer niedrigeren, gestreckteren Silhouette. Trotzdem müssen die Hinterbeine gut untertreten. Außerdem wird das Pferd fast ausschließlich mit einer Hand und am kaum mehr als durchhängenden Zügel geritten – wobei Letzteres durchaus dem klassischen Ideal entspricht.

Die bekannten Gänge des Westernpferdes sind der Jog und der bequeme Lope. Grundanforderungen sind das Rein-back (Rückwärtsrichten), Wendungen auf der Vorhand und der Hinterhand sowie eine mühelose Seitwärtsbewegung. Zu den fortgeschritteneren Lektionen gehören fliegende Galoppwechsel, der Roll-back (eine Wendung um 180 Grad), der Spin (das Western-Gegenstück zur Pirouette) bei hoher Geschwindigkeit und schließlich der schädliche Sliding Stop, bei dem aus einem beschleunigten Galopp heraus so gehalten wird, dass das Pferd bis zu 9 m weit auf den Hinterbeinen rutscht.

LANG UND TIEF (Oben) Ein Quarterhorse wird in einer Trail Riding Class vorgestellt. Das Pferd tritt entspannt, aber im guten Gleichgewicht über die Stangen und bleibt in der erwünschten tief eingestellten Silhouette. Die Reiterin hält die Zügelanlehnung nur durch das Gewicht des durchhängenden Zügels in einer Hand.

BEWEISFÜHRUNG (Ganz oben) Im System des Westernreitens gilt die Rodeodisziplin Fassrennen als Beweis für gute Ausbildung. In einer Staubwolke umrundet das Pferd die Tonne: mit minimalen Zügelhilfen und in halsbrecherischer Geschwindigkeit und perfekt im Gleichgewicht.

HALT! (Links und Einklinker) Der spektakuläre Sliding Stop verkörpert das Westernreiten schlechthin. Es erfordert ein umfassendes Können, diese Lektion mit einer Hand zu reiten.

Standardbred

Trabrennen haben in Amerika mehr als 30 Millionen Anhänger. In vielen europäischen Ländern, auch in Skandinavien und Russland, sind Trabrennen populärer als Galopprennen. Das beste Trabrennpferd ist zweifelsohne das American Standardbred, das 1,6 Kilometer in rund 1 Minute und 55 Sekunden schafft. Manche Pferde sind sogar noch schneller.

VORFAHR (OBEN) Der unvergleichliche Norfolk Roadster war einer der frühesten Vorfahren des Standardbred. Das Reitergewicht war damals mit 77 kg festgesetzt, die Durchschnittsgeschwindigkeit betrug 24 bis 27 km/h.

GESCHICHTE

Die Bezeichnung Standardbred entstand 1879 und bezieht sich auf den Schnelligkeitsstandard, der für die Eintragung ins Zuchtregister festgesetzt wurde. Für die normalen, diagonalen Traber gab es ebenso Rennen wie Passrennen für die Pferde mit lateralen Gängen. Dem schnelleren Passer, der seltener umspringt, wird in Amerika der Vorzug gegeben, während in Europa die Traber zahlreicher sind. Das Standardbred gründet sich auf Messenger, einen Vollbluthengst, der 1788 aus England importiert wurde. Er ging zwar keine Rennen vor dem Sulky, hatte aber, wie früher alle Vollblüter, Norfolk-Roadster-Blut. Der Stammvater der Zucht ist der auf Messenger zurückgezogene Hengst Hambletonian 10, der 1849 geboren wurde. Auch er ging nie im Rennen, aber er vererbte sein überragendes Gebäude und hat so seinen Anteil als Stammvater dieser Rennpferderasse. Er maß 153,5 cm an der Kruppe und 151,25 cm am Widerrist, eine Konstellation, die der Hinterhand enorme Schubkraft verleiht.

Hinterhand Die Hinterhand ist ausgesprochen kraftvoll und bringt beim Rennen ein Maximum an Vorwärts.

Sprunggelenke Die Hinterhand insgesamt und die Sprunggelenke im Besonderen müssen beim Leistungspferd absolut korrekt sein.

RED MILE RACEWAY Trabrennen auf dem berühmten Red Mile Raceway in Lexington/Kentucky. In Amerika gibt es über 50 Bahnen, auf denen jeweils mindestens 50 Rennen im Jahr gelaufen werden. Alle Rennen werden auf der linken Hand ausgetragen; die abendlichen Rennen finden unter Flutlicht statt.

IMMER SCHNELLER… Der wichtigste Beitrag
einer höheren Geschwindigkeit war die Einführung
eines leichten Sulkys mit fahrradähnlichen Gummi-
rädern im Jahre 1892 – eine englische Erfindung.
Der Hengst Star Pointer lief bereits fünf Jahre später
eine Meile (1600 m) in einer Zeit unter 2 Minuten.

Widerrist Der Widerrist ist
gut ausgebildet, kann aber
niedriger als die Kruppe sein.

Schultern Die Rasse ist
bekannt für ihre kräftigen
Schultern, zu denen
der Hals perfekt passt.

Farben Die vorherrschenden Farben sind Braun
wie hier, Schwarzbraun,
Schwarz und Fuchsfarben.

Rumpf Der Standardbred ist
länger und tiefer als der Vollblüter, er hat auch nicht seine
Qualität und Feinheit. Die
Kruppe dieses kraftvoll gebauten Pferdes ist immer hoch.

Gliedmaßen Eisenharte Beine,
sehr gute Hufe und weite
Gänge sind notwendig, damit
sich das Pferd beim Rennen in
Höchstgeschwindigkeit keine
Verletzungen zuzieht.

KOPF Robust ist die richtige Beschreibung für den
muskulösen, leistungsbereiten Standardbred. Ähnliches
gilt für den Kopf, im Vergleich zum Vollblüter ist er
etwas gröber, dennoch wirkt er vornehm.

*Der Standardbred hat ein durch-
schnittliches Stockmaß von 1,52 m.*

Trabrennen

Der Trabsport geht auf die griechischen und römischen Zirkusspiele der vorchristlichen Zeit zurück. Der moderne Sport hat in Amerika, Europa und Ozeanien seinen festen Platz. In manchen Ländern zieht er mehr Zuschauer an als der Galopprennsport und bietet ähnlich hohe Preisgelder.

ZENTREN DES RENNSPORTS

Die führende Trabrenn-Nation der Welt sind die USA mit mehr als 70 größeren Bahnen, auf denen die Rennen meist abends und links herum gelaufen werden. Die wichtigste Rennbahn ist Meadowslands in East Rutherford in New Jersey, wo einige der höchstdotierten Rennen der Welt abgehalten werden, darunter auch das Hambletonian, eines der Triple-Crown-Rennen für Traber. Die anderen beiden sind das Yonkers Trot auf dem Yonkers Raceway und das Kentucky Futurity in Red Mile. Zur Triple Crown für Passgänger gehört das Cane Futurity (Yonkers), das Little Brown Jug (Delaware) und die Messenger Stakes in Roosevelt auf Long Island. Traber und Passgänger laufen nicht gegeneinander.

PASSGÄNGER UND TRABER

Im Gegensatz zu Deutschland, wo es überhaupt keine Rennen für Passgänger gibt, wird in Amerika der überwiegende Teil der Rennen für Passgänger abgehalten (s. Standardbred, S. 160–161). Der Passgänger bewegt die Beine einer Körperseite gleichzeitig, während der konventionelle Traber diagonal fußt. Viele Wetter setzen lieber auf Passgänger, die weniger leicht in den Galopp fallen. Wenn in Deutschland ein Traber in den Galopp fällt, wird er disqualifiziert; ein amerikanischer Passgänger wird zum Pass zurückpariert und muss dann auf der Außenbahn gehen, wo er keine Chance auf den Sieg mehr hat. Um das Ausfallen aus dem Pass zu verhindern, werden den Pferden in Amerika Beingeschirre angelegt (in Deutschland ist das verboten), die mittels Schlingen oberhalb des Karpal- und Sprunggelenkes die Beine bewegungsgleich miteinander verbinden.

Aus Amerika kommen auch zahlreiche spezielle Ausrüstungsgegenstände für den Trabsport. So tragen die Traber Beinschützer, eine wichtige Maßnahme bei Geschwindigkeiten bis zu 65 km/h. Oft werden »Bodenblender« als Schaffellüberzüge um den Nasenriemen angebracht. Spezielle Gebisse erleichtern die Kontrolle über das Pferd und stellen sicher, dass es geradeaus läuft.

EUROPA UND OZEANIEN

In Europa, Skandinavien und Russland sind Trabrennen beliebter als Galopprennen. Sie werden meistens mit konventionellen Trabern bestritten. Auf der wichtigsten französischen Rennbahn, dem Hippodrome de Vincennes, werden jährlich etwa 1000 Rennen ausgetragen, darunter auch der bekannte Prix de Cornulier für gerittene Traber (s. Französischer Traber (S. 102/103). In Australien und Neuseeland ist dieser Sport fast schon eine nationale Freizeitbeschäftigung. Aus Neuseeland stammt einer der größten Traber aller Zeiten: Cardigan Bay.

BEQUEMER SITZ IN RÜCKLAGE (Oben)
Beim Trabrennen sitzt der Fahrer in einem Rennsulky mit Fahrrädern. Dieses Gefährt wurde
1892 erfunden und Mitte der siebziger Jahre des
20. Jahrhunderts von dem Ingenieur Joe King per-
fektioniert. Das Ergebnis von Kings Bemühungen
war ein phänomenaler Anstieg der erreichten
Leistungsmarke »Zwei-Minuten/Meile«.

STARTMASCHINE (Ganz oben) Abgesehen
vom Rennsulky ist die moderne fahrbare Start-
maschine die wichtigste Erfindung dieses
Sports, weil sie einen fairen Start gewährleistet.

TRABRENNEN AUF SCHNEE (Links) Im
schweizerischen St. Moritz werden Rennen auf
präparierten Schneepisten abgehalten. Die meisten Rennen sind für konventionelle Traber, die
einen speziellen Hufbeschlag bekommen.

American Saddlebred

Der American Saddlebred, ursprünglich Kentucky Saddlebred genannt, entwickelte sich im 19. Jahrhundert in den Südstaaten Amerikas. Er war ein vielseitiges Pferd von großer Eleganz, wurde bei der Farmarbeit eingesetzt, war ein ausgesprochen bequemes Reitpferd, auch in schlechtem Gelände und über große Strecken, und brillierte als smartes Kutschpferd.

URSPRÜNGE

Der American Saddlebred entstand aus zwei Gangpferderassen, dem Narragansett Pacer (dem Arbeitspferd der Plantagenbesitzer von Rhode Island). Zur Typverbesserung wurden Morgan, Horses und Vollblüter eingekreuzt. Der moderne American Saddlebred, ein Drei- oder Fünfgänger, ist eine brillante Erscheinung, ein Show-Pferd, ähnlich dem englischen Hackney (s. S. 98/99). Es wird als Fahrpferd auf Turnieren vorgeführt und mit normal langen Hufen als Freizeit- und Geländepferd genutzt. Es eignet sich auch zum Rinderhüten und ist ein begabtes Spring- und Dressurpferd. Laut der American Saddlebred Association ist es »die meistverkannte« Rasse, was damit zusammenhängt, wie man das Pferd auf Schauen präsentiert: mit künstlich hochgestelltem Schweif, überlangen Hufen und dubiosen Trainingshilfen. Dies wird in Deutschland strikt abgelehnt.

SCHÖN, SCHNELL UND FEURIG Der besonders akzentuierte Gang ist ein Erbe der frühen spanischen Tölt- und Passpferde; die Schnelligkeit und Schönheit hat der American Saddlebred vom Vollblüter geerbt.

DREI- UND FÜNFGÄNGER Der dreigängige American Saddlebred geht Schritt, Trab und Galopp. Die Gänge haben eine hohe Aktion und sind gemessen und versammelt. Der Fünfgänger hat noch zwei weitere Gänge, den »slow gait« einen Viertakt, und den extravaganten, spektakulären »rack«. Ein Viertakt mit hoher Aktion, der in schnellem Tempo geritten wird.

Hinterhand *Die Hinterhand ist bis zum Sprunggelenk gut bemuskelt, wodurch die brillante hohe Aktion entsteht. Die Kruppe sollte gerade sein, der Schweif hoch angesetzt.*

Schweif *Dreigänger werden mit kurzer Mähne und sauber geschnittenem Schweif präsentiert. Der extravagante Fünfgänger erscheint mit langer Mähne und langem Schweif. Modebedingt wird an der Unterseite des Schweifes ein kleiner chirurgischer Schnitt vorgenommen – so wird der Schweif noch höher getragen. Dies wird in Deutschland jedoch strikt abgelehnt.*

Unterlinie *Der Rumpf entspricht fast dem des englischen Hackney, doch dem vom Reitpferdetypus. Die Rippen sind gut gerundet, und die Oberlinie ist elegant – selbst wenn das Pferd wie hier in Showhaltung steht.*

Gliedmaßen *Die starken Beine, die jedoch niemals schwer erscheinen, sind charakteristisch für die Rasse.*

Widerrist Der Widerrist ist klar gezeichnet und wesentlich höher als beim reinen Fahrpferd. Der Rücken ist kurz und stark.

Hals Der Hals ist lang und gebogen, mit großer Ganaschenfreiheit. Er sitzt auf einem ausgeprägten Widerrist, wodurch der Kopf besonders hoch getragen wird – eines der Charakteristika der Rasse.

Kopf Der Kopf weist nur positive Merkmale auf – die Augen stehen weit auseinander, die Ohren sind klein und beweglich, das Maul gut geformt und die Nüstern weit und offen.

HÖCHSTE ELEGANZ Ein Champion in voller Freiheit – er bewegt sich mit großer natürlicher Eleganz und Harmonie. Charakteristisch sind der hoch getragene Kopf und Schweif, was der Rasse ein unverwechselbares, attraktives Aussehen gibt.

Schultern Der American Saddlebred hat eine ausgeprochen gute, schräge Schulterlage. Die Schulterblätter liegen am Widerrist eng zusammen, dadurch sind die Gänge sehr frei.

Farben Beim American Saddlebred ist die ganze Farbskala erlaubt. Braun wie das nebenstehende Pferd und Fuchsfarben sind die häufigsten Farben, aber Rappen, Schimmel und Palominos kommen ebenso vor wie hie und da Rotschimmel. Das Fell ist sehr fein und seidenweich.

EXZELLENTE FAHRPFERDE Der American Saddlebred ist ein brillantes Fahrpferd. Auf Turnieren werden Prüfungen im Schritt und in dem verhalten akzentuierten »park trot«, einem spektakulären langsamen Trab, durchgeführt.

HUF Um die Gänge noch spektakulärer zu machen, lässt man die Hufe unnatürlich lang wachsen und beschlägt sie mit Gewichtseisen. Die Fesseln sind lang und schräg und geben dem Pferd einen leichten, schwebenden Gang.

Das Stockmaß ist zwischen 1,50 und 1,60 m, manchmal ein bisschen höher.

Missouri Foxtrotter

Der Missouri Foxtrotter ist eines der drei nordamerikanischen Gangpferde (die anderen beiden sind das Saddlebred und der Tennessee
Walker). Die Rasse entstand ungefähr 1820 in den Ozark-Bergen von
Missouri und Arkansas, wo die frühen Siedler Morgans, Vollblüter
und Spanische Pferde mit Berbern kreuzten.

Farben Es kommen alle Farben vor, auch in Scheckung. Füchse wie dieses Pferd sind am häufigsten, man findet aber auch Rotschimmel.

GESCHICHTE

Das Zuchtziel der Siedler war ein ausdauerndes
Gebrauchspferd , das seinen Reiter ausdauernd
und leicht über lange Strecken und unebenes
Gelände tragen konnte. Nach späteren Einkreuzungen von Saddlebred und Tennessee Walker
entstand ein kompaktes, nicht übermäßig
schönes Pferd von freundlichem Wesen, das sich
trittsicher in einer sehr weichen, eigenartig
gebrochenen Gangart bewegt.

DIE BERÜHMTE FOXTROTTER-GANGART

Ein Foxtrotter geht mit der Vorhand einen aktiven Schritt aus der Schulter heraus, während er
mit der Hinterhand trabt. Die Hinterhufe treten
in die Spur der Vorderhufe und gleiten dann vorwärts. Dank dieser gleitenden Bewegung wird der
Reiter fast erschütterungsfrei getragen und merkt
die Vorwärtsbewegung kaum. Diese Gangart
kann das Pferd längere Zeit mit 8–13 km/h oder
auf kurze Strecken mit bis zu 16 km/h durchhalten. Es soll sich mit Pepp und Stil bewegen, taktklar und in einer gewissen Versammlung, mit
einer Nickbewegung des Kopfes ähnlich wie
beim Tennessee Walker (s. S. 168–169). Der etwas
hoch getragene Schweif schlägt dabei »Wellen«.

Gliedmaßen Der Körper ist durchweg gut bemuskelt, tief und ziemlich kompakt. Die Gliedmaßen sind muskulös, wobei die Knochen der Hinterbeine etwas stärker sind als die der Vorderbeine.

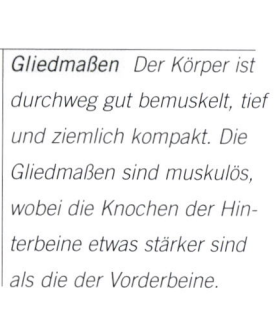

*Das Stockmaß variiert zwi-
schen 1,42 und 1,62 m.*

DER MODERNE FOXTROTTER Der moderne
Missouri Foxtrotter ist ein vielseitiges Freizeit-
und Turnierpferd. Das Stutbuch für diese Rasse
wurde erst 1948 eröffnet, aber heute sind bereits
über 15 000 Tiere registriert. Diese Pferde werden
normalerweise mit Western-Ausrüstung geritten.

Silhouette Der Foxtrotter hat, verglichen mit den hoch aufgerichteten Walkers und Saddlebreds, eine eher niedrige Silhouette. Auch die Gänge sind niedriger.

Kopf Der Kopf ist recht hübsch, mit spitzen, gut geformten Ohren, einem feinen Maul und großen Augen, die dem Gesicht einen aufmerksamen Ausdruck verleihen.

Brust Die Brust ist breit und tief. Die Schrittbewegung entwickelt sich ohne übertriebene Knieaktion aus der schrägen, kräftigen Schulter.

Gelenke Die Gelenke sind meist flach und groß, allerdings würde man sie sich manchmal etwas stärker wünschen.

Hufe Die Rasse ist für ihre guten Hufe und ihre besondere Trittsicherheit bekannt.

GÄNGE Der Schritt ist ein klarer Viertakt, bei dem die Hinterhufe weit über die Spuren der Vorderhufe hinaustreten. Der Galopp liegt zwischen dem schnellen, am langen Zügel gerittenen Lope des Cowboypferdes und dem hohen, langsamen Gang der Walker und Saddlebreds. Dem Foxtrotter fehlt die hohe Aktion des Saddlebred und Walker. Der Zuchtverband verbietet den Einsatz von künstlichen Hilfsmitteln, die die natürlichen Gänge spektakulärer machen sollen.

GELÄNDE UND TURNIER Wegen seiner Trittsicherheit und seiner bequemen Gänge ist der Foxtrotter ein ideales Geländepferd für unebenes, unwirtliches Gelände. Auf jedem Turnier im Ozark-Gebiet sind Klassen für den Foxtrotter ausgeschrieben, in denen der spezielle Gang, der Foxtrott, mit 40% der Gesamtpunktzahl bewertet wird. Schritt und Galopp machen jeweils 20% der Punkte aus.

Tennessee Walker

Der Tennessee Walker gehört zur einzigartigen Gruppe der amerikanischen Gangpferde, die ihren Ursprung in den frühen spanischen Pferden haben. Seine Wurzeln liegen wie beim Saddlebred und beim Missouri Foxtrotter (s. S. 164–167) in den Südstaaten. Der Walker entwickelte sich im Tennessee des 19. Jahrhunderts als ein praktisches Gebrauchspferd, das seinen Reiter bequem stundenlang tragen konnte, wenn er den Fruchtstand auf den Plantagen kontrollierte.

GESCHICHTE

Die Rasse lässt sich zurückführen auf den alten Naragansett Pacer von Rhode Island. Sie ist das Resultat der Kreuzung von Standardbreds, Vollblütern, Morgan-Horses und Saddlebreds. Als Gründerhengst gilt der Standardbred Black Allan, der väterlicherseits aus einer Traberlinie (keine Passer) kam; seine Mutter war eine Morgan-Stute. Als Rennpferd war Black Allan aufgrund seines seltsamen Gangwerks kein Erfolg – jetzt ist dieser Gang das Markenzeichen der Tennessee Walker. Beim Walker werden drei außergewöhnliche Gänge beurteilt; der »flat walk«, der berühmte »running walk« (er prägt das Bild des Pferdes) und der hohe, weiche »Schaukelstuhl«-Galopp. Alle Gänge sollen weich und ohne Schwebephase sein, darüber hinaus sind die Pferde äußerst liebenswürdig und für einen Reitanfänger oder einen ängstlichen Reiter eine Art »Lebensversicherung«.

BEREIT FÜR DEN SHOWRING Der künstlich hochgestellte Schweif ist Tradition. Durch die überlangen Hufe wird die hohe Knieaktion noch spektakulärer; sie ist rassetypisch und kann anderen Pferden nicht beigebracht werden. Diese Methoden werden in Deutschland strikt abgelehnt.

TEMPERAMENT Der Walker hat einen ganz ausgezeichneten Charakter: Er ist ein sanftes und zuverlässiges Pferd, das man jedem Anfänger anvertrauen kann. Diese Zuverlässigkeit und seine unvergleichlich bequemen Gänge machten ihn zum beliebten Familienpferd. Er wird als das Pferd mit dem angenehmsten Temperament und den bequemsten Gängen der Welt gepriesen.

Hinterhand Der Schweif ist normalerweise lang. Die Hinterhand ist stark und setzt bei der Bewegung gut unter den Körper.

WERBUNG Die Züchtervereinigung wurde 1935 in Lewisburg, Tennessee, gegründet. In ihrer Werbung verspricht sie: »Wenn Sie heute einen Tennessee Walker reiten, werden Sie morgen einen kaufen.«

Gliedmaßen Die Gliedmaßen sind kräftig, jedoch nicht immer gleichmäßig.

Hinterhufe Bei den Hinterhufen lässt man die Trachten extrem hoch stehen, um eine gleitende Bewegung zu erzielen.

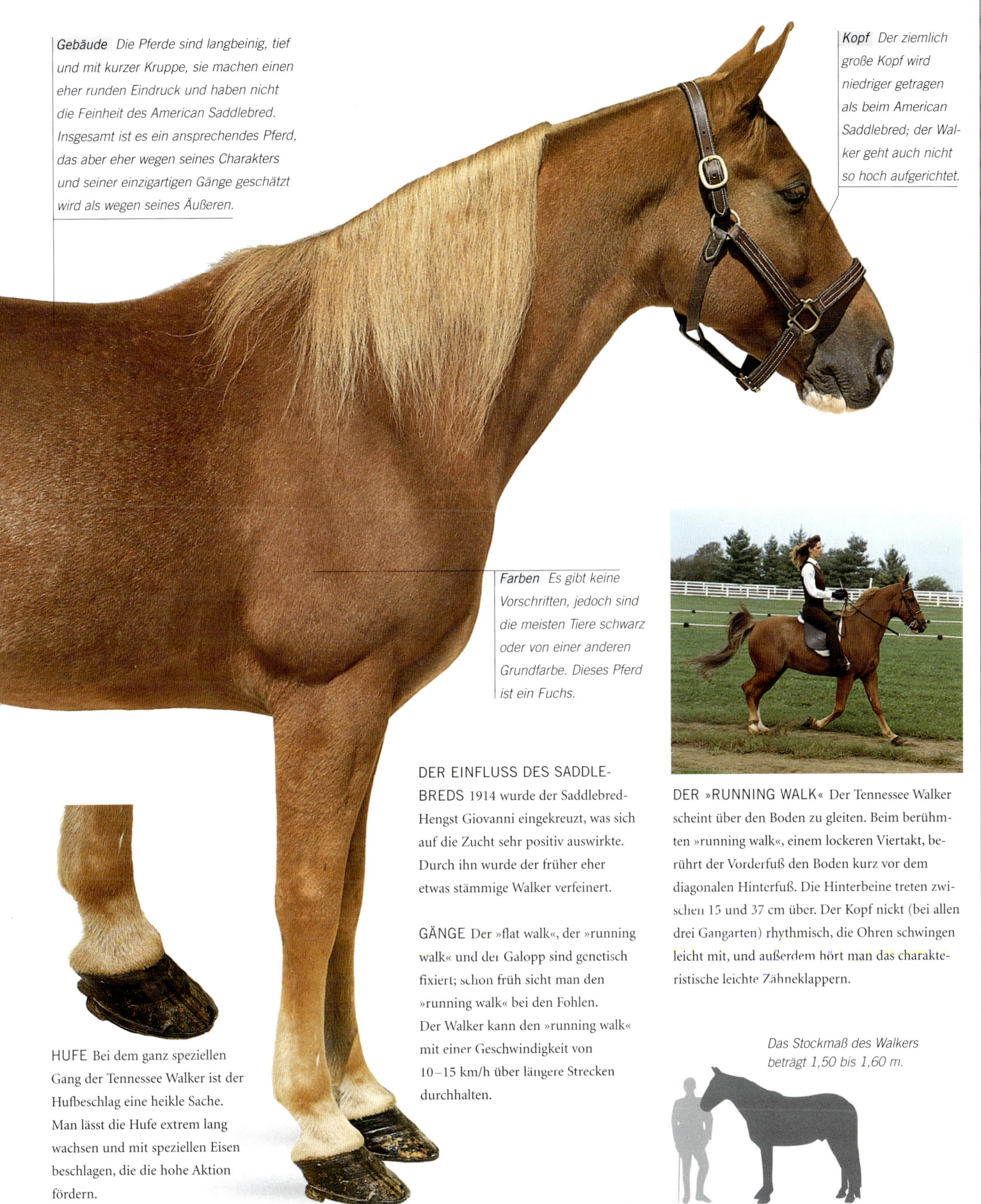

Gebäude Die Pferde sind langbeinig, tief und mit kurzer Kruppe, sie machen einen eher runden Eindruck und haben nicht die Feinheit des American Saddlebred. Insgesamt ist es ein ansprechendes Pferd, das aber eher wegen seines Charakters und seiner einzigartigen Gänge geschätzt wird als wegen seines Äußeren.

Kopf Der ziemlich große Kopf wird niedriger getragen als beim American Saddlebred; der Walker geht auch nicht so hoch aufgerichtet.

Farben Es gibt keine Vorschriften, jedoch sind die meisten Tiere schwarz oder von einer anderen Grundfarbe. Dieses Pferd ist ein Fuchs.

HUFE Bei dem ganz speziellen Gang der Tennessee Walker ist der Hufbeschlag eine heikle Sache. Man lässt die Hufe extrem lang wachsen und mit speziellen Eisen beschlagen, die die hohe Aktion fördern.

DER EINFLUSS DES SADDLE-BREDS 1914 wurde der Saddlebred-Hengst Giovanni eingekreuzt, was sich auf die Zucht sehr positiv auswirkte. Durch ihn wurde der früher eher etwas stämmige Walker verfeinert.

GÄNGE Der »flat walk«, der »running walk« und der Galopp sind genetisch fixiert; schon früh sieht man den »running walk« bei den Fohlen. Der Walker kann den »running walk« mit einer Geschwindigkeit von 10–15 km/h über längere Strecken durchhalten.

DER »RUNNING WALK« Der Tennessee Walker scheint über den Boden zu gleiten. Beim berühmten »running walk«, einem lockeren Viertakt, berührt der Vorderfuß den Boden kurz vor dem diagonalen Hinterfuß. Die Hinterbeine treten zwischen 15 und 37 cm über. Der Kopf nickt (bei allen drei Gangarten) rhythmisch, die Ohren schwingen leicht mit, und außerdem hört man das charakteristische leichte Zähneklappern.

Das Stockmaß des Walkers beträgt 1,50 bis 1,60 m.

Paso Peruviano und Paso Fino

Sowohl der Paso Peruano (Paso bedeutet »Schritt« oder »Tritt«) und der Paso Fino, dessen Heimat Puerto Rico und Kolumbien sind, stammen von den Pferden ab, die die spanischen Eroberer des 16. Jahrhunderts nach Südamerika brachten. Beide Rassen erfreuen sich in den USA großer Beliebtheit.

GEMEINSAME VORFAHREN

Die Paso-Rassen sind Kreuzungsprodukte aus dem spanischen Jennet (dem hochgeschätzten Passgänger der alten Welt), dem spanischen Berber und dem Andalusier. Durch geschickte Zuchtauswahl entstand daraus ein Pferd, bei dem Hinterbeine und Fesseln ziemlich lang sind und das Gelenke hat, die sich ungewöhnlich weit abwinkeln lassen. Knochenstärke und Hufe sind beispielhaft gut, und wie bei allen mit dem Criollo verwandten Pferden sind Lunge und Herz im Verhältnis zur Gesamtgröße des Pferdes besonders groß.

EINZIGARTIGE GÄNGE

Die Pferde sind für ihre einzigartigen Passgänge bekannt. Mit den auf dem Pass basierenden Gängen anderer Rassen sind sie nicht vergleichbar. Beiden Pferden werden so weiche Gänge nachgesagt, dass der Reiter ein Glas Wasser in der Hand halten kann, ohne es zu verschütten. Die Details ihrer Spezialgänge unterscheiden die Peruvianos von den Finos. Der Paso Peruano bewegt sich in einem Viertaktgang, dem Paso. Der Paso Fino hat drei verschieden benannte Spezialgänge.

Paso Peruviano und Paso Fino weisen 1,42 bis 1,52 m Stockmaß auf.

GEBÄUDE Der Paso ist weder ein großes Pferd noch hat er die Merkmale eines Galoppers. Die Tiere sind kompakt und muskulös, der Körper ist breit und tief und steht auf kurzen, stabilen Beinen.

Schweif Ein langer, üppiger Schweif mit feinen Haaren ist an der runden Kruppe angesetzt. Das Fell ist fein und glänzend.

Hinterbein Das Hinterbein ist ausnehmend stabil gebaut. In der Bewegung tritt die Hinterhand weit unter.

Sprunggelenke Um die Spezialgänge lange Zeit durchhalten zu können, müssen die Sprunggelenke groß und besonders gut gebaut sein.

Hufe Die Hufe sind beim Paso stabil und hart, das Pferd ist von Natur aus trittsicher und beweglich.

Farben Braune und Füchse kommen wohl am häufigsten vor, aber auch alle anderen Fellfarben (einschließlich Scheckungen) treten auf.

DER PASO Beim Paso handelt es sich um eine Gangart im Viertakt, bei dem die Beine einer Seite fast gleichzeitig nach vorne und die Vorderbeine kreisförmig nach außen bewegt werden. Diese Bügelbewegung wird Termino genannt. Die Hinterbeine führen sehr lange, gerade Tritte aus, bei denen sie über die Spuren der Vorderhufe hinaus nach vorne treten. Die Hinterhand kommt dabei tief, die Sprunggelenke werden gut unter den Körper genommen. Der Rücken bleibt gerade und federt Erschütterungen ab. Der Paso kann auch über unebenes Gelände lange Zeit beibehalten werden und bis zu 21 km/h schnell werden.

Hals Der gut getragene, muskulöse Hals ist ziemlich kurz und passt zum Rahmen des Pferdes. Die Übergänge zum Widerrist und zur breiten, tiefen Brust sind gut.

Schultern Die Schulter ist offensichtlich kräftig gebaut und gerade schräg genug, um die erforderliche Aktion der Vorderbeine zu gewährleisten. Pasos können auch galoppieren, ziehen aber meist ihren naturgemäßen Gang vor.

Gliedmaßen Gesunde Beine sind für jedes Reitpferd wichtig – beim Paso sind sie ausgezeichnet und weisen ausnehmend kräftige Fesselgelenke auf, die den Anforderungen des einzigartigen Ganges gerecht werden.

DIE GÄNGE DES PASO FINO Unter Paso Fino versteht man einen langsamen, mit hoher Aktion ausgeführten Schaugang. Der Paso Corto ist die flottere Reisegangart, die mit längerer Oberlinie geritten wird. Der Paso Largo ist sehr schnell.

Mustang

Der Ausdruck »Mustang« leitet sich vom spanischen *mesteña*, Pferde-gruppe oder -herde, her. Die »wilden« Pferde im Westen Amerikas werden so genannt. Mustangs dienten sowohl den Indianern als auch den Weißen als Reitpferde. Sie sind Grundstock für eine Vielzahl ameri-kanischer Rassen und haben viele Eigenschaften der spanischen Pferde bewahrt, vor allem auch die Farbe.

URSPRÜNGE

Als die spanischen Eroberer den Fuß auf den amerikanischen Kontinent setzten, waren dort die Pferde seit 10 000 Jahren ausgestorben. Die Spanier brachten sowohl Pferde als auch Rinder in die neue Welt. Die Letzteren waren die Aus-gangsbasis für die riesige Viehwirtschaft, die sich im 19. Jahrhundert lawinenartig entwickelte.

Als die Spanier nach der Auslöschung der Azteken und anderer einheimischer Völker sess-haft wurden, ergab es sich, dass ausgebrochene oder auch freigelassene Pferde verwilderten. Diese spanischen Pferde, die wir heute als Anda-lusier oder iberische Pferde kennen (s. S. 50–57), stammten aus den besten Linien und wurden damals als führende Rasse Europas angesehen. Sie bildeten den Kernstamm der großen Wild-pferdeherden, die sich von Mexiko aus in die USA und die Prärien im Westen ausbreiteten.

Zu Beginn des 20. Jahrhunderts schätzte man in den westlichen Staaten Amerikas etwa eine Million Wildpferde. 1970 war ihre Zahl drastisch zurückgegangen, weil sie für die Fleischindustrie abgeschlachtet wurden. Heute ist der Mustang gesetzlich geschützt, außerdem kümmern sich zahlreiche Gruppen und Verbände um den Fort-bestand der Wildpferde.

Das Stockmaß liegt zwischen 1,35 und 1,52 m.

Silhouette Die Silhouette die-ses Pferdes spiegelt die starke Degeneration der wilden Mustangbestände wider. Dennoch ist die spanische Abstammung zu erkennen.

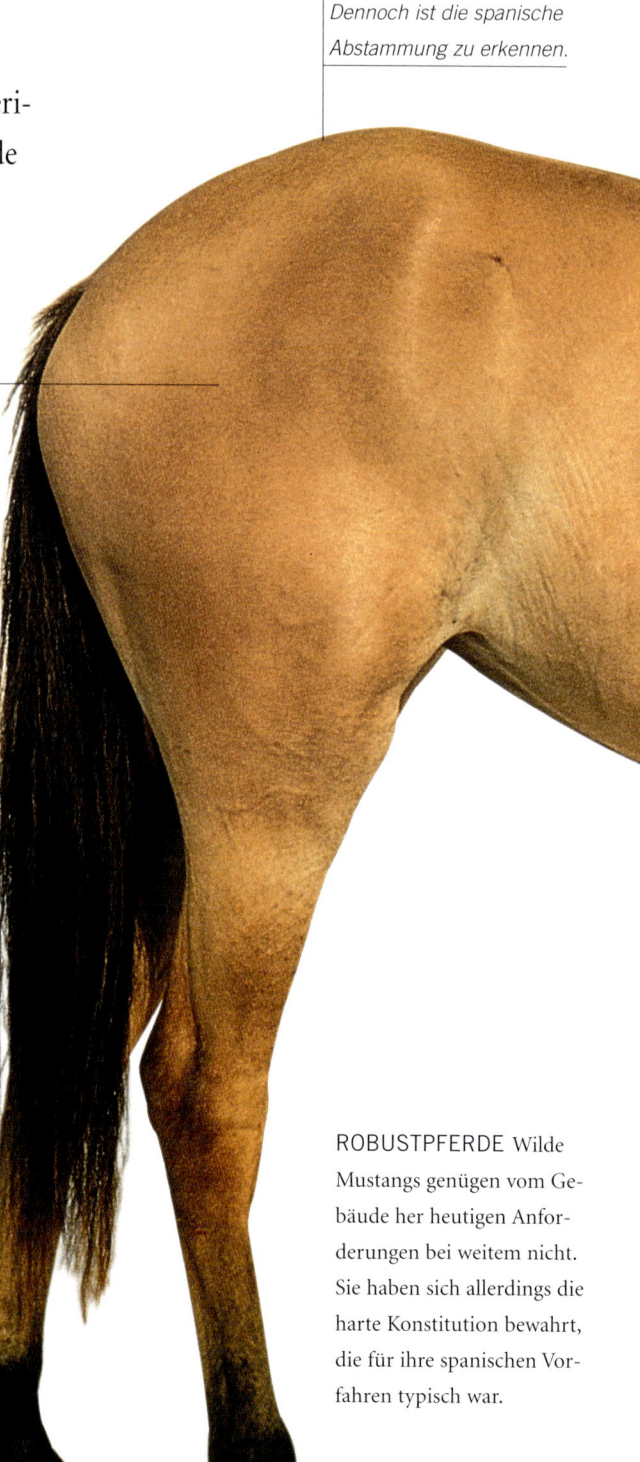

Hinterhand Als Folge der Umweltbedingungen, beson-ders aber des relativ kargen Futters ist die Hinterhand dieses typischen Wildpferde-vertreters ziemlich schlecht gebaut.

Mähne und Schweif Zu der Falbenfarbe des Fells gehört in der Regel das üppige schwarze Langhaar des Schweifs. Dies gilt übri-gens für viele Rassen, die auf spanische Pferde oder Berber zurückgehen.

ROBUSTPFERDE Wilde Mustangs genügen vom Ge-bäude her heutigen Anfor-derungen bei weitem nicht. Sie haben sich allerdings die harte Konstitution bewahrt, die für ihre spanischen Vor-fahren typisch war.

Farben J. Frank Dobie, Autor des Buches »The Mustangs« (1952) listet an Farben auf: »Braune und Füchse, Schwarzbraune und Graufalben, Rotschimmel, Falben und Schimmel, hier und da ein Rappe oder Schecke.« Also alle Farben der Pferdewelt. Dieser Mustang ist ein Falbe.

Hals Dem kurzen Hals fehlt die Muskulatur, er ist an der Schulter und dem flachen Widerrist ungünstig angesetzt.

Profil Ein wenig vom Profil des Spaniers oder Berbers hat sich erhalten, dieser Kopf ist recht fein. Der ältere Mustangtyp war viel weniger attraktiv, der Kopf war oft schwer und grob.

Vorhand Der Brust fehlt es an Tiefe und Breite, die Schulter ist zu gerade, der Unterarm ist zu nahe am Körper angesetzt.

Gliedmaßen Die Karpalgelenke neigen zu einer runden Form. Das Röhrbein ist schon besser. Die Hufe sind stabil und hart, ein Erbe der spanischen Vorfahren.

NEUE LINIEN Heute unternimmt man entschiedene Anstrengungen, um den besten Rest der Wildpferdebestände zu bewahren. Fördervereine für die Mustangs führen heute auf der Grundlage einer Zuchtauswahl Zuchtprogramme durch. Ein Rassestandard wurde festgelegt, um die besten spanischen und Berber-Linien zu bewahren und zu fördern.

Moraber

Anerkanntermaßen hat der Araber, der »Urquell« der Pferderassen, bei der Verbesserung der Pferdezucht in aller Welt den stärksten Einfluss. Durch Kreuzung mit dem Vollblüter entsteht der Angloaraber. Das amerikanische Gegenstück dazu, die Kreuzung mit einem Morgan an Stelle eines Vollblüters, heißt Moraber.

RASSE ODER NICHT?

Verglichen mit dem Angloaraber, auf den die üblichen Kriterien für das Vorliegen einer eigenen Rasse zutreffen und den es seit 160 Jahren gibt, ist der Moraber eine recht neue »Erfindung«, auch wenn man die Kreuzung Araber-Morgan schon seit mehr als einem Jahrhundert kennt und schätzt.

Der Zuchtverband für Moraber, die Morab Horse Association, beansprucht für Pferde aus der Kreuzung Araber-Morgan den Status einer Rasse. Er soll auch für bestimmte weitere Kreuzungen gelten. Außerhalb der USA wird dieser Standpunkt wohl schwer durchsetzbar sein. Trotzdem führt der Verband ein gut organisiertes Zuchtbuch, und es besteht kein Zweifel, dass Moraber sehr attraktive Pferde sind, wenn auch verschiedenartig streuend.

Es gibt sogar einen Rassestandard, der wie es scheint, nicht von allen Moraber-Organisationen anerkannt wird, denn die Anforderungen treffen im Grunde auf jedes durchgezüchtete Pferd zu.

Der Moraber hat ein Stockmaß von 1,45 bis 1,55 m.

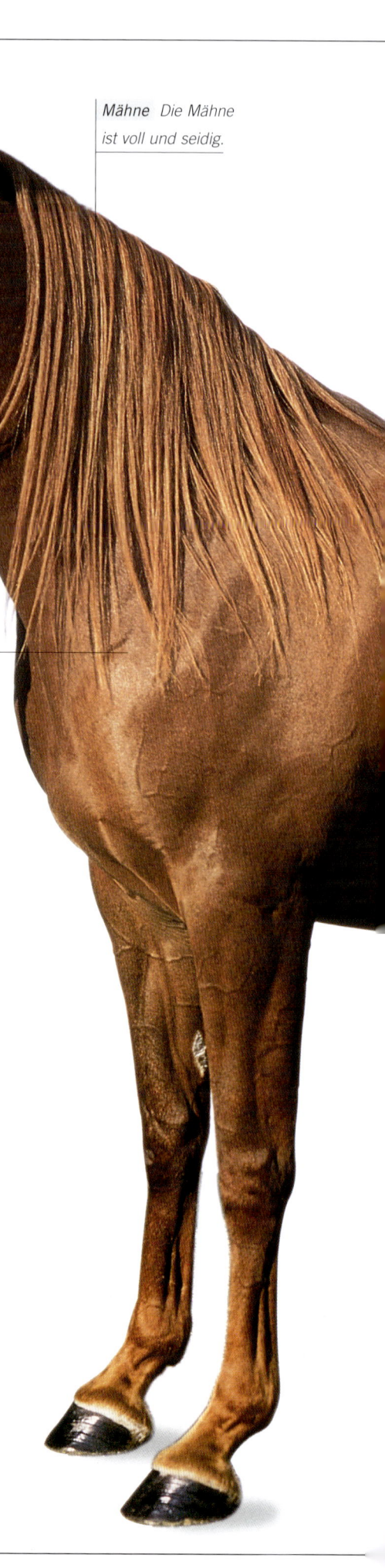

Mähne Die Mähne ist voll und seidig.

Schulter Die Schulter ist in jeder Beziehung wie bei einem Araber, vor allem im Verhältnis zu dem rundlichen Widerrist. Trotzdem ist die Brust breit und der Unterarm lang und muskulös.

SPLITTERGRUPPEN Ein wunderschöner Moraber-Kopf, aber welchem Zuchtverband gehört der Pferdebesitzer an? Es gibt drei Zuchtverbände für Moraber. Diese Situation zeigt, wie uneinig die »Rasse«-Anhänger sind, was die Rasse nicht glaubhafter macht.

SILHOUETTE Die Silhouette stimmt in den Proportionen nicht zusammen und ist mit den ohnehin nicht gut definierten Rassebeschreibungen kaum in Einklang zu bringen. Einzelne Partien wie der Kopf und die kräftigen Unterarme sind gut, aber der Gesamteindruck ist enttäuschend.

Rücken Das Fehlen eines ausgeprägten Widerristes lenkt etwas von der ansonsten recht guten Struktur des Rückens ab, der bei starker Lendenpartie breit genug ist.

Kruppe Die Kruppe ist gerade, wie beim Araber, der Schweif ist hoch angesetzt, das Becken ist breit.

DER NAME Dieses auffällige Pferd ist ein glänzender Vertreter der Moraberzucht. Das Wort »Moraber« wurde schon lange vor Gründung des Zuchtverbandes von dem Zeitungsmogul Wim Randolph Hearst geprägt, der seine Morganstuten von zwei Araberhengsten decken ließ, um so zu Arbeitspferden für die Anforderungen des unebenen Geländes seiner kalifornischen Ranch zu bekommen.

Rumpf Der Rumpf ist korrekt, chcr eine Idee zu lang. Die Rippen sind gut gerundet, aber die Gurtentiefe ist nicht ausreichend.

Hinterbeine Erkennbar sind die alten Gebäudeschwächen, die es beim modernen Araber inzwischen nicht mehr gibt. Die Hinterbeine des abgebildeten Moraber sind sicher nicht sein bester Körperteil, auch wenn er weder zur Kuhhessigkeit noch zur Bärentatzigkeit neigt.

VON BEIDEN WELTEN DAS BESTE Die Moraber-Züchter haben sich zum Ziel gesetzt, die überragenden Eigenschaften des Arabers mit dencn eines amerikanischen Spitzenklassepferdes, des Morgan, zu vereinen. Bei der Entstehung der amerikanischen Rassen hat Morganblut großen, breit gestreuten Einfluss gehabt. Der Moraber-Zuchtverband strebt eine Kreuzung 25/75 (% Morganblut/Araberblut) als Standard für Moraber im Zuchtbuch an.

Unterer Beinbereich Die Gliedmaßen sind nicht unkorrekt, aber für ein perfektes Bein sind die Sprunggelenke zu hoch angesetzt. Die Hufe sind einheitlich gut (ein Merkmal des Arabers), und die Gelenke sind akzeptabel.

Rocky-Mountain-Saddle-Horse

Das Rocky-Mountain-Saddle-Horse, früher als Rocky-Mountain-Pony bezeichnet, ist ein gutes Beispiel für die Begabung der Amerikaner, Neues zu schaffen. Die Rassemerkmale müssen sich noch entwickeln, aber es gibt ein 1986 eröffnetes Stutbuch, in dem inzwischen genügend Pferde eingetragen sind, so dass man es 2001 für Neuzugänge geschlossen hat.

URSPRÜNGE

Die Ursprünge dieser Zucht liegen, ebenso wie die so vieler anderer amerikanischer Pferde, in den ersten Importen spanischer Pferde und den daraus entstandenen Mustangherden. Der Verdienst der Gründung dieser Zucht gebührt jedoch Sam Tuttle aus Stout Springs, Kentucky, der im Natural Bridge State Resort Park einen Reitbetrieb hatte. Mr. Tuttle besaß einen Hengst, Old Tobe, welcher der Liebling aller Reiter und ideal für das raue Hügelland der Appalachen war. Old Tobe war mit 37 Jahren noch aktiv und ein bewährter Deckhengst, der an seine Nachfahren sein gutes Temperament, seine Trittsicherheit und seinen natürlichen Tölt, das Erbe seiner spanischen Vorfahren, vererbte.

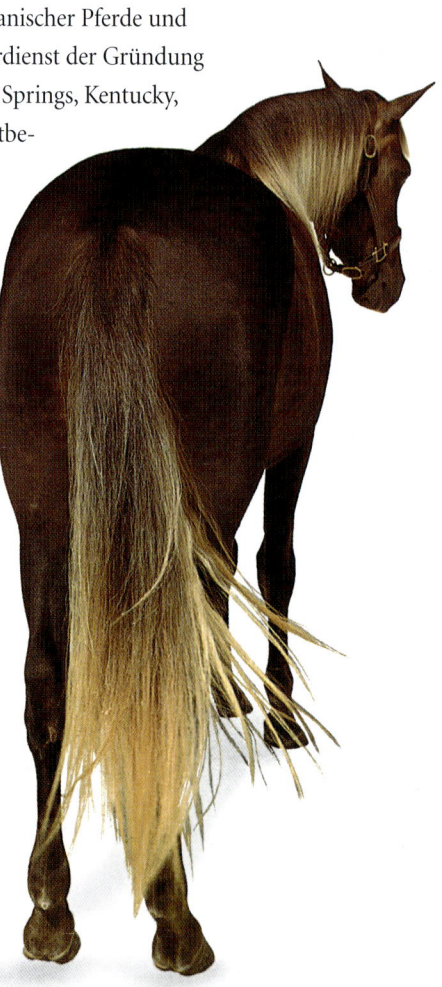

Oberlinie *Die Oberlinie des Rocky-Mountain-Saddle-Horse ist schön gerundet und durchgehend gut proportioniert.*

GÄNGE Der natürliche Gang des Rocky-Mountain-Saddle-Horse ist ein leichter, sehr angenehmer Tölt – eine laterale Gangart, die nicht mit dem Trab zu verwechseln ist. Spanische Pferde verfügten früher oft über diese Gangart, die seit dem Mittelalter als die komfortabelste Gangart für lange Reisen galt.

VON HINTEN GESEHEN Ein voller heller Schweif und eine ebensolche Mähne sind das Markenzeichen des Rocky-Mountain-Saddle-Horse und passen wunderbar zu dem ungewöhnlich schokoladenfarbenen Fell. Dieser Braunton ist bei Pferden sehr selten.

Kopf Der Kopf ist hübsch und sitzt auf einem anmutigen Hals, der länger ist, als man erwarten könnte. Dies trägt zu dem natürlichen Gleichgewicht des Pferdes bei.

Widerrist Der Widerrist ist nicht stark ausgeprägt, aber die Struktur des Rückens und die leicht ansteigende Kruppe sind bemerkenswert gut.

SPANISCHER URSPRUNG Die mittlere Größe und die Oberlinie lassen die spanische Abstammung erkennen, das seltsame Schokoladenbraun des Fells gab es bei den spanischen Pferden allerdings nicht.

TEMPERAMENT Man sagt dem Rocky-Mountain-Saddle-Horse ein ruhiges und freundliches Wesen nach; dennoch ist das Pony spritzig und bewegt sich auch behände in rauem Gelände.

AKTION Die natürliche Gangart in gemäßigtem Tempo ist der Tölt mit elf Stundenkilometern. In dieser erschütterungsfreien Bewegungsart kann der Reiter lange Strecken reiten, ohne zu ermüden.

Gliedmaßen Die Gliedmaßen sind gut, die Hufe hart und gut geformt. Das Rocky-Mountain-Saddle-Horse ist bekannt für seine Trittsicherheit und die Leichtigkeit, mit der es sich bewegt.

ALLROUND-PFERD In Amerika ist es üblich, Pferde mit nach hinten weggestreckter Hinterhand zu präsentieren, weil dadurch der Fluchtreflex blockiert ist und sie leichter stillstehen; in Europa wird diese Haltung als zu künstlich abgelehnt. Das Rocky-Mountain-Saddle-Horse arbeitet in der Landwirtschaft und als Fahrpferd und ist ein gutes Turnierpferd unter dem Sattel.

Das Stockmaß ist nicht vorgeschrieben, liegt jedoch bei 1,42 bis 1,43 m.

Polopony

Bei den heutigen Poloponys handelt es sich zwar nicht um eine Rasse im engeren Sinn, aber in ihren Eigenschaften sind sie besser konsolidiert als viele Warmblutrassen.

Hals Ein relativ langer, gut bemuskelter Hals, der jedoch in keiner Weise schwer sein darf, ist die absolute Voraussetzung für ein gut ausbalanciertes Polopony.

GESCHICHTE

Ab 1916 wurde die Begrenzung des Stockmaßes abgeschafft, die Ponys (die nie als »Pferde« bezeichnet werden) sind heute zwischen 152 und 160 cm groß. Das argentinische Polopony spielt die größte Rolle, hier und da gibt es aber auch gute kleine Vollblutponys.

Das argentinische Pony entsteht aus der Kreuzung bester Vollblüter mit den zähen einheimischen Criollos. Das Kreuzungsprodukt wird noch einmal mit dem Vollblüter angepaart.

Das hagere, drahtige und leicht zu erkennende argentinische Pony steht im ausgesprochenen Vollbluttyp: ausnehmend gute Sprunggelenke und Hinterhand, starke Beine und ausgezeichnete Hufe. Es ist schnell, wendig und sehr mutig und verfügt über beneidenswerte Ausdauerreserven. Es hat ein angeborenes Gefühl für den Ball und folgt ihm selbstständig – ähnlich wie ein Rinderpferd mit den Rindern arbeitet. Die argentinischen Ponys scheinen eine natürliche Begabung für das Spiel zu haben und machen ganz von selbst mit.

VOR DEM SPIEL Zur Vorbereitung vor dem Spiel gehört das Hochflechten des Ponyschweifes in den so genannten Poloknoten, so dass sich der Schläger der Spieler nicht darin verfangen kann; auch schützende Bandagen sind notwendig.

KOPF Typisch für Poloponys ist die abrasierte Mähne; dadurch sollen Unfälle mit dem Schläger der Spieler verhindert werden. Ansonsten ähnelt der Kopf dem des Vollblüters. Das Polopony ist lebhaft, intelligent und charaktervoll. Die argentinischen Ponys scheinen ein ererbtes Talent für das Spiel zu haben; sie arbeiten mit demselben Instinkt wie beispielsweise ein Cow-Pony mit Rindern.

Hufe Die Hufe müssen äußerst hart und stark sein, denn der Untergrund bei den Polospielen ist oft hart, und es wird in vollem Galopp gespielt.

QUALITÄT Das Polopony wirkt zwar wie ein Vollblüter, aber es ist von einer ganz anderen, eigenen Drahtigkeit.

Körper Gut ausgeprägter Widerrist mit einer guten, starken Schulter sind unerlässliche Attribute für ein Pony, an das diese Ansprüche gestellt werden. Der Rücken muss kurz mit einer gut geformten Rippenpartie sein.

Hinterhand Eine gute Hinterhand ist ein absolutes Muss – das Pony muss gut galoppieren, blitzschnell stoppen und sich geschmeidig auf engstem Raum drehen können.

CRIOLLO Der Criollo, das einheimische argentinische Pferd, stammt von spanischen Pferden ab und kann es im Hinblick auf Härte und Zähigkeit mit jedem anderen Pferd dieser Welt aufnehmen. Es ist das Cow-Pony der legendären Gauchos und war in der Kreuzung mit Vollblütern die Basis für das argentinische Polopony. Die Pferde sind zwar nicht immer schön, aber qualitätsmäßig in vieler Hinsicht kaum zu übertreffen. Sie haben gute Knochen, sehr starke Gelenke und wunderbare Hufe; nur selten sind sie in einem dieser Punkte nicht in Ordnung.

WICHTIGE CHARAKTEREIGENSCHAFTEN
Von einem Polopony werden vor allem Schnelligkeit, Ausdauer (das Spiel findet in vollem Galopp statt) und gutes Gleichgewicht verlangt. Die Ponys sollten zudem mutig, lebhaft, aber nicht leicht erregbar sein.

Farben Das Polopony kann jede Farbe haben. Dieses ist kastanienbraun.

Gliedmaßen Beine und Gelenke müssen stark und korrekt sein, wenn ein Pony dieses harte Spiel durchstehen soll, bei dem es blitzschnell beschleunigen, sich drehen und stoppen muss. Erstklassige Ponys haben daher kurze Röhrenbeine und insgesamt gute Knochen. Ein langer, flacher Schritt ist hingegen nicht erforderlich.

Das Stockmaß ist um 1,50 m. Die argentinischen Poloponys werden unabhängig von ihrer Größe Ponys genannt.

MORGENTRAINING Poloponys beim Morgentraining auf der Trainingsbahn im Kentucky Horse Park. Der Park hat allerbeste Trainingsmöglichkeiten, und hier werden regelmäßig Kurse für qualifizierte Spieler durchgeführt.

Polo

Polo gehört zu den ältesten und schnellsten Spielen der Welt. Es hat seinen Ursprung im Osten, wo es bereits vor 2500 Jahren in Persien und China sowie in den angrenzenden Regionen beliebt war. Die Engländer entdeckten diesen Sport, als sie im 19. Jahrhundert Indien besetzten, und führten ihn in der westlichen Welt ein.

HOCKEY VOM PFERD AUS

Die Wiege des heutigen Spiels ist das Kachartal in Manipur, ein kleiner Staat zwischen Assam und Burma, wo Polo als Nationalsport auf flinken Manipur-Ponys (Stockmaß 125 cm) gespielt wurde. Die Manipuris hatten ein tibetisches Spiel verändert und nannten ihr Spiel nach dem tibetischen Wort »pulu«.

Der erste europäische Poloclub wurde 1859 in Manipur vom Gouverneur von Kachar, Captain Robert Stewart, und von Lt. Joseph Sherer von der bengalischen Armee gegründet. Sherer, der später Oberbefehlshaber wurde, gilt als »der Vater des modernen Polo«.

Um 1870 wurde das Spiel bereits in ganz Britisch-Indien gespielt. 1869 wurde das erste Match in England von den 10. Husaren in Aldershot abgehalten. Man nannte es noch »Hockey vom Pferd aus«, und als 1870 die Husaren gegen die 9. Lanzenreiter antraten, stellte jede Mannschaft acht Spieler.

Das Spiel etablierte sich schnell in der Londoner »In-Szene«. Hurlingham wurde Stützpunkt. Vom Hurlingham Club ging das heutige Regelwerk aus.

In Amerika wurde der Sport 1878 begeistert aufgenommen – ein Jahr, nachdem die Briten das Spiel nach Argentinien gebracht hatten. Schnell spielten die amerikanischen und argentinischen Mannschaften eine führende Rolle im Polosport, der seit 1886 von zwei Mannschaften mit jeweils vier Spielern auf einem Spielfeld von 275 x 180 m gespielt wird. Die »Ponys« – sie werden immer so genannt – sind 152 bis 160 cm groß. Ziel des Spieles ist es, einen Ball von 8 cm Durchmesser mittels eines Bambusschlägers durch das Tor des Gegners zu treiben. Jeder Spieler bekommt ein Handicap von –2 bis +10 Toren. Ein Spiel dauert eine knappe Stunde und ist in Chukkas von jeweils siebeneinhalb Minuten Dauer unterteilt.

MANNSCHAFTSSPORT

Polo ist ein Mannschaftsspiel, bei dem die Spieler gut und gekonnt zusammenarbeiten müssen. Die Stürmer heißen Nr. 1 und Nr. 2, wobei der Letztere im Mittelfeld spielt. Er ist der stärkere Spieler von beiden. Nr. 1 deckt den gegnerischen Spieler Nr. 4, die Nr. 2 deckt Nr. 3 des Gegners. Nr. 3 gilt als die wichtigste Position, in der normalerweise der Mannschaftskapitän spielt.

Die Nr. 3 soll den Ball seinem Stürmer zuspielen und dabei Angriffe auf sein eigenes Tor abfangen, dazu muss er noch die gegnerische Nr. 2 decken. Nr. 4 spielt im Rückfeld und hat die Aufgabe, das eigene Tor zu verteidigen. Gute Taktik, bei der man aus dem Feld ausbricht und den Gegner aus der Balllinie herausbringt, gehört unbedingt zum Spiel.

SPIEL DER KÖNIGE (OBEN) Begeistert und mit oft hartem Einsatz wird das Spiel in der nordwestlichen Grenzprovinz von Pakistan und in ganz Asien gespielt. Auf einem Stein am Gilgit-Polofeld von Srinagar steht zu lesen: »Lasst andere Leute andere Spiele spielen – der König der Spiele ist immer noch das Spiel der Könige.«

SPIELER IN PALM BEACH (GANZ OBEN) Reiter machen Schlagübungen auf Holzpferden in Palm Beach, einem großen Zentrum des amerikanischen Polo. Regelmäßiges Üben auf dem Holzpferd ist ein wichtiges Hilfsmittel zur Verbesserung der Spieltechnik in den vier Grundschlägen.

AMERIKANISCHES POLO (LINKS) Die Amerikaner und die Argentinier sind Meister in diesem schnellen Reiterspiel, bei dem sich fehlerfreie Technik mit hartem Körperkontakt verbindet. Und gut beritten sind sie allemal.

Pinto

Der Pinto stammt von spanischen Pferden ab, die im 16. Jahrhundert nach Amerika eingeführt wurden (s. auch Mustang, S. 172–173). Auch Paint oder Calico genannt, ist er rein wissenschaftlich gesehen ein Farbschlag, der nur in den USA als Rasse betrachtet wird.

TYPEN

Der amerikanische Zuchtverband, die Pinto Horse Association of America, betreibt ein Zuchtbuch für Pferde, Ponys und Miniponys. Weiter unterteilt wird in »stock type«, also Rinderpferd – in der Regel mit Quarterhorse-Blut –; »hunter«, das Jagdpferd, oft Vollblüter; »pleasure«, das Freizeitpferd, meist Araber und Morgans, und »saddle«, das auf dem Saddlebred, Hackney oder Tennessee Walker basierende Reitpferd. Die Paint Horse Association legt bei der Registrierung von Rinderpferden das Augenmerk mehr auf Blutlinien als auf Farben. Im deutschsprachigen Raum hat es sich eingebürgert, gescheckte Quarterhorses als Paints und Schecken aus anderen Westernpferderassen als Pintos zu bezeichnen.

FARBEN

Im 19. Jahrhundert war der Pinto wegen seiner ungewöhnlichen Färbung und seines robusten Wesens bei Indianern und Cowboys sehr beliebt. Man unterscheidet zwei Arten von Scheckung. Die dominant vererbte Tobiano-Färbung ist weiß mit farbigen Flecken, die rezessiv vererbte Overo-Färbung zeigt weiße Flecken auf farbigem Fell.

Da es sich beim Pinto nicht um eine Rasse im anerkannten Sinne handelt, ist die Größe sehr unterschiedlich.

Oberlinie Eine besonders gute Oberlinie, sowohl elegant als auch symmetrisch, ist ein attraktiver Pluspunkt dieses Pinto.

TARNUNG Flecken, Streifen, Zebrastreifen an den Beinen oder Farbflecke auf dunklem oder hellem Untergrund stellen ein natürliches Tarnsystem dar. Primitive Pferde zeigten solche durchbrochenen Färbungen zum Schutz gegen Raubtiere. Das erste Pferd vor 60 Millionen Jahren, der Eohippus, hatte vermutlich ein grob gesprenkeltes Fell. Die Indianer lernten schnell, sich diesen Vorteil zu Nutze zu machen.

Farben Dieser Pinto ist ein Overo, er hat weiße Flecken auf fuchsfarbenem Fell.

KOPF Diese guten, vernünftigen Köpfe fand man unter den allerbesten Indianerponys häufig. Es gibt einige Pintos vom Vollbluttyp, aber die meisten sind Allround-Pferde, die durchaus den flinken Tieren ähneln, die bei den Indianern so beliebt waren.

Gliedmaßen Moderne Pintos haben gute Beine. In der Zucht wird auf korrekte Beine und gute Hufe mit besonderer Sorgfalt geachtet.

Silhouette Dieser Pinto geht in Richtung Rinderpferd und hat das entsprechende Gebäude. Er ist ein guter Vertreter dieses Pinto-Typs: kräftig, mit bedeutender Hinterhand und guten Proportionen.

GÄNGE Pintos vom hier abgebildeten Typ sind für ihre lockeren, bequemen Gänge bekannt, die sie über lange Strecken durchhalten. Früher war dies eine wichtige Erfordernis.

TOBIANO Bei der Tobiano-Scheckung ist weißes Fell von großen farbigen Flecken durchsetzt. Normalerweise sind die Beine weiß, Rücken und Rumpf sind mit Weiß überzogen. In Europa ist man mit den Bezeichnungen nicht so streng. Im deutschsprachigen Raum unterscheidet man Schecken nur durch den Zusatz der Farbe, spricht also z. B. von Schwarzschecken oder Braunschecken. In Großbritannien bezeichnet man Schwarzschecken als »piebald«, Schecken aller anderen Farben als »skewbald«.

Schweif Der spärliche Schweif des Pinto ist auch eine charakteristische Eigenschaft des Appaloosa (s. S. 120–121). Solche Schweife wurden in der Zuchtauswahl bevorzugt, weil sie sich in bewaldetem Gelände nicht so leicht im Gebüsch verfangen konnten.

COWBOY Ein Cowboy war schmückendem Beiwerk an seiner Kleidung und Ausrüstung zugetan. Deswegen war der bunte Pinto beliebt, der ihn von seinen weniger auffällig berittenen Kollegen abhob.

ZWEI VERBÄNDE In Amerika steht das »farbige« Pferd unter der gemeinsamen Schirmherrschaft der Pinto Horse Association und der Paint Horse Association. Diese Situation ist manchmal verwirrend, hat aber ihre Vorbilder. Im Grunde registriert der kleinere Paint-Horse-Verband Pferde vom Rinderpferdetyp aus Blutlinien der Rassen Vollblut, Quarterhorse und Paint. Für die Registrierung zählen die Blutlinien mehr als die Farbe. Die meisten Paints sind Pintos, aber nicht jeder Pinto darf sich als Paint bezeichnen.

Palomino

Die auffällige, goldene Fellfarbe, bekannt unter dem Namen Palomino, findet sich bereits auf frühzeitlichen Kunstgegenständen und Werkzeugen Europas und Asiens. Diese Farbe kommt bei vielen Pferde- und Ponyrassen vor. Aus diesem Grund ist Palomino eher eine Farbbezeichnung und keine »Rasse« im eigentlichen Sinn.

ZUCHT

In Amerika wird der Palomino systematisch gezüchtet; dort gibt es auch die Palomino Horse Association Inc., die 1936 gegründet wurde. Ihr Ziel ist die Erhaltung und Verbesserung des Palominos durch Erfassung bestimmter Blutlinien und Registrierung der qualifizierten Pferde. Die Gesellschaft legt in einem offiziellen Standard auch die wünschenswerten Merkmale wie beispielsweise ein Stockmaß zwischen 1,41 und 1,60 Meter fest.

Die von den Spaniern mitgeführten Pferde brachten auch die Palominofarbe in die Neue Welt, die man bei vielen amerikanischen Pferderassen und -typen findet. Sie ist recht häufig beim Quarterhorse und Saddlebred, kommt bei reinrassig gezogenen Arabern und Vollblütern jedoch nicht vor.

Palominos sind bei Westernreitern sehr gefragt – und nicht nur als prächtige »Paradepferde«. Man sieht sie auf Westernturnieren, und in der »pleasure« und bei »trail rides«, und natürlich sind palominofarbene Quarterhorses eine besondere Attraktion auf Rodeos.

Die American Palomino Horse Association legt das Stockmaß auf zwischen 1,41 und 1,60 m fest.

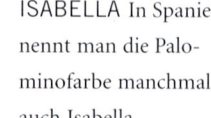

ISABELLA In Spanien nennt man die Palominofarbe manchmal auch Isabella.

GEBÄUDE Das Gebäude ist jeweils typisch für das des dominanten Kreuzungspartners und kann ebenso zum etwas kräftigeren Gebrauchspferd als auch wie auf der Abbildung zum feineren Reitpferd hin tendieren.

EINTRAGUNG Der amerikanische Zuchtverband verlangt, dass ein Elternteil Papiere hat, der andere von Quarterhorses, Arabern oder Vollblütern abstammt.

KOPF Gleich ob das Pferd im Typ zum Quarterhorse, zum Araber oder zum Vollblüter tendiert, der Kopf muss in jedem Fall qualitätsvoll sein. Die Augen sollten dunkel oder haselnussbraun sein und beide dieselbe Farbe haben. Als weiße Kopfabzeichen sind lediglich Blesse, eine Schnippe oder ein Stern zugelassen.

Farbe Das Fell soll die Farbe einer frisch geprägten Goldmünze haben, darf höchstens drei Schattierungen heller oder dunkler sein. Mähne und Schweif müssen weiß sein und dürfen nicht mehr als 15 Prozent dunkle Haare enthalten. Flecken oder Flocken im Fell sind unerwünscht.

BEURTEILUNGSKRITERIEN Zwar ist die Palominofarbe die unbedingte Voraussetzung für die Anerkennung als Palomino, dennoch wird auch ein korrektes Exterieur verlangt.

KREUZUNG MIT ARABERN Zwar sind Vollblutaraber niemals Palominos, aber sie werden doch oft zur Erzeugung von Kreuzungsprodukten in dieser Farbe eingesetzt.

FARBE UND FLIESSENDE BEWEGUNG Die Kombination von Farbe und fließender Bewegung macht den Palomino so unwiderstehlich attraktiv. Die häufigste Kreuzung zur Erreichung der Palominofarbe, die auch den schönsten Ton ergibt, ist Fuchsfarben x Palomino. Die Fuchsfarbe kann man auch mit cremefarbenen Pferden oder Albinos kreuzen.

DIE HERKUNFT DES NAMENS Man vermutet, dass der Name Palomino von einem spanischen Adeligen, Don Juan de Palomino, kommt, der solch ein Pferd von Hernando Cortez geschenkt bekam. Eine weitere Erklärung wäre die Ableitung des Namens von einer goldenen spanischen Weintraube.

Abzeichen An den Beinen erscheinen oft weiße Abzeichen, sie dürfen allerdings nur unterhalb von Karpal- bzw. Sprunggelenk sein. Das Pferd sollte auf gut geformten Beinen stehen. Die Hautpigmentierung ist entweder dunkel oder goldfarben.

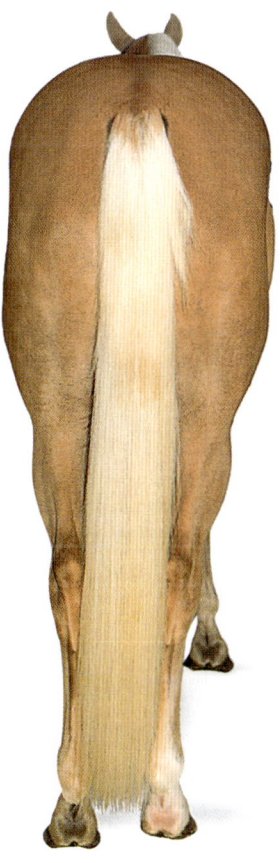

VON HINTEN GESEHEN Der Schweif soll voll und weiß sein; Aalstriche wie bei Falben sind ebenso abzulehnen wie Zebrastreifen an den Beinen, welche deutliche Zeichen des Primitivpferdes sind.

Appaloosa

Der Appaloosa ist die amerikanische Version des getupften Pferdes und in den USA eine konsolidierte und anerkannte Rasse. Dennoch – die Erbmasse für das gesprenkelte Fell ist so alt wie die Spezies Pferd selbst.

GESCHICHTE

Auf den Höhlenzeichnungen der Cro-Magnon-Menschen wurden bereits vor 20 000 Jahren Pferde mit getupftem Fell dargestellt. Getupfte Pferde gab es immer unter den verschiedensten Bezeichnungen, und sie waren in Europa und in Asien hoch geschätzt. In Dänemark gab es den Knabstrupper (s. S. 126/127), in Frankreich nannte man die gefleckten Pferde »Tiger«, in Großbritannien, wo man sie einst auf einem königlichen Gestüt züchtete, waren sie unter den Namen Blagdon oder Chubbarie, einem Zigeunernamen, bekannt. In Großbritannien gibt es einen Appaloosa-Zuchtverband, der sich steigender Mitgliederzahlen erfreut, aber die Pferde haben noch keinen Rassestatus.

Die amerikanische Appaloosa-Rasse entstand im 18. Jahrhundert durch die Nez-Percé-Indianer, welche die Rasse aus spanischen Pferden entwickelten, die von den Konquistadoren ins Land gebracht worden waren und von denen einige die charakteristische Färbung vererbten. Die Nez Percé lebten im Nordosten Oregons, und ihr Land umfasste auch reiche Flusstäler, von denen das wichtigste das des Palouse River war – Appaloosa ist eine Verballhornung dieses Namens. Die Indianer waren sehr sorgfältige Pferdezüchter und selektierten stark. Das Ergebnis war ein unverwechselbares, vielseitig verwendbares Arbeitspferd mit einer charakteristischen Färbung.

Das Stockmaß liegt normalerweise zwischen 1,42 und 1,52 m; in Europa höher.

Mähne Die Mähne ist dünn und kurz.

Augen Der Rassestandard schreibt beim Appaloosa einen weißen Ring um die Iris vor – das so genannte »Menschenauge«.

Haut Die Haut auf der Nase und besonders um die Nüstern ist oft mit unregelmäßigen weißen und schwarzen Flecken gesprenkelt. Dieselbe Färbung findet man auch um die Genitalien.

FARBMUSTER Dieses Pferd tendiert zu einem so genannten Blanket. Es gibt fünf Farbmuster: Leopard – weiß über Lenden und Hüften mit ovalen Sprenkeln; Snowflake – Tupfen über dem ganzen Körper, besonders dominant aber auf der Hüftpartie; Blanket – weiß auf der Hüftpartie ohne dunkle Tupfen im Weiß; Marble – kleine Sprenkel auf dem ganzen Körper; Frost – weiße Flecken auf dunklem Grund.

UNTERSCHIEDLICHE TYPEN Zwischen dem Appaloosa in Amerika und dem in Europa bestehen gewisse Unterschiede. Dennoch sollten die besten wie ein gut gebautes »Cow-Pony« aussehen, kompakt und mit guten Linien.

Hinterhand In den USA hat man die Appaloosas mit Quarterhorses gekreuzt, und so haben viele Tiere die stark Hinterhand des Quarterhorse. Bei europäischen Appaloosas, wie dem Pferd auf der Abbildung, ist das natürlich nicht der Fall.

ATHLETISCH UND GESCHMEIDIG Der Appaloosa wird als Geländepferd benutzt, als Freizeitpferd, für Shows und im Turniersport als Spring- und Rennpferd. Er ist nicht nur athletisch und geschmeidig, sondern auch leistungswillig.

Schweif Der klassische Appaloosa-Schweif ist dünn und kurz. Für die Nez-Percé-Indianer war dies praktisch, verfing sich der Schweif doch nicht in den scharfdornigen, dicht wachsenden Sträuchern und Dickichten.

APPALOOSA HORSE CLUB Der Appaloosa Horse Club wurde im Jahre 1938 mit einigen Nachkommen der Nez-Percé-Pferde gegründet. Ziel war die Erhaltung der Rasse. Jetzt ist das Stutbuch mit 65 000 registrierten Pferden das drittgrößte der Welt.

TEMPERAMENT Die Nez-Percé Indianer züchteten praktische, harte und vielseitige Pferde für den Krieg und die Jagd. Andererseits liebten sie sensible Pferde mit freundlichem Wesen. Darüber hinaus ist der Appaloosa äußerst leistungswillig und ausdauernd.

Hufe Die Hufe sind bemerkenswert gut und hart und oft mit vertikalen schwarzen und weißen Streifen versehen. Die Appaloosas der Nez Percé wurden niemals beschlagen.

Shire

Das Shire-Horse wird vielfach als die schönste schwere Zugpferderasse angesehen. Die Rasse heißt »Shire«, weil sie in den Midland »Shire« (=Grafschaften) Lincoln-, Leicester-, Stafford- und Derbyshire gezüchtet wurde.

URSPRÜNGE

Die Zucht geht auf das mittelalterliche Schlachtross Englands zurück, das Große Pferd. Oliver Cromwell bezeichnete es als »English Black«, und unter diesem Namen wurde es auch bekannt. Der bedeutendste Einfluss in der Entwicklung des massiven modernen Shires kam von Seiten des schweren flämischen bzw. flandrischen Pferdes. Im 16. und 17. Jahrhundert brachten die Holländer, die die englischen Moore trockenlegen sollten, ihre kraftvollen Pferde mit. Diese wurden mit den einheimischen Pferden gekreuzt. Eine weitere Verbesserung kam durch die Einkreuzung von Friesen (s. S. 104/105), wodurch das English Black bessere Bewegungen entwickeln konnte. Während der Regierungszeit von Charles II. war die königliche Hofgarde mit Old English Blacks beritten.

ABSTAMMUNG

Als Gründerhengst für die Shire-Zucht gilt The Packington Blind Horse, der zwischen 1755 und 1770 in Ashby-de-la-Zouche stand. Er wurde erstmals im 1878 veröffentlichten Stutbuch erwähnt. Der Name Shire kam erst ab 1884 in Gebrauch, als die Shire Horse Society an die Stelle der English Cart Horse Society trat.

Der Shire hat ein Stockmaß zwischen 1,62 und 1,72 m.

KRAFT Der massiv gebaute Shire wiegt zwischen 1000 und 1200 kg. Bei einer Ausstellung in Wembley im Jahre 1924 erreichte ein Gespann Shires die höchste Anzeige auf der Messskala eines Dynameters (Gerät zur Kraftmessung). Man schätzte, dass die Pferde dabei eine Zugkraft von 50 Tonnen aufgebracht hatten.

Gliedmaßen Die Gliedmaßen sind sauber und hart mit einem Röhrbeinumfang von 28 bis 30 cm. Der Kötenbehang ist dick, aber glatt und seidig.

KOPF Der Kopf ist mittelgroß, oft mit leichter Elchnase, d.h. konvexem Profil und weit auseinander stehenden Augen. Die großen Augen mit dem freundlichen Ausdruck spiegeln das umgängliche Wesen der »sanften Riesen« wider. Für ein Zugpferd ist der Hals relativ lang und geht in eine tiefe Schulter über, die breit genug ist, um ein Kummet zu tragen.

Brustumfang Der durch-schnittliche Brustumfang für Hengste ist 1,80 bis 2,40 m. Eine solche breite, kraftvolle Brust ist Voraussetzung für eine gute Konstitution.

Körper Der kurze Rücken ist dick, kraftvoll und besonders in der Lendenpartie muskulös. Die breite, mächtige Hinterhand vermittelt den Eindruck von Stärke und Gewicht, der unerlässlichen Voraussetzung für ein Zugpferd.

Farben Die bekannteste Farbe des Shire ist das traditionelle Schwarz seiner Vorfahren mit hellem Kötenbehang. Doch es gibt auch Kastanienbraune (siehe Abb.), Braune und sogar Schimmel.

WETTPFLÜGEN Der Shire spielt zwar keine wichtige Rolle mehr in der Landwirtschaft, aber das Wettpflügen ist sehr populär und wird relativ oft veranstaltet. In der Stadt sieht man Shires noch vor den schweren Brauereiwagen. Die Brauereien sind die bedeutendsten Förderer der Rasse.

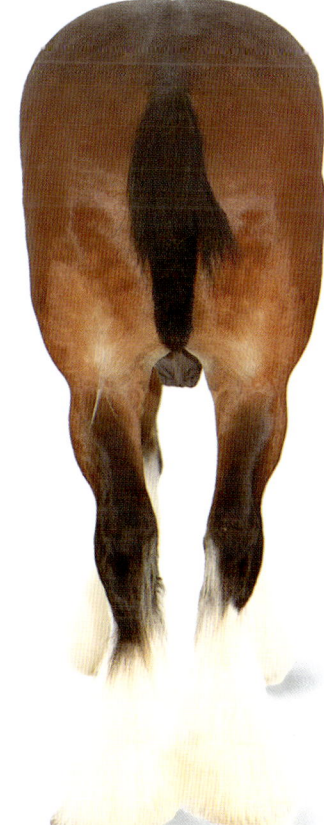

VON HINTEN GESEHEN Die Hufe des Zugpferdes müssen breit genug, sehr solide und perfekt geformt sein; die Schräge muss der der Fesseln entsprechen. Die Sprunggelenke sollen breit und flach sein, in korrektem Winkel ansetzen und nahe beieinander stehen. Die Bewegung ist absolut gerade.

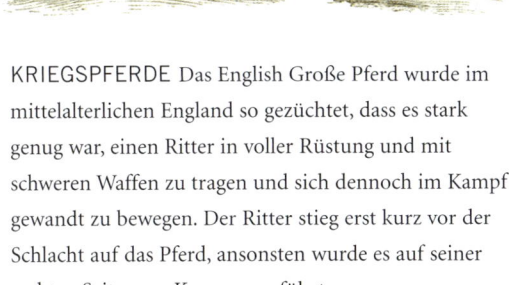

KRIEGSPFERDE Das English Große Pferd wurde im mittelalterlichen England so gezüchtet, dass es stark genug war, einen Ritter in voller Rüstung und mit schweren Waffen zu tragen und sich dennoch im Kampf gewandt zu bewegen. Der Ritter stieg erst kurz vor der Schlacht auf das Pferd, ansonsten wurde es auf seiner rechten Seite vom Knappen geführt.

Suffolk Punch

Der Suffolk Punch aus East Anglia ist die älteste schwere englische Zugpferderasse und vielleicht die liebenswerteste. Das englische Lexikon definiert den Punch als eine Unterart des englischen Pferdes mit kurzen Beinen und einem tonnenförmigen Rumpf, »ein kurzer fetter Bengel«, und das trifft exakt zu. Ein wichtiges Merkmal dieser rein gezogenen Rasse ist, dass sämtliche Linien auf einen Hengst, nämlich Thomas Crisps Hengst Horse of Ufford (Orford) zurückgehen, der 1768 geboren wurde. Er war ein Fuchs wie alle Suffolks.

BEI DER LANDARBEIT Auf dieser Radierung aus dem 18. Jahrhundert zieht ein Gespann von Suffolks die übliche Bauernkutsche.

URSPRÜNGE

Die Ursprünge der Rasse liegen im Dunkeln, aber es ist schier undenkbar, dass die stark trabveranlagten Roadster, die ab dem 16. Jahrhundert in East Anglia entstanden, und die schweren flandrischen Stuten nicht an der Entwicklung dieser Rasse beteiligt gewesen sein sollten. Beide hatten dieselbe Farbe wie der heutige Suffolk, und die flandrischen Pferde waren robuste Traber.

Der Suffolk Punch wurde für die Arbeit in der Landwirtschaft gezüchtet. Er hat keinen Kötenbehang und ist so besonders gut für die schweren Lehmböden geeignet. Er hat enorme Zugkraft und war früher ein gefragtes Zugpferd für die Arbeiten in Groß- und Kleinstädten.

Die Pferde sind frühreif und langlebig und damit wirtschaftlich. Sie können unglaublich hart arbeiten und sind äußerst stark, brauchen dabei aber weniger Futter als andere Kaltblutrassen. Auf den typischen Höfen in East Anglia wurden sie früher um 4.30 Uhr morgens gefüttert. Zwei Stunden später gingen sie aufs Feld und arbeiteten dort mit nur kurzen Pausen bis 14.30 Uhr. Andere Kaltblutrassen mussten vormittags nochmals gefüttert werden und zur Verdauung ausruhen, der Suffolk Punch nicht.

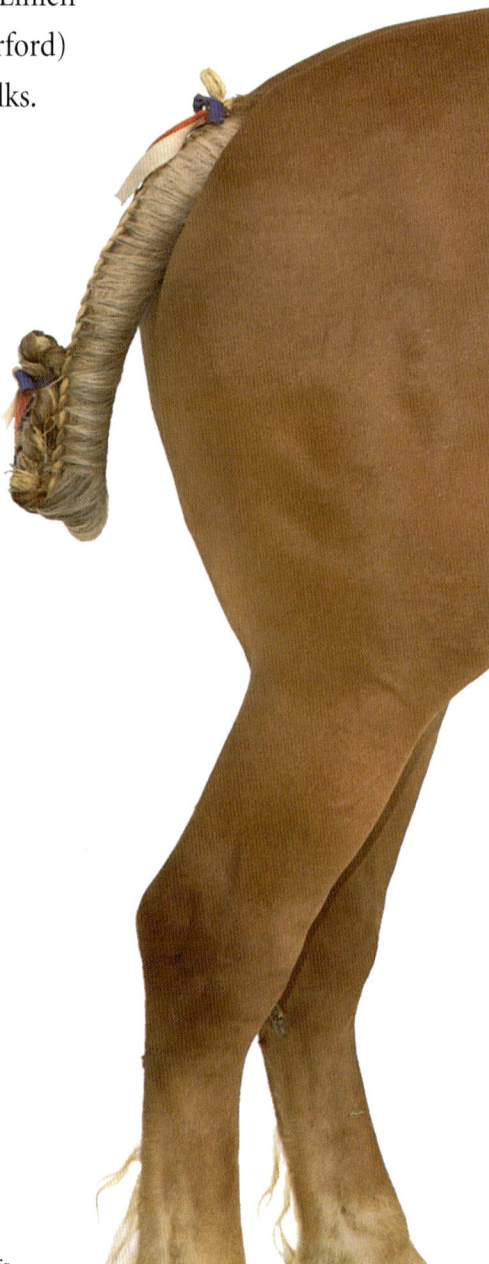

Das Stockmaß liegt bei 1,60 bis 1,63 m.

VON HINTEN GESEHEN Die Hinterhand ist ausgesprochen kraftvoll, aber die Hinterbeine müssen relativ eng stehen, damit das Pferd in der normalerweise 25 cm breiten Furche gehen kann, sonst »zertritt es mehr, als es hackt«, wenn es in den Zuckerrübenfeldern arbeitet. Der lange Schweif wird bei der Arbeit traditionsgemäß hochgebunden und eingeflochten.

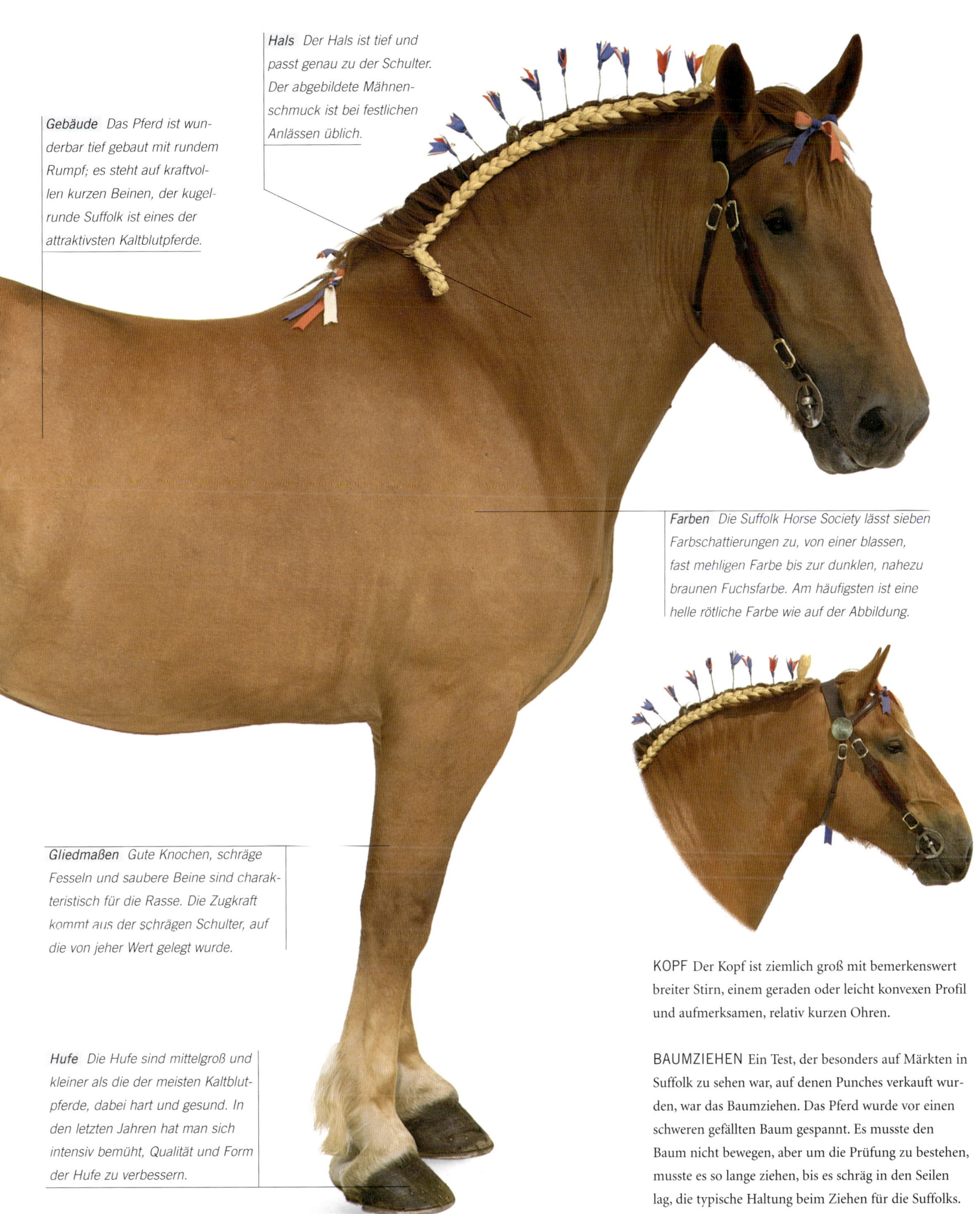

Hals Der Hals ist tief und passt genau zu der Schulter. Der abgebildete Mähnenschmuck ist bei festlichen Anlässen üblich.

Gebäude Das Pferd ist wunderbar tief gebaut mit rundem Rumpf; es steht auf kraftvollen kurzen Beinen, der kugelrunde Suffolk ist eines der attraktivsten Kaltblutpferde.

Farben Die Suffolk Horse Society lässt sieben Farbschattierungen zu, von einer blassen, fast mehligen Farbe bis zur dunklen, nahezu braunen Fuchsfarbe. Am häufigsten ist eine helle rötliche Farbe wie auf der Abbildung.

Gliedmaßen Gute Knochen, schräge Fesseln und saubere Beine sind charakteristisch für die Rasse. Die Zugkraft kommt aus der schrägen Schulter, auf die von jeher Wert gelegt wurde.

Hufe Die Hufe sind mittelgroß und kleiner als die der meisten Kaltblutpferde, dabei hart und gesund. In den letzten Jahren hat man sich intensiv bemüht, Qualität und Form der Hufe zu verbessern.

KOPF Der Kopf ist ziemlich groß mit bemerkenswert breiter Stirn, einem geraden oder leicht konvexen Profil und aufmerksamen, relativ kurzen Ohren.

BAUMZIEHEN Ein Test, der besonders auf Märkten in Suffolk zu sehen war, auf denen Punches verkauft wurden, war das Baumziehen. Das Pferd wurde vor einen schweren gefällten Baum gespannt. Es musste den Baum nicht bewegen, aber um die Prüfung zu bestehen, musste es so lange ziehen, bis es schräg in den Seilen lag, die typische Haltung beim Ziehen für die Suffolks.

Clydesdale

Die Rasse der Clydesdale ist im Verhältnis zu der Geschichte der Pferdezucht noch recht jung, sie wurde erst in den letzten 150 Jahren entwickelt. Aber sie ist außer den Percherons (s. S. 170/171) wohl die erfolgreichste Kaltblutrasse im Hinblick auf weltweite Exporte. Clydesdales gibt es in Deutschland, Russland, Japan und Südafrika, aber auch in den USA, Kanada, Australien und Neuseeland.

WELTWEIT BELIEBT Clydesdales wurden in die ganze Welt exportiert. Im Jahre 1990 verkaufte das Fairways Heavy Horse Center in Perth, Schottland, ein Jungpferd mit einem Stockmaß von 1,82 m für 20 000 Pfund nach Japan. Der frühere Rekord lag bei 9500 Pfund im Jahre 1911.

URSPRÜNGE

Die Rasse hat ihren Ursprung in den flämischen Pferden, die im 18. Jahrhundert ins Clyde Valley, Lanarkshire, importiert wurden. Der Einfluss der Shires ist ebenfalls sehr stark. Zwei Clydesdale-Züchter des 19. Jahrhunderts, Lawrenc Drew und sein Freund David Riddell, waren der Meinung, dass die Clydesdales und die Shires zwei Linien derselben Rasse seien.

MERKMALE

Der Clydesdale ist weniger massiv gebaut als der Shire und hat nicht das kugelige Aussehen des Suffolks, aber er hat von diesen drei Rassen die besten Bewegungen und geht sehr eifrig. Die Clydesdale Horse Society, deren erstes Stutbuch 1878 erschien, beschreibt die Gänge folgendermaßen: »Ein extravaganter Stil, ein auffallendes, temperamentvolles Wesen und hohe Aktion zeichnen dieses einmalig elegante Tier unter den Zugpferden aus.«

Die Clydesdale Horse Society wurde 1877 gegründet, und bereits im ersten offiziellen Stutbuch waren 1000 Hengste verzeichnet. Die American Clydesdale Society wurde im folgenden Jahr gegründet, und die Rasse war in den USA und in Kanada bald etabliert.

SCHWEIF Außerordentlich aufwendig geschmückte Schweife sind eines der Merkmale des schweren Showpferdes. Bei der Royal Highland Show wird immer auch in einem eigenen Wettbewerb das am besten dekorierte Pferd gekürt.

Sprunggelenke Für die Rasse ist die kuhhessige Stellung, also eng beieinander stehende Sprunggelenke, charakteristisch. Dies wird nicht als Fehler angesehen.

Hufe Die Beine haben einen schweren seidigen Behang; die Hufe sind zwar etwas flach, aber gut geformt und stark.

Das durchschnittliche Stockmaß liegt bei 1,62 m, Hengste können aber 1,70 m und mehr messen.

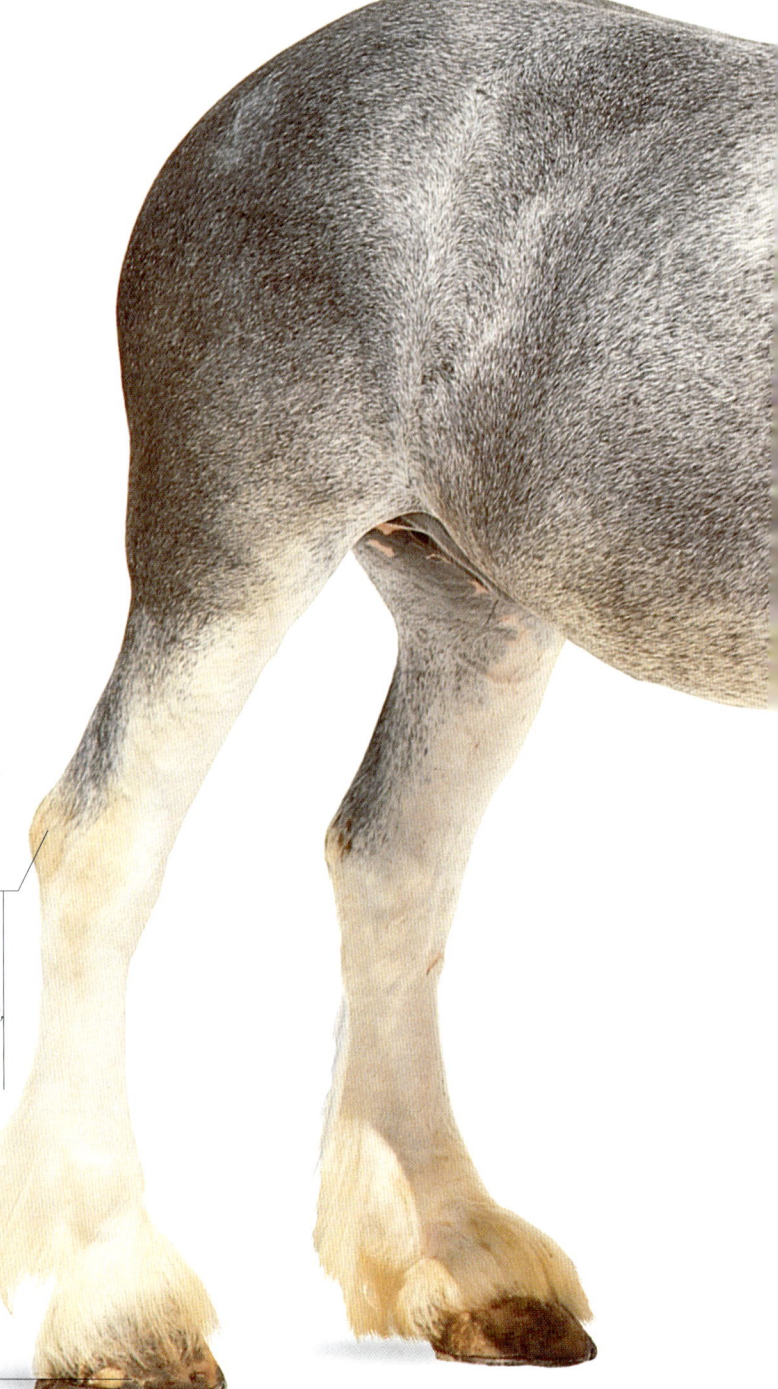

Hals Der Hals ist proportional länger als der des Shire.

KOPF Der Kopf des Clydesdale ist eleganter als der der meisten Kaltblüter. Im Gegensatz zum Shire, der ein deutlich konvexes Profil hat, ist der Kopf des Clydesdale ganz gerade, was ihm ein qualitätsvolles Aussehen gibt.

Schulter Die Schulter ist schräg, und der Widerrist, der wie bei jedem guten Zugpferd höher als die Kruppe liegt, ist gut ausgebildet.

Farben Die vorherrschende Farbe der Clydesdales ist Kastanienbraun bzw. Braun; aber auch Schimmel, Rappen und verschiedene Schimmelfarben wie dieser Dunkelschimmel kommen vor. Große weiße Abzeichen finden sich oft am Kopf, an den Beinen und der Unterseite des Körpers.

»SIE BAUTEN AUSTRALIEN AUF« Clydesdales arbeiteten in den Weiten Kanadas und Amerikas, oft in Siebenergespannen vor den schweren Pflügen. Man bezeichnete sie auch als »die Rasse, die Australien aufbaute«.

ARBEIT IM GESCHIRR Der Clydesdale, der eine Tonne oder mehr wiegt, aber sehr beweglich und umgänglich ist, eignet sich ideal für die Arbeit vor dem Wagen in Städten. Man sagt, dass »der Glanz des Clydesdales eine ordinäre Bierlieferung zu einem spektakulären Ereignis werden lässt«.

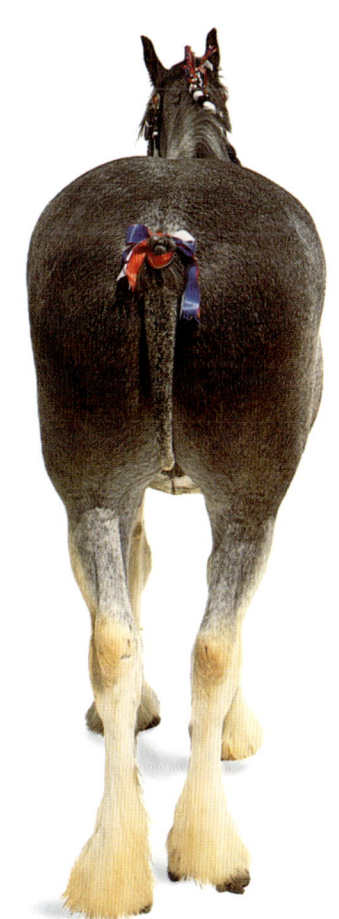

VON HINTEN GESEHEN Der moderne Clydesdale ist zwar ein großes Pferd, aber er ist leichter und beweglicher, als es die Rasse früher war. Die Beine erscheinen oft lang, obwohl der Clydesdale häufig einen tiefen Rumpf hat. Die Sprunggelenke sind sehr stark, stehen aber meist kuhhessig.

Percheron

Der Percheron ist ein hübsches Kaltblutpferd mit sauberen Beinen ohne Kötenbehang und mit freien Bewegungen; es stammt aus der Gegend von Le Perche in der Normandie. Der Percheron und der Boulonnais (s. S. 202/203) sind die elegantesten Kaltblüter, die auch orientalisches Blut haben. Ein Fachmann beschrieb den Percheron im 19. Jahrhundert als einen »Araber, der von klimatischen Einflüssen und der Landwirtschaft, in der er seit Hunderten von Jahren eingesetzt wurde, geprägt ist«. Das ist vielleicht etwas zu enthusiastisch, aber der starke orientalische Einfluss lässt sich nicht verleugnen.

ZUGKRAFT Der Percheron hält den inoffiziellen Zugkraftrekord von 1547 kg. Er ist außerordentlich willig und macht jede Arbeit.

GESCHICHTE

Bewunderer der Rasse glauben, dass die Vorfahren des Percheron die Ritter von Karl Martell im Jahre 732 in den Sieg über die Mohammedaner bei Poitiers trugen und dass im Zuge dieses Sieges die Berber und Araber des Feindes in die Hände der französischen Züchter gelangten. Mit Sicherheit wurde nach dem ersten Kreuzzug 1096–1099 orientalisches Blut zugeführt, und ab 1760 stellte Le Pin den Züchtern von Percherons arabische Hengste zur Verfügung.

Die bedeutendsten Percheron-Linien wurden von Araberkreuzungen mit Abkommen von Godolphin und Gallipoly beherrscht. Gallipoly war der Vater des berühmtesten Percheron-Hengstes Jean Le Blanc, der 1830 geboren wurde. In seiner langen Geschichte war der Percheron Kriegs-, Kutsch- und Arbeitspferd in der Landwirtschaft, er wurde bei der Artillerie eingesetzt und ging sogar unter dem Sattel. Der moderne Percheron ist ungeheuer kraftvoll, hart und vielseitig. Er hat unverwechselbare Gänge – lang, frei und niedrig.

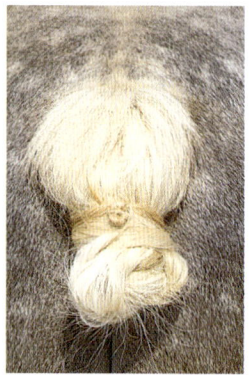

SCHWEIF Der volle Schweif des Percheron wird in einer Art »Polo-Knoten« hochgeknüpft, wenn die Pferde im Geschirr gehen.

Hinterhand Der Percheron ist für seine ausgezeichnete Hinterhand bekannt. Sie ist schräg und für ein Zugpferd ungewöhnlich lang.

Zwischen 1,62 und 1,70 m; Stuten werden 1,52 bis 1,62 m groß. Das größte Pferd der Welt war der Percheron Dr. Le Gear. Er hatte 2,10 m Stockmaß und wog 1400 kg.

Hufe Die Hufe sind hart und aus dunklem Horn ohne Kötenbehang. Sie sind ein besonderes Merkmal dieser bekannten Rasse.

Hals Der Hals ist lang und gut gebogen, die Mähne ist ziemlich dick.

Widerrist Der Widerrist ist stark ausgeprägt, die Schulter schräg.

Körper Der Körper ist breit, mit tiefer Brust, die Gliedmaßen sind stark und muskulös mit guten, harten Gelenken. Die Gänge sind lang und vergleichsweise niedrig.

Farben Die häufigste Farbe ist ein geäpfeltes Grau wie hier oder weiß; gelegentlich akzeptiert der französische Zuchtverband aber auch Kastanienbraune, Füchse oder Rotschimmel.

KRIEGSPFERDE Tausende Percherons aus Amerika und Kanada kämpften notgedrungen auf den Schlachtfeldern des Ersten Weltkrieges. Von den rund 500 000 getöteten und verletzten Pferden war ein Großteil Percherons oder Pferde des Percheron-Typs.

KOPF Der Kopf des Percheron ist fein. Die Stirn ist breit, das Profil gerade. Die Ohren sind lang und vorstehend, die Augen aufmerksam und freundlich. Die Nase ist flach, mit sehr weiten offenen Nüstern.

ARBEITSPFERDE Der Percheron passt sich leicht verschiedenen klimatischen Bedingungen an. Er wurde nach Nord- und Südamerika, Kanada, Australien, Südafrika, Japan und sogar auf die Falkland-Inseln exportiert, wo er mit den einheimischen Criollos gekreuzt wurde.

Zugpferde

Bis zum Ende des 19. Jahrhunderts und noch bis ins 20. Jahrhundert hinein hing die Weltwirtschaft von Pferdekräften ab. Noch vor weniger als 100 Jahren zählte man in Amerika über 25 Millionen Pferde. Selbst heute ist das Pferd ein wichtiges Element in den weniger weit entwickelten Ländern Osteuropas.

VERSCHIEDENE EINSATZBEREICHE

Heute findet man Kaltblüter größtenteils nur noch in Freilichtmuseen – so hält beispielsweise der Kentucky Horse Park belgische Kaltblüter (s. S. 208–209). Die großen Brauereien setzen traditionsgemäß Kaltblüter zum Ziehen von Bierwagen für Werbezwecke ein, und Zuchtschauen und Turniere sind Anlässe, die Kaltblutrassen den zahlreichen Anhängern zu präsentieren. Andererseits werden gerade in Europa viele Kaltblüter für die Fleischproduktion aufgezogen.

Das war nicht immer so. Nicht nur in England war die industrielle Revolution (zwischen 1789 und 1832) auf die Anstrengungen von Tausenden von Pferden angewiesen. Der Bau von Kanalsystemen und weit verzweigten Eisenbahnnetzen erforderte eine ungeheure Anzahl von Pferden.

Noch 1938 arbeitete die London, Midland and Scottish Company allein in London mit 8500 Pferden. Ein Jahrhundert früher hatten noch 22 000 Pferde die Straßenbahnen und Omnibusse von London gezogen. 1880 gab es in New York City 150 000 bis 175 000 Pferde für alle erdenklichen Zugarbeiten.

PFERDE IN DER LANDWIRTSCHAFT

In unserer modernen Gesellschaft sehen wir Kaltblüter gerne als Pferde für die Landwirtschaft vor einem romantischen, ländlichen Hintergrund.

Tatsächlich haben Pferde erst im 18. Jahrhundert die Ochsen in der Landbewirtschaftung abgelöst. Das goldene Zeitalter der Pferdestärken in der Landwirtschaft war ebenso kurz wie das der Pferdekutsche. Ochsen wurden in Europa selbst noch nach dem Ersten Weltkrieg verwendet, und im Mittleren Osten und in Asien setzt man sie immer noch ein. Dennoch haben Pferde einen eminenten Beitrag für die Verbreitung vieler landwirtschaftlicher Techniken geleistet.

AMERIKA

Den Einsatz von Pferden in Amerika und die Umwandlung von Millionen von Hektar Prärie in Ackerland kann man nur als ein absolutes Phänomen bezeichnen. Riesige Mähdrescher wurden von 40 Pferden gezogen, die von sechs Gespannführern betreut wurden. Die Maschinen und die Anspanntechniken waren so gut, dass ein einziger Mann 36 Pferde kontrollieren konnte.

IN DER LANDWIRTSCHAFT (OBEN) Der Suffolk Punch, ein Pferd ohne Kötenbehang, aus der englischen Grafschaft East Anglia (s. S. 190–191) ist ein Pferd für alle Bereiche der Landwirtschaft. Es ist ein sehr »wirtschaftliches« Pferd, weil es mit weniger Futter arbeiten und wachsen kann als andere Rassen.

BRAUEREIWAGEN (GANZ OBEN) Die schmucken Gespanne der Brauereien, in England meist prachtvolle Shire-Pferde (s. S. 188–189), sind gern gesehene Gäste auf Fahrturnieren und eine ausgezeichnete Werbung für eine der größten Kaltblutrassen.

BODENBEARBEITUNG (RECHTS) Arbeitspferde in Tandemanspannung vor einer Ringwalze. Früher hatten die Bauernpferde einen anstrengenden Acht-Stunden-Tag von morgens halb sieben bis mittags halb drei.

Ardenner

Dieses kaltblütige Pferd aus den Ardennen in Frankreich und
Belgien kann als Doyen der Kaltblutrassen in Europa betrachtet
werden – und als eine der ältesten. Seine Vorfahren sind seit 2000
Jahren bekannt und waren vermutlich Abkömmlinge der prähis-
torischen Pferde, deren Überreste man in Solutré fand.

GESCHICHTE

Vor dem 19. Jahrhundert war der Ardenner weniger massiv
als heute; er wurde geritten und ging vor leichten Kutschen.
Zu Beginn des 19. Jahrhunderts kreuzte man ihn mit Arabern
und Vollblütern, aber auch mit Percherons und Boulonnais,
allerdings nicht immer sehr erfolgreich.

So entstanden drei Typen: der kleine alte Schlag der Ardenner mit einem Stockmaß um 1,50 Meter, der heute nur noch
selten in Erscheinung tritt; der Nordardenner oder »Trait du
Nord«, den man auf der Abbildung sieht, ein größeres Pferd,
das durch die Kreuzung mit Belgischem Kaltblut entstanden
ist (s. S. 208/209); und der Auxois, eine größere Version des
Original-Ardenners, ein sehr kraftvolles Pferd.

Die klimatischen Verhältnisse, in denen der Ardenner
aufwächst, sind rau, und so ist auch dieses Pferd mit
massivem Rahmen ausgesprochen hart. Die Tiere sind
außerdem sehr ruhig und leicht zu handhaben. Auch
heute noch werden sie als Zugpferde gebraucht, der
größte Teil von ihnen wird allerdings als Schlachtpferde
gezüchtet.

BEI DER ARBEIT Der Ardenner ist dicker als
andere Zugpferde, kurz und niedrig über dem
Boden stehend; er ist willig, kann hart arbeiten, ist
ausdauernd und leicht zu handhaben. Seine große
Energie stammt wohl von seinen orientalischen
Vorfahren, die Größe von den belgischen.

Hals Der Hals
ist schwer, aber
auch lang.

KOPF Der Kopf mit dem geraden Profil bekommt
seinen speziellen Ausdruck durch die niedrige flache Stirn und die leicht vorstehende Augenpartie.
Der Hals ist zwar schwer und muskulös, aber doch
länger, als man bei solch einem kompakten Pferd
erwartet, und sitzt gut auf der kraftvollen Schulter.

Hufe Die Hufe sind kleiner,
als man erwarten würde, hart,
stark und gut geformt.

Farben Die bevorzugten Farben sind Braune mit Stichelhaar wie hier, Eisengraue, dunkle Füchse und sogar Palominos; Rappen sind unerwünscht.

Rücken Der Ardenner ist kompakt, hat einen sehr kurzen Rücken und eine außerordentlich kurze Lendenpartie.

AUXOIS Der Auxois, das alte burgundische Pferd, war seit dem Mittelalter ein Zeitgenosse des Ardenners und wird weitgehend als dessen Abkomme angesehen, obwohl er seine Rotschimmelfarbe behalten hat. Auch sind die Beine und die Hinterhand weniger massig.

Hinterhand Die Muskeln der Hinterhand des Ardenners sind besonders kurz, dick und kräftig.

MURAKOZER (OBEN) Der Murakozer wurde nach der Stadt Murakoz in Südungarn benannt. Die Rasse entstand dort im 20. Jahrhundert aus einheimischen Stuten der Mur-Inseln, die man mit Ardennern sowie Percherons und Norikern und mit leichteren und qualitätsvolleren ungarischen Pferden kreuzte. Der Murakozer ist ein bewegliches Zugpferd; es hat nicht den Kötenbehang des Ardenners, wohl aber dessen etwas schweren Rahmen und ausgeglichenes Temperament geerbt.

Gliedmaßen »Wie kleine Eichen« sind die Gliedmaßen, sehr kurz und kräftig mit starkem Kötenbehang. Der kleine ältere Schlag des Ardenners hatte weniger Kötenbehang und war leichter und flinker.

Körper Die Knochenstruktur des Ardenners ist ganz ausgezeichnet und von einer kraftstrotzenden Muskulatur umhüllt. Der Rumpf ist tief und vermittelt den Eindruck von Kraft. Der Widerrist ist im Gegensatz zu anderen schweren Kaltblutrassen nicht in gleicher Linie mit der Kruppe, sondern liegt eher niedriger.

»DAS KARRENPFERD DES NORDENS« Der populäre schwere Ardenner aus Lothringen wird auch heute noch »das Karrenpferd des Nordens« genannt, aber er unterscheidet sich doch von dem lebhaften Ardenner Postpferd, das Napoleons Wagen aus dem katastrophalen Russlandkrieg zurückbrachte.

Das Stockmaß liegt zwischen 1,50 und 1,60 m, im Durchschnitt bei 1,53 m.

Bretone

Die bretonischen Pferdezüchter beherrschten ihr Metier so gut wie alle anderen Züchter in Europa. Seit dem Mittelalter bringt die Bretagne Pferde von eigenem Typ hervor, die aus dem primitiven langhaarigen Pony der dortigen Bergregion entstanden. Früher gab es vier verschiedene Typen von Bretonen: zwei Pass- und Töltpferdtypen, ein Allround-Pferd zum Reiten und Fahren und ein schweres Zugpferd. Mit dem Reitpferd, dem Cheval de Corlay, wurden sogar kleinere Rennen veranstaltet.

TYPEN

Heute gibt es nur noch zwei anerkannte Typen. Das schwere bretonische Zugpferd, ein massives frühreifes Pferd mit Ardenner-Einschlag, das auch als Fleischlieferant sehr gefragt ist. Der weit beweglichere bretonische Postier ist eine leichtere Version des Suffolk Punch (s. S. 190/191) und war einst der Stolz der französischen Artillerie. Der Postier hat Boulonnais- (s. S. 203/204) und Percheron-Blut (s. S. 194/195), beides bewegliche feine Pferde mit dem kraftvollen Norfolk Roadster in ihrer Ahnentafel. Vom Percheron und vom Boulonnais erbte der Postier den außerordentlich energischen Trab; er wird für leichtere Zugarbeiten und in der Landwirtschaft eingesetzt.

Die bretonischen Postiers, die seit 1926 dasselbe Stutbuch wie die schweren Kaltblüter haben, werden sehr sorgfältig gezüchtet und sind bei speziellen Fahrturnieren – traditionellen Veranstaltungen bei festlichen Gelegenheiten – gefragt. Der bretonische Postier ist in Frankreich sehr populär und wird nach Nordafrika, Japan, Spanien und Italien exportiert, um dort entsprechende Rassen zu verbessern.

SCHWEIF Traditionell wird der Schweif des Bretonen wie der des Normannischen Cob (s. S. 108/109) kupiert (was in Deutschland verboten ist). Das soll dem Pferd ein keckes Aussehen geben und verhindert außerdem, dass sich der Schweif in den langen Fahrleinen verfängt.

VEREDLER Durch seine Härte, Kraft und sein Leistungsvermögen, verbunden mit seinem angenehmen Wesen, eignet sich der Bretone gut als Veredler weniger entwickelter Rassen.

IN DER LANDWIRTSCHAFT Das schnelle, bewegliche Pferd ist für alle landwirtschaftlichen Arbeiten geeignet. Es wird auch in den Weinbergen des Midi eingesetzt.

Rahmen Der Rahmen ist kurz und quadratisch mit einem breiten Rumpf, einer starken und tiefen Hinterhand, die den Eindruck von Kraft vermittelt.

Hals Der Hals passt zu den übrigen Linien des Körpers, er ist kurz, gewölbt und dick. Er geht in eine schräge Schulter über, die kürzer ist, als man erwarten dürfte. Dennoch ist der Bretone ein bewegliches, schnelles Pferd mit einem freien Schritt und Trab.

Farben Rotschimmel sind typisch für die Rasse, aber auch Füchse wie auf der Abbildung, Kastanienbraune und Schimmel kommen vor. Lediglich Rappen sind unerwünscht.

Gliedmaßen Die Gliedmaßen sind kurz, stark und im Oberschenkel- und Oberarmbereich stark bemuskelt.

Hufe Die Hufe sind gut geformt, hart und nicht zu groß. Die Beine sind »sauber« mit sehr geringem oder gar keinem Kötenbehang.

KOPF Der quadratische Kopf des Bretonen hat ein gerades Profil; er soll große, weit offene Nüstern haben und leuchtende freundliche Augen. Die beweglichen Ohren sind klein und ziemlich tief am Kopf angesetzt.

Das Stockmaß beträgt 1,50 bis 1,60 m. Der Postier ist kleiner als das schwere Kaltblut.

Boulonnais

Der Boulonnais stammt aus dem Nordwesten Frankreichs und wurde als das edelste Kaltblutpferd überhaupt angesehen, und tatsächlich ist es – oder war es, wie man heute leider sagen muss – das schönste Kaltblut mit einem Dutzend positiver Merkmale.

URSPRÜNGE

Die Zuchtgeschichte beginnt mit im Nordwesten Frankreichs heimischen schweren Pferden schon vor der Zeitenwende. Als sich Julius Cäsars römische Legionen hier im 1. Jahrhundert v. Chr. für die Invasion Großbritanniens sammelten, vermischten sich ihre östlichen Pferde mit den heimischen. Viel später, nämlich während der Kreuzzüge, wurde weiteres Araberblut zugeführt, besonders durch die Vermittlung der Grafen Eustache de Boulogne und Robert d'Artois, beide sorgfältige und innovative Pferdezüchter. Als man im 14. Jahrhundert mehr und mehr schwere Waffen einsetzte, wurden die Pferde immer größer und schwerer gezüchtet und mit nördlichen Kaltblütern und spanischen Pferden gekreuzt. Im 17. Jahrhundert bekam die Rasse den Namen Boulonnais, und es entwickelten sich zwei Typen. Das kleinere Pferd maß weniger als 1,60 Meter und wurde Mareyeur genannt (Gezeitenpferd). Es wurde für die Fischtransporte von Boulogne nach Paris eingesetzt und ist heute nahezu ausgestorben. Der größere Boulonnais mit einem Stockmaß über 1,60 Meter wird jedoch noch gezüchtet, allerdings hauptsächlich als Fleischlieferant.

Vorhand Der Hals ist dick, aber schön gewölbt. Die Schultern sind schräger als die anderer Kaltblutrassen, und der Widerrist ist gut ausgeprägt. Eine solch gute Vorderpartie ist einzigartig unter den Kaltblutrassen.

Der Boulonnais hat ein Stockmaß zwischen 1,53 und 1,63 m. Der frühere Mareyeur hatte nur 1,51 bis 1,53 m.

KOPF Der Kopf des Boulonnais ist unverwechselbar und zeigt deutlich orientalischen Einfluss. Das Profil ist gerade, die Augenpartie betont, der Kehlgang fein und frei und die Stirn flach und breit. Die Augen sind normalerweise ausgesprochen groß, die Nüstern weit offen und die Ohren sehr klein, aufstehend und beweglich.

GANGWERK Die Boulonnais haben ganz außerordentliche Gänge für Kaltblutpferde, sie gehen gerade mit relativ langen Schritten und mit viel Schwung und Energie. Die Rasse ist sehr leistungswillig und kann ein gehobenes Tempo über lange Strecken durchhalten.

Fell Die Haut ist seidig, und man sieht die Adern; die Mähne ist fein und voll. Nichts im Haarkleid erinnert an das derbe Fell, das man mit Kaltblütern assoziiert.

Hinterhand Die Hinterhand des Boulonnais ist rund und muskulös mit dem charakteristischen doppelten Muskel auf der Kruppe. Der volle Schweif ist hoch angesetzt – viel höher als bei anderen Kaltblutpferderassen.

NORDSCHWEDISCHES PFERD Der Nordschwede ist ein kompaktes Zugpferd, das in Schweden für die Forstarbeit genutzt wird, wo gut die Hälfte des geschlagenen Holzes noch von Pferden abtransportiert wird. Das Gestüt Wangen hat ein systematisches Zuchtprogramm erarbeitet, das Zugprüfungen und regelmäßige tierärztliche Kontrollen der Pferde bei der Arbeit beinhaltet. Vor Ende des letzten Jahrhunderts war der Nordschwede eine Mischung von verschiedenen einheimischen Rassen, und er hat noch heute große Ähnlichkeit mit seinem nächsten Verwandten, dem norwegischen Døle Gudbrandsdal (s. S. 104/105). Die Pferde haben ein Stockmaß ab 1,53 m. Sie sind hart und gesund und sowohl für ihre Langlebigkeit als auch für ihre außerordentlich beweglichen Gänge, verbunden mit einer ungeheuren Zugkraft, berühmt. Die wichtigsten Farben sind Falb, Braun und Schwarz. Schwarze Pferde haben immer weiße »Socken«.

Körper Der Rumpf ist wunderbar kompakt und tief. Der Rücken ist breit und gerade, die Brust weit und die Rippen wie beim Araber wohlgeformt. Kombiniert mit einer gewissen Eleganz, ist die ganze Erscheinung majestätisch.

Gliedmaßen Die Gliedmaßen des Boulonnais sind kräftig mit starker Bemuskelung. Weitere Pluspunkte sind die kurzen dicken Röhrbeine, das Fehlen von Kötenbehang und die großen soliden Gelenke.

Farben Schimmel in allen Schattierungen herrschen vor, aber es gibt hie und da auch Braune und Füchse, die früher sehr gefragt waren.

Poitevin

Die französische Region Poitou ist für drei Dinge bekannt: für das Poitevin-Pferd, auch Mulassier genannt – das hässliche Entlein unter den Kaltblütern –; für den Riesenesel, den Baudet de Poitou; und für die Maultierzucht, die auf diesen beiden Tieren beruht.

MOORPFERD

Der Poitevin, Abkömmling einer Mischung niederländischer, dänischer und norwegischer Kaltblüter, kam im 17. Jahrhundert nach Poitou, um dort bei der Trockenlegung der Moore in der Vendee und im Poitou zu helfen. Später paarte man die Stuten mit dem Baudet de Poitou an, um die schweren Mulis zu bekommen, die in ganz Europa und Amerika sowie in Länder wie die Türkei, Griechenland, Italien, Spanien und Portugal verkauft wurden, wo sie für die Arbeit in schwierigem und unwirtlichem Gelände ideal geeignet waren.

DAS HÄSSLICHE ENTLEIN

Der Poitevin mit seiner primitiven Herkunft, die auf das europäische Waldpferd zurückgeht (s. S. 10–11), ist kein attraktives Pferd. Das Gebäude lässt fast alles zu wünschen übrig. Der Mulassier ist grob und schwerfällig und hat die großen Tellerhufe des Moorpferdes, aber er ist auch entsprechend moderat im Temperament und der ideale Partner für den Poitou-Esel, der ein Stockmaß um 162 cm hat und in jeder Hinsicht ein bemerkenswertes Tier ist.

Der Poitevin hat ein Stockmaß von 1,62 bis 1,67 m.

Langhaar Mähnen- und Schweifhaare sind dick und üppig bei sehr grober Struktur.

Kopf Der Kopf ist grob und schwer und oft von drahtigem Fell bedeckt; die Ohren sind dick und nicht sehr beweglich.

Gliedmaßen Die Gliedmaßen sind stark, dabei leider schwammig und im unteren Bereich mit grobem, schwerem Behang bedeckt. Die Schulter ist recht stark, aber sehr steil. Die Gelenke sind rund und oft aufgetrieben.

Hufe Die Hufe sind außergewöhnlich groß und flach, eine Eigenschaft, die man bei den alten europäischen Kaltblutrassen, die aus Moorlandschaften stammen, oft findet. Der Poitevin wurde wie gesagt für die Trockenlegung der Sümpfe im Poitou eingesetzt.

Rücken Der Rücken ist nomalerweise lang, der Widerrist wenig ausgeprägt. Der Poitevin war zwar langsam und schwerfällig, aber stark genug für die schwere Arbeit bei der Trockenlegung der Sumpflandschaften des Poitou.

Hinterhand Normalerweise ist die Kruppe »abgeschlagen« und der Schweif entsprechend tief angesetzt. Die Hüften sind breit und abstehend. Dieser Hengst ist im Gebäude günstiger als die Poitevin-Stuten im Allgemeinen.

PRIMITIVE FÄRBUNG Diese Poitevin-Stute mit ihrem Mulifohlen von einem Baudet de Poitou weist die typische Falbfarbe der Rasse auf, die auf den primitiven Ursprung hindeutet. Oft sieht man auch Zebrastreifen im unteren Beinbereich. Außer zur Mulizucht werden die Stuten auch mit Poitevin-Hengsten angepaart, um die Rasse zu erhalten. Überschüssige Tiere werden oft zur Fleischgewinnung verkauft.

Hinterbeine Das stabile Hinterbein dieses Hengstes zeugt von Kraft. Die Proportionen sind kurz und dick, die Muskeln bemerkenswert gut entwickelt.

Rumpf Der Rumpf ist großrahmig und lang, die Rippen sind flach, die Ellenbogen haben am Körper nur wenig Bewegungsfreiheit.

Sprunggelenk Das Sprunggelenk ist groß, leider fleischig und schwammig, aber doch kräftig. An Knien und Sprunggelenken wachsen oft lockige Haarbüschel.

MULIS AUS DEM POITOU Die Poitevin-Mulis sind für ihre Vielseitigkeit und ausnehmende Kraft bekannt. Sie ließen sich gut in Länder verkaufen, in denen Mulis ein wichtiger Faktor in der Landwirtschaft sind. Sie haben eine gesunde Konstitution, sind arbeitswillig, langlebig und billig zu halten. Viele bleiben bis zu 25 Jahre lang arbeitsfähig.

BAUDET DE POITOU Der Poitevin-Esel, für die Zucht von Poitevin-Mulis aus schweren Mulassier-Stuten ist ebenso groß wie diese Letzteren. Er ist in vielerlei Hinsicht ein eher grobes Tier. Seine schnellen, sicheren Bewegungen zeigen mehr Raumgriff, als man meinen sollte. Der ausgesprochen robuste Esel wird sorgfältig auf Größe und starkes Gebäude gezogen.

Jütländer

Dänemarks Kaltblut, der Jütländer, wird seit undenklichen Zeiten auf der Halbinsel Jütland gezüchtet. Im 12. Jahrhundert war es ein Streitross, das für seinen stämmigen Körperbau bekannt war; es konnte einen bewaffneten Ritter in voller Rüstung tragen.

URSPRÜNGE

Der Jütländer scheint erheblich an der Entstehung des deutschen Schleswiger Pferdes beteiligt zu sein; tatsächlich wurde dieser Rasse bis weit ins 20. Jahrhundert hinein dänisches Blut zugeführt.

In der Entwicklungsgeschichte des heutigen Jütländers gab es Kreuzungen mit Cleveland Bays und dessen Abkommen, dem Yorkshire Coach-Horse. Der wichtigste Einfluss ging jedoch von dem Hengst Oppenheim LXII. aus, einem fuchsfarbenen Suffolk Punch (s. S. 190/191), der im Jahre 1860 nach Dänemark kam. Auch heute noch besteht eine große Ähnlichkeit zwischen dem Suffolk, dem Jütländer und dem Schleswiger. Die wichtigste Linie des Jütländers ist die von Oldrup Munkedal, einem der zahlreichen Nachkommen des Hengstes Oppenheim LXII.

MERKMALE

Große Ausdauer und sein sehr menschenfreundliches Wesen machen den Jütländer zum idealen Zug- und Arbeitspferd in der Landwirtschaft. Infolge zunehmender Mechanisierung ging die Zahl dieser liebenswerten und attraktiven Kaltblüter in den letzten Jahren leider erheblich zurück. Der Jütländer wird aber auch heute noch gelegentlich als Zugpferd in der Stadt genutzt und ist als schönes und sehr arbeitswilliges Fahrpferd äußerst beliebt.

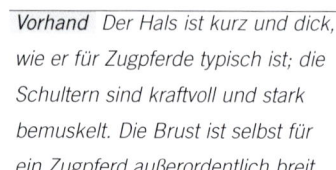

Das Stockmaß des Jütländers ist zwischen 1,50 und 1,60 m.

Vorhand *Der Hals ist kurz und dick, wie er für Zugpferde typisch ist; die Schultern sind kraftvoll und stark bemuskelt. Die Brust ist selbst für ein Zugpferd außerordentlich breit.*

KOPF Der Kopf des Jütländers ist alles andere als fein. Er ist schwer und einfach, nicht unähnlich dem seines frühen Vorfahren, des Forest-Horse. Aber der Gesichtsausdruck ist freundlich und spiegelt das sanfte und willige Wesen der Rasse wider. Auf der anderen Seite ist die Ähnlichkeit mit dem Suffolk Punch deutlich zu erkennen. Sollte jemals Cleveland-Bay-Blut eingekreuzt worden sein, ist es heute nicht mehr erkennbar.

Körper Der kompakte, kugelrunde Körper zeigt deutlich die Verbindung zum Suffolk Punch. Darüber hinaus ist der Rumpf außerordentlich tief.

Rücken Der Rücken ist kurz, breit und kraftvoll und gibt dem Körper ein kompaktes Erscheinungsbild. Der Widerrist ist relativ flach und breit, wie beim europäischen Kaltblut üblich.

Farben Die attraktive Fellfarbe des Jütländers stammt vom Suffolk Punch. Mit sehr wenigen Ausnahmen sind es Dunkelfüchse mit heller Mähne und hellem Schweif.

Hinterhand Die Hinterhand des Jütländers ist so rund wie die seines Vorfahren, des Suffolk; und sie ist ebenso massiv und muskulös.

ZUGPFERDE Der Jütländer im Geschirr ist ein schönes und attraktives Bild und erfreut sich großer Beliebtheit. Der harte, leicht zu haltende Jütländer ist ein unermüdliches, arbeitswilliges Pferd, das sich außerordentlich gut handhaben lässt.

Gliedmaßen Die Gliedmaßen sind kurz und haben einen dichten Behang, den man aber züchterisch vermindern möchte. Die Gelenke einiger Tiere sind manchmal nicht ausreichend hart und stark.

Behang Der schwere Behang bringt bei dem schweren Pferd oft Krankheiten mit sich, hauptsächlich Mauke und schmierige Fesselbeugen.

Hufe Die Hufe sind im Allgemeinen gut, obwohl sie bei einigen der alten Suffolks nicht zu den besten Merkmalen zählten.

VON HINTEN GESEHEN Abgesehen vom starken Behang könnte man meinen, man sähe die Hinterhand des Suffolk. Der Jütländer hat zwar ein schweres Gebäude, aber er ist ein mittelgroßes Zugpferd mit schnellen und freien Gängen.

Belgisches Kaltblut

Das belgische Kaltblut ist unter dem Namen Brabanter bekannt, der sich aus einem seiner Hauptzuchtgebiete herleitet. Der Brabanter ist eine besonders wichtige Rasse, die viel zur Entwicklung der Pferderassen auch außerhalb des belgischen Zuchtgebietes beigetragen hat. Im Heimatland ist das belgische Kaltblut im Grunde zu wenig anerkannt, in den USA hingegen ist es wegen seiner hervorragenden Qualitäten sehr beliebt; selbst im berühmten Kentucky Horse Park gibt es Brabanter.

URSPRÜNGE

Die Rasse ist sehr alt. Sie geht direkt auf den Ardenner zurück (s. S. 198/199) und weiter auf das prähistorische europäische Waldpferd (Equus silvaticus). Diese massiven Pferde waren den Römern wohl bekannt und wurden auch schon von Julius Cäsar in seinem »De Bello Gallico« als arbeitswillige und nie ermüdende Pferde erwähnt.

Im Mittelalter nannte man den Belgier »das flandrische Pferd«. Als solches war es an der Entwicklung des englischen »Great Horse« beteiligt und später auch an der Entwicklung des Shire. Auf den Flamen geht auch der Clydesdale (s. S. 192/193) zurück, und auch auf den Suffolk Punch (s. S. 190/191) und den Irish Draught (s. S. 106/107) hatte das flämische Pferd großen Einfluss.

BRABANTER Das Belgische Kaltblut hat seinen Namen nach dem Zuchtgebiet Brabant, ist aber auch als »race de trait Belge« bekannt. Durch gezielte Selektion – ohne jedes Fremdblut, aber gelegentliche Inzucht –, schufen die Züchter ein Pferd von außergewöhnlicher Qualität.

DREI LINIEN Ab 1870 gab es drei Hauptlinien der Brabanter, die eher auf Blutlinien beruhten, als dass sie sich im Exterieur unterschieden. Die Linien sind die von Orange I., dem Stammhengst der massiven Gros-de-la-Dendre-Linie; Bayard war der Begründer der Linie Gris du Hainaut, die aus Hellbraunen und Füchsen bestand; und Jean I. begründete die »Colosses de la Mehaique«.

Hinterhand Die große kraftvolle Hinterhand des Belgischen Kaltbluts ist rund, die Kruppe charakteristisch »doppelt bemuskelt«.

Farben Die Farben variieren von Linie zu Linie. Braune, Falben und Schimmel kommen vor, aber Rotbraune mit schwarzen Punkten, Hellbraune und Füchse wie hier dominieren.

Hufe Kurze, sehr starke Beine enden mit einem dichten Kötenbehang. Die Hufe sind mittelgroß und immer gut geformt.

Rücken Das Belgische Kaltblut ist dick und kompakt. Die Linie der »Colosses de la Mehaique« ist besonders für ihre starke und kurze Rücken- und Lendenpartie bekannt.

Kopf Der Kopf ist im Verhältnis zum Körper klein, quadratisch und etwas einfach, aber der Ausdruck ist intelligent und freundlich.

Hals Ein kurzer, dicker, kraftvoller Hals geht in einen ähnlich proportionierten Widerrist und eine ebensolche Schulter über – eine ideale Kombination für alle schweren Zugarbeiten.

ARBEIT IN DER LANDWIRTSCHAFT Das Belgische Kaltblut wurde sorgfältig für die Bedürfnisse der einheimischen Landwirtschaft im Hinblick auf Klima, den schweren fruchtbaren Boden und die ökonomischen und sozialen Bedingungen gezüchtet. Die Pferde haben keine »brillanten« Bewegungen, aber sie erfüllen ihren Zweck.

Körper Das Merkmal dieser massiven Pferderasse ist Kraft, die in dem tiefen kompakten Rumpf zum Ausdruck kommt sowie in der insgesamt starken Konstitution des Pferdes.

Gliedmaßen Das Belgische Kaltblut ist für extrem starke, harte und kurze Gliedmaßen bekannt. Gesunde Knochen waren immer ein Merkmal aller drei Hauptlinien.

Das Stockmaß liegt zwischen 1,62 und 1,70 m.

Italienisches Kaltblut

Das bekannteste Kaltblutpferd in Italien ist das schwere Zugpferd. Ein Drittel aller italienischen Deckhengste, die auf Gestüten stehen, sind von dieser Rasse. Sie wird in Nord- und Mittelitalien gezüchtet, hauptsächlich jedoch in der Gegend um Venedig. Die Pferde sind frühreif – ein wichtiger wirtschaftlicher Faktor, da sie sowohl als Schlacht- als auch als Arbeitspferde gezüchtet werden.

GESCHICHTE

Italien importierte früher die schweren Belgischen Kaltblüter – die Brabanter – zur Verbesserung heimischer Zuchten. Später versuchte man dies mit den agileren Boulonnais und Percherons, aber die Nachfrage nach einem kleineren Kaltblutpferd mit besseren Bewegungen konnte auch dadurch nicht gestillt werden. Erst durch die Kreuzung mit Bretonen (s. S. 200/201) mit ihren trockeneren Gliedmaßen wurde das Ergebnis zufrieden stellend. Der Bretone ist mit dem Norfolk Trotter oder Roadster verwandt und für seinen schnellen Trab bekannt; er war in Italien das ideale Pferd für leichte landwirtschaftliche Arbeit und wurde mit den einfacheren einheimischen Stuten gekreuzt. Die Abkommen waren kraftvolle Pferde mit freundlichem, sanftem Wesen, bekannt für ihre schnellen Gänge. Daher bekamen sie den Namen »Tiro Pesante Rapido« – schnelles Kaltblut-Zugpferd.

GESAMTERSCHEINUNG Das Italienische Kaltblut ist vom Erscheinungsbild her zwar nicht so attraktiv wie der Bretone, von dem es abstammt, aber es ist ein kompaktes, gut proportioniertes Pferd mit den positiven Merkmalen seiner bretonischen Vorfahren.

Vorhand Gleich dem Bretonen hat das Pferd eine außerordentlich tiefe Brust, die Vorderbeine stehen weit genug auseinander. Manchmal sind die Pferde etwas grob, das ist das Erbe der einheimischen, meist qualitativ nicht so guten Stuten.

Gliedmaßen Die Gliedmaßen sind gut bemuskelt, aber die Gelenke oft etwas schwammig: ein weiteres Merkmal der minderen Qualität der Vorfahren der Rasse.

BARDIGIANO (LINKS) Der Bardigiano ist ein kleines Bergpferd aus dem nördlichen Apennin. Er verdankt einige seiner Charakteristika den schwereren Bergpferden, andere dem Avelignese, einem dem Haflinger sehr ähnlichen Pony (s. S. 252/253). Ein ausgeprägter orientalischer Einschlag ist unverkennbar. Es ist ein starkes, gut gebautes Pony mit gutem Charakter, hat und schnell. Trotz der etwas unorthodoxen Abstammung hat man der Zucht offensichtlich mehr Sorgfalt gewidmet, als es sonst in Italien üblich war, außer beim Traber, Vollblut und Salerno. Der Bardigiano ist eines der attraktivsten italienischen Pferde.

Farben Ein hervorstechendes Merkmal des schweren italienischen Kaltblut-Zugpferdes ist die Farbe. Die meisten sind Dunkelfüchse mit hellen Mähnen und Schweifen, eine Reminiszenz ihres Aveligneser-Erbes; aber es gibt auch Rotschimmel wie das abgebildete Pferd und helle Füchse.

Gebäude Der Rücken ist kurz und breit, der Rumpf sehr tief, der Hals kurz und stark und bemerkenswert gewölbt.

Hinterhand Die Hinterhand ist gut geformt, rund und ausgesprochen kraftvoll. Der Schweif wird höher getragen, als man erwartet. Die Pferde haben einen deutlich sichtbaren Brand.

KOPF Der Kopf des Pferdes ist überraschend fein im Verhältnis zu dem ansonsten etwas klobigen Körper. Er ist schön lang, läuft spitz zu und hat einen aufmerksamen Ausdruck. Die Rasse ist als ausgesprochen freundlich, willig und gehfreudig bekannt.

AVELIGNESER-EINFLUSS Die Gesamterscheinung zeigt deutlich den bretonischen Einfluss; aber auch die Abstammung vom kleineren und leichteren Avelignese (s. S. 252/253), der bei der Gründung der Rasse eine Rolle spielte, lässt sich nicht verleugnen.

Gliedmaßen Die Röhrbeine sind manchmal etwas zu lang und leichter, als es wünschenswert wäre; aber die Gliedmaßen, insbesondere die Hinterbeine, sind akzeptabel. Im Gegensatz zum Bretonen und zum Avelignese, die keinen Kötenbehang haben, hat das Italienische Kaltblut einen kurzen derben Fesselbehang.

GANGWERK Die Pferde sind arbeitswillig und gehen gut voran, der lange Schritt und der energische Trab machen das Italienische Kaltblut zu einem attraktiven Arbeitspferd.

Hufe Die Hufe sind nicht besonders gut, oft etwas eng.

Das Stockmaß liegt zwischen 1,50 und 1,60 m.

Noriker

Den Noriker gibt es seit über 2000 Jahren. Er macht heute 50% des österreichischen Pferdebestandes aus. Das Zentrum der Norikerzucht und der größte Einfluss auf die Rasse liegt in der Gegend von Salzburg, das zu römischer Zeit Juvavum hieß und wegen seiner Pferdezucht berühmt war.

HAUPTLINIEN Neben dem Pinzgauer Tigerschecken werden im Salzburger Stutbuch vier weitere Hauptlinien geführt: der Kärntner, der Steirer, der Tiroler und das Süddeutsche Kaltblut. All diese Rassen sind für Robustheit, Gesundheit und Leistungswillen bekannt.

SALZBURGER STUTBUCH

Der Name Noriker leitet sich von der römischen Provinz Noricum ab. Sie entsprach ungefähr dem heutigen Österreich. Die Römer züchteten ein schweres Kriegspferd, das sie auch als Zug- und Packpferd benutzten.

Seit dem Mittelalter waren die Klöster ein wichtiger Faktor in der züchterischen Entwicklung des Norikers. Unter dem Fürst-Erzbischof von Salzburg wurden ein Salzburger Stutbuch sowie neue Gestüte eingerichtet, in denen streng auf Einhaltung der Rassemerkmale geachtet wurde.

GETÜPFELTE LINIE

Im 18. Jahrhundert tauchten im Pinzgau Pferde mit einer getüpfelte Linie auf, das Ergebnis der Einkreuzung von spanischem Blut. Man nannte sie Pinzgauer Noriker. Zum heutigen Noriker gehören immer noch die Pinzgauer, ebenso vier weitere Linien. Der anpassungsfähige, gut gebaute Noriker ist ideal für die Arbeit in bergigem Gelände und wird viel in der Waldwirtschaft eingesetzt. Die Anforderungen an die Zuchttiere sind hoch und werden durch Leistungsprüfungen für Hengste und Stuten gesichert.

Eine typische Norikerlinie wird im ältesten Staatsgestüt Deutschlands, in Marbach, gezüchtet: der Schwarzwälder Fuchs.

Hinterhand Die Hinterhand ist kraftvoll und symmetrisch gebaut, der Schweif gut angesetzt. Es gibt keine ausgesprochen schweren Partien, die Gesamtsilhouette wirkt kompakt.

Hinterbeine Die Hinterbeine weisen einen gut bemuskelten Unterschenkel auf und sind korrekt gebaut, das Sprunggelenk liegt niedrig.

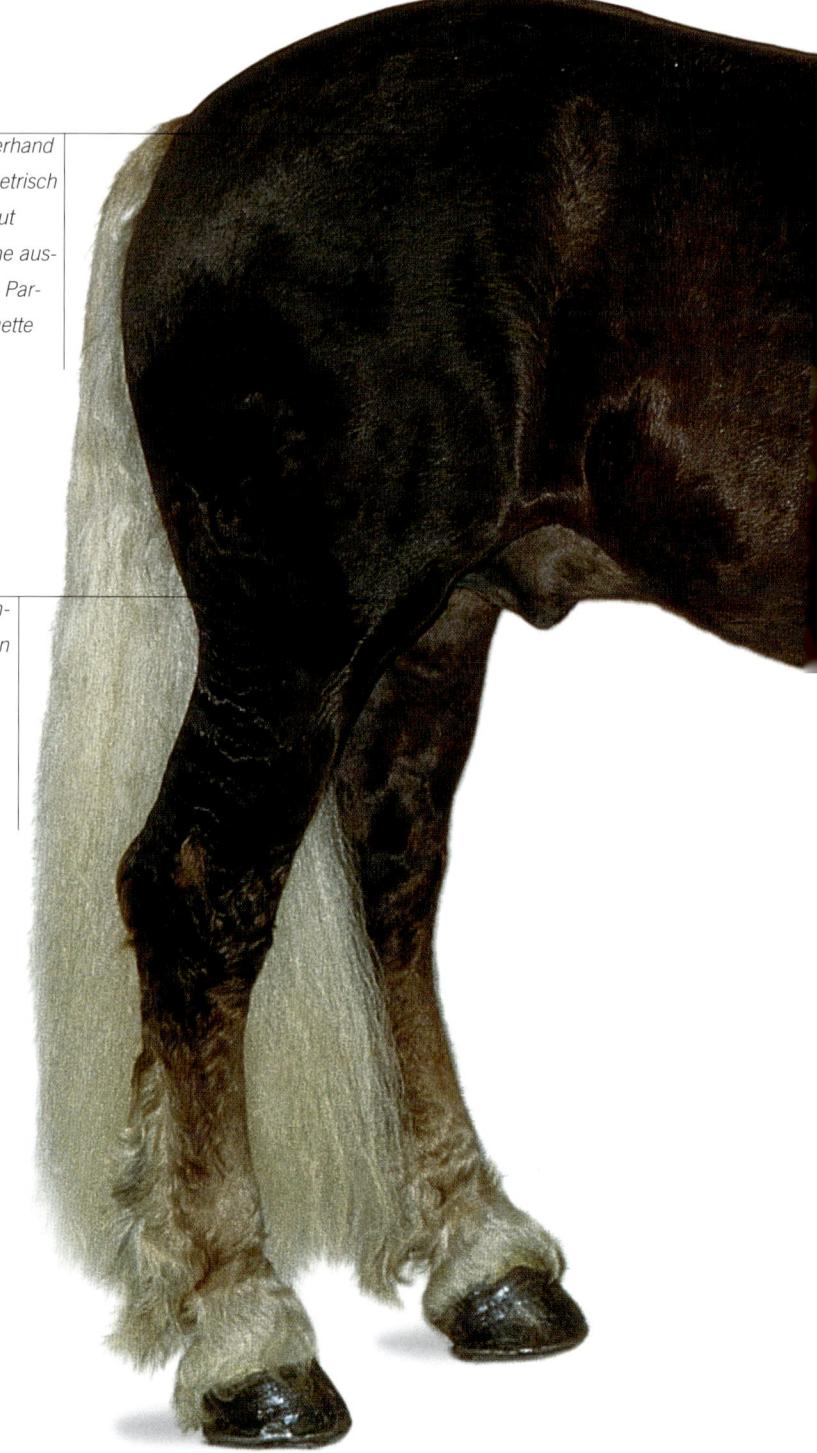

Der Noriker erreicht ein Stockmaß von 1,62 bis 1,72 m.

Mähne Die blonde Mähne ist die charakteristische Ergänzung zur satten Dunkelfuchsfarbe.

Breite Die Breite im Genick zwischen den Ohren und auch der Abstand zwischen den großen, gut platzierten Augen ist bemerkenswert.

Kopf Der breite Kopf, der zum Maul hin schmaler wird, zeugt von Intelligenz und ist ein wichtiges Merkmal dieses attraktiven Pferdes.

FARBSCHLÄGE Der Zuchtverband erkennt mehrere Farbschläge an, unter anderem getüpfelte Fellmusterungen wie die Tigerschecken, Apfelschimmel mit schwarzen Köpfen, »Mohrenköpfe« genannt, Plattenschecken sowie Braune und Füchse. Die Marbacher Pferde sind traditionell fuchsfarben mit hellem Langhaar. Eine Ähnlichkeit mit den Haflingern (s. S. 252-253), die Blutanbindung zum Noriker haben, ist unverkennbar.

Schulter Die kräftige, freie und betont schräg verlaufende Schulter kommt aus einem gut ausgebildeten Widerrist und sorgt für eine ökonomische Bewegungsmanier mit gutem Raumgriff.

Gliedmaßen Strenge Anforderungen an die Rasse stellen sicher, dass die Gelenke groß und trocken und die Unterarme gut bemuskelt sind. Die Röhrbeine sind kurz und von guter Knochenstärke.

Hufe Bei diesem Gebirgspferd verdient die Qualität der Hufe besondere Erwähnung. Sie sind immer gut geformt, hart, sehr gesund und stehen im richtigen Größenverhältnis zum Gesamtpferd.

VIELSEITIGKEIT Der kompakte, trittsichere Noriker ist das ideale Pferd für die Landwirtschaft in Gebirgsgegenden und eignet sich gut zum Holzrücken im Wald. In den Frühzeiten der Rasseentwicklung wurden die besten Tiere in der Bergregion des Großglockner gezogen. Der Noriker ist mit seinen aktiven und flotten Bewegungen auch ein ausgezeichnetes und gehorsames Fahrpferd.

Exmoor-Pony

Das Exmoor-Pony ist das älteste der britischen Berg- und Moorponys; abgesehen von »Primitivrassen« wie dem Tarpan, ist es vermutlich doch eine der ältesten Rassen. Es hat Merkmale bewahrt, die auch bei seinem Hauptvorfahren, dem Pony-Typ 1 (s. Ursprünge S. 10/11), gefunden wurden – zum Beispiel eine besondere Kieferform mit einem siebten Molar.

URSPRÜNGE

Die Rasse bekam ihren Namen von dem hoch gelegenen wilden Moorgebiet in Südwestengland, wo sie jahrhundertelang relativ isoliert lebte. Es ist eine harte, unwirtliche Gegend, die auch den besonderen Charakter des unglaublich starken und harten Exmoor-Ponys prägte. Zwar gab es im 19. Jahrhundert Bestrebungen, die Rasse zu »veredeln«, jedoch mit mäßigem Erfolg. Vermutlich wurde nach 1815 durch eine Art »Geisterpferd«, das unter dem Namen Katerfelto bekannt wurde und wild im Moor lebte, spanisches Blut eingekreuzt. Dieser Hengst wurde wohl gefangen, jedoch konnte seine Herkunft nie geklärt werden. Er wurde als falbes Pferd mit schwarzen Punkten und deutlichem Aalstrich beschrieben. Im Gebiet Exmoor gibt es noch Herden, deren Reinheit und Qualität von der Exmoor Pony Society sorgfältig überwacht werden. Es gibt solche Zuchten zwar auch außerhalb des eigentlichen Moorgebietes, aber die Ponys, die nicht im Moor aufwachsen, verlieren leicht an Typ, so dass die Züchter zur Erhaltung des Originalcharakters immer wieder auf die einheimischen Herden zurückgreifen müssen.

Das Exmoor-Pony hat ein Stockmaß zwischen 1,22 und 1,23 m.

STÄRKE Das Exmoor-Pony ist außergewöhnlich stark, gut ausbalanciert und in der Lage, ein weit größeres Gewicht zu tragen, als seine Größe vermuten lässt. Es soll sogar einen ganzen Tag einen Mann auf der Jagd tragen können.

Hals Bronzezeitliches Zuggeschirr war so konstruiert, dass Wagenpferde ihre Last hauptsächlich mit dem Hals zogen, wodurch sich ein sehr muskulöser Unterhals entwickelte. Diese Besonderheit blieb beim Exmoor über viele Generationen erhalten.

KOPF Der Kopf des Exmoor-Ponys ist unverkennbar. Das Maul ist mehlfarben, die Nüstern weit. Die Ohren sind kurz, dick und spitz; die Stirn ist breit, und die Augen sind groß und beherrschen das Gesicht. Man bezeichnet diese Augen auch als Krötenaugen, weil sie schwere Lider haben, die die Augen gegen Witterungsunbilden schützen. Der Kopf ist etwas größer als der anderer Rassen, und zwar durch den relativ langen Nasenbereich, in welchem die Luft vor den Einatmen erwärmt wird.

BRAND (LINKS) Die Fohlen, die dem Inspektor bei der jährlichen Überprüfung in Herbst vorgeführt werden, erhalten einen Brand mit Stern auf der Schulter; das weist sie als reine Exmoor-Ponys aus. Neben dem Stern wird die Nummer der Herde eingebrannt und auf die linke Flanke die eigene Nummer des Ponys innerhalb der Herde. So kann man jedes Pony an seinem Brand identifizieren.

Farben Die Färbung des Exmoor-Ponys ist unverwechselbar. Die Ponys sind kastanienbraun, braun oder fehlfarben mit schwarzen Flecken. Sie haben ein »Mehlmaul« und mehlfarbene Ringe um die Augen; auch die Innenseite der Oberschenkel und die Bauchunterseite sind mehlfarben. Weiße Abzeichen sind unerwünscht.

IN EXMOOR Bereits vor der Eiszeit haben Ponys in Exmoor gelebt, ihr Wesen wurde geformt von den rauen Umweltbedingungen. In gewisser Weise sind die Exmoor-Herden auch heute noch wild. Zwar werden sie einmal jährlich zur Kontrolle hereingeholt, aber sie reagieren im Umgang mit Menschen doch recht nervös. Auch auf Hunde reagieren sie nervös, wahrscheinlich rufen diese atavistische Erinnerungen an Angriffe von Wölfen hervor.

Silhouette Die Silhouette des Exmoor-Ponys ist einfach und symmetrisch. Sie ist zwischen und hinter der Vorhand sehr tief und breit, die Rippenpartie ist schön gebogen. Der Rücken ist über der Lendenpartie bemerkenswert eben und breit. Die Schultern sind kraftvoll und gut zurückgenommen, der Widerrist gut gekennzeichnet.

Gliedmaßen Merkmale der Rasse sind insgesamt kurze Gliedmaßen und gut geformte Vorderbeine, die gerade am Körper ansetzen. Die Hinterbeine sind schön abgesetzt, Sprunggelenk und Fessel bilden eine gerade Linie, und das Sprunggelenk steht wiederum in einer Linie zum Hüftknochen.

GANGWERK Die Gänge sind gerade, weich und gut ausbalanciert, ohne besondere Knieaktion. Exmoors sind für ihren guten Galopp und ihr Springvermögen bekannt.

Hufe und Knochen Kurze Sprunggelenke, gute Knochen und harte, sauber geformte Hufe zeichnen die Rasse aus.

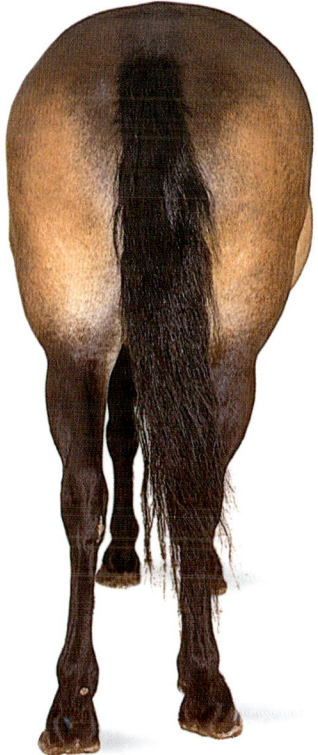

VON HINTEN GESEHEN In der Natur ist der Schweif des Exmoor-Ponys dick und am Schweifansatz fächerförmig. Dieser »Eis«-Schweif schützt die inneren Organe vor Regen und Schnee. Auch das Fell ist von doppelter Dicke und wasserdicht. Im Winter wächst es dick, rau und gleichzeitig elastisch. Im Sommer wird es dicht und hart.

Dartmoor-Pony

Im Dartmoor gibt es eine Ponyrasse, die man dort sehr schätzt; sie ist trittsicher, hart und in bewundernswerter Weise dafür gemacht, auf den ungepflasterten Straßen zu laufen und über die eintönigen Hügel zu klettern.

CHARAKTERISTIKA

Fünfzig Jahre später schrieb man in der Zeitschrift »The Field Magazine« über das Springvermögen der Ponys: »Sie springen so gut wie die Moorschafe und auf dieselbe Weise.« Heute ist das Dartmoor immer noch ein gutes Springpony. Youatt wäre erstaunt über die Veränderung, die mit dem früheren Dartmoor-Pony vor sich gegangen ist. Heute ist es eines der elegantesten Reitponys der Welt, weit entfernt von dem Erscheinungsbild seiner Vorfahren.

URSPRÜNGE

Die Zucht hat ihren Ursprung in dem rauen Moorland des Dartmoor Forest zwischen den Flüssen Dart, Taw und Tavy. Heutzutage werden nur noch wenige Ponys im Moor gezüchtet.

Das Dartmoor wurde von verschiedenen anderen Rassen beeinflusst. Eine frühe Verbindung besteht zum Old Devon Pack Horse, das sowohl vom Exmoor- als auch vom Dartmoor-Pony abstammt, und dem Cornish-Goonhilly-Pony. Beide Rassen sind inzwischen ausgestorben. Möglicherweise wurden schon im 12. Jahrhundert orientalische Pferde eingekreuzt. Unter den vielen im 19. Jahrhundert eingekreuzten Rassen waren die trabenden Roadsters, Welsh Ponys und Cobs, Araber, kleine Vollblüter und einige Exmoors. Es gab auch einen Zuchtversuch mit Shetland-Ponys, um Grubenpferde für den Untertagebau zu erhalten, der allerdings gründlich fehlschlug. Während des Zweiten Weltkriegs starben die Dartmoors beinahe aus. Zwischen 1941 und 1943 wurden nur zwei männliche und zwölf weibliche Tiere registriert. Die Zucht wurde durch die Pony and Riding Society (jetzt National Pony Society) gerettet.

Hals *Der Hals des Dartmoor-Ponys ist stark, hat aber die Länge eines Reitponyhalses.*

Schultern *Dartmoor-Ponys sind für ihre ausgezeichnete Schulterpartie bekannt, die eine sehr gute Schräge hat und dem Pony Reitpferdegänge gibt.*

KOPF Der Kopf sitzt anmutig auf dem Hals und ist ein richtiger Ponyschopf: klein, qualitätsvoll und mit kleinen und sehr aufmerksamen Ohren. Dartmoors haben einen ausgezeichneten Charakter und sind damit die idealen Kinderreitponys, nicht zuletzt wegen ihrer Sanftmut und ihrer einzigartigen Gänge.

Farben Dieses Dartmoor-Pony ist kastanienbraun, es gibt aber auch Rappen und Braune, getupfte Pferde und Schecken; weiße Abzeichen sind unerwünscht.

Lendenpartie Lendenpartie und Hinterhand sind ausgesprochen korrekt. Das Gebäude ist erstklassig – ein im natürlichen Gleichgewicht stehendes Pony.

REITPONY-CHAMPIONS In England dominiert das Dartmoor-Pony neben den Welsh Ponys die Reitpony-Klassen auf Turnieren und hat viel zu dem herrlichen Reitpony beigetragen. Es wird dort gern mit Vollblütern oder Arabern gekreuzt.

»THE LEAT« Der größte Faktor in der Entwicklung der Rasse in England war der Hengst The Leat, der Sylvia Galmady-Hamlyn gehörte. Sie war 32 Jahre lang ehrenamtlich als Geschäftsführerin der Dartmoor Pony Society in England tätig. The Leat, ein Partbred-Hengst, war 1,22 m hoch und wurde als »traumhaftes Pony« beschrieben. Sein Vater war der Vollblutaraber Dwarka, seine Mutter die schwarze 1,30 m hohe Dartmoor-Stute Blackdown von Confident George.

Gliedmaßen Die Gliedmaßen und Hufe könnten nicht besser sein. Die Röhrbeine sind kurz, und ihr Umfang ist mehr als angemessen.

GANGWERK Die Gänge des Dartmoor-Ponys sind wegen der fehlenden hohen Aktion untypisch für Ponys. Sie sind niedrig, lang und ökonomisch – typische Reit- und Fahrpferdegänge.

KONSTITUTION Wie alle britischen Ponyrassen ist das Dartmoor-Pony hart und außerordentlich gesund.

Das Stockmaß darf 1,22 m nicht übersteigen.

Welsh-Mountain-Pony

Das Stutbuch der Welsh Mountain Pony and Cob Society wurde 1902 eröffnet und in vier Sektionen unterteilt; zwei für Ponys und zwei für Cobs. Unbestreitbar ist die Sektion des Welsh-Mountain-Ponys die Basis für die gesamte Rasse, das ist die Sektion A im Stutbuch. Von ihm stammen das Welsh Pony (Sektion B), das Welsh Pony im Cob-Typ (Sektion C) und der kraftvolle Welsh Cob (Sektion D) ab.

URSPRÜNGE

Die Römer waren die ersten Zuchtveredler der einheimischen walisischen Ponys. Sie brachten östliches Blut mit, das später noch mehrfach eingekreuzt wurde.

Die erste belegte wichtige Einkreuzung war der Vollbluthengst Merlin, ein direkter Nachkomme von Darley Arabian, der im 18. Jahrhundert auf den Ruabon Hills in Clwyd eingesetzt wurde. Auch Apricot, ein Merioneth-Hengst, war von Bedeutung für die Zucht. Er wurde als Araber-Berber-Mischung aus einer einheimischen Stute beschrieben.

Der Stammvater des modernen Mountain-Ponys ist jedoch Dyoll Starlight, der 1894 geboren wurde und dessen Mutter ein »Miniatur-Araber« gewesen sein soll. Nach Dyoll Starlight folgte dann Coad Glyndwr, dessen Mutter Starlights Enkelin war.

CHARAKTER

Das moderne Welsh Pony ist möglicherweise das schönste aller Ponys, aber es hat immer noch die wichtigen Ponyeigenschaften wie Härte, Kraft und eine robuste Gesundheit sowie die der Rasse eigene Klugheit. Das Mountain-Pony ist ein ausgezeichnetes Kinderpferd, ein brillantes Turnierpferd im Geschirr und unübertroffen als Zuchtbasis für größere Ponys und Pferde.

Das Stockmaß liegt nicht über 1,20 m.

Farben Dyoll Starlight war ausschlaggebend für die vielen Schimmel in der Sektion A, aber auch Kastanienbraune, wie das abgebildete Pony, und Füchse kommen vor; es gibt sogar Linien mit Palominos.

STUTEN UND FOHLEN Die heutigen Mountain-Ponys verdanken viel dem zweiten Stammvater der Zucht, dem Hengst Coed Coch Glyndwr. Er war der Gründerhengst des berühmten und einflussreichen Welsh-Gestüts Coed Coch, das 1924 von M. Brodrick in Dolwn, Abergele/North Wales, gegründet wurde.

AUF DEN BERGEN Gangwerk, äußere Erscheinung und Härte sind die Merkmale des Welsh-Mountain-Ponys – sie sind das Ergebnis seiner Umgebung. Das wilde Gelände, das karge Futter und die schwierigen klimatischen Bedingungen machten das Pony auch bemerkenswert leichtfuttrig – es kommt mit minimalen Futterrationen aus.

Körper Der Körper ist bemerkenswert kompakt mit einer tiefen Brust, die viel Platz für die kraftvolle Lunge hat und ein Herz, das im Verhältnis zu der kleinen Statur des Ponys ziemlich groß ist. Die kurze, kraftvolle Lendenpartie ist ein weiteres besonderes Merkmal.

Ohren Sehr kleine, scharf geschnittene Ohren gehören wie bei allen Ponyrassen auch zum Welsh-Mountain-Pony.

DYOLL STARLIGHT Dyoll Starlight markiert die Grenze zwischen der alten Rasse und dem modernen Pony. Der Name Dyoll ist der Name seines Züchters Meuric Lloyd – rückwärts gelesen. Lady Wentworth, Besitzerin des berühmten Arabergestüts Crabbet, übernahm Starlight, als Lloyd todkrank war, unter der Bedingung, dass das Pony nicht verkauft werden durfte. Sie brach diese Vereinbarung und verkaufte ihn 1925 nach Spanien, wo er 1929 starb.

GANGWERK Die Gänge des Mountain-Ponys sind bestimmt durch die kraftvolle Hinterhand und die ausgezeichneten Sprunggelenke, die gut unter dem Körper platziert sind. Die Bewegung aus der Schulter heraus ist bemerkenswert frei und zusammen mit der hohen Aktion gerade für schlechtes Gelände geeignet.

Hufe Die Hufe sind wie bei den meisten Bergpferden aus dichtem dunklen Horn und außerordentlich hart.

KOPF Der Kopf des Welsh-Mountain-Ponys wird von den großen leuchtenden Augen beherrscht, die die Zierde aller Welsh-Rassen sind. Die Augen und die weit offenen Nüstern sowie das leicht gebogene Profil weisen deutlich auf den starken Einfluss östlichen Blutes in diesem mutigen und spritzigen Pony hin, das zu den schönsten der Welt gehört.

Welsh Pony

Im Rassestandard wird das Welsh Pony, Sektion B, beschrieben als »ein qualitätsvolles Reitpony mit Reitpferdegängen, guten Knochen, Substanz, Härte, guter Konstitution und Pony-Charakter«. Das heutige Pony steht manchmal zu stark im Vollbluttyp des Reitponys (s. S. 236/237); das liegt an der Anpassung an die Nachfrage nach einem Turnier- und Showpony.

URSPRÜNGE

Die ehemaligen Ponys des alten Schlages waren oft das Resultat aus Kreuzungen zwischen Bergstuten und kleinen Welsh-Cob-Hengsten, manchmal verbessert durch Araber oder kleine Vollblüter. Sie lebten in der Bergregion, und viele trugen ihre Reiter sowohl beim Schafehüten als auch bei der Jagd. Die heutigen Ponys sind in Qualität, Leistung und Gangwerk entschieden besser. Sie sind als Reitponys weltweit unerreicht und haben dennoch weitgehend ihre charakteristischen Eigenschaften wie Härte und die typischen Ponyqualitäten behalten.

EINFLÜSSE

Der Stammvater der Sektion B war Tan-y-Bwlch Berwyn, dessen Sohn Tyn-y-Bwlch Berwynfa der Begründer der berühmten Coed-Coch-Sektion-B-Herde war. Berwyn war, ebenso wie die Welsh Ponys im Allgemeinen, von östlichem Blut geprägt, welches die einheimische Rasse eindeutig verbessert hatte. Er wurde 1924 geboren als Sohn von Sahara, einem Berber (oder wahrscheinlicher einem Araber), der 1913 in Gibraltar gekauft wurde. Seine Mutter war eine Enkelin des Welsh-Mountain-Pony-Hengstes Dyoll Starlight.

Criban Victor, ein äußerst bemerkenswerter Hengst, trat zwanzig Jahre später in Erscheinung. Auch er war eng mit den Welsh-Mountain-Ponys verwandt. Sein Vater war Coed Glyndwrs Sohn Criban Winston, seine Mutter war eine Tochter des berühmten Welsh-Cob-Hengstes Mathrafal Broadcast, einer wahrhaft klassischen Mischung verschiedener Sektionen des Stutbuches. Wichtig ist auch der starke Einfluss östlichen Blutes, der durch die Linien einfloss, die von dem World-Champion Skowronek und dem berühmten Raseem abstammten.

Schultern Die Sektion B legt größeren Wert auf einen längeren Hals, als man es bei Mountain-Ponys tut. Die Schulter ist schräger, der Widerrist ausgeprägter.

Ohren Kleine, spitze Ponyohren.

KOPF Der Kopf des Welsh Ponys ähnelt stark dem des Welsh-Mountain-Ponys, Sektion A. Man legt Wert auf die kleinen, spitzen Ponyohren; lange »Pferdeohren« werden nicht toleriert. Der Kopf ist trocken und ausgesprochen fein.

Hinterhand Eine starke Hinterhand sowie erstklassige Gelenke
an den Hinterbeinen sind charakteristische Merkmale dieser Rasse.

Farben Dieses Pony ist ein Schimmel.
Es werden alle Farben außer getupften
Pferden oder Schecken akzeptiert.

Schweif Der
Schweif ist hoch
angesetzt und wird
hoch getragen.

AUSTRALISCHES PONY Das Australische Pony
ist mit den Welsh Ponys, Sektion A und B, verwandt; diese wurden Anfang des 19. Jahrhunderts
nach Australien exportiert. Der erste bekannte
Ponyimport wurde 1803 in Sydney registriert. Seit
1920 entwickelte sich das Australische Pony als
eigener und fixierter Typ; die Australian Pony Stud
Book Society wurde 1929 gegründet. Ihr Ziel war
es, ein »einheimisches« Reitpony von hoher Qualität
zu züchten, und das Australische Pony erfüllt diesen Anspruch mittlerweile. Die Ponys haben ein
Stockmaß zwischen 1,20 und 1,40 m.

CHARAKTER Das größte Welsh Pony hat zwar
andere Proportionen als das Mountain-Pony, aber
der spritzige Ponycharakter, den alle Welsh-Rassen
haben, ist auch ihm eigen.

AKTION Die Gänge des Welsh Ponys sind durch
die schräge Schulter geprägt, sie sind lang und
niedrig mit geringer Aktion. Bei der Hinterhand
sorgen die starken Sprunggelenke für einen kraftvollen Gang. Das Pferd geht ganz gerade.

Körper Das Welsh Pony ist für
seinen gut geformten Rumpf
bekannt; die tiefe Brust ist typisch
für alle Welsh-Rassen. Ein weiteres
bemerkenswertes Merkmal ist die
kraftvolle Lendenpartie.

Gliedmaßen Zwar sind die Körperlinien der Sektion-B-Ponys lang,
aber die Röhrbeine sind kurz mit genügend »Knochen« in der Vorhand.

*Das Stockmaß ist nicht
höher als 1,32 m.*

Hufe Wie bei allen Welsh-Rassen sind
die Hufe ausgezeichnet und geben
selten Anlass zur Beanstandung.

Reiterspiele

Spiele vom Pferderücken aus sind seit Urzeiten in den Pferdekulturen verbreitet und in vielen Teilen Asiens immer noch Tradition. Bei der Kavallerie sah man sie als nützliches Training an, mit dem man die Truppe ideal in Form halten konnte. In Westeuropa werden die »Mounted Games« fast ausschließlich von jungen Reitern gespielt.

DIE SPIELE IM PONYCLUB

Die »Mounted Games«, auch Gymkhana genannt (das Wort stammt aus dem Indischen), haben im Konzept der Ponyclubs fast eine zentrale Bedeutung, vor allem in Ozeanien und in Großbritannien, wo diese Organisation für junge Reiter ihren Ursprung hat. So wurde beispielsweise in England eine Meisterschaft für die »Mounted Games« des Ponyclub bereits 1957 von Prinz Philipp, dem Duke of Edinburgh, ausgeschrieben. Sie heißt noch heute »Prince Philipp Games«. Die Endausscheidung findet jeweils im Oktober in London bei der Horse of the Year Show statt.

Vom Rücken eines Ponys aus kann man die verschiedensten Spiele spielen. Die bekanntesten sind wohl das Slalomrennen, das Sackhüpfen und die verschiedenen Stafettenrennen, von denen einige an militärische Übungen erinnern.

TRADITIONELLE WETT-BEWERBE

Bei den Spielen, die in Zentralasien, dem Iran und Afghanistan beheimatet sind, geht es mehr um den brutalen Wettkampf als um den Spaß. Außerordentlich gutes reiterliches Können und höchste körperliche Fitness sind erforderlich.

Das afghanische Spiel Buskaschi, bei dem sich bis zu 100 Spieler um den Kadaver einer Ziege streiten, ist ein Wettkampf aller gegen alle, aber es gibt auch weniger blutrünstige Spiele.

Kyzkuu wird in ganz Asien in unterschiedlichen Formen gespielt. Seinen Ursprung hat es im Brautraub der nomadischen Reitervölker. Mehrere Männer verfolgen ein Mädchen und versuchen, ihr wenigstens einen Kuss zu rauben. Es kann sich der Zudringlichen mit ihrer schweren Reitpeitsche erwehren oder sich natürlich auch dazu entschließen, ihrem Lieblingsbewerber nachzugeben.

Ringkämpfe auf dem Pferderücken, Oodarisch oder Sais genannt, sind ein beliebter Sport in Kasachstan und Kirgisien, während das rein akrobatische Reiten, Dschigit, in ganz Zentralasien praktiziert wird.

KAMPF UM ZELTPFLÖCKE

Seine spirituelle Heimat hat der Sport Tent-Pegging in Indien und Pakistan. Dort wird er sowohl von Zivilisten als auch von Militärpersonal ausgeübt. Einzelreiter oder Vierermannschaften versuchen, einen Pfosten aus Balsaholz mit einer Lanze zu treffen. Die volle Punktzahl gibt es, wenn es einem Reiter gelingt, den Pflock auf der Lanze 15 m weit mitzunehmen.

TENT-PEGGING (Oben) Dieser Wettbewerb fand in Australien während der Canberra-Show statt. Der Ursprung liegt bei der indischen Kavallerie. Sie ließ in einem feindlichen Lager Chaos ausbrechen, indem sie durch das Lager galoppierte und die Zeltpflöcke herauszog, so dass die Zelte über ihren Bewohnern zusammenfielen.

SLALOMRENNEN (Ganz oben) Das Slalomrennen ist bei Zuschauern von Reiterspielen immer beliebt. Außerdem ist es eine wunderbare Übung, um Gelenkigkeit und Gehorsam des Pferdes zu verbessern. Dabei wurden gleichzeitig die Reitfertigkeit des Reiters geprüft.

HUCKEPACKRENNEN (Links) Dieses flotte Spiel ist eine Abart des »Scharfschützenrennens«. Zwei Reiter reiten auf einem Pony, einer davon springt ab, um einen Ball auf ein Ziel zu werfen, und springt in rasantem Tempo wieder auf.

Welsh Cob

Der Welsh Cob ist zäh, ausdauernd und von Natur aus gesund. Er ist ein vielseitiges Pferd für die ganze Familie und trotz seines Temperamentes leicht zu handhaben und zu halten. Das Ursprungsland des Cob ist Cardiganshire.

URSPRÜNGE

Der Welsh Cob, der im Stutbuch mit Sektion D bezeichnet wird, stammt ursprünglich aus einer Kreuzung von Welsh-Mountain-Ponys mit römischen Importpferden. Im 11. und 12. Jahrhundert kreuzte man spanische Pferde im Berbertyp ein. Dadurch entstanden die Powys-Cob – die Pferde der englischen Kavallerie ab dem 12. Jahrhundert – und das Welsh Cart-Horse, ein kleineres, aber kraftvolles, heute jedoch ausgestorbenes Pferd.

DER MODERNE COB

Der moderne Welsh Cob entstammt einer Mischung der Powys-Cobs mit Norfolk Roadstern und Yorkshire Coach Horses im 18. und 19. Jahrhundert. Alle vier Cob-Linien gehen auf diese Pferde unter Zumischung arabischen Blutes zurück. Dennoch bleibt der Cob eine perfekte größere Version der ursprünglichen Basisrasse, des Welsh-Mountain-Ponys.

In früheren Zeiten waren die Cobs bei der Armee als Zug- und Reitpferde gefragt. Darüber hinaus wurden sie in den Städten gern als Kutschpferde für Molkereien und Bäckereien eingesetzt. Der heutige Cob brilliert im Geschirr und ist ein mutiges und trittsicheres Jagdpferd.

Erscheinungsbild Das Erscheinungsbild des Welsh Cob ist identisch mit dem des Welsh-Mountain-Pony.

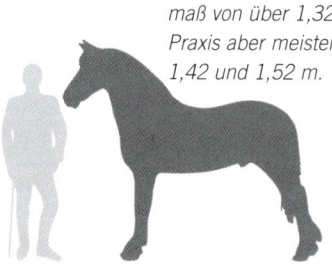

Der Welsh Cob hat ein Stockmaß von über 1,32 m, in der Praxis aber meistens zwischen 1,42 und 1,52 m.

KOPF Der auffallende, gut geformte Kopf des Welsh Cob zeigt deutlich das Erbe des Welsh-Mountain-Ponys. Wie beim Mountain-Pony (s. S. 218/219) ist das Profil leicht gebogen, die Augen sind groß und die Nüstern weit.

Farben Alle Farben sind zugelassen – mit Ausnahme von getupften Pferden und Schecken. Rappen, Braune, Füchse und Palominos überwiegen, aber es gibt auch cremefarbene und falbe Pferde. Dieser Welsh Cob ist ein Dunkelfuchs. Cymro Llwyd war ein Falbe oder Palomino und hat diese Färbung auch an die heutigen Welsh Cobs weitergegeben. Schimmel sind bei dieser Rasse selten.

GRÜNDERHENGSTE Die Gründerhengste der Sektion D waren: Trotting Comet (1840), der von Welsh-Cart-Horse- gemischt mit Norfolk-Roadster-Blut abstammte; True Briton (1830) von einem Yorkshire Coach Horse aus einer berühmten Araberstute; Cymro Llwyd (1850) von Bailey Arab vom Crawshay-Gestüt aus einer Welsh-Stute; und Alonzo der Mutige (1866), ein Norfolk Roadster.

WELSH PONY IM COB-TYP (OBEN) Das kleine Welsh Pony im Cob-Typ der Sektion C im Stutbuch (Stockmaß 1,32 m), ist ein hervorragendes Fahrpferd, ideal zum Wanderreiten und als Reit- und Jagdpony für Jugendliche und kleine Erwachsene. Es ist das Ergebnis einer Kreuzung zwischen Mountain-Stuten und kleineren trabenden Cobs. Dieses Pony, das man oft »Farm-Pony« nennt, wird für alle Arbeiten in bergigem Gelände eingesetzt und war das typische Zugpony für die Schiefertransporte von North Wales zu den Seehäfen. Als diese Linie 1949 auszusterben drohte, gab man ihr eine besondere Sektion im Stutbuch. Zwar ist die Linie wieder konsolidiert, aber der Einfluss des Welsh-Mountain-Ponys ist doch sehr stark.

VOLLBLUT-KREUZUNGEN Die Vollblutkreuzung mit Cobs, besonders eine zweite Rückkreuzung auf Vollblüter, bringt erstklassige Turnierpferde hervor, bei denen Größe, Rahmen und Schnelligkeit stimmen.

GANGWERK Der Welsh Cob geht frei und kraftvoll vorwärts. Die Vorhand wird aus der Schulter heraus gehoben und voll ausgestreckt, bevor der Huf wieder den Boden berührt.

FAHREN Welsh Cobs sind aufgrund ihres Gangwerks, ihres Leistungsvermögens und ihres Mutes ideale Fuhrpferde im Turniersport. Eine Vollbluteinkreuzung bringt zwar größere und schnellere Pferde, aber der Cob ist im Grunde der Nachfolger der großen Trabertradition der Norfolk Roadster und ist auch ohne Einkreuzung überragend.

Fesselbehang Ein feiner, seidiger Kötenbehang ist erlaubt, aber das Haar darf nicht derb oder drahtig aussehen.

RENNEN Bevor ein Hengst die Deckerlaubnis bekam, wurde er oft über eine vorgegebene Distanz getestet, meist 56 km. Die Strecke begann oberhalb von Dowlais und ging bis nach Cardiff und musste in einer Zeit unter drei Stunden geschafft werden.

Dales-Pony

Das Dales-Pony stammt aus den Hochtälern von Tyne, Allen, Wear und Tees in North Yorkshire. Es ist größer und von schwererem Körperbau als sein Nachbar, das Fell-Pony (s. S. 228/229), aber es hat dieselbe Abstammung. Die kräftigen Dales-Ponys arbeiteten in den Bleiminen von Allendale und Alston Moor, wurden unter Tage in den horizontalen Stollen eingesetzt und transportierten das schwere Bleierz zu den Seehäfen an der Mündung des Tyne. Auch in den Kohleminen, in der Landwirtschaft und als Packpferd wurden sie gern verwendet. Sie können Lasten tragen, die in keinem Verhältnis zu ihrer Größe stehen und bis zu zwei Zentner wiegen.

URSPRÜNGE

Früher waren die Dales-Ponys die besten Trabpferde im Geschirr oder unter dem Sattel und konnten, mit beträchtlichem Gewicht beladen, eine Meile (1600 Meter) in drei Minuten zurücklegen. Zur Verbesserung des Trabes kreuzte man im 19. Jahrhundert Welsh-Cob-Blut ein, besonders durch den Traberhengst Comet. Später wurde teilweise derart viel Clydesdale-Blut eingekreuzt, dass man 1917 das Dales-Pony als ein Pony mit zwei Dritteln Clydesdale-Blut ansah. Dennoch war es wegen seiner Stärke und seiner erstklassigen Hufe, Beine und Knochen gut für die Armee geeignet.

MERKMALE

Auch das heutige Dales-Pony hat noch die gleichen wunderbaren Knochen und Gliedmaßen sowie die harten, dunklen Hufe. Es ist ungeheuer stark und kann große Lasten tragen, seine Verwandschaft mit dem Clydesdale ist in seiner äußeren Erscheinung aber nicht mehr erkennbar. Es ist ein ausgesprochenes Leistungspferd vor der Kutsche, wird aber auch mehr und mehr als Reitpony benutzt. Im Dales-Pony vereinen sich Mut und Ausdauer mit einem sanften Wesen. Es ist leicht zu halten, hat eine ausgezeichnete Konstitution und ist selten krank. Aufgrund dieser Qualitäten ist es auch als Trekking-Pony beliebt.

Farben Als einziges Pferd englischer Rasse ist dieses Pony meistens schwarz. Manchmal kommen kastanienbraune oder rein braune Ponys vor wie das dunkelbraune auf der Abbildung; viel seltener sind Schimmel – möglicherweise ein Erbteil der Clydesdale-Vorfahren.

Maul Das Maul soll mittelgroß und fein sein.

KOPF Der Kopf des Dales-Pony zeigt nichts mehr von dem Clydesdale-Einfluss vergangener Zeiten. Die Stirn zwischen den strahlenden und freundlichen Augen ist breit, und die kleinen Ponyohren sind aufmerksam und beweglich. Der Ausdruck ist ausgesprochen intelligent.

Rücken Das Dales-Pony ist äußerst stark, es hat einen kurzen Rücken und insgesamt ein gutes Gebäude. Dadurch ist es ein ausgezeichneter Lastenträger und hat saubere, kraftvolle Gänge; besonders der Trab ist hervorragend.

BROT FÜR LONDON Auf dieser Radierung aus dem Jahre 1840 sind die Dales-Ponys, die Nahrungsmittel nach London tragen, nicht ganz exakt dargestellt, aber das Bild zeigt doch, welch enorme Lasten die Packpferde über die damals unwegsamen Straßen tragen konnten.

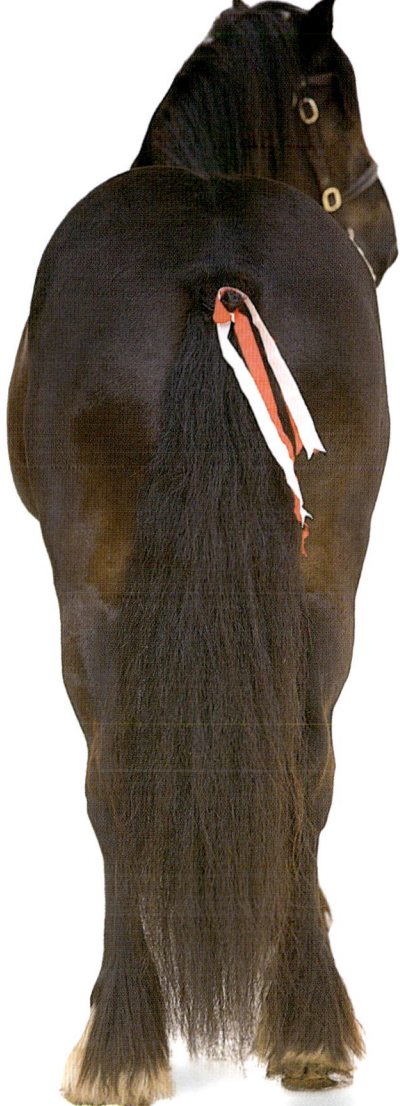

Gurtentiefe Der Rassestandard schreibt eine gute Gurtentiefe, verbunden mit gut gerundetem Rippenbogen vor.

Hufe Jahrhundertelang waren die Dales-Ponys für ihre ausgezeichneten und harten Hufe berühmt, die mit einem seidigen Kötenbehang geschmückt sind.

VON HINTEN GESEHEN Sieht man ein Dales-Pony von hinten, hat man den Eindruck von großer Kraft, die in einer kompakten Form gebündelt ist. Das Pferd hat außerordentlich energische Bewegungen und geht mit viel Vorwärts und viel Schub aus der starken Hinterhand ganz geradeaus.

Stockmaß: Nicht über 1,42 m.

Fell-Pony

Das Fell-Pony lebte immer am nördlichen Rand des Pennini-
schen Gebirges in den wilden Mooren von Westmorland und
Cumberland, während sein Nachbar und Verwandter, das
Dales-Pony (s. S. 226/227), auf der anderen Seite der
Penninen in North Yorkshire, Northumberland und
Durham beheimatet war. Beide Ponyrassen haben
dieselben Wurzeln und haben sich gemäß den
an sie gestellten Anforderungen entwickelt.

URSPRÜNGE

Mit ziemlicher Sicherheit hatte der schwarze Friese (s. S. 104/
105), der von den primitiven europäischen Waldpferden abstammt, in früheren Jahrhunderten Einfluss auf diese nördlichen
Rassen. Die Friesen mit ihren schwarzen Pferden bildeten eine
Hilfskavallerie bei den römischen Legionen, die in Nordeuropa
stationiert waren.

Den größten Einfluss hatte jedoch das starke und schnelle Galloway-Pferd, dessen Einfluss im heutigen Fell-Pony noch deutlich zu
sehen ist. Der Galloway war das Pferd der Küstenräuber und später
der schottischen Viehtreiber. Es wurde zwischen Nithsdale und dem
Mull of the Galloway gezüchtet; und obwohl es seit dem 19. Jahrhundert ausgestorben ist, lebt sein qualitätsvolles Erbgut noch in
verschiedenen englischen Pferderassen weiter. Der Galloway
hatte ein Stockmaß zwischen 1,30 und 1,40 Meter. Er war
hart, trittsicher, besaß große Ausdauer und war
unter dem Sattel und im Geschirr sehr schnell.
Möglicherweise bildete diese Rasse auch
die Grundlage der »Rennpferde«, welche
wiederum im 17. und 18. Jahrhundert
durch östliche Pferde veredelt wurden und
aus denen später der Vollblüter entstand.

MERKMALE

Einst war das Fell-Pony ebenso wie sein Nachbar, das
Dales-Pony, ein Packpferd. Vermutlich wurde es aber,
da es leichter als das Dales-Pony und ein bemerkenswerter Traber war, in dem rauen Stockmoor auch
viel unter dem Sattel und im Geschirr gebraucht.
Heutzutage dient es beiden Zwecken und gilt darüber
hinaus als ausgezeichnete Zuchtbasis für die Kreuzung mit anderen Rassen.

Schultern Die Schulter ist ein äußerst
wichtiger Teil des Gebäudes. Beim
Fell-Pony liegt sie gut zurück und ist
von guter Schräge, wodurch diese
Rasse als Reitpony geeignet ist; der
Widerrist ist nicht zu fein.

Ohren Das Fell-
Pony hat kleine, gut
geformte Ohren.

Ganaschen
Die Ponys
haben eine
feine Gana-
schenpartie.

PROFIL Das Fell-Pony ist für seinen kleinen, qualitätsvollen Kopf bekannt – eine breite Stirn, ein
feines Maul und große, weit offene Nüstern. Die
strahlenden Augen beherrschen das Gesicht und
geben ihm einen intelligenten Ausdruck; sie spiegeln
das gleichmäßige Temperament der Rasse wider.

»HART WIE EISEN« Der Rassestandard schreibt vor, die Konstitution des Fell-Ponys müsse »hart wie Eisen« sein. Im 18. Jahrhundert wurden die Fell-Ponys als Packponys benutzt und trugen eine Last von etwa 95 kg und legten in der Woche rund 400 km zurück.

LINGCROPPER Lingcropper war der berühmteste Fell-Hengst. Er lebte im 18. Jahrhundert und war vielleicht ein Galloway-Pferd. Er wurde während der Jacobiter-Aufstände in Stainmore, Westmorland, gefunden – er fraß Heidekraut (= cropping the ling), trug aber noch seinen Sattel.

KUTSCHE FAHREN Der schnelle und gleichmäßige Trab des Fell-Ponys in Verbindung mit seinem Mut, seiner Ausdauer und seinem Leistungswillen machen es zum idealen Fahrpony. Der Herzog von Edinburgh fuhr Fell-Ponys auf Turnieren.

Farben Die Fellfarben sind Schwarz, Braun wie hier, Kastanienbraun und Weiß. Weiße Abzeichen sind unerwünscht, nur einen Stern sieht man hie und da.

Schweif Die volle Mähne und den vollen Schweif des Fell-Ponys lässt man lang wachsen.

PERSÖNLICHKEIT Der Gesamteindruck des Fell-Ponys ist der von Stärke in Verbindung mit Qualität und großer Wachheit.

GANGWERK Die Bewegung wird als »smart und sauber« mit guter Aktion der Vor- sowie der Hinterhand beschrieben; das Pony geht aus der Schulter heraus, die Sprunggelenke sind elastisch. Es ist schnell und ausdauernd.

Gliedmaßen Ein wichtiges Merkmal der Rasse sind die flachen, starken Röhrbeine. Der Rassestandard schreibt einen Röhrbeinumfang von mindestens 20 cm vor.

Sprunggelenke Die Sprunggelenke sind stark und beweglich und geben dem Pony einen kraftvollen Schub aus der Hinterhand.

Hufe Die Hufe sind bemerkenswert hart, von dunklem Horn, rund, gut geformt und in der Lage, auf den hohen, steinigen Pässen der Hochmoore zu laufen. Ein weiteres Merkmal ist der volle, feine Kötenbehang.

Das Stockmaß geht nicht über 1,40 m.

Highland-Pony

Das heutige Highland-Pony ist das Resultat zahlreicher Kreuzungen, obwohl die Ursprünge der Rasse sehr alt sind. In Nordschottland und auf den schottischen Inseln gab es bereits kurz nach der Eiszeit Ponys, und das Highland-Pony zeigt eindeutig Ähnlichkeit mit den Höhlenzeichnungen in Lascaux/Frankreich.

URSPRÜNGE

Um 1535 schenkte König Ludwig XII. von Frankreich Jakob V., König von Schottland, einige Pferde – einen Percheron-Typ –, welche zur Verbesserung der einheimischen Pferde eingesetzt wurden, wie man es später im 17. und 18. Jahrhundert denn auch mit spanischen Pferden handhabe. Die Herzöge von Athol, die Ersten unter den alten Highland-Züchtern, kreuzten im 16. Jahrhundert noch orientalisches Blut zu; und John Munro-Mackenzie gründete im 19. Jahrhundert mit dem berühmten Araber Syrian auf der Insel Mull die berühmte Calgary-Linie. Stammvater der Highland-Rasse war Herd Laddie von Highland Laddie, 1881 geboren und 1887 vom Gestüt Athol angekauft.

MERKMALE

Das starke Highland-Pony war Schottlands ureigenes Allzweckpferd und hat sich diese Vielfalt bewahrt. Highlands sind erstklassige Reitponys und Lastenträger und auch unter schwierigsten Bedingungen trittsicher. Hunderte von ihnen werden in Schottland beim Trekking eingesetzt.

Das Stockmaß geht nicht über 1,42 m hinaus.

Hals *Der Hals ist stark, aber niemals kurz, der Kehlgang ist klar gezeichnet.*

IM KRIEG Besonders in den Jacobiter-Aufständen des 18. Jahrhunderts wurden Highland-Ponys eingesetzt. In den Burenkriegen in Südafrika (1899–1902) wurden sowohl die Lovat Scouts als auch die »Marquis of Tullibardine`s Scottish Horse« mit Highland-Ponys beritten.

GESAMTERSCHEINUNG Das kompakte Gebäude des Highland sowie sein ausgeglichenes Wesen sind die besten Voraussetzungen für eine Kreuzung mit Vollblütern. Das erste Kreuzungsprodukt sind sensible Hunter, das zweite meist gute Turnierpferde.

IN DEN HIGHLANDS Highland-Ponys sind leicht zu halten, sie können auf rauen Weiden leben und brauchen kaum Zufutter. Sie gehen beherzt auch durch Sümpfe und sind außerordentlich trittsicher. Sie haben eine robuste Gesundheit, sind frei von Erbkrankheiten und besonders langlebig. Außerdem ist das Highland-Pony sanft und dem Menschen zugetan, aber nicht langweilig.

Farben Wenige Rassen haben eine solche Farben-
vielfalt wie die Highlands. Es gibt Falbe mit Grauton
wie hier, Mausfarbene, Gelbe, Goldfarbene, Creme-
und Fuchsfarbene. Auch Schimmel, Braune, Rappen, schimmernd Kastanienfarbene und manchmal
auch Dunkelfüchse mit silbernen Mähnen und
Schweifen kommen vor. Die meisten haben einen
Aalstrich und manche Zebrastreifen an den Beinen.
Morelle, der erste im Jahre 1853 registrierte Hengst
auf dem Athol-Gestüt, war ein Schecke – eine Färbung, die heute nicht mehr zugelassen ist.

Aalstrich Der Aalstrich ist auf
dem Rücken dieses Highland-
Ponys deutlich sichtbar.

Nüstern Die Nüstern
sind sehr weit.

KOPF Ein guter Highland-Kopf zeigt nichts
mehr von dem früheren Clydesdale-Einfluss.
Die Stirn ist breit, zwischen Augen und Maul ist
der Kopf kurz, und die Nüstern sind weit. Das
Gesicht hat einen freundlichen Ausdruck.

Gliedmaßen Die Highland-Ponys
haben kurze Röhrbeine mit trockenen Knochen; die Vorderbeine sind
sehr stark, die Karpalgelenke groß
und sauber. Die Ponys haben einen
feinen, seidigen Kötenbehang.

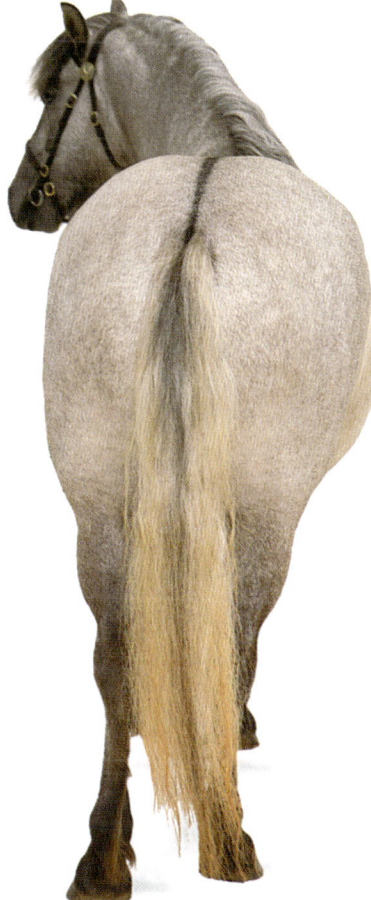

Hufe Außerordentlich gute Hufe redu-
zieren Erkrankungen in diesem Bereich
auf ein Minimum, solange die Ponys
nicht auf zu gute Weiden kommen bzw.
überfüttert werden.

VON HINTEN GESEHEN Die Oberschenkelpartie ist ausgesprochen gut entwickelt. Der Schweif
ist meist hoch angesetzt und wie die Mähne und
der Kötenbehang fein und seidig. Der Kötenbehang endet an der Fessel in einem Federbusch.

Connemara

Der Connemara ist nach dem wilden, öden Teil Irlands westlich von Loughs Corrib und Mask benannt. Er ist das einzige »einheimische« irische Pferd. Um das heutige exzellente Pony zu züchten, wurden viele verschiedene Rassen eingekreuzt.

URSPRÜNGE

Im 16. und 17. Jahrhundert ergaben Kreuzungen mit Berbern und spanischen Pferden den berühmten Irish Hobby. Der Hobby, Vorgänger des Connemara, war ein hartes, flinkes Pferd, das ähnlich wie das Galloway-Pferd in der Entwicklung des Vollblüters eine gewisse Rolle spielte. Im 19. Jahrhundert wurden dann Araber importiert, und viele der staatlichen Zuchten kreuzten Welsh Cobs, Vollblüter, Roadster oder Hackneys und auch den weniger wünschenswerten Clydesdale ein, um eine Degeneration der einheimischen Pferde zu verhindern. Darüber hinaus gab es Irish-Draught-Hengste ebenso wie eine direkte Linie zum berühmten reinen Araberhengst Naseel. Das bekannte Springpferd Dundrum stammt von dem Vollbluthengst Little Heaven ab und kam aus der Carna-Dun-Linie.

STUTBUCH

Die Connemara Pony Breeders` Society wurde 1923 gegründet, die English Connemara Society im Jahre 1947. Der erste ins Stutbuch aufgenommene Hengst war Cannon Ball, der 1904 geboren wurde. Er gewann sechzehn Jahre lang nacheinander das Bauernrennen in Oughterard. Auch die Hengste Rebel, geboren 1922, und Golden Gleam, zehn Jahre später geboren, prägten die Rasse entscheidend.

MERKMALE

Das Endprodukt ist wohl das beste Turnierpony überhaupt. Der Connemara ist schnell, mutig, sensibel und hat ein bemerkenswertes Springvermögen. Seiner natürlichen Umgebung in Connemara verdankt das Pony Härte, Ausdauer und seinen besonderen Charakter.

Hals Der Connemara hat einen schönen langen Reitpferdehals.

Schultern Gute Reitpferdeschultern führen zu einer natürlichen Vorliebe fürs Springen – das Markenzeichen des modernen Ponys.

Vorhand Die gut proportionierte Vorhand ist ein typisches Merkmal des Connemara.

Knochen Ein Röhrbeinumfang von 17 bis 20 cm ist nicht unüblich.

KOPF Der Kopf des Connemara ist klein und trocken und spiegelt den orientalischen Einfluss wider. Trotz der vielen verschiedenen Kreuzungen wurde ein Pony von fixiertem Typ erreicht. Der Connemara kann sowohl von Erwachsenen als auch von Kindern geritten werden, er ist also ein ausgesprochen vielseitiges und umgängliches Pferd.

IDEALES TURNIERPFERD Connemara-Ponys wurden in großer Zahl auf den Kontinent exportiert, wo sie weitergezüchtet wurden. Sie gelten als ideales Turnierpferd für Jugendliche und unterliegen in Deutschland einer strengen Zuchtprüfung.

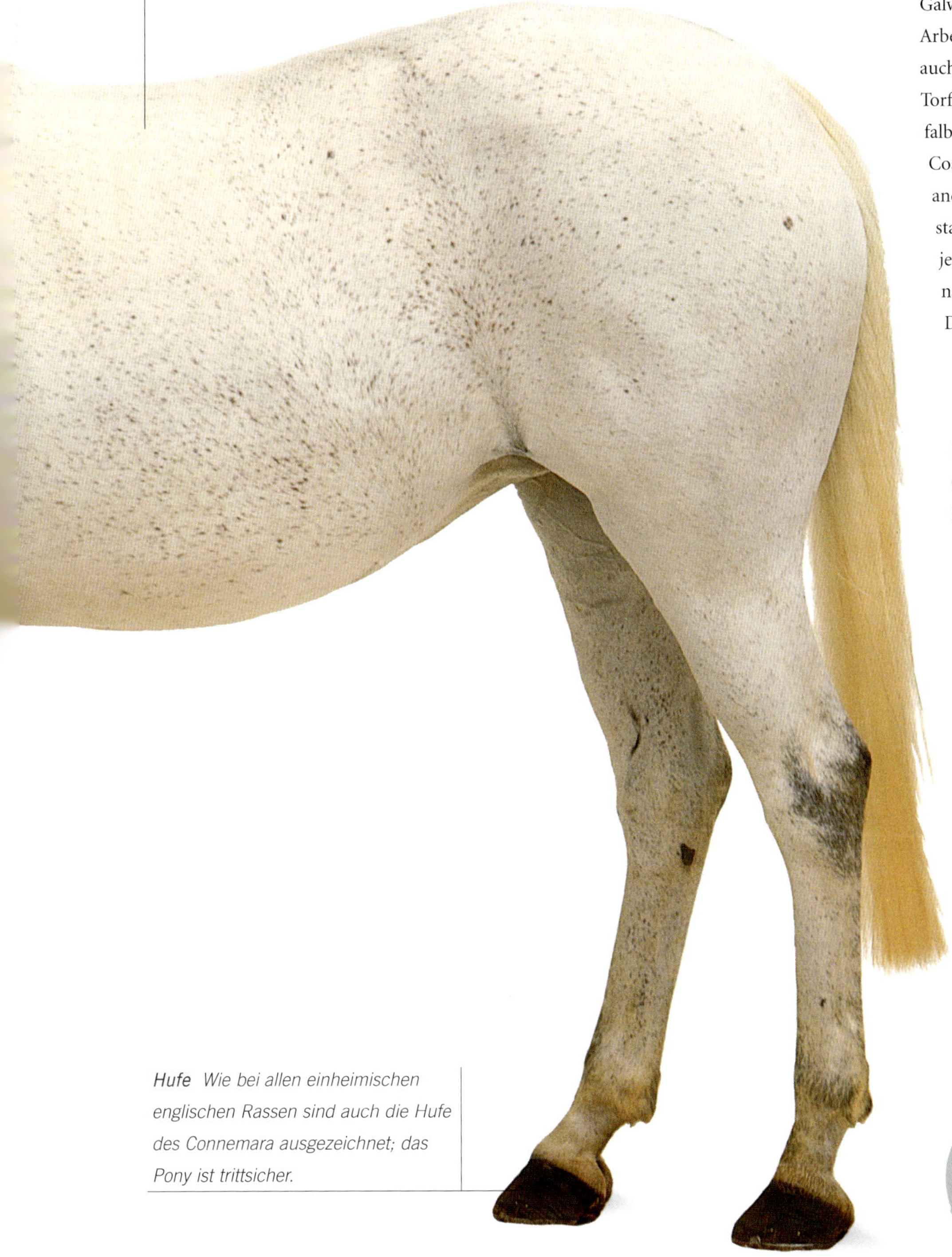

Farben Die Fellfarben sind Weiß wie hier, Falb, Schwarz, Kastanienbraun und Braun und manchmal auch Rotschimmel- oder Fuchsfarben. Gescheckte und getupfte Pferde sind nicht erwünscht.

ARBEIT IN DER LANDWIRTSCHAFT Im fernen Galway wurden die Connemaras früher für sämtliche Arbeiten in der Landwirtschaft herangezogen und auch als Packpferde benutzt, um Algen, Kartoffeln, Torf und Getreide zu transportieren. Über den alten falbfarbenen Connemara-Schlag schrieb Professor Cossor Ewart: »Sie überleben selbst dort, wo alle anderen, außer wilden Ponys, verhungern würden … stark und hart wie Maultiere, fruchtbar und ohne jede Erbkrankheit – wäre ihr Aussterben ein nationaler Verlust« (Royal Commission Report Congested Districts Boards, 1987).

ERSTKLASSIGE PFERDE Kreuzt man den Connemara mit Vollblütern, so erhält man erstklassige Turnierpferde.

TYP »… ein extrem harter, widerstandsfähiger Ponytyp mit starkem Berber- und/oder Arabereinschlag.« Beschreibung von Mr. Ussher C. B. für die Königliche Kommission im Jahre 1897.

GEBÄUDE Eleganz, verbunden mit Substanz, guten Proportionen, einem angenehmen Äußeren und guten Reiteigenschaften – das sind die Qualitäten dieses brillanten Leistungsponys. Der kompakte Rumpf ist bemerkenswert tief.

Hufe Wie bei allen einheimischen englischen Rassen sind auch die Hufe des Connemara ausgezeichnet; das Pony ist trittsicher.

Der Connemara hat ein Stockmaß zwischen 1,30 und 1,47 m.

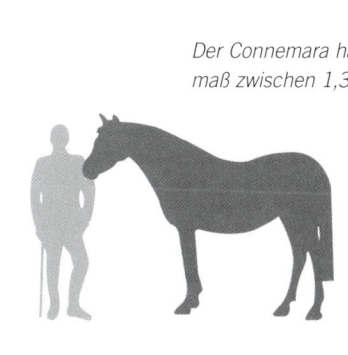

New-Forest-Pony

Jahrhundertelang wurde das New-Forest-Pony von seiner Umgebung in einem Waldgebiet im Südwesten von Hampshire geprägt, durch das die wichtigsten Straßen nach Westen führen.

VOLLBLÜTER (links) Der Vater von Eclipse, dem möglicherweise besten Rennpferd aller Zeiten, war Marske, der ab 1765 für eine kurze Zeit auch Forest-Stuten deckte. Als der Ruf von Eclipse gefestigt war, kehrte Marske ins Gestüt nach Yorkshire zurück.

URSPRÜNGE

Seit dem Erlass von Canutes »Forest Law« im Jahre 1016 gab es immer wieder Bestrebungen, die Rasse zu verbessern. 1208 beispielsweise wurden Welsh-Stuten ins Zuchtgebiet gebracht; im 18. Jahrhundert deckte der Vollbluthengst Marske für kurze Zeit Forest-Stuten, und im 19. Jahrhundert lieh Königin Victoria Berber- und Araberhengste aus. Dennoch waren im Grunde Lord Cecil und Lord Lucas die beiden großen, vielleicht sogar innovatorischen »Verbesserer« der Rasse. Gemeinsam führten sie Highlands, Fells, Dales, Dartmoors, Exmoors und Welsh Ponys ein. Lord Lucas brachte sogar ein Basuto-Pony aus dem Burenkrieg mit. Erstaunlicherweise entstand aus diesem Gemisch ein unverwechselbarer Typ.

MERKMALE

Das heutige, auch unter wirtschaftlichen Aspekten rentable New-Forest-Pony ist meist ein Produkt der Gestüte, hat aber noch den besonderen Charakter und das Gangwerk, die durch seine natürliche Umgebung geprägt sind. Die Ponys haben Reitpferdeschultern und typische lange, flache Gänge, was besonders beim langsamen Galopp, der besten Gangart des »Foresters«, zum Ausdruck kommt. An das Zusammensein mit Menschen gewöhnt, sind die Ponys leicht zu handhaben und nicht so aufgeweckt und gerissen wie andere einheimische Ponyrassen.

Die Obergrenze liegt bei 1,42 m; Ponys, die nicht auf Gestüten gezüchtet werden, sind oft kleiner.

STAMMVÄTER Stammväter sind Denny Danny, der durch Dyoll Starlight eine Verbindung zum Welsh-Pony hatte, Goodenough und Brookside David, beide waren mit Field Marshall verwandt, Brooming Slipon und Knightwood Spitfire, Enkel des Highland-Hengstes Clansman.

POLOPONY-BLUT Einen entscheidenden Einfluss auf die Zucht der Forester hatte der Polopony-Hengst Field Marshall aus einer Welsh-Stute. Er stand 1918/1919 in Forest.

FUTTER Im Forest gezogene Pferde leben auf den Moorhügeln im Sumpf und lieben besonders die Spitzen des Stechginsters.

Gliedmaßen Gute, starke Gliedmaßen. Die Gänge sind frei, lang und flach, die beste Gangart ist der Galopp. Foresters sind wunderbare Geländeponys

Schultern Die Schultern sind lang und schräg – richtige Reitponyschultern.

ZUCHTVERBAND Der Zuchtverband ist die New Forest Pony Breeding and Cattle Society, die 1938 aus einer Zusammenlegung verschiedener früherer Züchtervereinigungen entstand. Das eigene Stutbuch wurde 1960 erstellt.

Kopf Das New-Forest-Pony variiert im Typ und hat manchmal fast einen »Pferdekopf«. Der Gesamteindruck ist sehr intelligent; diese Ponys lernen schnell.

Farben Es gibt alle Farben außer getupften und gescheckten Pferden und cremefarbenen mit blauen Augen. Kastanienbraune, wie auf der Abbildung, und Braune sind am häufigsten.

Körper Der Forester ist ein Allround-Reitpony und hat einen guten tiefen Rumpf.

Hufe Wie die meisten Ponyrassen ist auch diese sehr trittsicher.

DURCH DIE UMGEBUNG GEPRÄGT Der Forest mit seinem ausreichenden, um nicht zu sagen üppigen Futterangebot hat den besonderen Charakter des New-Forest-Ponys geprägt. Trotz der Einkreuzung so vieler verschiedener Rassen brachte der Forest das hervor, was Lord Cecil als »die geheime Macht der Natur« bezeichnete, »die alles zerschleift und alle diese verschiedenen Rassen zu dem Typ verschmelzen lässt, der dem Land am besten angepasst ist«.

Reitpony

Das Reitpony wurde speziell für den Turniersport entwickelt. Es ist für die jugendlichen Reiter das Äquivalent zum hochblütigen Erwachsenen-Turnierpferd. Die besten ihrer Art gehören zu den bestproportionierten Pferden der Welt, besonders in der mittleren Größe zwischen 1,22 und 1,32 Meter Stockmaß.

Hals *Der anmutige Bogen geht am Widerrist und an der Schulter weich in den Körper über.*

URSPRÜNGE

Die Entwicklung des Reitponys in einem Zeitraum von nicht mehr als einem halben Jahrhundert ist ein Paradebeispiel für umsichtige Zuchtplanung, bei der am Ende ein Ergebnis steht, das genau den gewünschten Anforderungen entspricht. Das Reitpony entstand aus einer Mischung englischer Pferde (hauptsächlich Welsh, einige Dartmoors), Arabern und Vollblütern. Die Schaffung einer so einheitlichen Ponyrasse ist zwar nicht ein Ereignis, das sich an Bedeutung mit der Schaffung des Englischen Vollbluts vergleichen lässt, aber es ist doch bemerkenswert und in der Geschichte der Pferdezucht ohnegleichen.

MERKMALE

Das Reitpony bewegt sich anmutig und in perfektem Gleichgewicht aus der Schulter heraus mit den freien, langen und flachen Bewegungen des Vollblüters. Es hat zweifelsohne das heiße Blut dieser Vorfahren geerbt, aber auf der anderen Seite auch den guten Charakter, die Knochen und die Substanz seiner einheimischen Vorfahren.

PROFIL Das Aussehen des Reitponys ist das eines perfekt proportionierten kleinen Vollblüters. Dabei ist es kein Pferd und hat den typischen Ponyausdruck auch nicht verloren.

Mähne und Ganaschen *Die Mähne ist seidenweich. Die Ponys haben eine gute Ganaschenfreiheit und können den Nacken frei bewegen.*

Augen und Ohren *Die Ohren sind klein und beweglich, die Augen groß und wohlgeformt.*

Schultern *Das Pony hat ausgesprochene Reitpferdeschultern. Das Schulterblatt ist lang und von guter Schräge, der Oberarmknochen kurz.*

Maul *Das Maul ist klein, die Nüstern sind groß und können dadurch viel Luft aufnehmen.*

Karpalgelenke *Die Muskeln über den Karpalgelenken sind groß und lang, im Röhrbeinbereich sind sie kurz. Das Karpalgelenk selbst ist flach und groß.*

Das durchschnittliche Stockmaß liegt bei 1,32 m. Bei Turnieren teilt man die Ponys in drei Kategorien ein: bis zu 1,22 m, 1,22 bis 1,32 m und 1,32 bis 1,42 m.

KOPF Die Haut am Kopf ist dünn, die Adern scheinen durch. Man hat den Eindruck von großem Adel und Intelligenz, dennoch blieb der Ponycharakter erhalten. Ein Pferdekopf auf einem Ponykörper ist unterwünscht.

WACHHEIT Wachheit ist ein entscheidendes Attribut des Reitponys. Seine Persönlichkeit und seine absolute Qualität wecken die Aufmerksamkeit des Betrachters und sagen unmissverständlich: »Schau mich an!«

Hinterhand Die Hinterhand ist gut bemuskelt, aber nicht schwer oder besonders rund. Sie geht in gut bemuskelte Beine über.

Schweif Der Schweif ist gut und hoch angesetzt. Ein niedrig angesetzter Schweif gilt als Gebäudefehler.

FARBEN Das Pony auf diesem Bild ist ein Palomino. Reitponys können jede Farbe haben: Schwarz, Braun, Kastanienbraun (wie das groß abgebildete Pony) und sogar Rotschimmelschattierungen.

Körper Der Widerrist ist deutlich gezeichnet, der Rücken mittellang, der Rumpf gut gerippt und die Brust tief. Gute Reitponys haben einen fast perfekten Körper.

Sprunggelenke Das Sprunggelenk ist groß, fest und trocken. Es steht nahe am Boden und in einer Linie mit der Kastanie an der Vorhand.

Hinterbeine Die Hinterbeine sind für Schnelligkeit geschaffen. Die lange Linie von der Hüfte zum Sprunggelenk ermöglicht optimal schwungvolle Gänge.

Hufe Die Hufe sind von bester Qualität. Sie sind gleichmäßig groß, offen, gut geformt und hart. Reitponys haben keinen Kötenbehang.

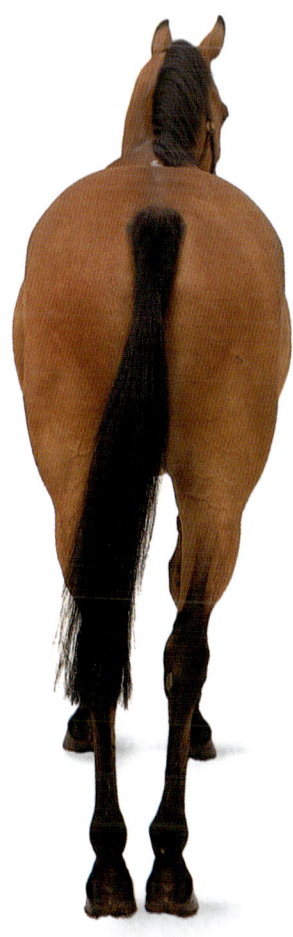

VON HINTEN GESEHEN Der Blick von hinten zeigt ein Bild der Symmetrie. Die Gänge sind ganz gerade und sauber, die Hinterhand tritt exakt in die Spur der Vorhand.

Eriskay

Die Ponys der westlichen Inseln Schottlands haben eine lange Tradition. Als Basis diente das größere und besser bekannte Highland-Pony (s. S. 230–231). Durch Einkreuzungen wurden die alten, reinrassigen Ponys immer weniger, bis schließlich nur noch eine Handvoll von ihnen auf der winzigen Insel Eriskay übrig blieb.

PONY DER KLEINBAUERN

Als 1968 Anhänger dieser Ponys sich zusammentaten, um die Rasse wieder aufzubauen, nannten sie die Ponys Eriskay. Heute gibt es einen aktiven Verband für die Eriskays, der über 300 Ponys betreut. Die Rasse gilt jedoch immer noch als gefährdet.

Im 19. Jahrhundert wurden die Ponys auf den Inseln für alle Arbeiten auf den Kleinbauernhöfen eingesetzt. Der Ruf nach größeren, stärkeren Ponys führte zu Kreuzungen der einheimischen Ponys mit Clydesdales, Fjordpferden und einigen Arabern. Eriskay lag zu weit weg, um davon beeinflusst zu werden. Es gab keine Blutzufuhr von außen. Um 1970 umfasste die Herde auf Eriskay nur noch ungefähr 20 Tiere.

Derzeit gilt das Eriskay als einziges Überbleibsel der alten Rasse der westlichen Inseln Schottlands im Typ des ursprünglichen, primitiven Ponys. Die Gesellschaft für gefährdete Rassen (Rare Breeds Survival Trust) stuft es noch heute als »kritisch« ein.

Das Eriskay erreicht ein Stockmaß von 1,22 bis 1,35 m.

Vorhand *Der Hals hat eine gute Länge und ist auf einer schrägen Schulter hoch angesetzt. Die Brust ist nicht zu breit, der Kopf passt in seinen Proportionen dazu.*

CHARAKTER Die Männer von Eriskay verdienten ihren Lebensunterhalt auf See. So war die Arbeit auf den kleinen Bauernhöfen den Frauen, Kindern und Ponys überlassen. Die Ponys lebten mit den Menschen auf engem Raum zusammen und mussten daher von gutem, freundlichem Wesen sein.

Rücken *Der Rücken ist ein Pluspunkt dieser Rasse, denn er ist von sehr starker Struktur mit kurzer, kraftvoller Lendenpartie. Dies bei mittlerer Länge und nicht übermäßiger Breite.*

Hinterhand *Die Kruppe fällt zum Schweif hin leicht ab und geht in eine starke, aktive Hinterhand über. Das Becken ist weit genug und verstärkt noch den Eindruck von Standfestigkeit. Die Proportionen der Hinterhand sind gut und ausgewogen.*

ROBUSTRASSE Die Umgebung war hart und schwierig, das Klima nass, windig und kalt, das Futter war mager. Oft mussten sich diese Ponys vom Tang der Küste ernähren. Die Rasse passte sich an und legte sich ein dichtes, Wasser abweisendes Fell und üppige, schützende Schweife zu. Im Laufe der Jahrhunderte, vermutlich 4000 Jahre lang, entwickelte sie Robustheit und Ausdauer von unübertroffener Qualität. Das moderne Pony ist das ideale Reittier für Kinder. Es springt gut und eignet sich auch zum Fahren.

Schweif *Der Schweif ist so dick, dass er seine Schutzfunktion erfüllen kann, fühlt sich aber nicht grob an. In dieser Rasse kommen hauptsächlich Schimmel vor, aber gelegentlich auch Rappen oder Braune.*

Rumpf *Das Pony hat einen tiefen Rumpf bei guter Gurtentiefe. Gut gerundete Rippen ergeben eine Bewegungsmanier, die das Reiten erleichtert.*

ARBEITSPONY Die eifrigen, trittsicheren Ponys von Eriskay erledigten auf den Kleinbauernhöfen alle anfallenden Arbeiten. Sie trugen Torf und Algen in Körben, die zu beiden Seiten des Rückens angebracht wurden, waren fähig, Karren über unebenen Boden zu ziehen, wurden vor die Egge gespannt und trugen die Kinder in die Schule.

Gliedmaßen *Die Beine tragen einen federartigen Behang und sind trocken, so dass die Knochen gut zu erkennen sind. Die Hufe sind gesund und hart.*

Lundy-Pony

Die Insel Lundy wird als Granitbrocken beschrieben, der sich mit einer Ausdehnung von ungefähr 5,6 auf 0,8 Kilometern dort aus dem Meer erhebt, wo der Bristolkanal in den Atlantik mündet. Die Insel ist genau in der Nord-Süd-Achse ausgerichtet und deswegen auf der Westseite den tobenden Südweststürmen ausgesetzt, während die Ostseite etwas geschützter ist. Es gibt zahlreiche Pflanzen und Tiere auf der Insel und seit 1928 auch eine Ponyherde.

DIE LUNDY-HERDE

Im Jahre 1928 kaufte der Besitzer der Insel, Martin Coles Harman, New-Forest-Ponys, um sie auf Lundy auszusetzen. Nach einer ereignisreichen Seereise mussten die Ponys an Land schwimmen. Einer der zwei Hengste, die man für das Experiment einsetzte, war ein Vollblüter, dem, ebenso wie seinen Nachkommen, erwartungsgemäß die harten Bedingungen im Winter nicht gut bekamen. Die später eingeführten Welsh- und Connemara-Hengste akklimatisierten sich wesentlich besser, und gerade der Connemara-Einkreuzung ist der heutige Typ des Lundy-Ponys zu verdanken. Den Haupteinfluss hatte der Connemara-Hengst Rosenharley Peadar, allerdings wurden in den siebziger Jahren des 20. Jahrhunderts auch New-Forest-Hengste eingesetzt.

Es hat immer »Experimente« gegeben, einheimische Pferdebestände zu verbessern. Das New-Forest-Pony hat diesbezüglich in seinem ursprünglichen Lebensraum mehr mitgemacht als andere Rassen (s. New Forest, S. 234–235), aber es besteht kein Zweifel, dass im Falle des Lundy-Ponys vor allem durch die Einkreuzung des Connemara eine wertvolle, eigenständige und qualitätsvolle Rasse entstanden ist, die sich durch Zähigkeit und Robustheit auszeichnet.

Das Lundy-Pony erreicht ein durchschnittliches Stockmaß von 1,35 m.

Hinterhand Die Hinterhand und die gefällige, symmetrische Silhouette spiegeln den starken Connemara-Einfluss auf der Basis des New-Forest-Ponys wider. Die gut gebaute Hinterhand zeugt von Springveranlagung.

Rumpf Der kompakte Rumpf und die kräftige Lendenpartie sind Pluspunkte dieses Ponys. Mit diesem Gesamtgebäude und der starken Konstitution ist es ein ideales Turnierpony.

Hinterbeine Die Hinterbeine sind bis weit auf den Unterschenkel hinunter gut bemuskelt. Gelenke und unterer Beinbereich sind korrekt gebaut.

Hals Der Hals ist bei diesem Tier besonders gut geformt. Er ist von passender Länge, bemuskelt, elegant und bürgt für gute Reiteigenschaften.

Kopf Ein pfiffiger Pony-kopf ohne grobe Elemente mit wunderbar aufmerksamem Ausdruck.

Schulter Die kräftige, schräge Schulter ist charakteristisch für Connemaras. Dieses hier ist besonders gut gebaut. Die Gurtentiefe ist mehr als ausreichend.

Vorderbeine Ausgezeichnete Vorderbeine; Der Unterarm ist gut bemuskelt, die Brust ist offen und nicht zu breit. Hufe, Gelenke und Knochen sind bestens strukturiert.

UNTERSCHIEDE Zwar sind die Lundy-Ponys eine eigenständige Rasse, aber trotzdem weichen die Tiere auf den Britischen Inseln aufgrund der Connemara-Bluteinmischung in Typ und Aussehen von der eigentlichen Lundy-Herde mit ihren ungefähr 20 Tieren ab. Der derzeitige Lundy-Hengst ist ein Enkel von Rosenharley Peadar.

FARBEN Die Gesellschaft zur Erhaltung des Lundy-Ponys hat ein gut funktionierendes System des Sponsorings ins Leben gerufen. Aufgrund ihres guten Charakters sind die Ponys die idealen Allround-Reittiere für Kinder. In der Inselherde kommen als Hauptfarben creme- und goldfarbene Falben sowie Braune vor. Wo New-Forest-Hengste eingesetzt wurden, sind die Hauptfarben Dunkelfalb und Braun.

Shetland-Pony

Die Heimat des kleinsten britischen Ponys sind die Shetland-Inseln, etwa 18,5 Kilometer nordöstlich von Schottland. Es gibt dort Steine im Überfluss, und der Boden ist oft nur mit einer dünnen Schicht Erde bedeckt, die nur wenig hartes Gras und kümmerliches Heidekraut trägt. Letzteres sowie mineralstoffreiche Algen waren früher das Futter der Shetland-Ponys. All dies in Verbindung mit einer unwirtlichen Umgebung hat den Charakter des Ponys geprägt und seine kleine Statur hervorgebracht.

Kopf *Der Kopf ist gut geformt und sensibel; die Ohren sind klein und schön geformt, die Stirn ist breit – ein Zeichen von Intelligenz.*

Schultern *Die Schultern sind stark, gut platziert und von guter Schräge, nicht zu gerade oder überladen. Die Ponys haben eine gute Gurtentiefe.*

URSPRÜNGE

Wahrscheinlich kamen die Ponys vor mehr als 10 000 Jahren, bevor sich die Eisdecke zurückgebildet hatte, von Skandinavien auf die Shetland-Inseln. Diese ersten Ponys standen vermutlich deutlich im Tundra-Typ (s. Ursprünge S. 10/11). Das Shetland-Pony hat noch heute die auffällig lange Nasenpartie, in der es die kalte Luft vorwärmt, bevor es sie in die Lungen einatmet – generell eine Besonderheit nordischer Pferde.

Hals *Der Hals ist schön gebogen, besonders bei Hengsten. Er ist stark, muskulös und den Körperproportionen angemessen.*

Brust *Die Brust ist zwischen den Vorderbeinen von guter Breite – niemals eng.*

MERKMALE

Shetland-Ponys sind von Natur aus widerstandsfähig. Sie haben einen schnellen, freien Gang und haben als Erbe ihrer Vorfahren, die in felsigem Gelände gehen mussten, eine relativ hohe Aktion.

Shetland-Ponys haben ein durchschnittliches Stockmaß von 1,01 m, jedoch sind die am besten gebauten oft 2 bis 5 cm kleiner.

TORFSAMMELN Auf den Shetland-Inseln wurden die Ponys zu vielen Arbeiten herangezogen, so mussten sie zum Beispiel auch Algen oder Torf transportieren. Im Verhältnis zu ihrer geringen Körpergröße gehören sie zu den stärksten Pferden der Welt – leichtfüßig tragen sie einen Menschen auch in schwierigem Gelände und transportieren schwerste Lasten.

Farben Es sind viele Farben zugelassen. Rappen wie auf der Abbildung gehören zu den Grundfarben, aber es gibt auch Braune, Füchse und Schimmel sowie Schecken und getupfte Ponys.

Körper Ein kurzer Rücken mit außerordentlich muskulöser Lendenpartie ist kennzeichnend für das Shetland-Pony. Es hat einen runden, tiefgerippten Rumpf.

Hinterhand Der Schweif ist gut platziert, die Hinterbeine sind muskulös.

MINIATUR-SHETLANDS (OBEN) Vor einigen Jahren setzte der Trend ein, Miniatur-Shetlands zu züchten, die noch kleiner waren als im Rassestandard gewünscht. Diese Ponys haben zwar einen gewissen Seltenheitswert, aber sie verlieren doch oft an Typ.

Schweif Mähne und Schweif sind außerordentlich voll und ein guter Witterungsschutz.

Fell Das Fell wechselt im Lauf des Jahres. Im Sommer ist es weich, aber im Winter ist es dick und borstig mit warmer Unterwolle.

Gliedmaßen Die Gliedmaßen sind kurz und gut angesetzt. Sie haben große, gut geformte Gelenke und starke, saubere Knochen.

Hufe Shetland-Ponys haben rund harte Hufe aus dunklem Horn. Die Fesseln sind von guter Schräge und nicht zu gerade.

POPULÄR UND VIELSEITIG Außerhalb der Shetland-Inseln sind die Shetlands als Kinderponys beliebt, sie gehen gut vor der Kutsche und sind als Zirkuspferde gefragt. Früher sah man sie oft in öffentlichen und privaten Parks; außerdem wurden sie gern als Grubenponys eingesetzt.

Amerikanisches Shetland-Pony

Die ersten Importe von Shetland-Ponys nach Amerika gab es im Jahre 1885. Bereits drei Jahre später wurde der American-Shetland-Pony-Club gegründet, und heute gibt es etwa 50 000 Shetland Ponys in den USA.

FAST EIN HACKNEY Im Grunde ist das Amerikanische Shetland-Pony nur die amerikanische Version des Hackney-Ponys. Dabei ist es intelligent, anpassungsfähig und von angenehmem Wesen. Die Gänge sind hoch, extravagant und schnell.

URSPRÜNGE

Nur noch wenige Shetland-Ponys in Amerika haben Ähnlichkeit mit den harten Ponys der Shetland-Inseln. Das Amerikanische Shetland-Pony ist ein vom Menschen gezüchtetes Produkt, und obwohl behauptet wird, das Pony habe die Härte und gesunde Konstitution des reinen Shetland-Ponys, ist dies höchst unwahrscheinlich, und Zweifel sind angebraucht. Die »Rasse« basiert auf der Selektion aus immer zierlicheren Shetland-Ponys, später kreuzte man sie mit Hackney-Ponys und krönte die Mischung dann noch mit der Einkreuzung von Arabern und kleinen Vollblütern. Das so entstandene Amerikanische Shetland-Pony ist in erster Linie ein Fahrpferd mit ausgesprochenem Hackney-Charakter und oft denselben spektakulären Gängen. Außerdem gibt es auch Kutschenrennen, und der sogenannte »Hunter«-Typ geht unter dem Sattel und soll auch Springveranlagung vorweisen können.

HUFE Die Hufe lässt man überlang wachsen und beschlägt sie mit Gewichtseisen, um eine höhere Trabaktion zu bekommen.

HARTE VORFAHREN Das kleine Pony von den Shetland-Inseln kann extreme Nässe und Kälte aushalten und bei kargstem Futter leben.

Hinterbeine Durch Einkreuzung von Hackney-Ponys, Arabern und kleinen Vollblütern erzielte man eine längere Hinterhand.

Rahmen Der Rahmen des Amerikanischen Shetland-Ponys ist länger und enger als der des breiten, kurzbeinigen Original Shetland-Ponys, und das Amerikanische Shetland-Pony ist eindeutig edler, mit feineren Linien.

Schweif Das üppige Wachstum von Schweif und Mähne sind Merkmale des echten Shetland-Ponys. Die Fahrponys werden mit künstlich hochgebundenem Schweif präsentiert.

Hals Der Hals ist lang und anmutig; er geht gut in die Schulter über, der Kopf isl schön angesetzt.

Widerrist Für cin Pony ist der Widerrist ungewöhnlich stark ausgeprägt. Er geht in einen kurzen, guten Rücken mit guter Lendenpartie und einer schönen schrägen Schulter über.

Kopf Der Kopf ist relativ lang, das Profil ist gerade oder leicht gebogen. Der Pony-Ausdruck ist weitgehend verlorengegangen.

Vorhand Die Brust ist breit, und die Vorhand hat zwar keinen echten Shetland-Pony-Charakter mehr, ist aber korrekt gebaut.

Körper Der Rumpf ist von ausreichender Tiefe, und die Beine sind lang und schlank. Die Gelenke kommen in bezug auf Größe oder Kraft nicht an die des Original Shetland-Ponys heran. Die künstliche Streckhaltung wie bei dem Pony auf der Abbildung ist typisch für Fahrpferde in Amerika.

Farben Beim Amerikanischen Shetland-Pony kommen allc Farben vor: Braun wie auf der Abbildung, Schwarz, Kastanienbraun, Fuchsfarben, Rotschimmel, Créme- und Falbfarben sowie Schimmel.

SPEKTAKULÄRE GÄNGE Amerikanische Shetland-Ponys werden meistens in Fahrklassen präsentiert, wo man höchsten Wert auf Stil und möglichst spektakuläre Gänge legt – sie werden aber auch in einfacheren Fahrprüfungen vorgestellt, in denen auch weniger ausgeprägte Gänge erlaubt sind.

Das durchschnittliche Stockmaß liegt bei 1,03 m, es gibt aber auch kleinere Exemplare.

Falabella

Miniaturpferde wurden zu den verschiedensten Zeiten als Haustiere und als Rarität gezüchtet; das bekannteste ist der Falabella. Trotz seiner geringen Größe ist es kein Pony, sondern ein Miniaturpferd mit den typischen Merkmalen und Proportionen eines Pferdes. Die »Rasse« ist nach der Familie Falabella benannt, welche die kleinen Tiere auf ihrer Ranch Recreo de Roca in der Nähe von Buenos Aires, Argentinien, entwickelte.

JULIO CESAR FALABELLA Julio Cesar Falabella ist ein Mitglied der Familie, die als Erste die »Miniatur-Rasse« schuf. Auf dem Foto sieht man ihn mit einer Stute und einem Fohlen, die noch einige Shetland-Pony-Merkmale haben.

URSPRÜNGE

Die Basis der Rasse waren das Shetland-Pony und vermutlich früher einmal eine sehr kleine Vollblut-Mutation. Der Falabella-Typ entstand durch Paarung der jeweils kleinsten Tiere und später sogar durch konsequente Inzucht. Dabei gingen Stärke und Ausdruck sowie die sprichwörtliche Härte und Zähigkeit des Shetland-Ponys verloren.

Falabellas sind in Amerika sehr populär; sie werden auch in England gezüchtet und überallhin exportiert. Man kann sie zwar eventuell als Kutschpferde benutzen, zum Reiten sind sie jedoch gänzlich ungeeignet.

Hinterhand Dies ist ein gutes Beispiel für ein Miniaturpferd, obwohl die Hinterhand und die Hinterbeine nicht korrekt und stark genug sind. Das Zuchtziel ist ein fast perfektes Miniaturpferd.

Farben Es kommen fast alle Farben vor, einschließlich Kastanienbraun, Schwarz, Braun, Weiß und Gescheckt, aber der getupfte Appaloosa-Typ ist am meisten gefragt.

Sprunggelenke Die Sprunggelenke sind manchmal etwas weich und eng, also kuhhessig.

Schweif Mähne und Schweif sind meistens üppig.

FALABELLA-FOHLEN Diese Falabella-Fohlen wirken sehr ansprechend, aber die Praxis des Immer-kleiner-Züchtens brachte doch eine erhebliche Weichheit selbst bei diesen so sorgfältig gezüchteten Tieren mit sich. Die Züchter müssen großen Wert auf eine gute Konstitution legen und erheblichen Verlusten an Ausdruck und Kraft entgegenwirken.

SUGAR-DUMPLING Ein renommierter Züchter von Zwergpferden war Smith McCoy aus Roderfields, West Virginia. Sein kleinstes Pferd war die Stute Sugar-Dumpling. Sie wog ganze 13,5 kg und war 51 cm groß.

HAUSTIERE Der Falabella hat zwar keinen praktischen Nutzwert, kann aber als attraktives und liebenswertes Haustier angesehen werden, denn es ist meist von freundlichem Wesen und intelligent. Der Kopf und der Gesamteindruck sind sehr gut.

Fell Das Fell ist oft lang und seidig, hat aber nicht die Dichte des Shetland-Pony-Fells und kein warmes Unterfell, weshalb der Falabella nicht über die gleiche Härte und kräftige Konstitution verfügt.

KOPF Dieser Falabella-Kopf ist dem des Shetland-Ponys, auf das die Zucht zurückgeht, nicht unähnlich. Bei den besten Exemplaren ist der Kopf den Körperproportionen angemessen, bei den weniger guten ist er im Verhältnis zum Körper zu groß.

Gliedmaßen Die Gliedmaßen sind nicht immer die besten; häufige Fehler sind ungenügende Knochensubstanz und durchgebogene Vorderbeine – Defizite, die die Züchter zu eliminieren suchen.

Hufe Die Hufe sind in Bezug auf Größe und Form akzeptabel, aber teilweise etwas eng.

Das Stockmaß darf nicht höher als 76 cm sein.

Poney des Landes

Die »Poneys des Landes« waren ursprünglich halbwilde Ponys, die in der dicht bewaldeten Region Landes lebten, die sich südlich von Bordeaux in Richtung Côte d'Argent und Biarritz bis zu den Pyrenäen erstreckt. Möglicherweise stammen sie vom Tarpan ab, was auch für die größeren Landais, die man Barthais nennt, zutreffen könnte. Diese fand man früher meist in der Ebene von Chalosse.

EINFLÜSSE

Im 19. Jahrhundert kreuzte man Araberblut ein und wiederholte dies im Jahre 1913; damals gab es etwa 200 Ponys in der Region. Nach dem Zweiten Weltkrieg war der Landais fast ausgestorben, zeitweise existierten nur noch 150 Ponys. Um eine Inzucht zu vermeiden, kreuzten engagierte Züchter Welsh-Hengste, Sektion B, sowie Araberhengste ein.

Der um 1970 gegründete französische Ponyclub ermutigte die Zucht des Poney des Landes als Kinderreitpony. Auf dieser Zucht basiert auch das französische Reitpony (Poney Français de Selle).

Das heutige Landais-Pony ist von guter Qualität, mit arabischem Ausdruck und den fein gezeichneten Ohren der Welsh Ponys. Die Rasse ist hart und passt sich leicht den unterschiedlichsten Temperaturen an. Der Landais ist leicht zu halten, er ist anhänglich und intelligent.

Das Stockmaß liegt zwischen 1,13 und 1,31 m.

Oberlinie Die Oberlinie des Ponys ist im Hinblick auf den ausreichend langen Hals akzeptabel. Dies gleicht bis zu einem gewissen Grad die schlechte Schulter aus.

Hals Der Hals ist relativ lang; er wird im unteren Teil dick und mündet in eine etwas überladene Schulter.

KOPF Der Kopf des Landais ist klein, trocken und fein geschnitten; der arabische Einfluss ist unverkennbar. Die kurzen, spitzen Ohren sind eindeutig Welsh-Erbe, die Augen stehen weit auseinander. Das Profil ist gerade, aber der Gesamteindruck nicht unattraktiv. Im Allgemeinen geht der Kopf sanft in den Hals über, die Ganaschenpartie ist relativ fleischlos.

Rücken Der Rücken ist meistens sehr gerade, und zusammen mit dem flachen Widerrist ergibt das oft eine schlechte Sattellage. Durch diesen Körperbau tendiert das Pony dazu, auf der Vorhand zu gehen.

Farben Vorherrschend sind Dunkelbraun, Braun, Schwarz und Fuchsfarben. Dieses Pony ist ein Dunkelfuchs.

Hinterhand Die Flanken fallen schräg ab und sind nicht lang genug, dies soll durch Selektion verbessert werden. Der Schweif wird in der Bewegung hoch getragen.

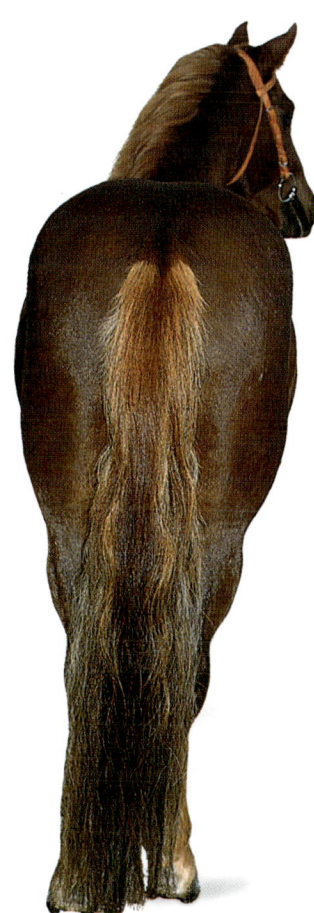

POTTOCK (oben) Das halbwilde Pottock-Pony lebt in der baskischen Bergregion. Durch Einkreuzung von Welsh-B-Hengsten und Arabern wurde die Rasse veredelt. Es gibt drei Typen: das normale Pony und Schecken, die zwischen 1,11 und 1,30 m hoch sind, und das Doppel-Pottock-Pony, mit einem Stockmaß von 1,22 bis 1,42 m. Das Pottock-Pony ist nicht so fein wie der Landais, aber sehr zäh.

Gliedmaßen Das Pony scheint sehr leichte Gliedmaßen zu haben, obwohl der Rassestandard einen Röhrbeinumfang von 16,5 bis 18 cm als wünschenswert angibt. Die Ellenbogen sind manchmal etwas eingezogen und behindern dadurch die freie Bewegung.

Hufe Die Hufe weisen noch auf die primitive Abstammung hin – sie sind hart und gut geformt.

VON HINTEN GESEHEN Dicke Mähnen und Schweife und ein Silberschimmer über dem Fell sind die Markenzeichen der Poneys des Landes; die Schweife sind oft sehr lang. Die Hinterhand ist manchmal etwas weich.

Mérens-Pferd

Das Mérens-Pferd stammt aus den östlichen Pyrenäen, der Gebirgskette, die Frankreich von Spanien trennt. Den alten Typ des Mérens-Pferdes – bereits in Cäsars »De Bello Gallico« genau beschrieben – gibt es nur noch in einzelnen Hochtälern an der spanischen Grenze zu Andorra.

GESCHICHTE

Die 30 000 Jahre alten Wandmalereien von Niaux im südfranzösischen Departement Ariège, zeigen das schwarze Bergpferd im Winterfell und mit seinem charakteristischen »Bart«. Später wurde es möglicherweise mit den schweren römischen Packpferden und vielleicht auch orientalischen Pferden gekreuzt.

Ursprünglich ein Packpferd, wird das Mérens-Pferd heute auf Bergbauernhöfen eingesetzt, um die steilen Hänge zu kultivieren, wo man nicht mit Traktoren arbeiten kann. Und als der Schmuggel noch eine verbreitete Beschäftigung an der spanischen Grenze war, wurden die trittsicheren Mérens-Pferde gern als Transportmittel für die Konterbande benutzt.

UNEMPFINDLICH GEGEN KÄLTE Das Mérens-Pferd ist unempfindlich gegen die Winterkälte und fühlt sich in der kargen Berglandschaft wohl. Hitze verträgt es hingegen nicht gut, und es braucht Schutz vor der Sommersonne.

Silhouette Die Silhouette ist einfach und ähnelt der des britischen Dales-Ponys. Der Rücken ist lang und stark, wie man es für ein Tragpferd wünscht. Die Kruppe ist meist abgeschlagen, wodurch der Schweif tief ansetzt.

Schweif Wie die meisten Bergpferde hat auch das Mérens-Pferd eine dicke, feste Mähne und einen ebensolchen Schweif als Schutz gegen das kalte Winterwetter.

Gliedmaßen Die Gliedmaßen sind weniger massiv, als man erwartet; es gibt eine gewissen Tendenz zur kuhhessigen Stellung, wie es für viele Bergpferde typisch ist.

Hufe Diese Pferde sind außerordentlich trittsicher und bewegen sich auch auf steilen und vereisten Bergpfaden ohne jede Schwierigkeit. Das Hufhorn ist äußerst dicht und macht Hufbeschlag überflüssig.

Hals Der Hals ist ziemlich kurz und in keiner Weise elegant.

Mähne Die Mähne ist außerordentlich schwer und gibt dem Kopf einen etwas groben Ausdruck.

Körper Die Brust ist tief, die Schultern gerade und steil und der Widerrist flach mit beträchtlicher Weite zwischen der Schulter – aber das Mérens-Pferd verfügt über eine gute Gurtentiefe.

Farben Das Fell ist rabenschwarz mit manchmal rötlichem Schimmer im Winterfell. Es gibt kaum Abzeichen; nur an den Flanken sieht man manchmal helle Stickelhaare.

KOPF Der Kopf ist manchmal etwas grob, aber dennoch von leichtem Knochenbau und sehr ausdrucksvoll. Die Stirn ist flach, die Ohren sind kurz und mit vielen Haaren besetzt, und das Profil ist gerade. Die Augen sind strahlend und aufmerksam mit freundlichem Ausdruck. Im Winter wächst der lange »Bart« am Unterkiefer.

Das Stockmaß des Mérens variiert zwischen 1,31 und 1,43 m. Letzteres erreichen die Pferde aber nur auf den niedriger gelegenen und damit futterreicheren Weiden.

HARTE PFERDE Die Pferde sind vielseitig, einfach zu halten und äußerst hart. Auch bei wenig Futter von geringer Qualität kann dieses Pferd noch arbeiten.

Haflinger

Die Heimat des Haflingers ist Tirol, ursprünglich das Dorf Hafling in den Etschtaler Alpen. Das wichtigste Gestüt ist Ebbs. Dieses starke und trittsichere Pony hat eine angeborene Fähigkeit, an steilen Berghängen zu arbeiten, und wird sowohl zum Reiten als auch zum Fahren eingesetzt.

URSPRÜNGE

Der Haflinger ist ein kleines hartes Bergpferd, das – obwohl ein Kaltblut – durch den Araberhengst El Bedhavi XXII. veredelt wurde. Auf ihn gehen alle rein gezogenen Haflinger zurück. Auf der anderen Seite basiert die Zucht auf dem einheimischen, heute ausgestorbenen alpinen Kaltblut und einer verwandten Ponyrasse. Später beeinflussten noch kleinere Noriker-, Huzulen-, Bosniaken- und Konik-Ponys den Haflinger, die alle einen ähnlichen genetischen Hintergrund haben.

CHARAKTER

Die Haflinger sind eine sehr konsolidierte Rasse, die Heimat in den Bergen formte die Pferde von einheitlichem Typ und unverwechselbarem Äußeren. Die Pferde sind äußerst gesund und hart, die Jungpferde werden (zumindest in Österreich) auf Almen aufgezogen, wo die dünne Luft Herz und Lungen stärkt.

Kopf Die großen Augen, die weit geöffneten Nüstern und die kleinen Mauseohren geben dem Haflinger einen lebendigen und intelligenten Ausdruck und spiegeln sein freundliches Wesen wider.

Farbe Alle Haflinger sind Füchse mit manchmal goldenem Schimmer; Mähne und Schweif sind weiß. Diese Farbkombination macht den Haflinger zu einem der attraktivsten Ponys der Welt.

AVELIGNESE (links) Der Avelignese ist die italienische Version des Haflingers und meist größer als sein Vetter von jenseits der Berge (bis zu 1,43 m). Avelignese und Haflinger haben dieselbe Abstammung, nämlich über El Bedhavi XXII., dieselbe Zuchtbasis und ein ähnliches Erscheinungsbild. Der Avelignese wird in den nördlichen, zentralen und südlichen Bergregionen Italiens als Zug- und Packpferd gezüchtet.

DER EDELWEISS-BRAND (rechts) Die österreichischen Haflinger tragen den traditionellen Edelweiß-Brand; er wird auch in einigen deutschen Bundesländern mit dem jeweiligen Ponybrand gekennzeichnet werden.

Rücken Der Haflinger ist kräftig und bemerkenswert muskulös. Der Rücken ist manchmal etwas lang, wie man es bei Ponys hat, die zum Tragen gezüchtet werden.

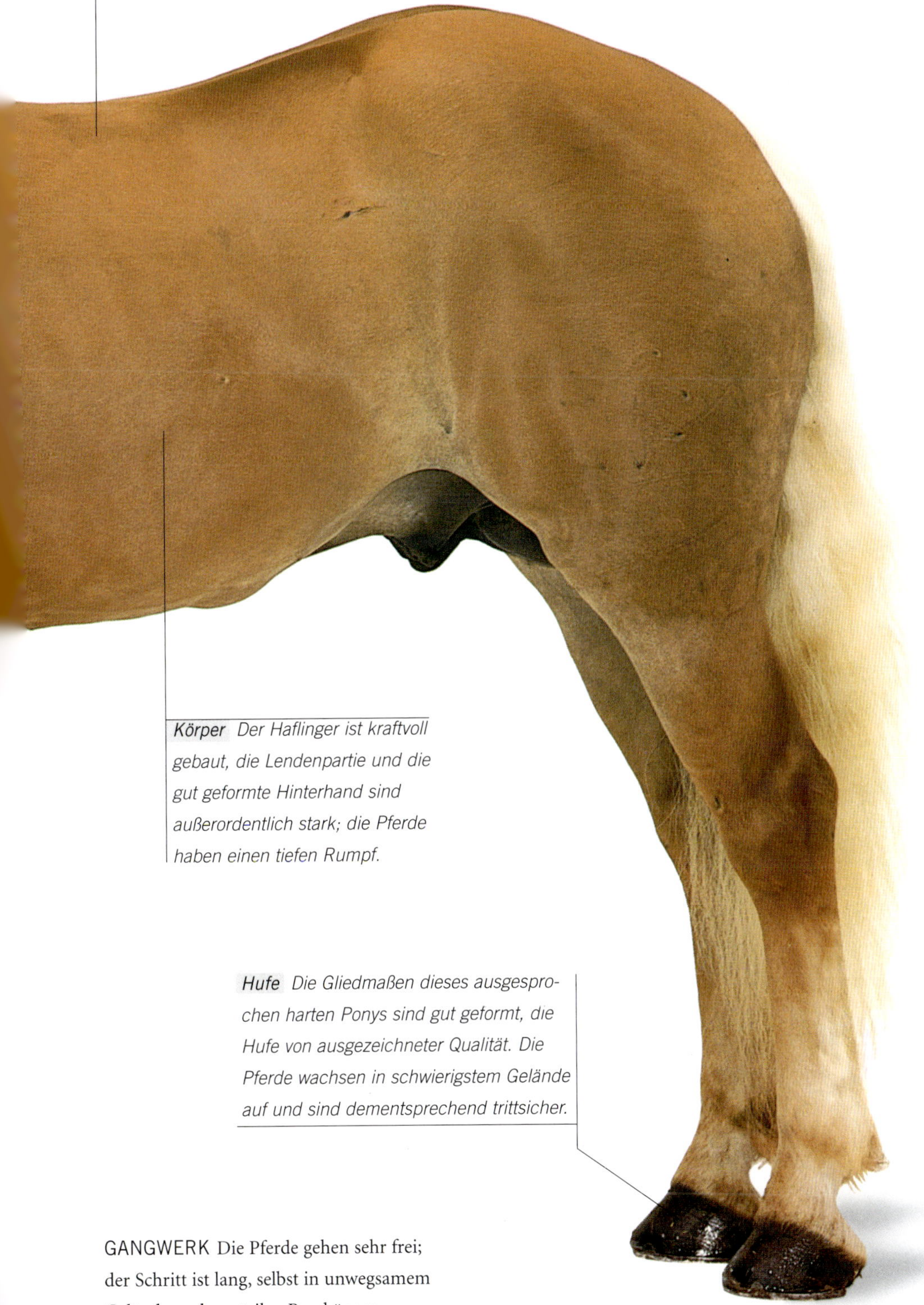

ARBEITSWILLIGE PFERDE Der Haflinger ist vielseitig und arbeitswillig. Er zieht Schlitten und Kutschen, wird zur Forstarbeit und in der Landwirtschaft eingesetzt. Da die Pferde spätreif sind, sollten sie vor vier Jahren nicht zur Arbeit herangezogen werden; dafür werden sie aber auch alt, teilweise sind sie mit 40 Jahren noch ziemlich fit.

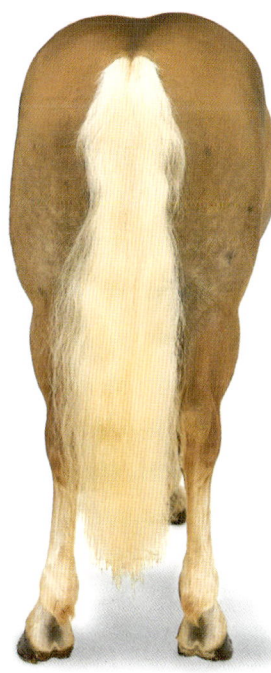

Körper Der Haflinger ist kraftvoll gebaut, die Lendenpartie und die gut geformte Hinterhand sind außerordentlich stark; die Pferde haben einen tiefen Rumpf.

VON HINTEN GESEHEN Der volle und wellige helle Schweif sitzt gut an der kraftvollen Hinterhand und ist ein Markenzeichen dieses harten kleinen Pferdes.

Hufe Die Gliedmaßen dieses ausgesprochen harten Ponys sind gut geformt, die Hufe von ausgezeichneter Qualität. Die Pferde wachsen in schwierigstem Gelände auf und sind dementsprechend trittsicher.

Haflinger haben ein Stockmaß ab 1,35 m, tendieren allerdings zu einem Stockmaß von über 1,40 m.

GANGWERK Die Pferde gehen sehr frei; der Schritt ist lang, selbst in unwegsamem Gelände und an steilen Berghängen.

Fjordpferd

Keines der heutigen Pferde erinnert so stark an die asiatischen Wildpferde wie das norwegische Fjordpferd. Möglicherweise besteht auch eine Verbindung zum Tarpan, denn es hat sowohl die Fellfarbe als auch das typische Erscheinungsbild der Primitivpferderassen. Das Fjordpferd war das Pferd der Wikinger und ist auf vielen norwegischen Runenzeichnungen abgebildet; häufig sind kämpfende Hengste dargestellt, möglicherweise eine frühe Art der Selektion. Fjordpferde waren in den Langschiffen der Krieger, als diese die westlichen Inseln Schottlands überfielen; der Einfluss beim schottischen Highland-Pony und beim Islandpferd ist unverkennbar.

CHARAKTERISTIKA

In seiner Heimat wird das kraftvolle Fjordpferd für jede Arbeit eingesetzt, und auf den Bergbauernhöfen ersetzt es oft genug den Traktor. Es zieht den Pflug ebenso, wie es als Packpferd durch Flüsse und an den steilsten Berghängen geht. Es ist ein gutes Reitpferd und bei Distanzritten für seinen Mut und sein Durchhaltevermögen bekannt, geht hervorragend im Geschirr und ist im Turniersport erprobt.

In Skandinavien gibt es mehrere Fjordpferde-Typen, die aber im Prinzip alle aus Norwegen stammen. Viele Pferde wurden nach Deutschland, Dänemark und in andere europäische Länder exportiert, wo sie wegen ihrer Qualitäten schnell beliebt wurden.

Farbe Fjordpferde sind falbfarben in allen Schattierungen; typisch ist der Aalstrich, der vom Widerrist bis zum Schweifansatz reicht. Die Beine weisen oft Zebrastreifen auf, wie auch bei dem abgebildeten Pferd.

GOTLAND-PONY Seit der Steinzeit gibt es auf den schwedischen Insel Gotland in der Ostsee das Gotland-Pony, wahrscheinlich die älteste skandinavische Ponyrasse. Früher liefen die halbwilden Pferde frei herum, eine halbwilde Herde existiert noch im Lojsta-Gebiet. Wie das Fjordpferd stammt auch das Gotland-Pony möglicherweise vom Tarpan ab.

VON HINTEN GESEHEN Der Schweif ist oft silberfarben; er ist dick und voll und gelegentlich tief angesetzt. Typisch für die Rasse ist der schwarzbraune Aalstrich, ein Merkmal aller Primitivpferderassen. Die Hinterhand ist kurz, kompakt und stark, wie überhaupt das ganze Pony. Die Fesseln zeigen einen leichten Kötenbehang.

Mähne Der Brauch, die störrische Mähne kurz zu schneiden, so dass sie aufrecht steht, stammt bereits aus Wikingerzeiten; dies gibt dem Hals ein gewölbtes Aussehen. Die Mähne wird so geschnitten, dass das schwarze Innenhaar etwas höher als das helle Außenhaar ist.

Kopf Der Kopf ist breit und ponyhaft mit kleinen, scharf geschnittenen Ohren. Manche Fjordpferde haben Ganaschenschwierigkeiten, aber das Profil ist niemals konvex

Körper Der Körper ist rund, der Rumpf gut bemuskelt. Typisch ist die kraftvolle, breite Brust. Der Widerrist ist wenig ausgeprägt, die Schulter weist nur eine geringe Schräge auf.

Gliedmaßen Die Gliedmaßen des Fjordpferdes sind ein großer Pluspunkt der Rasse – kraftvoll, kurz und gerade mit ganz ausgezeichneten Gelenken. Eine selektive Zucht erbrachte eine gute Knochensubstanz mit dicken und kurzen Röhrbeinen.

BEI DER ARBEIT Das Fjordpferd ist als trittsicheres und ausdauerndes Arbeitspferd selbst in schwierigstem Gelände und bei extremen Temperaturen bekannt. Es ist ein ausgezeichnetes Kutschpferd, das auf den Bergbauernhöfen als Zug- und Packpferd eingesetzt wird.

ÖSTLICHES BLUT Zwar steht das Fjordpferd im Primitivpferdetypus, aber die selektive Zucht brachte doch ein Pferd mit östlichem Erscheinungsbild, starken Knochen und viel Substanz hervor.

EIN EIGENWILLIGES PFERD Das Fjordpferd ist leichtfuttrig, zäh, hart und langbeinig. Es ist arbeitswillig und mutig, aber durchaus auch eigenwillig.

Hufe Die Hufe sind in jeder Beziehung beispielhaft; sie sind gesund, hart und gut geformt.

Das Stockmaß liegt zwischen 1,35 und 1,49 m.

Islandpferd

Obwohl das Islandpferd nicht größer als
1,40 Meter wird, wurde es von den Isländern niemals als Pony angesehen. Norwegische Einwanderer, die in der Zeit
von 860 bis 935 diese Vulkaninsel besiedelten, hatten die Pferde in ihren Langschiffen mitgebracht, und nun seit mehr
als 1000 Jahren hat dieses Pferd eine zentrale Rolle im Leben der Isländer gespielt.

GESCHICHTE

Die Rasse der Islandpferde wird seit mehr als
1000 Jahren rein gezogen, denn seit der Zeit
kam kein fremdes Pferd mehr auf die Insel. Der
Althing, das älteste Parlament der Welt, verbot den
Import von Pferden bereits im Jahre 930 n. Chr.

Es scheint so, dass schon früh mit selektiver Zucht
begonnen wurde, indem man Hengstkämpfe als Mittel der
Auslese benutzte. Selektive Zucht unter modernen
Gesichtspunkten begann im Jahre 1879 in einem der
bekanntesten Zuchtgebiete, in Skagafjördur in Nordisland.
Die Zuchtprogramme waren weitgehend auf die Gangver-
anlagung abgestimmt. Viele Gestüte betrieben auch reine
Farbzuchten; es gibt 15 Grundfarben und mehrere Kombi-
nationen.

Das Islandpferd wird oft halbwild gehalten und für jeg-
liche Arbeit herangezogen. Auch Sport ist von Bedeutung.
Es gibt regelmäßig Turniere inklusive Tölt- und Passrennen. Geländeritte und sogar Dressurwettbewerbe. Da Rinder die eisigen Winter in Island nicht im Freien überstehen,
die Islandpferde dies aber können, werden sie auch als
Fleischlieferanten gebraucht; Pferdefleisch spielte in der
isländischen Ernährung immer eine wichtige Rolle.

Mähne Mähne
und Schweif sind
lang und üppig.

Kopf Der Kopf ist unverkennbar, aber einfach und
im Verhältnis zu den kurzen
Proportionen des stämmigen
Körpers relativ groß.

Vorhand Die Schulter ist meist ziemlich
gerade. Der Hals ist kurz und wird gut
getragen, jedoch ist die Ganaschenpartie
oft relativ schwer.

*Das Stockmaß des Islandpferdes
liegt zwischen 1,30 und 1,40 m.*

HALBWILDE PFERDE Etwa die Hälfte der isländischen Pferde lebt das ganze Jahr über halbwild im
Freien ohne weiteres Zufutter, das ihnen beispielsweise über die harten Winter helfen würde. Manchmal bekommen sie jedoch den nahrhaften Hering
aus der Isländischen See.

Farben Farben spielen in der Islandpferdezucht eine wichtige Rolle; es gibt 15 anerkannte Farben. Sehr häufig sind Füchse mit hellem Behang, wie das abgebildete Pferd. Es gibt aber auch falbe, kastanienbraune, weiße und schwarze Pferde. Hie und da kommen auch Palominos und Schecken vor; Albinos und getupfte Pferde sind unerwünscht.

Körper Die Brust ist tief, der Rücken lang.

Hinterhand Die Hinterhand des Islandpferdes ist ausgesprochen keilförmig und abfallend, dennoch aber sehr stark und muskulös. Islandpferde sind dafür bekannt, dass sie besonders weit untertreten.

TÖLT Tölt, oben auf dem Foto zu sehen, ist ein Viertakt (etwa die Schrittfolge der Gangart Schritt), den die Islandpferde einsetzen, um auf schlechtem Gelände sehr schnell gehen zu können. Er ist ein Gang, den das Pferd in unveränderter Fußfolge von langsamem Tempo bis zu höchster Geschwindigkeit gehen kann.

Gliedmaßen Islandpferde sind zwar von kleiner Statur, aber sie können einen ausgewachsenen Mann auch in schlechtem Gelände mühelos mit großer Geschwindigkeit über lange Strecken tragen. Der kompakte Körper wird von starken Beinen getragen, die Röhrbeine sind bemerkenswert kurz und die Sprunggelenke äußerst stark.

Hufe Die Hufe sind ausgezeichnet; die Rasse ist bekannt für ihre Geschicklichkeit und Trittsicherheit auch in schlechtestem Gelände.

PFERDE MIT FÜNF GÄNGEN Die fünf Gänge des Islandpferdes sind: fetgangur (Schritt), den Packpferde gehen; brokk (Trab) auf schlechtem Gelände; stökk (Galopp) und die beiden besonderen Gänge Tölt, ein Viertakt, und skeid (Pass), der im Renntempo geritten wird.

RENNEN UND TURNIERE Das erste moderne Rennen wurde im Jahre 1874 in Akureyri veranstaltet. Heute finden die Rennen an unterschiedlichen Austragungsorten zwischen April und Juni statt. Das wichtigste Turnier für Island ist das alle vier Jahre ausgetragene Landsmôt, auf dem sich alle isländischen Züchter und Reiter aus aller Welt treffen.

Kaspisches Pony

Es war von immenser wissenschaftlicher wie historischer Bedeutung, als Louise L. Firouz in Amol an der Küste des Kaspischen Meeres im Jahr 1965 das »Kaspische Miniaturpferd« entdeckte. Es ist sicherlich die älteste noch existierende Pferderasse.

GESCHICHTE

Vor der Domestizierung des Pferdes gab es vier verschiedene Spezies (s. Ursprünge S. 10/11), zwei Pony- und zwei Pferdearten; der letzte Typ, Nr. 4, war der kleinste mit einem Stockmaß von nicht mehr als 90 Zentimeter, in seinen Proportionen jedoch eindeutig ein Pferd. Es war der feinste der vier Typen, hatte einen hoch angesetzten Schweif und ein konkaves Profil. Er lebte im westlichen Teil Asiens und gilt als der Vorläufer des arabischen Pferdes. Das dreisprachige Siegel von Darius dem Großen (ca. 500 v. Chr.) zeigt sehr kleine Pferde, die den königlichen Wagen ziehen; und ägyptische Kunstwerke, die noch 1000 Jahre vor Darius' Herrschaft entstanden, zeigen ähnliche Pferde von zwar kleiner, aber sehr guter Statur.

Forschungen ergaben, dass das Kaspische Pony möglicherweise vor rund 3000 Jahren der Vorfahr des arabischen Pferdes war. Es hat die typischen physischen Merkmale, die es von anderen Pferden eindeutig unterscheiden. Das sind zum Beispiel ein weiterer Molar im Oberkiefer, die ausgesprochene Schräge im Schulterblatt und eine andere Formation des Scheitelbeins des Kopfes.

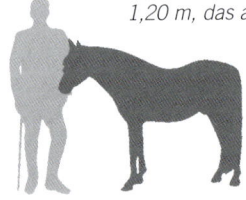

Das Stockmaß liegt zwischen 1,00 und 1,20 m, das antike Pony war kleiner.

Hals Der Hals ist gebogen und anmutig und mündet in einen scharf gezeichneten Widerrist.

Schultern Das Kaspische Pony hat sehr gute schräge Schultern und einen gut ausgeprägten Widerrist. Die Schräge des Schulterblattes entspricht eher der eines Pferdes als der eines Ponys. Dadurch hat das Tier einen längeren Schritt und ist folglich für seine Größe relativ schnell.

Ohren Der Zuchtstandard schreibt sehr kurze Ohren vor.

Gliedmaßen Das Kaspische Pony hat schlanke, leichte Beine, die fast zerbrechlich wirken, aber sie sind hart und stark.

Knochen Die Knochensubstanz ist hart und fest; die Ponys haben nur wenig oder gar keinen Kötenbehang.

KOPF Der Kopf des Kaspischen Ponys ist unverkennbar. Er ist kurz und mit feiner, dünner Haut bedeckt. Die Stirn ist gewölbt, und die Augen sind groß und gazellenartig, während das Maul klein und spitz mit niedrig sitzenden, sehr weiten Nüstern ist. Der Zuchtstandard schreibt sehr kurze Ohren vor; sie sollten nicht länger als 11,4 cm sein.

Farben Die Fellfarben sind Kastanien-braun wie hier; manchmal kommen auch Schimmel und Füchse, Rappen und cremefarbene Pferde vor. Am Kopf und an den Beinen erscheinen gelegentlich weiße Abzeichen.

WESEN Das Kaspische Pony ist freundlich, hochintelligent und arbeitswillig. Es ist spritzig, aber immer gut zu handhaben; selbst Hengste können von kleinen Kindern geritten werden.

Rücken Der Rücken ist gerade, und der Schweif wird meistens hoch getragen, wie es auch die Araber tun.

DER PROTOTYP DES ARABERS (oben) Das arabische Pferd mit seinen schönen Proportionen stammt möglicherweise vom Kaspischen Pony ab; zumindest hat es viele Merkmale des Letzteren. Das Kaspische Pony ist ähnlich symmetrisch und eher ein Miniaturpferd als ein Pony. Obwohl die arabische Rasse sehr alt ist, vermutet man doch, dass das Kaspische Pony ein Vorläufer des Arabers sein könnte.

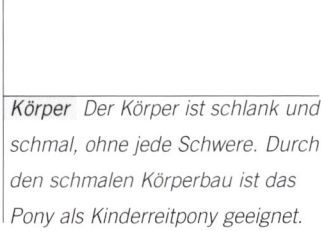

Körper Der Körper ist schlank und schmal, ohne jede Schwere. Durch den schmalen Körperbau ist das Pony als Kinderreitpony geeignet.

Hufe Die Hufe sind hart, klein und von ovaler Form. Sie brauchen selbst auf schwierigstem Boden keinen Hufbeschlag.

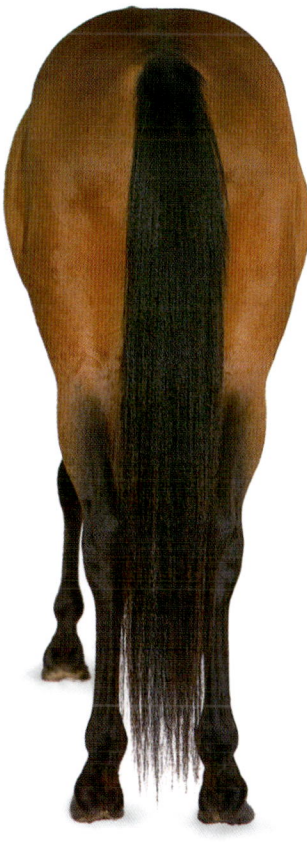

GANGWERK Die Gänge sind natürlich und fließend. Schritt und Trab sind lang, der Galopp ist weich und kann zu erheblichem Tempo gesteigert werden. Trotz seines kleinen Körperbaus kann es das Kaspische Pony in allen Gangarten, außer dem vollen Galopp durchaus mit einem normalen Pferd aufnehmen. Es hat eine gute Springveranlagung und ist außerordentlich gelenkig und geschmeidig.

VON HINTEN GESEHEN Schmal und leicht, ist das Kaspische Pony für Schnelligkeit gebaut, geht aber auch gut im Geschirr. Die Pferde haben eine volle, fließende Mähne und einen ebensolchen Schweif, der hoch getragen wird.

Batak-Pony

Die Existenz des Batak-Ponys in Zentralsumatra ist eng mit dem Leben der Menschen dort, der Batak, verbunden. Die Ponys laufen Rennen, werden als »ausgezeichnetes Fleisch« geschätzt und dienen auch als größtes Opfer für die Dreiheit der Toba-Götter. Deshalb hält jeder Batak-Clan drei heilige Pferde.

DAS PONY ALS TIEROPFER

Die Batak sind dafür bekannt, dass sie ihre Pferde den Gottheiten, die sie in ihnen verehren, als Opfer darbringen und ihr Fleisch essen. Sie reiten die Tiere aber auch und begeistern sich dabei vor allem für Rennen und Wetten.

Pferde von vermutlich mongolischem Blut wurden in den ersten drei Jahrhunderten n. Chr. von Indien nach Südostasien verpflanzt. Später brachten Händler arabische Pferde nach Indonesien hinzu. Sie ermunterten die Bewohner der Inseln, diese Pferde zur Zucht einzusetzen.

ARABISCHER EINFLUSS

Die frühen niederländischen Kolonisatoren importierten Araber aus der Kap-Region, und setzten sie im Gestüt Minankabu auf Sumatra ein. Es ist nicht weiter verwunderlich, dass der arabische Einfluss hinsichtlich Temperament und Beweglichkeit deutlich sichtbar ist. Die Batak-Ponys gelten als gelehrig und charakterfest. Wie alle indonesischen Ponys ist auch das Batak-Pony leichtfutterig und anspruchslos in der Haltung.

Im Norden der Insel gab es eine Zeit lang auch einen schwereren Batak-Schlag mit weniger Arabereinfluss, das Gayoe-Pony. Heute ist es zweifelhaft, ob noch Tiere von der ursprünglichen Form dieses Schlages leben.

Das Batak-Pony wird ungefähr 1,32 m groß.

Hals *Das Mähnenhaar ist fein. Verglichen mit dem schweren Kopf ist der Hals zu schwach.*

Kopf *Der Kopf ist zwar groß, aber Einfluss und Charakter des Arabers sind an Profil, Maulpartie und Augen deutlich sichtbar.*

Schulter *Die Schulter neigt zur Steilheit, aber die Brust ist breit genug und die trockenen Vorderbeine haben akzeptable Gelenke. Das Gebäude ist nicht unbedingt beispielhaft. Das Pony zeigt aber eine gewisse Feinheit.*

RENNPFERDE Die Sandelholz-Ponys, auf dem obigen Bild von Kindern geritten, wurden ebenfalls durch die Einführung von Araberblut veredelt. Diese Rasse wird in Indonesien bei Rennen über Distanzen von 4–5 km eingesetzt –, normalerweise ohne Sattel (wie beim zweiten Pony) und mit der traditionellen gebisslosen Zäumung.

Rücken Der Rücken ist lang, gerade und etwas zu wenig bemuskelt. Auch wenn der Gesamteindruck immer noch recht edel ist, sieht man doch, dass die Tiere auf Grund von Klima, Boden und allgemeinen Umwelt- bedingungen etwas degeneriert sind.

Hinterhand Die Hinterhand wirkt bereits auf den ersten Blick schwach. Sie ist schlecht gebaut und fällt zum tief angesetzten Schweif hin scharf ab.

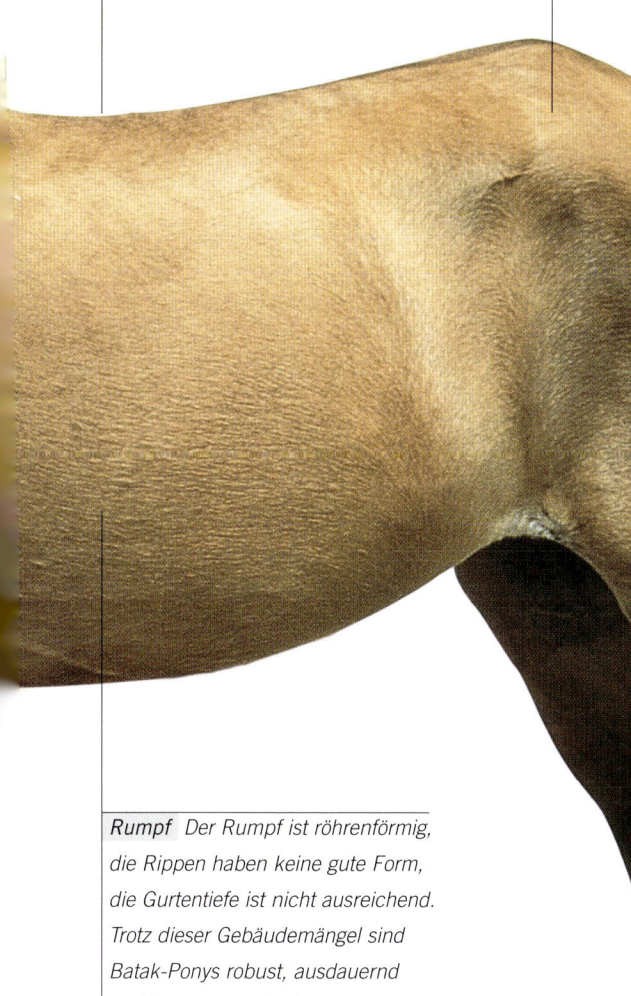

ARBEITSPONY Außer als Reittier eignet sich das Batak-Pony auch zum Fahren oder als Packpony. Ohne regelmäßige Zufuhr von fremdem Blut dege- neriert der Bestand in der örtlichen Umgebung; dennoch sind die Ponys immer noch zäh, ausdau- ernd und von gesunder Konstitution.

Rumpf Der Rumpf ist röhrenförmig, die Rippen haben keine gute Form, die Gurtentiefe ist nicht ausreichend. Trotz dieser Gebäudemängel sind Batak-Ponys robust, ausdauernd und temperamentvoll.

Hinterbeine Die Hinterbeine waren beim Kap-Araber immer das schlech- teste Element, und das spiegelt sich auch hier in einer ausgesprochen mangelhaften Muskelentwicklung wider.

Fundament Auch das Fundament ist schlecht, der Mittelfuß ist über- lang und die recht mäßigen Sprung- gelenke sind sehr hoch angesetzt.

WETTEN Die Batak wetten wie besessen. Aller- dings gab es eine heilsame Strafe für Leute, die nicht in der Lage waren, ihre Schulden zu bezahlen. Sie konnten nämlich in die Sklaverei verkauft werden – es sei denn, der Gläubiger erlaubte ihnen, die Schuld zurückzuzahlen, indem sie ein Pferd für ein öffentliches Fest beschafften.

Hufe Die Hufe dieses Ponys sind gut und aus hartem, widerstandsfähigem Horn.

Timor-Pony

Das Timor-Pony ist auf der gleichnamigen Insel behei-matet. Noch heute ist es dort ein wichtiger Wirt-schaftsfaktor, so dass es immer noch eine statt-liche Anzahl Ponys pro Kopf der Bevölkerung gibt. Man hat einmal geschätzt, dass auf einen Insel-bewohner sechs Pferde kommen. Obwohl die Savannen gutes Futter liefern, wird das Timor-Pony nicht größer als 122 cm.

INDONESISCHES ZWERGPONY

Im 16. und 17. Jahrhundert geriet Timor zuerst unter den Einfluss portugiesischer, dann nieder-ländischer Kolonisatoren. Beide führten Araber auf den indonesischen Inseln ein, um damit die bestehenden Pferdebestände zu verbessern, die auf mongolische und indische Ponys zurück-gingen, die wiederum aus einer Kreuzung von primitivem asiatischem Wildpferd und Tarpan hervorgegangen waren.

   Trotz ausgedehnter Savannen mit hartem, aber nahrhaftem Futter ist das Timor-Pony das kleins-te aller indonesischen Ponys, so wie auch der Anoa, ein Bewohner der Celebes-Berge, der kleinste Büffel der Welt ist. In erster Linie zum Hüten dieser Büffel setzen die »Cowboys« die fast zwergenhaft kleinen Ponys ein. Wie seine Kollegen im amerikanischen Westen arbeitet der Timor-»Cowboy« hauptsächlich mit dem Lasso.

GEWICHTSTRÄGER

Trotz ihrer geringen Größe sind diese Ponys zäh und behände. Sie tragen oft ausgewachsene Männer. Normalerweise werden sie mit gebiss-loser Zäumung geritten, was auf den Inseln eine lange Tradition hat und an Zäume erinnert, die in Zentralasien vor 4000 Jahren verwendet wurden. Selten sieht man etwas, das als Sattel bezeichnet werden könnte, und oft berühren die Füße der Reiter den Boden. Timor-Ponys werden nach Australien exportiert, wo sie als gute Kinderponys gelten.

SCHÖNHEIT IST… Einige Elemente des Timor-Ponys weisen auf den arabischen Einfluss hin, aber trotz seiner unbestrittenen Qualitäten hinsichtlich Ausdauer, Gelen-kigkeit und Kraft bleibt es doch ein eher unattraktives Tier, dem man gewisse Dege-nerationserscheinungen nachsagen könnte. Dennoch ist und bleibt es ein ganz bemer-kenswertes Pferdchen.

Hals Der Hals ist kurz und passt damit zur strukturlosen Schulter. Die Mähne ist üppig, das Fell fein.

Kopf Der Kopf ist schwer und passt in den Propor-tionen nicht zum Rah-men des Ponys, ist aber für sich betrachtet nicht unattraktiv.

Schulter Trotz des ausreichend ausgeprägten Widerristes sind die Schultern steil angelegt. Die Glied-maßen sind nicht unbedingt bei-spielhaft, aber sie sind hart und trocken gebaut.

Rücken Der Rücken ist gerade mit einer auffallend flachen Kruppe, aber trotzdem ist die Lendenpartie bemerkenswert kräftig und rettet den Gesamteindruck.

Hinterhand Der Schweif ist hoch angesetzt und passt damit zur geraden Kruppe. In der Bewegung wird er hoch getragen. Unter- und Oberschenkel sind gut bemuskelt.

INSELPONY In ganz Indonesien gibt es große Bestände. Eine stark gebaute Ponyrasse ist auf Java zu Hause. Dort sind Sättel öfter zu sehen als anderswo. Wie alle indonesischen Ponys ist auch das Java-Pony ein kräftiges, williges Arbeitstier – robust, gesund, ausdauernd und sehr leistungsbereit.

Unterschenkel Der Unterschenkel ist leicht und nicht besonders gut gebaut, aber er ist lang und bemuskelt. Der volle Schweif wird gut getragen. Die Hinterhand ist nicht perfekt, aber auch keineswegs als schwächlich zu bezeichnen.

Rumpf Die Gurtentiefe ist nicht besonders gut, aber der Rumpf ist trotz seiner Länge recht stabil und die Rippen annehmbar geformt.

Gelenke Das Sprunggelenk könnte größer sein, aber es ist relativ korrekt gebaut und erfüllt zweifellos seinen Zweck. Die Fesselgelenke sind recht akzeptabel.

Das Stockmaß beträgt beim Timor-Pony 1,22 m oder weniger.

Sumba-Pony

Das Sumba und das Sumbawa sind indonesische Ponyrassen, die benachbarte Inseln bewohnen und auf dem
ganzen Archipel, vor allem auf Sumatra, verbreitet sind.
Von allen indonesischen Ponys fällt bei ihnen die primitive Herkunft am stärksten ins Auge, weil die meisten Tiere deutlich mongolisch aussehen und die charakteristische falbe Fellfärbung haben. Sie sind dem
chinesischen Pony nicht unähnlich, sind aber
besser gebaut und beweglicher.

SPIEL, SATZ UND SIEG

Die kleinen Ponys tragen große, mongolisch wir-
kende Köpfe mit oft konvexem Profil; sie haben
trotz ihrer geringen Größe unverhältnismäßig viel
Kraft und können ausgewachsene Männer ebenso
tragen wie schwere Packlasten.

Sie werden ohne Sattel und mit einer auf die
Nase wirkenden traditionell aus Leder geflochte-
nen Zäumung geritten. Diese ähnelt Nasenzäu-
mungen, die man auch in so weit entfernten Ländern wie Kalifornien, Mexiko und Südamerika
verwendet. Aufgrund ihrer Schnelligkeit und
Beweglichkeit eignen sich diese Ponys für das Lan-
zenwerfen, eine Sportart, die auf Sumba beliebt ist.
Zwei Mannschaften, jeder Reiter mit einer stump-
fen Lanze bewaffnet, reiten gegeneinander. Das
Spiel ist vorbei, wenn alle Mitglieder einer Mannschaft von gegnerischen Lanzen getroffen wurden.

TANZENDE PONYS

Sorgfältig ausgewählte Sumba-Ponys werden dazu
ausgebildet, einen traditionellen Tanz vorzuführen.
Diese werden nach Eleganz und Leichtfüßigkeit aus-
gesucht und sind sehr begehrt. Mit Glöckchen an
den Beinen tanzen sie, angeregt durch Trommel-
rhythmen. Der Besitzer dirigiert das tanzende
Pony am langen Zügel, ein kleiner Junge sitzt
oben und folgt geschmeidig und mit viel Gleich-
gewichtsgefühl den Bewegungen. Diese uralte
Tradition findet man in vielen Pferdekulturen
Zentralasiens.

Kopf Der Kopf ist meist grob und weist ein
konvexes Profil auf. Er ist größer als der des
abgebildeten Ponys und hat kräftige Ganaschen. Die Ohren sind aufmerksam gespitzt,
und die großen Augen liegen nicht zu weit
seitlich am Kopf. Der Hals ist zwar kurz, aber
so gut bemuskelt, dass er dem Gewicht des
Kopfes gerecht wird.

Gliedmaßen Die Gliedmaßen sind typischerweise
schwarz oder haben Zebrastreifen. Sie erfüllen
ihren Zweck, ohne beispielhaft zu sein. Die Hufe
und Gelenke sind robust, Lahmheiten sind selten.

FARBEN Die häufigste Fellfarbe ist falb, normalerweise mit einem ausgeprägten Aalstrich,
dunklem Langhaar und entweder schwarzen oder
gestreiften Beinen.

Kruppe Die Kruppe ist kurz und fällt zum tief angesetzten Schweif hin deutlich ab. Dieser Mangel könnte beispielsweise durch Einkrcuzung von Araberblut behoben werden.

Rücken Der Rücken ist zu gerade. Auf beiden Seiten der Wirbelsäule gut bemuskelt, ist er von bemerkenswerter Kraft. Das Pony hat kein Problem damit, schwere Lasten zu tragen und sich dabei noch schnell zu bewegen.

REITPONYS Trotz des schlechten Futters, das Zwergwuchs verursacht und zu Gebäudeschwächen führt, zeichnen sich diese Ponys durch sehr freie, elastische Bewegungen aus. Sie sind gute Reitponys, mit denen Kinder leicht umgehen können. Ihr Wesen ist freundlich und kooperativ – ganz im Gegensatz zu dem, was man auf Grund ihrer primitiven Herkunft erwarten könnte. So ist beispielsweise das asiatische Wildpferd aggressiv und behält diesen Charakterzug auch in Gefangenschaft bei.

Hinterbeine Die Hinterbeine könnten besser sein, Schwachpunkte werden jedoch durch trockene Sprunggelenke, harte Beine und flache Fesselgelenke, die absolut nicht zu Schwammigkeit neigen, aufgewogen.

Rumpf Der Rumpf ist erstaunlich kompakt. Zwar lässt die Schulter an Schräge etwas zu wünschen übrig, was die Bewegungsmanier aber kaum einschränkt.

Das Sumba-Pony erreicht ein Stockmaß von ungefähr 1,25 m.

Hokkaido-Pony

Die ersten Pferde kamen im 3. Jahrhundert n. Chr. mit einem koreanischen Volk aus Zentralasien nach Japan. Dieses Volk errichtete, wie in der Steppe üblich, Grabhügel, in denen man Terrakottafiguren von Menschen und Pferden fand. Im 13. Jahrhundert, als Kublai Khan das Land einzunehmen versuchte, wurde vermutlich der Pferdebestand durch mongolische Ponys ergänzt. Das Hokkaido-Pony ist wohl die beste japanische Rasse; über die beiden anderen, Kiso und Kagoshima, ist nichts Besonderes zu sagen.

GESCHICHTE

Das offene Gelände von Hokkaido, im Norden Japans, eignet sich besser als die gebirgige, zentral gelegene Landschaft um Kiso-Sanmya oder die ärmliche Gegend von Kyushu im Süden für die Aufzucht von Tieren. Hier gibt es genügend nahrhaftes Gras für die Ponys, die auf den kleinen Höfen immer noch als Zug- und Packtiere verwendet werden. Sie ziehen Schlitten und wurden bis vor kurzem auch noch in den kleinen Kohlebergwerken der Gegend eingesetzt.

Es gab eine Zeit, in der die japanische Kavallerie mit Pferden beritten war, die 50 oder 25 % Hokkaido-Blut führten. Den besten Hokkaido-Ponys sieht man den arabischen Bluteinfluss an. In Reinzucht sind sie selten zum bequemen Reiten geeignet. In früheren Zeiten haben die Japaner Pferdeopfer zur Besänftigung der Götter dargebracht. Viele Menschen auf dem Lande haben noch den Brauch miterlebt, am Eingang eines Bauernhauses einen Pferdekopf anzubringen. In ihrer Vorstellung besaß das Pferd die Eigenschaften eines Gottes des Ackerbaus.

Das Hokkaido-Pony wird ungefähr 1,32 m groß.

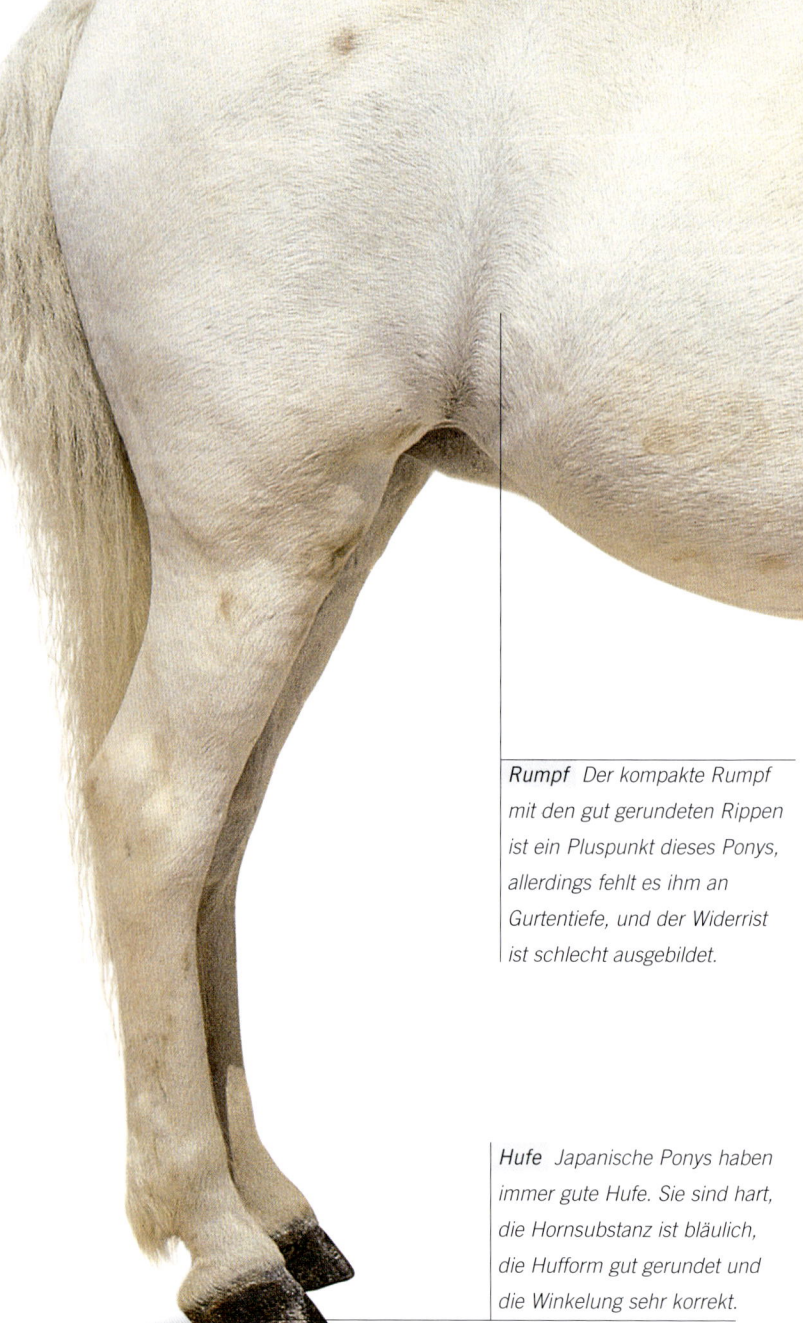

Hinterhand und Gliedmaßen Dieses Pferd steht im besten Typ des »verbesserten« Hokkaido. Bei gut angesetztem Schweif ist die Hinterhand günstig gewinkelt. Die Bemuskelung der Beine ist akzeptabel.

Rumpf Der kompakte Rumpf mit den gut gerundeten Rippen ist ein Pluspunkt dieses Ponys, allerdings fehlt es ihm an Gurtentiefe, und der Widerrist ist schlecht ausgebildet.

Hufe Japanische Ponys haben immer gute Hufe. Sie sind hart, die Hornsubstanz ist bläulich, die Hufform gut gerundet und die Winkelung sehr korrekt.

Kopf In diesem Falle verrät der Kopf nicht die primitive Abstammung, sondern eher den Einfluss von Kreuzungsblut.

Maulpartie Die Maulpartie ist hübsch und wird nach vorne hin schmäler. Das Profil ist eher arabisch als mongolisch!

Schulter Die Schulter ist nicht besonders schräg, die Beine sind leicht, vielleicht etwas zu schwach und neigen an den Karpalgelenken zur Rundlichkeit.

JAPANISCHE TRADITION Die Japaner haben sich nie als Reitervolk hervorgetan. Heute ist das Reiten in all seinen Formen in Japan sehr beliebt und hat ein hohes Niveau. Zur Samurai-Tradition gehörte neben den anderen Künsten des Kriegers, den Bujutsu, auch »die Reitfertigkeit«.

Karpalgelenke Diese Karpalgelenke sind rund statt flach und dabei nicht deutlich genug ausgeprägt. Die Knochenstärke ist der Größe angemessen, die Winkelung des Fesselstandes ist korrekt.

REITENDE ZIVILISTEN Zivile Würdenträger saßen auf Reisen auf breiten hölzernen Sätteln, die eher Packsätteln ähnelten. Diese schwankenden Konstruktionen waren mit Tüchern, Bettzeug und anderen Dingen bedeckt, die auf Reisen gebraucht wurden. Die Reiter saßen im Schneidersitz oder wie hier mit den Beinen auf beiden Seiten des Pferdehalses. Nur Krieger hielten die Zügel selbst; sonst wurde das Pferd von einem Lakai geführt.

Register

Danksagung

Dorling Kindersley dankt Janos Marffy, Sandra Pond, Will Giles, Richard Tibbits und David Ashby für die Illustrationen; Dr James Bee vom Royal Veterinary College, London, für seine Beratung beim Abschnitt über die Entwicklung des Fohlens; Robert Oliver dafür, dass er seine Stallungen zur Verfügung stellte; Giles Hine für seine Hilfe mit den Pferden; Graham Young, dem Schmied; Monsieur Mauget in Frankreich; Gaetano Manti in Italien; Pat Renwick und den »Shetland-Darstellern«; dem Kentucky Horse Park, Lexington, USA; Steven Cluett, Tracey Hambleton, Gill Sherman, Diana Weeks und Kevin Williams für ihre Hilfe bei der Buchgestaltung; Paul Dewhurst für die Schattenzeichnungen; Sharon Lunn für die Silhouetten-Diagramme; Irene Lyford für das Register; Emma Matthews für die Datenerfassung und Jenny Speller für die Bildrecherchen.
Studio Cactus möchte Kate Grant und Chris Stafford für die Hilfe bei den amerikanischen Fotos danken. Unser Dank gilt auch Mic Cady, Kate Hayward, Jane Baldock und Laura Seber.
Und natürlich danken wir allen Pferden und Ponys, die wir fotografieren durften, sowie ihren langmütigen Eigentümern (im nachstehenden Bildverzeichnis sind sie alle erwähnt). Unser Dank gilt auch allen, die wir in diesem Buch leider nicht erwähnen konnten.
Bob Langrish dankt Sally Waters, Janet Lorch, Dr Mikhail Alexeev, Colin Wares, Dinny Lund, Evegeny Lepetukhin.
Dank geht an Jo Walton und Louise Thomas für zusätzliche Bildrecherchen und an Hilary Bird für die Überarbeitung des Registers.

Bildquellen
Unter den Bildern bei »Animal Photography« sind auch Aufnahmen von Sally Anne Thompson.

l = links, m = Mitte, o = oben,
r = rechts, u = unten.

Agence France Presse: 43or; **American Museum of Natural History**: 10u, 10om; Ardea: 11ur; **Jenny Barnes**: 66/67, 196ol, 222/223; **Bewick Woodcuts**: 99or, 268, 271; **Bob Langrish**: 17ur, 22mr, 22ul, 22ur, 42/43, 71or, 96/97, 180/181, 196ml, 223mr, 261or, 265or; **Clix**: Shawn Hamilton 70/71, 80/81; **CM Dixon**: 8/9; **Corbis**: Tony Arruza 55mr; Felice Beato / Hulton Deutsch Collection 267ur; Ric Ergenbright 55or; Jack Fields 89ol; Kevin Fleming 159ol; Owen Franken 263or; Kit Houghton 54/55, 71mr, 146/147, 152um; David Katzenstein 147mr; Michael St Maur Shiel 81ol; Johnathan Smith / Cordaiy Photo Library Ltd 81mr; Ted Spiegel 88/89; Brian A Vikander 147or; **Dale Durfy**: 141or, 142um, 143or; Empics: 49or, 49mr; **Mary Evans Picture Library**: 11ul; **Elwyn Hartley Edwards**: 16u; **Kit Houghton**: 2/3, 17or, 17ul, 17um, 57or, 63or, 64um, 89mr, 97or, 97mr, 100/101, 101or, 101mr, 153or, 162/163, 181or, 213ur; **Frank Lane Picture Agency**: J McDonald / Sunset 4/5; Peter Newark's Historical Pictures: 43mr, 173ur, 183ul;

S. 16 Standardbred (Traber) – *Raffaello Ambrosio*
Ambrosio Racing Stables, Peninsula Farm, Lexington, Kentucky, USA

S. 26–27 Tennessee Walking Horse – *Dot Com*
Nicole Carswell, 7th Heaven Farm, Morehead, Kentucky USA;
Saddlebred – *Yorktown Tempest*
Marylee Wilkinson, Rancho Del Rio, Oconomowoc, Wisconsin 53066, USA
Quarterhorse – *Smart Lil Macolena*
Ben Bowman, Bowman & Sons Training, Bloomington, Indiana USA

S. 40–41 Araber – *Persimmon*
Pat und Joanna Maxwell, Lodge Farm Arabian Stud, Oxon; or Mary Evans

S. 44–45 Berber – *Taw's Little Buck*
Kentucky Horse Park, USA;
ol Peter Newark; ul Bruce Coleman; mr Ardea

S. 46–47 Vollblüter – *Lyphento*
Conkwell Grange Stud, Avon;
or, ur Peter Newark

S. 50–51 Andalusier – *Campanero XXIV*
Nigel Oliver, Singleborough Stud, Bucks; ul Andalucian – Adonis-Rex Welshpool Andalucian Stud, Powys or Kit Houghton

S. 52–53 Lusitano – *Montemere-O-Thurman*
Turnville Valley Stud, Oxon;
ur **Hispano-Arab** – *Ultima*
Mr & Mrs Davies

S. 56–57 Alter Real – *Casto*
Portuguese National Stud, Portugal

S. 60–61 Shagya-Araber – *Artaxerxes*
Jeanette Bauch & Jens Brinksten, Dänemark; ur Only Horses

S. 62–63 Belgisches Warmblut – *Trudo Darco*
Paesen Martinus, Peer, Belgien

S. 64–65 Welsch Partbred – *Taurus*
Sian Thomas BHSI, Snowdonia Riding Stables, Waunfawr, Gwynedd

S. 68–69 Holländisches Warmblut – *Edison*
Mrs Dejonge; ol Mary Evans

S. 72–73 Selle Français – *Prince D'elle*
Haras National De Saint Lô, Frankreich

S. 74–75 Dänisches Warmblut – *Rambo*
Jorgen Olsen, Dänemark; ul Einar Anderssons Pressbild

S. 76–77 Trakehner – *Muschamp Mauersee*
Janet Lorch, Muschamp Stud, Bucks;
ur Animal Photography

S. 78–79 Hannoveraner – *Défilante*
Barry Mawdsley, European Horse Enterprises, Berks

S. 82–83 Holsteiner – *Lenard*
Sue Watson, Trenawin Stud, Cornwall;
or Mary Evans

S. 84–85 Oldenburger – *Renoir (Modekönig)*
Louise Tomkins; or Animal Photography

S. 86–87 Jagdpferd – *Hobo*
Robert Oliver; ul, om Mary Evans

S. 90–91 Hack – *Rye Tangle*
Robert Oliver

S. 92–93 Cob – *Silvester* und r *Hunter Ovation*
Beide im Besitz von Robert Oliver

S. 94–95 Lipizzaner – *Siglavy Szella*
John Goddard Fenwick & Lyn Moran, Ausdan Stud, Dyfed;
ul Animal Photography;
ur Only Horses

S. 98–99 Hackney – *Hurstwood Consort*
Mr & Mrs Hayden, Hurstwood Stud,

S. 102–103 Französischer Traber – *Pur Historien*
Haras National De Compiègne, Frankreich; or Peter Newark; um Woodcut

S. 104–105 Friese – *Sjouke*
Sonia Gray, Tattondale Carriages, Cheshire; orl Mary Evans; orr Animal Photography

S. 106–107 Irish Draught – *Miss Mill*, ul (Fohlen) – Gort Mill Mr R J Lampard

S. 108–109 Normannischer Cob – *Ibis*
Haras National de Saint Lô, France;
ul Mary Evans; or Mary Evans/Bruce Castle Museum

S. 110–111 Cleveland Bay –
Oaten Mainbrace
Mr und Mrs Dimmock

S. 112–113 Gelderländer – *Spooks*
Peter Munt, Ascot Driving Stables, Berks;
orr Mary Evans

S. 114–15 Frederiksborger – *Zarif Langløkkegard*
Harry Nielsen, Dänemark;
ul Mary Evans; or Animal Photography

S. 116–117 Maremmapferd – *Barone*
Mr Attilio Tavazzani, Centro Ippico Di Castelverde, Italien; ur Kit Houghton

S. 118–119 Murgese – *Obscuro*
Istituto Incremento Ippico di Crema, Italien; or Istituto Geografico de Agostini

S. 120–121 Camarguepferd – *Redounet*
Mr Contreras, Les Saintes Maries de la Mer, Frankreich

S. 122–123 Furioso – *Furioso IV*
A G Kishumseigi, Ungarn;
ol Mary Evans

S. 124–125 Nonius – *Pampas*
ul beide Fohlen im Besitz von A G Kishumseigi, Ungarn

S. 126–127 Knabstrupper – *Føniks*
Poul Elmerkjær, Dänemark;
ur Animal Photography

S. 128–129 Achal-Tekkiner – *Fakir-Bola*
Hippodrom Moskau;
ul Animal Photography; o Peter Newark

S. 130–131 Budjonny – *Barin*; ul *Tersk*
Beide im Hippodrom Moskau
or Animal Photography

S. 132–133 Kabardiner
Hippodrome Moskau;
ol Mary Evans

S. 134–135 Donpferd – *Baret*;
ul Karabakh
beide am Hippodrome Moskau;
or, um Mary Evans

S. 136–137 Orlow-Traber
Hippodrom Moskau;
ol Mary Evans; ul Animal Photography

S. 138–139 Baschkire – *Mel's Lucky Boy*
Dan Stewart Family, Kentucky Horse
Park, USA

S. 140–141 Kathiawari – Berittene
Polizei, New Delhi Police, Indien

S. 142–143 Marwari
Capt. Sandeep Dewan, 61. Kavallerie,
Ahmednagar, Indien

S. 144–145 Australian Stock Horse
(Aufnahme von Hawkesbury
Photographics) – *Scrumlo Victory*
Mrs R Waller, Ophir Stud, Australien;
ul, om Mary Evans; or Auscape

S. 148–149 Morgan Horse – *Fox Creek's
Dynasty*
Darwin Olsen, Kentucky Horse Park,
USA; ol Bewick Woodcuts

S. 150–151 Galiceno – *Java Gold*
Billy Jack Giles, Godley, Texas, USA

S. 152–153 Criollo – *Azuleca*
Claire Tomlinson, Westonbirt, Glos.

S. 154–155 American Crème –
Sheridan's Valor
Tracey L. Burchell, Blue Moon Farm,
Nicholasville, Kentucky, USA

S. 156–157 Quarter Horse – *Eye Dun
Time*
Dorothy & Ronald Wilcheck, Whites-
ville, Kentucky USA;
ul – *Hez Totally Supreme*
Burgess Blanton, Houser Halter Horses,
Ohio, USA; ur – *Ticket Chex*
Betty Miller, Stamping Ground,
Kentucky USA

S. 158–159 Quarter Horse (Abschnitt
Sliding Stop) – *Smart Lil Macolena*
Ben Bowman, Bowman & Sons
Training, Bloomington, Indiana USA

S. 160–161 Standardbred – *Rambling
Willie*
Farrington Stables und the Estate of
Paul Siebert, Kentucky Horse Park,
USA; ol Bewick Woodcuts

S. 164–165 Saddlebred – *Kinda Kostly*
Kentucky Horse Park, USA

S. 166–167 Missouri Fox Trotter – *Cast
Iron Camelot* H
Bobby & Brenda Copple, Dawsons
Springs, Kentucky USA;
ur – *Easy Street*
Ruth Massey, Kentucky Horse Park,
USA

S. 168–169 Tennessee Walker –
Delight's Moondust
Andrew & Jane Shaw, Kentucky Horse
Park, USA; ul Animal Photography

S. 170–171 Peruvianischer Paso –
Gavulan de Campanero
Snr. Juan E. Villanueva,
Association of Horses and Paso Finos,
Puerto Rico

S. 172–73 Mustang – *Mestava*
Rowland H. Cheney, Stockton,
California, USA

S. 174–75 Moraber – *Moss Casidy Rose*
Lisa A. Kuduk, White O' Mornin Farm,
Winchester, Kentucky, USA

S. 176–77 Rocky Mountain Pony –
Mocha Monday
Rea Swan, Hope Springs Farm, Kentucky
Horse Park, USA

S. 182–83 Pinto – *Hit Man*
Boyd Cantrell, Kentucky Horse Park,
USA;
or Tobiano – MTP Late for a date
Caryn Vecchio, Caraway Farm, Paris,
Kentucky, USA

S. 185–85 Palomino – *Wychwood
Dynascha*
Mrs G Harwood, Wychwood Stud, Glos;
or Ardea

S. 186–187 Appaloosa (Aufnahme von
Stephen Oliver) – *Golden Nugget*
Sally Chaplin;
or Bewick Woodcuts

S. 188–189 Shire – *Duke*
Jim Lockwood, Courage Shire Horse
Centre, Berks;
um Mary Evans

S. 190–191 Suffolk Punch –
Laurel Keepsake II
P Adams and Sons;
ol Bewick Woodcuts

S. 192–93 Clydesdale – *Blue Print*
Mervyn und Pauline Ramage, Mount
Farm Clydesdale Horses, Tyne and Wear

S. 194–195 Percheron – *Tango*
Haras National de Saint Lô, Frankreich;
ol Mary Evans; ur Kit Houghton

S. 198–199 Ardennais – *Ramses du Vallon*
Haras National de Pau, France;
ul Kit Houghton

S. 200–201 Breton – *Ulysses*
Haras National de Tarbes, France;
ul Kit Houghton

S. 202–203 Boulonnais – *Urus*
Haras National de Compiègne,
Frankreich;
or Einar Anderssons Pressbild

S. 204–205 Poitevin – *Vitrisse*
Haras National de la Roche sur Yon,
Frankreich

S. 206–207 Jütländer – *Tempo*
Jørgen Neilsen, Dänemark;
or Animal Photography

S. 208–209 Belgisches Kaltblut – *Roy*
Kentucky Horse Park, USA;
ul Animal Photography

S. 210–211 Italienisches Kaltblut – *Nobile*
ul Bardigiano – Pippo
beide am Istituto Incremento Ippico di
Crema, Italien

S. 212–213 Noriker – *Dinolino*
Josef Waldherr, Wackersberg, Deutschland

S. 214–215 Exmoor – *Murrayton
Delphinus*
June Freeman, Murrayton Stud, Herts

S. 216–217 Dartmoor – *Allendale
Vampire*
Miss M Houlden, Haven Stud, Hereford

S. 218–219 Welsch Mountain Pony –
Bengad Dark Mullein
Mrs C Bowyer, Symondsbury Stud,
Sussex;
ul, or Animal Photography

S. 220-221 Welsch Pony – *Twyford Signal*
Mr und Mrs L E Bigley, Llanarth Stud,
Hereford;
or Bruce Coleman

S. 222–223 Quarter Pony – or *Do A
Little Dance*
Katie Wilhelm, Plain City, Ohio, USA

S. 224–225 Welsch Cob – *Treflys Jacko*
Mr und Mrs L E Bigley (siehe S. 146–147);
or Welschpony im Cobtyp – Llygedyn
Solo Kitty Williams, Glebedale Stud,
Gwent

S. 226–227 Dales-Pony – *Warrenlane
Duke*
Mr Dickson, Millbeck Pony Stud, Yorks;
or Mary Evans

S. 228–229 Fell-Pony – *Waverhead William*
Mr und Mrs S Errington

S. 230–231 Highland-Pony – *Fruich of
Dykes*
Countess of Swinton;
ul Animal Photography

S. 232–233 Connemara – *Spinway Bright
Morning*
Miss S Hodgkins, Spinway Stud, Oxon;
or Kit Houghton

S. 234–235 New Forest-Pony –
Bowerwood Aquila
Mrs Rae Turner, Bowerwood Stud,
Hants;
ol Bewick Woodcuts; ur Animal
Photography

S. 236–237 Reitpony – *Brutt*
Robert Oliver;
or Animal Photography

S. 238–239 Eriskay – Kirsty und Donald
John Rodgers, Isle of Eriskay, Western
Isles

S. 240–241 Lundy – c/o The Warden,
Lundy Island (verwaltet und erhalten von
The Landmark Trust, Maidenhead,
Berks.)

S. 246–247 Falabella – Pegasus of Kilverstone; ul Fohlen – l Cleopatra of Kilverstone; r Bernardo of Kilverstone alle im
Eigentum von Lady Fisher, Kilverstone,
Wildlife Park, Norfolk; orl Ardea

S. 248–249 Landais – *Hippolyte*
or **Pottock** – *Thouarec III*
beide in Haras National de Pau,
Frankreich

S. 250–251 Ariègeois – *Radium*
Haras National de Tarbes, Frankreich;
ul Only Horses

S. 252–253 Haflinger – *Nomad*
Miss Helen Blair, Silvretta Haflinger Stud,
W Midlands;
ul **Avelignese** – *Noaner*, Istituto
Incremento Ippico di Crema, Italien;
or Animal Photography

S. 254–255 Fjordpferd – *Ausdan Svejk*
John Goddard Fenwick und Lyn Moran,
Ausdan Stud, Dyfed;
ul Einar Anderssons Pressbild; ur Animal
Photography

S. 256–257 Islandpferd – *Leiknir*
Kentucky Horse Park, USA;
ul, or Animal Photography

S. 258–259 Kaspisches Pony – *Hopstone
Shabdiz*
Mrs Scott, Henden Caspian Stud, Wilts;
or Woodcuts

S. 260–261 Batak-Pony – *Dora*
Tung Kurniawan, Sumatra, Indonesien

S. 262–263 Timor-Pony –
Meriam Bellina, Pelita Jaya Stable, Jakarta,
Indonesien

S. 264–265 Sumba-Pony – *Mitzi*
Tung Kurniawan, Sumatra, Indonesien

S. 266–267 Hokkaido-Pony – *Ayme*
Japanese Racing Association,
Tokyo, Japan